전율통보 예전 병전

일러두기

1. 이 책의 번역 대본은 서울대학교 규장각한국학연구원 소장 《전율통보(典律通補)》(奎貴1377)를 저본(底本)으로 한 《교감표점(校勘標點) 전율통보(典律通補)》(한국고전번역원, 2022)이다.
2. 이 책에서 조문(條文)을 구분한 조, 항, 호, ❶, ❷, ❸…, ①, ②, ③… 등은 대본에는 없다. 대본에서는 별행 혹은 권점(○), 글자 크기 등으로 구분된 조문을 이해를 돕기 위하여 현대 법조문의 체계를 참고하여 표기하였다.
3. 대본의 대문(大文)은 색이 있는 대자(大字)로, 소주(小註)는 대문보다 작은 글자로 표기하고 ❶, ❷, ❸ 등으로 구분하며, 그보다 더 작은 소소주(小小註)는 소주보다 더 작은 글자로 표기하고 ①, ②, ③ 등으로 구분하였다.
4. 모든 간주(間註) 및 각주는 역주(譯註)이다.
5. 각 조문이 속한 조(條)가 그 출전에서와 다를 경우 각주로 밝혔다.
   예: 《전율통보》에는 〈이전〉의 〈천거(薦擧)〉 조에 있지만 《속대전》에는 〈이전〉의 〈제수(除授)〉 조에 있는 경우 "《속대전》 〈이전 제수(除授)〉에 있다."라고 각주에 적었다.
6. 각주 내용에 대한 출전은 《 》 안에 표기하였다.

典律通補

전율통보

예전 병전

구윤명 엮음
정영미 소진희 조윤선 옮김

한국고전번역원

차례

예전
전율통보 제3권

병전

전율통보 제4권

曲律通補 上

전율통보 예전

제3권

예전 목록(禮典目錄)

예전(禮典)

1 속아문(屬衙門)은 홍문관(弘文館), 예문관(藝文館), 세자시강원(世子侍講院), 세손강서원(世孫講書院), 성균관(成均館), 춘추관(春秋館), 승문원(承文院), 통례원(通禮院), 봉상시(奉常寺), 내의원(內醫院), 예빈시(禮賓寺), 장악원(掌樂院), 관상감(觀象監), 전의감(典醫監), 사역원(司譯院), 사직서(社稷署), 종묘서(宗廟署), 영희전(永禧殿) 관원,[1] 경모궁(景慕宮) 관원,[2] 빙고(氷庫), 전생서(典牲署), 혜민서(惠民署), 도화서(圖畫署), 활인서(活人署), 사학(四學), 경기의 여러 능(陵)과 전(殿)〈경〉〈증〉〈보〉 -1 장릉(莊陵)도 같다.- 및 원(園)과 묘(墓)의 관원이다.[3]〈보〉

2 교서관(校書官)은 지금 규장각(奎章閣)에 소속되었다.[4]〈증〉

3 의주(儀註)는 《국조오례의(國朝五禮儀)》, 《국조속오례의(國朝續五禮儀)》, 《국조상례보편(國朝喪禮補編)》을 사용한다.〈경〉〈속〉〈증〉

1 영희전(永禧殿) 관원 : 종5품의 영(令) 1원과 종9품의 참봉 1원이다. 《大典通編 吏典 京官職》

2 경모궁(景慕宮) 관원 : 문관으로 차임하는 종5품의 영(令) 1원과 종7품의 직장 1원, 종8품의 봉사 1원이다. 이외에 도제조와 제조 각 1원을 두었다. 《大典通編 吏典 京官職》

3 경기의……관원이다 : 능(陵), 전(殿), 원(園), 묘(墓)의 명칭과 관원은 《대전통편》 〈이전 경관직(京官職)〉에 있다. 《전율통보》 〈예전〉에서는 경기에 소재한 능, 전, 원, 묘 외에 강원도 영월에 있는 단종의 장릉도 예조의 속아문으로 규정하였다.

4 교서관(校書官)은……소속되었다 : 규장각은 1776년(정조 즉위년) 9월에 설립하였다. 1777년 12월에는 교서관을 규장 외각(奎章外閣)으로 삼고, 1778년 3월에는 규장각 제학이 교서관 제조를, 직제학이 부제조를 겸임하는 등 규장각의 관원이 교서관의 관직을 겸임하게 하였다. 《正祖實錄 卽位年 9月 25日, 1年 12月 21日, 2年 3月 25日》

제1조 상례(喪禮)

❶ 의주(儀註)는 모두 《국조상례보편》에 수록되어 있다. 지금 몇 가지 절목(節目)을 모으고 또 상하의 복제(服制)를 아래에 붙여서 편리하게 상고할 수 있도록 하였다. 경자년(1720, 경종 즉위년)[5] 이후에 옛 복제를 회복하였다. 지금 여기에는 상(上)의 복제는 시사복(視事服)과 진현복(進見服)만을 기록하였는데, 병오년(1786, 정조10) 소상(小喪) 때에는 《의례주소(儀禮注疏)》를 채용하여 전하의 복제는 자최 기년(齊衰朞年)으로 하였다.[6] 〈보〉

제1항 **대상**(大喪)**이 난 날, 종친과 문무관은 천담복**(淺淡服) **차림으로 곡을** ❶ 슬픔을 다하고 그치고 나서 네 번 절한다. ❷ 소상(小喪)에는 두 번 절한다. **궐내에서 하고 나서** ❸ 정전(正殿)의 뜰에서 한다. ❹ 대군은 특별히 정1품의 앞에 자리한다. **반수**(班首)**가 왕세자에게 명단을 올리고 위로한다.** ❺ 왕비가 있으면 먼저 왕비를 위로한다. **파산관**(罷散官)**, 성균관과 사학의 유생,**

5 경자년 : 1720년은 숙종의 대상(大喪)이 난 해이다.

6 병오년……하였다 : 1786년의 소상은 문효세자(文孝世子)의 상이다. 《국조상례보편》에 따르면 왕세자의 상에 대한 국왕의 상복은 참최 삼년(斬衰三年)이다. 1728년(영조4) 효장세자(孝章世子)의 상에 영조가 자최 기년을 입었는데, 효장세자가 적자가 아닌 서자로서 후사가 되었으므로 《의례주소》의 아버지가 아들을 위하여 삼년복을 입지 못하는 네 가지 경우에 해당하였기 때문이다. 문효세자의 소상 때에도 이 전례를 따라 정조의 복제를 자최 기년으로 정하였다. 《國朝喪禮補編 卷1 成服》《儀禮注疏 卷29》《正祖實錄 10年 5月 13日》《承政院日記 正祖 10年 5月 12日》

서민(庶民)은 **6** 소내상(小內喪)에는 서민은 하지 않는다. **백의(白衣) 차림으로 궐 밖에서 곡한다.** **7** 조곡(朝哭)과 포곡(晡哭)은, 백관은 성빈(成殯)까지 하고, 승지, 사관, 궐내 각사에 입직(入直)하는 당상과 낭청, 빈전도감(殯殿都監)의 입직하는 당상과 낭청은 장례 전까지 한다. **8** 소상에는 세자시강원 관원반이 졸곡(卒哭)까지 하고, 소내상에는 하지 않는다.

제2항 **병조가 여러 위(衛)를 신칙하여 대궐 안팎의 문과 응당 숙위(宿衛)해야 하는 곳을 잘 지키게 한다.**

제3항 **예조가 대상(大喪)과 관계되는 모든 일을 의정부에 보고하면 의정부가 서울과 지방에 공문을 보내 각기 직분을 수행하게 한다.** **1** 내상(內喪)과 소상(小喪)은 계문한다. **2** 졸곡까지는 식가(式暇), 복제(服制), 사은숙배하기 이전 등의 공무를 행하지 못하는 잡다한 사유는 인정하지 않는다. 졸곡 후의 삭제(朔祭)와 망제(望祭), 속절(俗節)의 제향, 사시(四時)의 제향, 납제(臘祭), 연제(練祭), 상제(祥祭), 담제(禫祭) 때에도 같다.

제4항 **공제(公除)** **1** 삼년복이면 27일, 장기복(杖朞服)이면 15일, 기년복(朞年服)이면 13일, 대공복(大功服)이면 9일, 소공복(小功服)이면 5일, 시마복(緦麻服)이면 3일이다. 공제 날짜는 성복한 날부터 계산한다. **전에는 관청의 좌기(坐起)를 하지 않으며, 형**

살 문서(刑殺文書)도 계문하지 않는다. ❷ 5일 동안 항시(巷市)[7] 한다.

제5항 **대상(大喪)이 난 날 목욕(沐浴)과 습(襲), 반함(飯含)을 하며, 3일째 되는 날 소렴(小斂)을 하고,** ❶ 소상(小喪)에는 2일째 되는 날 한다. **5일째 되는 날 대렴(大斂)을 하고,** ❷ 성빈(成殯)도 같은 날 한다. ❸ 소상에는 3일째 되는 날 한다. **6일째 되는 날 성복(成服)을 한다.** ❹ 소상에는 4일째 되는 날 한다.

제6항 **습(襲)과 소렴, 대렴을** ❶ 재궁(梓宮)에 넣을 때도 같다. ❷ 소상(小喪)에는 재실(梓室)이라고 칭한다. **할 때는 조신(朝臣)이** 〈보편〉 ❸ 대신(大臣), 훈신(勳臣), 유신(儒臣), 예조 판서, 양사(兩司)의 장관, 승지 6원, 사관(史官) 5원, 옥당·춘방 각 1원이다. 〈속례〉 〈보편〉 ❹ 소상에는 대신, 예조 관원, 시강원 관원이다. ❺ 별도로 입시하는 것은 하교에 따른다. **입시한다.** ❻ 내상(內喪)에는 입시하지 않는다. ❼ 재궁에 가칠(加漆)할 때에는 백관이 입시하고, 두 번째 가칠 이후 및 내상의 첫 번째 가칠 이후에는 2품 이상, 육조의 장관과 삼사(三司)의 장관이 입시하고, 소상에는

7 항시(巷市) : 시전(市廛)을 열지 않고 생필품만 마을 거리에서 교역하는 것이다. 《예기》 〈단궁 하(檀弓下)〉에 "천자가 붕(崩)하면 7일 동안 항시하고, 제후가 훙(薨)하면 3일 동안 항시한다."라고 하였는데, 주(註)에 "마을 거리로 옮겨 교역하는 것이다. 이는 서인(庶人)이 나라의 대상(大喪)을 위하여 근심하고 슬퍼해서 저자를 파하는 것인데, 일용에 필요한 물건이 또 없을 수 없기 때문에 마을 거리로 저자를 옮겨 물건을 교역하는 것이다."라고 하였다.

시강원 관원이 입시한다. 8 재궁에 '상(上)' 자를 쓸 때와 재궁을 결과(結裹)할 때에는 백관이 입시하고, 내상에는 2품 이상, 육조의 장관과 삼사의 장관이 입시하고, 소상에는 시강원 관원이 입시한다.

제7항 **3일째 되는 날** 1 소상(小喪)에는 2일째 되는 날이다. **대신(大臣)을** 2 소상에는 중신(重臣) - 1 1품이다. - 이다. **보내 사직,** 3 소내상(小內喪)에는 하지 않는다. **영녕전(永寧殿), 종묘에 고한다.** 4 혼전(魂殿)이 있으면 혼전에도 고한다. 혼궁(魂宮)도 같다.

제8항 **팔도의 사신(使臣)과 지방관은 문서가 도착한 날 정청(正廳)에** 〈보편〉 1 전패(殿牌)를 봉안한 곳이다. 〈보〉 **향탁(香卓)을 설치하고, 천담복 차림으로 정청의 뜰로 들어가** 2 사신은 동쪽에 서고, 지방관은 서쪽에 선다. **향을 올리고서 곡하고 절한다. 부음을 들은 지 6일째 되는 날** 3 소상(小喪)에는 4일째 되는 날이다. **성복을 한다.** 4 변경 지역의 관원은 거애(擧哀)하지 않는다. 〈보편〉 5 삭망(朔望), 속절(俗節), 발인(發靷), 재궁을 현궁(玄宮)에 내릴 때, 우제(虞祭), 졸곡제(卒哭祭), 연제(練祭), 상제(祥祭), 담제(禫祭) 때에 최복(衰服) 차림으로 먼저 망곡례(望哭禮)를 행한 후에 공복(公服)으로 갈아입고 망궐례(望闕禮)를 행한다. 졸곡 전에는 망곡례만 행한다. 소상에는 망궐례를 행한 후에 망곡례를 행한다. 〈보〉

제9항 **관찰사와 절도사 및 목사 이상은 사람을 보내 전문(箋文)을 올**

려 위로한다. ❶ 2품 이상은 목사가 아니더라도 역시 전문을 올린다.

제10항 **성복례(成服禮)를 마치면 사위(嗣位)하고 하례를 받고,** ❶ 모두 면복(冕服)을 갖춘다. ❷ 백관은 조복(朝服)을 입는다. -❶ 5품 이하는 흑단령(黑團領)을 입는다.- **교서(敎書)를 반포한다. 팔도의 목사 이상은** ❸ 2품 이상의 지방관도 같다. **전문(箋文)을 올려 진하한다.**

제11항 **사위례(嗣位禮)를 마치면 청나라에 부고를 알리고 시호를 청하며,** ❶ 백관은 백의(白衣), 오모(烏帽), 흑대(黑帶) 차림으로 배표(拜表)하고 표문을 전송하여 도성 문밖까지 나간다. **의정부는 승습(承襲)을 청하는 신문(申文)[8]을 올린다.**

제12항 **의정부,** ❶ 백관을 인솔하여 한다. **종친부, 충훈부, 의빈부, 돈녕부 및 관찰사가 진향(進香)한다.** ❷ 소상(小喪)에는 관찰사는 진향하지 않고, 소내상(小內喪)에는 의빈부, 돈녕부, 관찰사는 진향하지 않는다.〈보편〉 ❸ 채화(彩花)와 인삼정과(人蔘正果)는 사용하지 못하게 한다.〈속〉

8 신문(申文) : 명대, 청대 상급 관아에 올리는 공문서로, 조선에서는 의정부가 명·청의 예부(禮部) 등에 올릴 때 사용하였다.《與猶堂全書 15卷 文集 表咨考敍》 조선에서 보낸 신문의 문서식은《전율통보》〈별편(別編) 사대문자식(事大文字式)〉에 있다.

제13항 **기일(期日) 전에 봉상시가 시호의 글자를 모아 예조에 보고하면,[9] 예조가 의정부에 보고하고, 의정부가 시호를 의논한 다음** 〈보편〉 ❶ 육조·예문관·춘추관의 2품 이상과 봉상시 도제조와 제조, 삼사(三司)의 장관이 함께 의논한다.〈보편〉〈보〉 **계문하면 '삼가 그대로 하라.[敬依]'고 한다.** ❷ 내상(內喪)이 먼저 났을 경우[10]와 소상(小喪)에도 같은데, 계문하면 낙점한다.〈보편〉 **택일하여 종묘에 시호를 청하고,[11]** 〈보편〉〈보〉 ❸ 내상이 먼저 났을 경우와 소상에는 다만 정전(正殿)에서 시호를 드리거나 시호를 내리되, 기일 하루 전에 종묘에 고한다. **시책(諡冊)과 시보(諡寶)를** ❹ 내상이 먼저 났을 경우에는 시책과 시보를 드리고, 소상과 소내상(小內喪)에는 시책과 시인(諡印)을 내린다. **빈전(殯殿)에** ❺ 소상에는 빈궁(殯宮)이다. **올린다.**

제14항 **시호를 내리는 예[12]를 마치면 분황(焚黃)한다.** ❶ 승문원 관원이 황지(黃紙)에 고명(誥命)을 베낀다. 빈전에서 제를 행한 후에 태우는 곳으로 가서 황지에 베낀 고명을 불사른다. ❷ 부의

9 봉상시가……보고하면 : 봉상시가 시호를 의논하는 날에 봉상시 도제조와 제조가 정(正)과 낭관을 거느리고 빈청(賓廳)에 나가 시호로 사용할 글자를 모은 후 정서하여 예조로 보낸다.《六典條例 禮典 奉常寺 節惠》

10 내상(內喪)이……경우 : 왕비가 먼저 사망한 경우를 말한다.

11 종묘에 시호를 청하고 : 국휼 때 국휼 대상자에 대한 시호를 정하고 시책과 시보를 만든 다음 종묘에 가서 조종(祖宗)에게 시책과 시보를 읽어 아뢰는 의식을 거행하는 것을 말한다.《國朝喪禮補編 卷1 請諡宗廟儀》

12 시호를 내리는 예 : 명·청의 황제가 사신을 보내 시호를 내리는 예이다. 시호를 내릴 때는 부물(賻物)을 함께 내리고 사제(賜祭)하였으므로, 이 조항의 부의와 사제 역시 명·청에서 내린 것이다.

(賻儀)를 내린 후에 택일하여 시호를 내리는 예를 행하고, 시호를 내리는 예를 행한 후에 택일하여 사제(賜祭)한다.

제15항 **5개월 만에 장사 지내고,** ❶ 소상(小喪)에는 3개월 만에 장사 지낸다. **일곱 차례 우제(虞祭)를 지낸다.** ❷ 소상에는 다섯 차례 우제를 지낸다. **장사 지낸 날 초우제(初虞祭)를 지내고 이우제(二虞祭)부터 육우제(六虞祭)까지는** ❸ 소상에는 사우제(四虞祭)까지이다. **유일(柔日)에 지내고, 칠우제(七虞祭)는** ❹ 소상에는 오우제(五虞祭)이다. **강일(剛日)에 지낸다. 칠우제를 지낸 후 강일을 만나면 졸곡제(卒哭祭)를 지내고, 1년이 되면 연제(練祭)를 지내고,** ❺ 내상(內喪)이 먼저 났을 경우에는 11개월이 되는 달에 택일하여 지낸다. 소내상(小內喪)이 먼저 났을 경우에도 같다. **2년이 되면 상제(祥祭)를 지내고,** ❻ 내상이 먼저 났을 경우에는 13개월째 되는 달의 첫 번째 기일(忌日)에 지낸다. 소내상이 먼저 났을 경우에도 같다. **상제를 지낸 후 한 달 간격을 두고 담제(禫祭)를 지내고, 담제를 지낸 후 길제(吉祭)를** ❼ 종묘의 사시(四時) 제향이다. **만나면 부묘(祔廟)한다.** ❽ 소상에는 담제를 지내는 날 신주를 사당에 모신다.

제16항 **발인하기 1일 전에 사직에 기청제(祈晴祭)를 지낸다.** ❶ 발인하는 날 궁궐 문과 도성 문에서 50신위(神位)에게 제사하고,[13] 또

13 궁궐……제사하고 : 대여가 통과하는 궁궐의 정문과 도성의 대문에서 문의 신에게 제사하는 것이다.

대여(大轝)가 지나는 교량과 부근의 명산(名山), 대천(大川)에 제사한다.〈보편〉

제17항 **인산(因山) 때에 경기 감사와 유수는 회장(會葬)하며, 여러 도의 감사는 도사에게 대행하게 하여** ❶ 혹은 품계가 높은 수령이 하기도 한다.〈보〉 **도의 경계에서 대기한다.**〈증〉

제18항 **발인할 때 도성에 남아 있는 관원들은** ❶ 전하가 발인을 따라가지 못하면 도성에 있는 관원들이다. **최복(衰服) 차림으로** ❷ 소내상(小內喪)에는 천담복 차림이다. **먼저 성문 밖에 도착하여 진향(進香)하고 하직하며, 반우(返虞)할 때는 성문 밖에 나와 맞이하여 절하고 앞에서 인도한다.** ❸ 전하가 발인을 따라가지 못하면 성문 밖에서 하직하고, 재궁을 현궁(玄宮)에 내릴 때 망곡(望哭)하며 –❶ 여러 관원도 곡한다. 소내상에는 곡하지 않는다.– 산릉(山陵)에서 초우제를 지내면 역시 망곡하며, 반우할 때에는 성문 밖에서 공경히 맞이한다.〈보편〉

제19항 **의정을 원상(院相)으로 삼는다.** ❶ 승정원에 머물러 있는다.〈보〉

제20항 **빈전도감(殯殿都監),**〈보편〉 ❶ 성복한 후에는 혼전도감(魂殿都監)이라 칭한다.〈보〉 **국장도감(國葬都監),** ❷ 소상(小喪)에는 예장도감(禮葬都監)이다. **산릉도감(山陵都監)을** ❸ 소상에는 묘소도감(墓所都監)이다. **설치한다. 세 도감의 도제조는 1원이다.** ❹ 좌의정으로 차임하는데, 총호사(摠護使)라 칭한다. ❺ 소상에는 도

제조라고만 칭한다. 내상(內喪)이 먼저 났을 경우와 소상에는 시임 대신(時任大臣)과 원임 대신(原任大臣)을 의망한다. **빈전도감은 제조 3원,** ❻ 1원은 예조 판서로 차임한다. ❼ 소상에는 2원이다. **낭청 6원,** ❽ 1원은 도청(都廳)으로 문관(文官)으로 차임하며, 1원은 예조 낭청으로 차임한다. ❾ 소상에는 5원인데, 1원은 도청이다. **감조관(監造官) 3원이다.** ❿ 소상에는 2원이다. **국장도감은 제조 3원,** ⓫ 1원은 호조 판서로 차임한다. ⓬ 소상에는 2원이다. **낭청 8원,** ⓭ 2원은 도청으로 문관으로 차임하며, 4원은 예조와 공조의 낭청과 제용감과 선공감 관원으로 차임한다. ⓮ 소상에는 6원인데, 1원은 도청이다. **감조관 7원이다.** ⓯ 소상에는 5원이다. **산릉도감은 제조 3원,** ⓰ 2원은 공조 판서와 선공감 제조로 차임한다. ⓱ 소상에는 2원이다. **낭청 10원,** ⓲ 2원은 도청으로 문관으로 차임하며, 2원은 문관과 선공감 관원으로 차임한다. ⓳ 소상에는 7원인데, 1원은 도청이다. **감조관 9원이다.** ⓴ 소상에는 7원이다.

제21항 **한성부 판윤을 교도 돈체사(橋道頓遞使)로 삼는다.** 〈보편〉

제22항 **만사관(挽詞官)은 48원이다.** 〈보편〉 〈보〉 ❶ 이조가 초계(抄啓)한다. 〈보〉 ❷ 소상(小喪)에는 40원이고, 소내상(小內喪)에는 25원이다.

제23항 **종친과 공신 가운데 2품 이상을** ❶ 소상(小喪)에는 당상 이상이다. **수릉관(守陵官)으로** ❷ 소상에는 수묘관(守墓官)이다. **삼고, 내시 가운데 3품 이상을** ❸ 소상에는 4품 이상이다. **시릉관(侍**

陵官)**으로** ❹ 소상에는 시묘관(侍墓官)이다. **삼는다.**

제24항 **혼전(魂殿)** ❶ 소상(小喪)에는 혼궁(魂宮)이다.〈보편〉 **당상 6원,** ❷ 종실(宗室)이다. ❸ 혼궁은 4원이다. **참봉 2원,** ❹ 이조가 차임한다. **충의(忠義) 4원이고,** ❺ 혼궁은 2원이다. ❻ 종부시와 충훈부가 나누어 차임한다. **산릉 참봉 2원, 충의 1원이다.** ❼ 모두 수릉관(守陵官)이 자벽(自辟)한다. ❽ 원(園)에는 수봉관(守奉官) 2원, 충의 1원이다. 묘(墓)에는 수위관(守衛官) 2원, 충의 1원이다. 충의는 모두 수봉관이나 수위관이 자벽한다.〈보〉

제25항 **명정(銘旌)** ❶ '대행왕재궁(大行王梓宮)'이라고 쓰고 존호(尊號)가 있으면 존호를 '대행' 위에 쓴다. 시호를 올린 후에는 명정을 고치는데, 묘호(廟號)를 존호 위에 쓰고, 시호를 존호 아래에 쓰며 '대행' 자는 쓰지 않는다. 현궁(玄宮)에 사용하는 명정도 같다. ❷ 소상(小喪)에는 '모 위재실(某位梓室)'이라고 쓰며, 명정을 고칠 때는 시호를 '모 위' 위에 쓴다. 현실(玄室)에 사용하는 명정도 같다. **서사관(書寫官)은 모두 2품으로 하고, 재궁에 '상(上)' 자를 쓰는 서사관은 1품으로 하고, 제주관(題主官)은 문관 당상 이상으로 하고,** ❸ 글씨를 잘 쓰는 사람으로 한다. ❹ 연주 제주관(練主題主官)도 같다. **봉표관(封標官)은** ❺ 현궁의 문을 봉표한다. **사헌부 집의가 한다.** ❻ '신(臣)'이라 칭하고 착명(着名)하며, '근봉(謹封)'이라고 쓴다. ❼ 소상에는 사헌부 장령이 한다. 소내상(小內喪)에는 사헌부 장령이 하는데, '신(臣)'이라고 칭하지 않는다.

제26항 **종묘에 시호를 청할 때의 독책관**(讀冊官)**과 독보관**(讀寶官)**은 모두 문관 3품으로 차임하고, 봉책관**(捧冊官)**과 봉보관**(捧寶官)**은 모두 5품으로 차임한다.** 1 내상(內喪)이 먼저 났을 경우 시호를 드릴 때와 소상(小喪)에 시호를 내릴 때는 전교관(傳敎官)만 있는데, 승지가 맡는다. 2 시호를 올릴 때에도 같다. 시호를 청할 때의 관원이 그대로 행한다. 소상에도 같다. 내상에는 궁인(宮人)이 독책과 독보를 한다. **견전**(遣奠)[14]**의 독애책관**(讀哀冊官)**은 문관 3품으로 차임하고, 봉애책관**(捧哀冊官)**은 문관 5품으로 차임한다. 천전**(遷奠)[15]**의 봉애책관은 5품으로 차임하고, 봉증옥관**(捧贈玉官)**은 공조 정랑이, 봉증백관**(捧贈帛官)**은 상의원 관원이 맡는다.**

제27항 **모든 전**(奠)**에는 종친 2품 이상을** 1 소상(小喪)에는 3품 이상이다. **대전관**(代奠官)**으로 삼는다.**

제28항 **노제**(路祭)**에는 반수**(班首)**가 헌관**(獻官)**이 된다.** 1 내상(內喪)에는 궁인(宮人)이 맡는다.

14 견전(遣奠) : 발인하기 전에 지내는 제사이다. 국상의 경우에는 발인하기 전에 빈전(殯殿)에서 지낸다. 제사의 형식과 절차는 상례의 다른 제사와 같고, 축문을 읽은 후에 애책(哀冊)을 올리고 읽는 절차가 더 있다.《國朝喪禮補編 卷2 遣奠》

15 천전(遷奠) : 발인하여 영악전(靈幄殿)에 모셨던 재궁(梓宮)이 현궁(玄宮)으로 출발하기 전에 지내는 제사이다.《國朝喪禮補編 卷2 遷奠儀》

제29항 **우제(虞祭)와 졸곡제(卒哭祭)의** ❶ 혼전(魂殿)과 산릉의 사시(四時)의 제향, 납제(臘祭), 속절(俗節)의 제향, 삭제(朔祭), 망제(望祭), 연제(練祭), 상제(祥祭), 담제(禫祭)도 같다. ❷ 산릉에 임금이 친히 지내는 제향도 같다. **아헌관(亞獻官)과 종헌관(終獻官)은 모두 정1품이다.** ❸ 찬례(贊禮)는 예조 판서가 맡되, 일이 있으면 참판이 대행한다. ❹ 내상(內喪)이 먼저 났을 경우 임금이 친히 제사 지내면, 세자가 아헌을 한다. 소상(小喪)에는 초헌(初獻)은 세손(世孫)이 하고, 아헌과 종헌은 정2품과 익선(翊善)이 한다. 소상보다 먼저 난 소내상(小內喪)에 왕세자가 제를 행하면 세손이 아헌을 한다. ❺ 대행하는 제향은 초헌관(初獻官)과 아헌관은 정1품으로, 종헌관은 종1품으로 한다. 산릉이면 2품 이상으로 한다.

제30항 **안릉전(安陵奠)에는** ❶ 반우(返虞)한 후 행한다. **산릉사(山陵使)[16]가 헌관이 된다.**

제31항 **분황(焚黃) 때 아헌관(亞獻官)과 종헌관(終獻官)은 모두 정1품이 맡는다.** ❶ 집례(執禮)는 2품이, 대축(大祝)은 당상이 맡는다. ❷ 황제가 사제(賜祭)할 때 독제문관(讀祭文官)[17]은 승지가, 전제

16 산릉사(山陵使) : 1420년(세종2) 산릉도감 도제조(山陵都監都提調)를 고친 명칭이다. 《世宗實錄 2年 9月 9日》

17 독제문관(讀祭文官) : 중국의 칙사가 와서 황제의 이름으로 사제할 때에 제문을 읽는 일을 맡는 관원이다.

문관(展祭文官)[18]은 문관 5품이, 대축(大祝)은 정3품이 맡는다.

제32항 **우제(虞祭)와 졸곡제(卒哭祭) 때는 목욕한다. 혼전(魂殿)과 산릉(山陵)의 사시제(四時祭), 납제(臘祭) 때는 2일 동안 산재(散齋)[19]하고 1일 동안 치재(致齋)[20]한다.** ❶ 연제(練祭), 상제(祥祭), 담제(禫祭)도 같다. ❷ 산릉에서 임금이 친히 제사를 지낼 때도 같다. ❸ 제향에 배참(陪參)하는 관원 및 전문(殿門)을 지키는 자도 청재(清齋)[21]하며 하룻밤을 묵는다. **속절제(俗節祭)** ❹ 정조(正朝), 한식, 단오, 중추, 동지에 올리는 제향이다. **및 삭망제(朔望祭)도 같다. 시향(時享) 때는 1일 동안 산재만 한다.** ❺ 종묘에 시호를 청할 때 영의정 이하 예를 행하는 관원은 2일 동안 산재하고 1일 동안 치재하며, 백관은 1일 전에 재숙한다. 분황(焚黃)은 졸곡제 때와 같다.

18 전제문관(展祭文官) : 중국의 칙사가 와서 황제의 이름으로 사제할 때에 독제문관이 읽을 수 있도록 제문을 펼쳐 들고 있는 일을 맡는 관원이다.

19 산재(散齋) : 제사가 있기 전에 행하는 재계의 하나로, 치재하기 전 며칠 동안 슬픈 일을 묻거나 듣지 않고 즐기는 일을 하지 않으며 행동과 마음을 근신하는 것을 말한다. 기간은 대체로 대사(大祀)는 4일, 중사(中祀)는 3일, 소사(小祀)는 2일이다.

20 치재(致齋) : 제사를 올리기 전에 재궁(齋宮)이나 향소(香所)에서 행하던 재계로, 산재한 뒤에 한다. 제관이나 집사관은 모두 제소(祭所)에서 제향과 관련한 일만을 보았다. 기간은 대체로 대사(大祀)는 3일, 중사(中祀)는 2일, 소사(小祀)는 1일이다.

21 청재(清齋) : 치재와 같은 의미로 부정한 일을 멀리하여 몸을 깨끗이 재계하는 것을 말한다.

제33항 **대상(大喪) 때의 시사복(視事服)으로는 졸곡 후에는 포포(布袍),** ❶ 포는 생포(生布)이다. **포과익선관(布裹翼善冠),**[22] ❷ 입(笠갓)도 포로 싼다. **포과오서대(布裹烏犀帶), 백피화(白皮靴)를 착용하고,** ❸ 화(靴)는 담제 때까지 같다. **연제(練祭) 후에는 흰색을 사용하고, 상제(祥祭) 때에는 참포(黲袍),**[23] **익선관,** ❹ 입은 그대로 흰색을 사용한다. **오서대를 착용하고, 담제(禫祭) 때에는 현포(玄袍), 익선관, 오서대를 착용하고, 담제 후에는 곤룡포, 옥대(玉臺)를 착용한다. 대상(大喪) 때의 왕세손** 〈보편〉 ❺ 대상 때는 전하가 왕위를 이어받기 전이므로 전하를 왕세자라 칭하고, 왕세자를 왕세손이라 칭한다. 〈보〉 **공복은 전하의 시사복과 같고, 담제 후에는 길복(吉服)**[24]**을 입는다.** ❻ 연거복(燕居服)으로는 포의, 포대(布帶), 포립(布笠)을 착용하고, 연제 후에는 흰색을 사용한다.

제34항 **내상(內喪) 때의 시사복(視事服)은 대상(大喪) 때와 같다. 내상 때의 왕세자 공복은 전하의 시사복과 같고, 진현복(進見服)으로는 연제 후부터 담제 전까지는 천담복을 입는다.** ❶ 연거복(燕居服)으로는 포의, 포대(布帶), 포립(布笠)을 착용하고, 1년이 되면 벗는다. **내상 때의 왕세손 진현복은 왕세자와 같다.**

22 포과익선관(布裹翼善冠) : 임금이 평복에 갖추어 쓰는 관을 익선관이라 하는데, 국상 때에는 베로 익선관을 둘러싸서 착용한다.

23 참포(黲袍) : 임금이 제사 지낼 때 입는 엷은 청흑색 도포를 가리킨다.

24 길복(吉服) : 삼년상을 마친 뒤에 입는 보통 옷을 말한다.

제35항 **내상(內喪)이 먼저 났을 때의 시사복(視事服)은 공제(公除) 후에 입으며 대상(大喪) 때와 같다. 졸곡 후에는 백포로 싼 익선관과 오서대(烏犀帶)를 착용하고, 상제(祥祭) 후에는 참포(黲袍)를 입고, 나머지는 대상 때와 같다.** ❶ 연거복(燕居服)으로는 포의, 포대(布帶), 포립(布笠)을 착용하고, 연제(練祭) 후에는 흰색을 사용하고, 상제 후에는 흑립을 착용하고, 담제(禫祭) 후에는 길복을 입는다. **내상이 먼저 났을 때의 왕세자 공복은 내상 때의 전하 시사복과 같고, 담제 후에는 진하게 물들인 옥색원령의(玉色圓領衣), 익선관, 오서대를 착용하고, 27개월이 되면 길복을 입는다. 진현복(進見服)으로는 연제 전에는 포직령의(布直領衣), 포대, 포립을 착용하고, 연제 후에는 흰색을 사용하고, 담제 후 재기(再朞) 전에는 천담복을 입는다.** ❷ 연거복으로는 상제 후에는 백의, 백대, 백립을 착용하고, 담제 후에는 백의, 참대(黲帶), 참립(黲笠)을 착용하고, 27개월이 되면 길복을 입는다. **내상이 먼저 났을 때의 왕세손 진현복으로는 상제 후 담제 전에는 천담복을 입는다.**

제36항 **소상(小喪) 때의 시사복(視事服)은 내상(內喪)이 먼저 났을 때와 같다.** ❶ 연거복(燕居服)으로는 포의, 포대(布帶), 포립(布笠)을 착용하고, 연제(練祭) 후에는 백의, 백대, 흑립을 착용하고, 상제(祥祭) 후에는 흑대를 착용하고, 담제(禫祭) 후에는 길복을 입는다.〈보편〉 ❷ 자최 기년(齊衰朞年)의 경우는 시사복은 공제(公除) 후에 입으며, 백포, 익선관, 오서대(烏犀帶), 백피화(白皮靴)를 착용한다.〈보〉 **소상 때의 왕세손 공복은 대상(大喪) 때 전하**

의 시사복과 같다. 진현복(進見服)으로는 연제 전에는 포직령의(布直領衣), 포대, 포립을 착용하고, 연제 후에는 흰색을 사용하고, 담제 후에는 길복을 입는다.

제37항 **소내상(小內喪) 때의 시사복(視事服)으로는 길복(吉服)을 입는다.** ❶ 연거복(燕居服)으로는 백의, 백대, 흑립을 착용하고, 1년이 되면 벗는다. **소내상 때의 왕세자 공복은 내상(內喪)이 먼저 났을 때의 전하의 복(服)과 같다.** ❷ 연거복도 같다. 다만 모두 상제(祥祭) 후에는 길복을 입는다. **소내상 때의 왕세손 공복은 소상(小喪) 때와 같다.** ❸ 소내상이 먼저 났을 때에는 내상이 먼저 났을 때의 왕세자의 복과 같다. **소내상 때의 왕세손 진현복(進見服)은 연제(練祭) 전후에는 소상 때와 같고, 상제 후 담제(禫祭) 전에는 천담복을 입는다.** ❹ 소내상이 먼저 났을 때에는 담제 후 재기(再朞) 전에는 천담복을 입는다. ❺ 연거복으로는 상제 후에는 백의, 백대, 백립을 착용하고, 담제 후에는 길복을 입는다. 소내상이 먼저 났을 때에는 담제 후에는 백의, 참대(黲帶), 참립(黲笠)을 착용하고 3년을 마친다.

제38항 **종친, 문관, 무관은 대상(大喪) 때에 참최 삼년(斬衰三年)이며, 포(布)로** ❶ 생포(生布)이다. **만든 의상(衣裳)·중의(中衣)[25]·관(冠)·건(巾),** ❷ 망건(網巾)은 흰 테를 두르고 금관자와 옥관자를 떼어 낸다. **마로** ❸ 생마(生麻)이다. **만든 수질(首絰)·요질**

25 중의(中衣) : 최복(衰服) 밑에 입는 조금 거친 베로 만든 두루마기이다.

(腰絰)·대(帶), 죽장(竹杖), ❹ 종친은 도정(都正) 이상, 문관·무관·음관은 종2품으로 동지돈녕부사와 총관(摠管) 이상을 역임한 자, 당상관으로 장례원 판결사를 역임한 자, 당하관과 참하관으로 시종(侍從) 이상을 역임한 자, 외관으로 수사(水使) 이상을 역임한 자는 장(杖)이 있다. ❺ 관질(官秩)이 낮은데도 높은 직위에 차출되어 나간 경우에는 높은 관직을 기준으로 하고, 관직을 천직(遷職)한 경우에는 새로운 관직을 기준으로 하며, 폄직(貶職)을 당한 경우에는 폄직되기 이전의 관직을 기준으로 하여 장을 짚는다. **관리(菅履)[26]를 착용한다. 공복으로는 포원령의(布圓領衣), 포과모(布裹帽),[27] 포과각대(布裹角帶), 백피화(白皮靴)를 착용한다.** ❻ 화(靴)는 담제(禫祭)까지 같은 것을 착용한다. ❼ 종묘서, 사직서, 능(陵), 전(殿)의 관원이 입직할 때는 흉배(胸背)를 제거한 흑원령(黑圓領), 오사모(烏紗帽), 흑각대(黑角帶), 흑화(黑靴)를 착용한다. 해당 전(殿)과 본릉(本陵)의 관원 및 이하의 능관과 묘관(墓官)은 이런 복장을 하지 않는다. **연거복(燕居服)으로는 포의, 포대(布帶), 포립(布笠)을 착용한다. 연제(練祭),** ❽ 복제(服制)를 바꾼다. 의상, 관, 건, 다듬은 칡을 사용한 요질, 연포(練布)[28]를 사용한 교대(絞帶),[29] 마혜(麻鞋

26 관리(菅履) : 사초(莎草)로 삼은 신발로, 상주가 초상 때부터 졸곡 때까지 신는 짚신이다.

27 포과모(布裹帽) : 백포로 싼 사모(紗帽)이다.

28 연포(練布) : 베를 짠 후에 잿물에 삶아서 뽀얗게 처리한 삼베이다.

29 교대(絞帶) : 허리에 매는 띠로 요질 아래에 맨다. 참최 교대는 삼을 써서 만들고, 자최 교대는 베로 만든다.

미투리)를 착용한다. 공복과 연거복에는 흰색을 사용한다. **상제**(祥祭), **9** 공복으로는 진하게 물들인 회색의 원령(圓領), 오사모, 흑각대를 착용한다. **10** 입(笠)도 검은색이다. **담제**(禫祭)**를** **11** 흑원령, 오사모, 흑각대를 착용한다. 담제 후에는 길복을 입는다. **지내고 나서 길복으로 바꾸어 입는다. 백관의 처는 자최 기년**(齊衰朞年)**이며, 포로 만든 대수**(大袖)·**장군**(長裙)[30]·**대**(帶)·**개두**(蓋頭)[31]·**두수**(頭繻)[32]**와 죽차**(竹釵 대비녀), **백면포**(白綿布)**로 만든 신발을 착용한다. 연제 후에는 길복을 입는다.** **12** 최복을 입지 않는 자의 처와 서인(庶人) 여자는 백의를 입고, 1년이 되고서 벗는다.

제39항 **종친, 문관, 무관은 내상**(內喪) **때에 자최 기년**(齊衰朞年)**이며, 포로** **1** 생포(生布)이다. **만든 교대**(絞帶)**와** **2** 관무(冠武 관의 징두리)와 관영(冠纓 갓끈) 및 질영(絰纓)과 질계(絰繫)도 포를 사용한다. **마혜**(麻鞋)**를 착용하고 상장은 짚지 않으며 관자를 떼지 않는다. 나머지는 대상**(大喪) **때와 같다. 공복으로는 연제**(練祭) **후 담제**(禫祭) **전에 진현할 때에는 천담복을 입는다. 백관의 처는 백포로 만든 대수**(大袖)·**장군**(長裙)·**대**(帶)·**개두**(蓋頭)·**두수**(頭繻)**와 백피혜**(白皮鞋)**를 착용하며, 졸곡을 지내고**

30 포로……장군(長裙) : 거친 생포로 만든 큰 소매의 저고리와 긴 치마를 말한다.

31 개두(蓋頭) : 머리에 써서 얼굴을 가리는 쓰개의 한 가지로, 조금 고운 생포를 사용해 만든다.

32 두수(頭繻) : 머리 묶는 끈으로 조금 고운 생포를 사용해 만든다.

나서 벗는다. ❸ 최복을 입지 않는 자의 처와 서인(庶人) 여자는 백의를 입고, 졸곡을 지내고 나서 벗는다.

제40항 **종친, 문관, 무관의 경우 내상(內喪)이 먼저 났을 때의 복(服)은 내상 때와 같다. 다만 공복으로는 졸곡 후 상제(祥祭) 전에는 백포원령(白布圓領), 오사모(烏紗帽), 흑각대(黑角帶)를 착용하고, 상제 후 담제(禫祭) 전에 진현할 때에는 천담복을 입는다.** ❶ 제사에 배참(陪參)할 경우 담제 때까지는 천담복을 입고 담제 후에는 상복(常服)을 입는다. 세자가 제사를 지낼 경우 상제 후에는 백관이 배참하지 않으며, 여러 집사(執事)는 상제 후에는 천담복을 입고 담제 후에는 흑원령(黑圓領)과 흑각대를 착용하고, 담제 후에 제사를 섭행할 때는 상복(常服)을 입는다. ❷ 세자시강원 관원의 경우 졸곡 후 상제 전에 동궁(東宮)을 진현할 때에는 백포원령, 백포과모(白布裹帽), 각대(角帶)를 착용하고, 상제 후 재기(再朞) 전에는 천담복을 입는다. **백관 처의 복은 내상 때와 같다.**

제41항 **종친, 문관, 무관의 경우 소상(小喪) 때의 복(服)은 내상(內喪)이 먼저 났을 때와 같다. 다만 공복으로는 연제(練祭) 후 담제(禫祭) 전에 진현할 때에는 천담복을 입는다.** ❶ 백관의 처는 복이 없다.〈보편〉 ❷ 전하가 자최 기년(齊衰朞年)을 입는 경우에는 백포로 만든 의(衣)·모(帽)·대(帶)를 착용하고, 공제(公除) 후에는 오모(烏帽)와 오대(烏帶)를 착용한다. 연거복(燕居服)으로는 백포로 만든 의·대·입(笠)을 착용하고, 공제 후에는 흑립을 착

용한다.〈보〉

제42항 **종친, 문관, 무관의 경우 소내상(小內喪) 때에는 초종(初終)[33] 과 성복 때 천담복을 입는다.** ❶ 세자시강원 관원은 30일 동안 소복(素服)을 입고, 졸곡 전에 입직할 때와 기년(朞年) 안에 제사에 배참(陪參)할 때에는 천담복을 입는다.

제43항 **친자(親子)의 복(服)은 전하의 복과 같다.[34] 공복은 백관과 같다. 다만 상제(祥祭)에는 진하게 물들인 옥색원령(玉色圓領)을 입는다.**

제44항 **동성(同姓)과 이성(異姓)의 시마(緦麻) 이상의 친척으로 관직이 없는 사람,** ❶ 백관의 복(服)과 같다. ❷ 시마친 이상의 여자의 경우 대상(大喪) 때에는 참최 삼년(斬衰三年)이고, 내상(內喪) 때, 내상이 먼저 났을 때, 소상(小喪) 때에는 자최 기년(齊衰朞年)이다. **수릉관(守陵官), 시릉 내시(侍陵內侍),** ❸ 친자의 복과 같다. ❹ 수묘관(守墓官)과 시묘 내시(侍墓內侍)도 같다. **혼전(魂殿)의 종실,** ❺ 대상 때에는 백관의 복과 같다. 내상 때에는 연제(練祭) 후에 천담복을 입는다. 내상이 먼저 났을 때에는 상제(祥祭) 후에 천담복을 입는다. ❻ 혼궁(魂宮)의 종실은 소상 때

33 초종(初終) : 초상이 난 뒤로부터 졸곡(卒哭)까지의 장례 절차를 말한다.
34 친자(親子)의……같다 : 친자는 임금이 된 왕세자 이외의 대군이나 왕자를 가리키며, 전하는 왕세자로 있다가 즉위한 현재 임금을 가리킨다.

에는 연제 후에 천담복을 입고 삼년상을 마친다. 소내상(小內喪) 때에는 천담복을 입고 삼년상을 마친다. **성중관(成衆官),** 7 내금위(內禁衛), 충의위(忠義衛), 충찬위(忠贊衛), 충순위(忠順衛), 별시위(別侍衛), 족친위(族親衛)의 부류이다. 8 대상에는 포복 삼년(布服三年)을 입으며, –1 최복을 입지 않는다.– 공복과 연거복(燕居服)은 백관과 같고, 상제를 지내고 벗는다. 내상 때, 내상이 먼저 났을 때, 소상 때에는 포복 기년(布服朞年)을 입고, 공복과 연거복은 백관과 같다. 소내상 때에는 백관과 같다. **녹사(錄事), 서리(書吏),** 9 성중관과 같다. 다만 서리는 포로 싼 평정건(平頂巾)을 착용한다.〈보편〉 10 소상 때에 전하가 자최 기년을 입는 경우는 백포로 만든 의(衣)·모(帽)·건(巾)·대(帶)·입(笠)을 착용하고, 공제(公除) 후에는 흑모·흑건·흑립을 착용한다.〈보〉 **생원, 진사, 생도(生徒),** 11 대상 때에는 포복 삼년이며, 포의·포대(布帶)·포립(布笠)·백피화(白皮靴)·백피혜(白皮鞋)를 착용한다. 연제에는 흰색을 사용하며, 상제를 지내고서 벗는다. 내상 때, 내상이 먼저 났을 때, 소상 때에는 포복 기년을 입는다. 소내상 때에는 초종(初終)과 성복에 백의를 입고 외반(外班)에서 곡한다.〈보편〉 12 소상 때에 전하가 자최 기년을 입는 경우는 백포로 만든 의(衣)·대(帶)·입(笠)을 착용하며, 공제 후에는 흑립을 착용한다.〈보〉 13 학교(學校)에 들어갈 때는 백건(白巾)을 착용하고, 대성전(大成殿) 안으로 들어갈 때는 흑건을 착용한다. **갑사(甲士), 정병(正兵),** 14 대상 때에는 백의 삼년(白衣三年)이며, 백립, 생포대(生布帶)를 착용한다. 연제에는 흰색을 사용하며, 상제를 지내고서 벗는다. 내상 때, 내상이 먼저 났을 때, 소상 때에는 백의 기년(白衣朞年)을 입는다. **서인(庶人), 승도(僧徒), 조례(皁隸), 나장(羅將)은** ⓯ 갑사와 같이 하되, 다만 백대를 착용한다. 나장은 백건을 착용한다. **최복, 포복, 백의를 차등 있게 입는다.**〈보편〉

제 2 조 **능묘(陵廟)** 전(殿)·단(壇)·태실(胎室)·역대제릉(歷代諸陵) 항목을 붙임

제 1 항 **능의 화소(火巢)[35]는 해자의 외변(外邊)을 경계로 한다.** ❶ 화소 안을 침범하여 매장하는 것을 금단한다.〈속〉 ❷ 화소 외안(外案)[36]의 금표(禁標) 구역 안에 몰래 매장하면 사형을 감하여 정배(定配)한다.〈증〉 ❸ 수릉군(守陵軍)은 선왕(先王)·선후(先后)의 능에 각각 70명을 차정하되, 천묘(遷廟)[37]할 경우는 30명이다.〈경〉〈보〉 ❹ 수릉군에 결원이 생기면 수릉군의 자손으로 대신 충원한다.〈증〉

제 2 항 **천릉(遷陵)할 때에는 계릉(啓陵)[38]하기 4일 전에 고유제(告由祭)를 지내며, 계릉할 때 성복하고 망곡(望哭)한다.** ❶ 시복(緦服)을 입는다.[39] ❷ 종친과 문무 관원 모두 시복을 입고 망곡한다. ❸ 의정부 대신은 백관을 인솔하고 진향(進香)한다. **발인(發**

35 화소(火巢) : 능(陵), 원(園), 묘(墓) 등의 해자 밖에 있는 풀과 나무를 불살라 버린 곳이다. 능 바깥에서 발생한 불길이 능 구역으로 넘어오지 못하게 하는 방화벽의 역할을 한다.

36 외안(外案) : 풍수지리설에서 말하는 안산(案山) 가운데 맨 밖에 있는 앞산으로, 묏자리를 보호하는 역할을 한다. 안산이 중첩되어 있는 경우 혈에서 가까운 산을 내안산(內案山), 내안산의 뒤에 있는 산을 외안산(外案山)이라고 한다.

37 천묘(遷廟) : 제사 지낼 대수(代數)가 다하여 사당을 옮기는 일이다.

38 계릉(啓陵) : 이장하기 위해 능(陵)의 봉분을 파헤쳐 무덤의 구덩이를 여는 일이다.

39 시복(緦服)을 입는다 : 친히 시신과 관을 볼 때 복(服)이 없을 수 없으므로 3개월 동안 시복을 입은 후 탈복한다.

引)할 때, 하현궁(下玄宮)할 때, 우제(虞祭)를 지낼 때 망곡한다. ❹ 종친과 문무 관원 모두 망곡한다. ❺ 천릉도감(遷陵都監)과 산릉도감(山陵都監)을 설치하고 모두 제조를 둔다. 제주관(題主官)[40]이 지방(紙榜)을 쓰며, 봉애책관(捧哀冊官)·봉옥백관(捧玉帛官)[41]의 의식과 집의(執義)가 봉표(封標)하는 것[42]은 인산(因山) 때와 같다.〈속례〉 ❻ 천릉할 때에 여러 도의 도신(道臣)은 경계에서 대기한다.〈증〉

제3항 **능침(陵寢)에 전알(展謁)하는 일은 매년 봄가을에 예조에서 계품한다.** ❶ 2월과 8월에 계품하되, 여러 능에 두루 전알의 예를 행한 후에는 추전알(秋展謁)만 계품한다.[43] ❷ 능행(陵幸)할 때의 어로(御路)를 침범하여 경작한 사람은 장(杖) 100이다. 관찰사는 추고하고, 지방관은 파직한다.

40 제주관(題主官) : 장례를 치른 뒤 산소에서 신주를 만들어 거기에다 죽은 사람의 직함과 이름을 쓰는 임시 관직이다. 문관 당상관 이상의 글씨를 잘 쓰는 자로 임명한다. 본서 〈예전 상례(喪禮)〉 참조.

41 봉애책관(捧哀冊官)·봉옥백관(捧玉帛官) : 봉애책관은 제왕(帝王)이나 후비(后妃)의 죽음을 애도하여 지은 글인 애책(哀冊)을 받들어 올리는 임시 관직이고, 봉옥백관은 발인제(發靷祭) 때 무덤에 넣는 옥과 비단을 받들어 올리는 임시 관직이다.

42 집의(執義)가 봉표(封標)하는 것 : 봉표는 능침의 자리를 정하여 봉분하고 세우는 나무 표이다. 사헌부 집의는 인산(因山) 때 현궁(玄宮)의 문에 봉표하는 봉표관의 직임을 담당하였다. 《國朝五禮儀 遷奠儀》 본서 〈예전 상례(喪禮)〉 참조.

43 2월과……계품한다 : 2월과 8월에 전알하는 것이 정해진 관례이지만, 왕이 등극한 후 봄과 가을에 여러 능에 두루 전알한 뒤에는 매년 추전알(秋展謁) 한 번만 하였다. 《續大典 禮典 奉審》《日省錄 正祖 4年 1月 21日》

제 4 항 **봉릉(封陵) 위 사초(莎草)와 석물(石物)에 탈이 있는 곳과**〈속〉 **1** 정자각(丁字閣) 전(殿) 안에 탈이 있는 경우도 같다.〈증〉 **능에 화재가 난 곳은 의정부 대신,** **2** 시임 의정(時任議政)에게 사정이 있으면 원임 대신(原任大臣)이 한다. **예조의 당상과 낭청, 관상감 제조,** **3** 사정이 있으면 예조 당상이 겸하여 나아간다. **선공감 제조,** **4** 사정이 있으면 공조 당상이 한다. **선공관**(繕工官), **상지관(相地官), 화원(畫員)이 봉심한다.** **5** 개수할 때에도 이와 같이 하되, 화원은 봉심하지 않는다. **6** 사초가 장맛비로 인해 빈틈이 생기면 능관이 예조에 보고하고, 각 관사에서 유둔(油芚) 등의 물건을 속히 진배(進排)하게 하여 능관이 덮어 두고 의정의 봉심을 기다린다.[44] **7** 봉릉 외에 계체(堦砌),[45] 석물, 곡장(曲墻), 정자각 및 화소(火巢) 안의 화재가 발생했던 곳을 봉심할 때에는 예조의 당상과 낭청만 나아가고, 개수할 때에는 선공관이 함께 나아간다.〈속〉 **8** 홍살문(紅箭門)과 수복방(守僕房)을 개수할 때에는 능관이 감독한다.〈증〉 **9** 개수할 때 각 관사에서 잡물(雜物)을 진배하는 것은 20일을 기한으로, 바꾸는 경우는 10일을 기한으로 한다. 감역(監役), 참봉(參奉), 서원(書員)의 이름 및 수리한 곳을 장부에 적어 두고, 4년 안에 무너지거나 훼손되면 감역관은 파직하며, 색리와 양인은 조례(皁隷)로 강등하고, 사천(私賤)은 신(神)이 쓰는 물품을 버리거나

44 사초가……기다린다 : 《속대전》《예전 봉심(奉審)》에 있다.
45 계체(堦砌) : 무덤 앞에 편평하게 만들어 놓은 섬돌이나 축대를 쌓는 데 쓰는 길게 다듬어 만든 돌이다.

훼손한 경우에 대한 율[46]로 논한다.〈속〉

제5항 **능(陵)·원(園)·묘(墓)는 경기 감사가 매년 봄가을에 봉심하여 계문한다.**〈경〉〈보〉 ❶ 주산(主山)에서 내려오는 산맥에 박석(薄石)을 조성한 곳이 비로 인해 훼손되어 웅덩이가 생겼는지 아울러 살핀다.〈경〉 ❷ 원의 수위군(守衛軍)과 묘의 수묘군(守墓軍)의 정원은 각각 30명이다.〈보〉

제6항 **매년 정조(正朝)에 헌관(獻官)이 능(陵)에 잡목과 잡초가 있는지 봉심한다.** ❶ 한식에 능의 잡목과 잡초를 뽑아 제거한다.〈경〉 ❷ 충해를 입은 나무는 능관이 보고해 오면, 예조의 낭청을 보내 함께 적간하고 베도록 한다.〈증〉

제7항 **북도의 각 능(陵)[47]과 장릉(莊陵)[48]은 5년에 한 차례 예조의 당상이 봉심한다.** ❶ 능을 개봉(改封)할 때에는 의정부와 예조 당상이 나아가고, 사초(莎草)를 개수할 때에는 예조의 당상과

46 신(神)이……율 : 대사(大祀)에 신이 쓰는 물품을 버리거나 훼손하면 장 100 도 3년이다.《大明律 禮律 祭祀 毁大祀丘壇》

47 북도의 각 능(陵) : 함경도에 있는 태조 이성계의 선조로서 추존된 왕과 왕비의 능(陵)으로 목조(穆祖)의 능인 덕릉(德陵)과 그 비 효공왕후(孝恭王后)의 능인 안릉(安陵), 익조(翼祖)의 능인 지릉(智陵)과 그 비 정숙왕후(貞淑王后)의 능인 숙릉(淑陵), 도조(度祖)의 능인 의릉(義陵)과 그 비 경순왕후(敬純王后)의 능인 순릉(純陵), 환조(桓祖)의 능인 정릉(定陵)과 그 비 의혜왕후(懿惠王后)의 능인 화릉(和陵) 등이다.

48 장릉(莊陵) : 단종의 능으로 강원도 영월에 있다.

낭청만 감독한다.〈속〉 **2** 장릉은 지방관이 1월, 4월, 7월, 10월에 참봉과 함께 봉심하고, 탈이 있는지의 여부를 관찰사에게 보고하면 관찰사가 장계로 보고한다.〈증〉〈보〉

제8항 **종묘에 전알(展謁)하고 경모궁(景慕宮)[49]에 전배(展拜)하는 일은 1월과 7월에 여쭙는다.**〈증〉 **1** 육상궁(毓祥宮)[50]에 전배하는 일은 3월에 여쭙는다.

제9항 **종묘와 영녕전(永寧殿)[51]은 매해 2월과 8월에 종묘서의 제조와 예조의 당상과 낭청이 봉심한다.**〈속〉 **1** 종묘를 봉심할 때에는 호조의 당상과 낭청이 함께 나아가며, 장악원 제조도 나아가서 악기(樂器)를 함께 봉심한다.〈증〉 **2** 종묘의 전내(殿內)는 5일마다 입직관(入直官)이 봉심하고, 휘장 안은 삭망제(朔望祭)

49 경모궁(景慕宮) : 영조의 둘째 아들인 사도세자와 그의 비 헌경왕후(獻敬王后)의 사당이다. 1776년 정조가 즉위하면서 비명에 간 부친 사도세자에게 장헌(莊獻)이라는 시호를 올리고 사당도 다시 지어 경모궁이라 하였다. 1839년(헌종5)에 소실되었으며 현재는 함춘문(含春門)과 석단(石壇)만 남아 있다.

50 육상궁(毓祥宮) : 숙종의 후궁이자 영조의 생모인 숙빈(淑嬪) 최씨(崔氏)의 신궁이다. 저경궁(儲慶宮)·대빈궁(大嬪宮)·연호궁(延祜宮)·선희궁(宣禧宮)·경우궁(景祐宮)·덕안궁(德安宮) 등 여러 궁이 경내에 합사(合祀)되어 있어서 '7궁(七宮)'으로도 불린다. 서울 종로구에 있다.

51 영녕전(永寧殿) : 임금이나 왕비로서 종묘에 모실 수 없는 신위를 봉안하던 곳이다. 태조의 4대조인 목조(穆祖)·익조(翼祖)·도조(度祖)·환조(桓祖)와 그 비(妃), 대가 끊어진 임금인 정종·문종·단종·덕종·예종·인종·명종·원종·경종·진종과 그 비를 모셨다.

를 지낸 후 및 5일과 20일에 봉심한다.〈속〉 **3** 개수할 때에 종묘서의 제조, 예조·호조·공조의 당상과 낭청, 선공관(繕工官)이 나아가고, 폐기물은 함께 모여 소각한다. 신주(神主)를 이안(移安)하거나 환안(還安)할 때에 도제조도 같이 나아간다.〈속〉〈보〉 **4** 책보(冊寶) 및 왕위 계승에 대한 고명(誥命)은 전알(展謁)할 때에 봉심하되, 매년 봄가을에 종묘서의 제조와 예조의 당상과 낭청이 봉심한다.〈경〉〈보〉 **5** 조경묘(肇慶廟)[52]는 도신(道臣)이 봉심한다.〈보〉

제10항 **경모궁은 매년 봄가을에 본궁(本宮)의 제조, 예조·호조의 당상과 낭청이 봉심한다.** **1** 장악원(掌樂院)의 제조가 악기(樂器)를 봉심하는 것은 태묘(太廟)의 경우와 같다. **2** 5일마다 입직관(入直官)이 봉심한다.〈증〉 **3** 개수할 때에는 경모궁의 제조, 예조·호조·공조의 당상과 낭청, 선공관(繕工官)이 나아간다. 신주(神主)를 이안(移安)하거나 환안(還安)할 때, 도제조도 같이 나아간다.〈증〉〈보〉

제11항 **영희전(永禧殿)[53]에 전알(展謁)하는 것은 작헌례(酌獻禮)를 행하는 연차가 아니면 1월에 여쭌다.** **1** 태묘에 전알할지를 여쭐

52 조경묘(肇慶廟) : 전주 이씨의 시조인 사공(司空) 이한(李翰)의 위패를 봉안한 전각으로, 전라북도 전주에 있다.

53 영희전(永禧殿) : 조선조 태조·세조·원종(元宗)·숙종·영조·순조의 어진을 봉안한 전각이다. 남별전(南別殿)으로 불리다가 1690년(숙종16) 영희전으로 바뀌었다.

때 함께 여쭌다.〈보〉 **2** 매년 봄가을에 예조의 당상과 낭청이 봉심한다. 개수할 때에는 예조의 당상과 낭청, 호조의 낭청, 선공관(繕工官)이 나아간다. **3** 영정(影幀)은 5일마다 전관(殿官)이 봉심한다.〈속〉 **4** 경기전(慶基殿)[54]·준원전(濬源殿)[55]·장녕전(長寧殿)[56]은 도신(道臣)과 수신(守臣)이 봉심한다.〈보〉 **5** 진전(眞殿)[57]은 예관(禮官)과 전관이 봉심하는 것 외에 사사로이 봉심하는 것을 엄히 금한다. 서울과 지방이 같다. **6** 수복(守僕)은 승정원에서 취재(取才)하여 비망(備望)해서 낙점을 받는다.〈증〉 **7** 영정은 봉심할 때에 매번 펼쳐 놓으며, 손재주가 있는 장수(匠手)를 택하여 수복 중에 섞어서 차정한다.[58] 장녕전도 같다.〈속〉〈증〉

제12항 **규장각에 봉안한 어진(御眞)은 해마다 1월과 7월에 왕세자가 시원임(時原任) 각신을 거느리고 길일을 택해 봉심하며, 해마다 1월·4월·7월·10월 보름에 시원임 각신이 봉심하며,** **1** 비나 눈이 내리면 임금의 뜻을 여쭈어 날짜를 택하되, 그달 안에 연기

54 경기전(慶基殿) : 태조 이성계의 어진을 봉안한 전각으로 전라북도 전주에 있다.

55 준원전(濬源殿) : 태조 이성계의 어진을 봉안한 전각으로 함경남도 영흥군에 있다.

56 장녕전(長寧殿) : 숙종과 영조의 어진을 봉안한 전각으로 인천 강화군에 있다.

57 진전(眞殿) : 왕의 초상화인 어진을 봉안하고 제사 지내던 곳이다.

58 영정은……차정한다 : 1741년(영조17) 영조가 영정(影幀)을 5일마다 봉심할 때 영정을 펼쳐 놓는 일이 분명 어려울 것이라 하고, 궐원인 수복(守僕) 대신에 장수(匠手) 중에서 손재주가 있는 자를 택하여 차정하도록 하였다.《承政院日記 英祖 17年 2月 11日》

하여 행한다. **달마다 5일 간격으로 각신이 인원을 갖추어** 2 제학이나 직학 중 한 사람, 직각이나 대교 중 한 사람이다. 사정이 있으면 원임 중에서 검교(檢校)로 계청하여 차출한다.[59] **봉심한다.**〈증〉

제13항 **사직과 문묘(文廟)는 봄가을마다 예조·호조·공조의 낭관이 봉심한다.**〈속〉 1 장악원 제조도 함께 나아가서 악기(樂器)를 봉심한다.〈보〉 2 사직을 봉심할 때에는 먼저 망신실례(望神室禮)[60]를 행한다. 3 입직하는 낭관은 청재(淸齋)한 뒤에 봉심한다. 4 사직서에 평복(平服) 차림으로 출입하면 낭관이든 부장(部將)이든 따지지 않고 모두 엄중하게 감처(勘處)한다.〈증〉 5 각처에 있는 단유(壇壝)[61]의 홍살문(紅箭門) 및 주위의 담장과 기와는 해마다 1월·4월·7월·10월에 예조 낭관을 보내어 간심(看審)한다.〈보〉

59 원임……차출한다 : 검교는 정원 외에 임시로 증원할 때나 실제 사무를 보지 않고 이름만 가지고 있게 할 때, 검교 문하시중(檢校門下侍中), 검교 정승(檢校政丞) 등으로 그 벼슬 이름 앞에 붙여 이르던 말이다. 영조·정조 때에는 임시로 규장각 제학이나 직각의 사무를 맡아보던 사람의 벼슬 이름 앞에 붙여 이르기도 하였는데, 제학 이하의 관직에 결원이 있으면 전임자를 검교로 차출하여 임시로 일을 보게 하였다.《典律通補 吏典 京官職》

60 망신실례(望神室禮) : 봄가을에 사직을 봉심할 때 신실(神室)을 바라보고 절하는 예식이다.

61 단유(壇壝) : 단(壇)은 제사 지내는 장소로 흙을 쌓아 만들었는데 동서남북과 중앙의 방위에 따라 청·백·적·흑·황의 흙을 깔았다. 유(壝)는 단을 둘러싸며 만든 토담으로 단유는 단과 그 둘레의 경역을 일컫는다.

제14항 **대보단(大報壇)**[62]**은 매년 정월에 예조와 호조의 당상과 낭청이 봉심한다.** ❶ 장악원 제조가 함께 나아가서 악기(樂器)를 봉심한다. ❷ 수복(守僕)은 한인(漢人)의 자손으로 병조에서 의망하여 차임한다.〈보〉

제15항 **대전(大殿)·왕비·왕세자의 태실(胎室)은 관찰사가 능묘를 봉심할 때에 아울러 봉심한다.**〈경〉 ❶ 대왕(大王) 태실의 석물(石物)을 개조할 때에는 예조의 당상관과 감역관이 나아간다.〈속〉 ❷ 대왕 태실의 범위는 300보이고, 왕세자의 태실은 200보이다. 이 보수 밖의 수목을 오래 기른 곳에서는 벌목하거나 집을 짓는 일 등을 일절 금한다.[63] 금표(禁標) 지역인 화소(火巢) 안에서 나무를 베거나 매장(埋葬)하면 원릉(園陵)의 수목을 훔친 죄에 대한 율[64]에 따라 처벌한다.〈속〉〈보〉 ❸ 선왕(先王)과 선후(先后)의 태실을 살피는 간수군(看守軍)은 각각 4명인데 친진(親盡)[65]하면 2명이고, 대전·왕비의 태실에는 각 8명, 세자의 태실에는 4명이다.〈경〉

62 대보단(大報壇) : 임진왜란 때 원군을 보낸 신종(神宗)의 은의(恩義)를 기리기 위해 세운 제단이다.

63 이……금한다 : 1702년(숙종28) 태실의 300보 밖의 수목을 오래 기른 곳에서는 벌목이나 집을 짓는 것을 금단하도록 하였다.《承政院日記 肅宗 28年 閏6月 25日》

64 원릉(園陵)의……율 : 장 100 도 3년이다.《大明律 刑律 盜賊 盜園陵樹木》

65 친진(親盡) : 제사 지낼 대수(代數)가 다한 것이다.《경국대전》에 따르면 왕은 4대, 6품 이상의 문무관은 3대, 7품 이하 관원은 2대, 서인(庶人)은 부모만을 제사 지내도록 하였으나, 조선 중기 이후에는 4대 봉사가 관례화되어 친진도 4대가 지난 5대를 의미하게 되었다.《經國大典 禮典 奉祀條》

제16항 **숭의전(崇義殿)[66]은 매년 한 차례 경기 감사가 봉심한다.**

제17항 **고려조 여러 왕릉의 보수(步數) 안에서는**〈속〉 **1** 태조(太祖) 능은 200보, 현종(顯宗)·문종(文宗)·충경왕(忠敬王)의 능은 150보, 그 외의 능은 100보이다.〈보〉 **경작이나 매장을 금하고, 3년에 한 차례 예조 낭청이 적간한다.**〈속〉 **2** 신라 경순왕(敬順王) 묘는 고려 왕릉의 예(例)에 따라 보수를 정하고, 수호군(守護軍)을 둔다.〈증〉 **3** 역대 시조(始祖) 및 고려의 태조·현종·문종·충경왕의 능 소재지 수령은 매년 이를 살피고 전토의 경작이나 땔나무 벌채를 금한다.〈경〉 **4** 역대 제왕의 능침에서 경작하거나 방목(放牧)하면 장(杖) 80이다.〈율〉 **5** 고려 태조 능의 수릉군(守陵軍)은 3명, 현종·문종·충경왕의 능은 각각 2명, 기자묘(箕子墓)는 1명이다.〈경〉

제18항 **사직의 뒤쪽 담장 안팎은 구역을 나누어 주어 관리하게 하고, 사직서의 관원이 매일 살핀다.** **1** 담장의 안쪽은 사직서의 노(奴)가, 바깥쪽은 담 근처에 사는 사람이 관리하게 하되, 인가(人家)가 없는 곳에는 경수군(警守軍)을 설치하여 번갈아 가며 지키게 한다. 기와가 떨어져 나가거나 파손된 부분이 있으면 관리를 나누어 맡은 사람 및 군사를 조사해서 논죄하고, 이들에게 비용을 나누어 징수하여 보수한다.〈속〉

66 숭의전(崇義殿) : 고려 태조 이하 혜종, 정종, 광종, 경종, 성종, 목종, 현종의 위패를 모신 사당으로, 경기도 연천군 미산면에 있다.

제19항 **경모궁의 궁장(宮墻)은 봄가을마다**〈증〉 **1** 궁성(宮城)과 도성(都城)을 순심(巡審)할 때이다.〈보〉 **병조·공조·한성부의 당상과 낭청이 본궁(本宮)의 제조와 함께 순심한다.**〈증〉〈보〉 **2** 담장 수축(修築)은 궁장 수축의 예(例)에 따라 삼군문(三軍門)에서 거행한다. 함춘원(含春苑)도 같다.〈증〉

제20항 **부장(部將) 각 1명이 사직, 종묘,** **1** 경모궁도 같다. **영희전(永禧殿), 명례문(明禮門)에 나뉘어 수직한다.**〈보〉 **2** 종묘의 외대문(外大門)[67]은 궐문(闕門)의 예(例)에 따라 열고 닫는 것을 부장이 직접 감독한다. 경모궁도 같다.〈속〉〈증〉 **3** 사직, 종묘, 영희전, 경모궁의 수직군은 향군(鄕軍)에서 뽑아 정하되, 정하여 보내는 것을 성실하게 하지 않으면 분군 위장(分軍衛將)을 무거운 율로 처벌하고, 잘 살피지 못한 본서(本署)의 관원도 같은 죄로 처벌한다.

제21항 **능(陵)·원(園)·묘(墓)의 수목을 범작(犯斫)하였는데 이를 적발하지 못하였으면 범작한 사람과 능관을 논죄한다.** **1** 아름드리나무 –**1** 판재를 만들 만한 것이다.– 1그루이면 능관은 도(徒) 3년, 능군(陵軍)은 유(流) 2000리이다. 2그루 이상은 등급을 더하되 유 3000리에 그친다. 소나무와 잡목의 경우 대목(大木)은 –**2** 건축 재목으로 적합한 것이다.–〈증〉 1그루 이상이면 능군은 장(杖) 100, 4그루 이상이면 도 2년, 7그루 이상이면 도 3년

67 외대문(外大門) : 종묘의 정문으로 외삼문(外三門)이라고도 한다.

이다. 능관은 4그루 이하는 사일(仕日)을 삭감하고, 5그루 이상이면 파직하고, 7그루 이상이면 고신(告身) 3등을 추탈한다. 10그루 이상이면 능군은 유 3000리, 능관은 도 3년이다. 중목(中木)은 10그루 이하면 능군은 장 80, 10그루 이상이면 장 100, 20그루 이상이면 도 1년, 30그루 이상이면 도 2년이다. 능관은 50그루 이상이면 고신 3등을 추탈하고, 30그루 이상이면 파직하고, 30그루 이하이면 사일을 삭감한다. 소목(小木)은 10그루 이상이면 능군은 태(笞) 40, 20그루 이상이면 장 60이고, 능관은 10그루 이상이면 사일을 삭감하고, 10그루 이하이면 추고한다. 적발하여 예조에 보고하면 논하지 않는다. 능속(陵屬)이 범작하면 《대명률》을 따르되 3등급을 더한다. 〈증〉〈보〉

– **3** 원이나 능의 수목을 도벌(盜伐)하면 수범과 종범 모두 장 100 도 3년이다. –[68]

제22항 **태묘(太廟)의 문(門)이나 산릉(山陵) 묘역 주변의 문에 함부로 들어가면 장(杖) 100이고, 대사(大社)의 문에 함부로 들어가면 장 90이다.** **1** 문의 경계를 넘지 않았으면 1등급을 줄인다. 수위(守衛)하는 사람이 범인을 고의로 묵인하면 범인과 같은 죄이며, 제대로 각찰(覺察)하지 못하였으면 3등급을 줄인다.[69]

68 원이나……3년이다 : 《대명률》〈형률 도적(盜賊)〉 도원릉수목(盜園陵樹木) 조에 있다.

69 태묘(太廟)의……줄인다 : 《대명률》〈병률 궁위(宮衛)〉 태묘문천입(太廟門擅入) 조에 있다.

제23항 **대사(大祀)[70]의 구단(丘壇)을 훼손하면 장(杖) 100 유(流) 2000리이다.** ❶ 유문(壝門)[71]이면 2등급을 줄인다. ❷ 중사(中祀)의 경우도 같다.〈율〉 ❸ 모든 제단과 묘단(廟壇) 밖의 30보 이내는 벌채나 경작 및 사람의 통행을 금한다.〈오례〉

70 대사(大祀) : 본서 〈예전 제례(祭禮)〉 3항 참조.

71 유문(壝門) : 구단(丘壇) 주위를 둘러싼 담이 유(壝)이며, 이 담에 나 있는 문이 유문이다.

제3조 제례(祭禮)

제1항 **제사를 지내는 날짜는 예조가 정해진 날짜로부터 3개월 전에 계문하고, 서울과 지방의 아문에 공문을 보낸다.**〈경〉 ❶ 대사(大祀)를 지내는 날짜를 담당 관사가 여러 아문에 미리 알리지 않으면 태(笞) 50이고, 이로 인하여 대사의 일을 그르치면 장(杖) 100이다. 중사(中祀)의 경우도 같다.〈율〉

제2항 **정해진 날짜가 없는 모든 제사는 길일을 택하여 지낸다.**

제3항 **사직,** ❶ 2월과 8월 첫째 무일(戊日)과 납일(臘日)에 지낸다. 주(州)·현(縣)에서는 납일에 지내지 않는다.〈오례〉 ❷ 기곡제(祈穀祭)[72]는 1월 첫째 신일(辛日)에 지낸다.〈속례〉 **대보단(大報壇),** ❸ 3월 상순(上旬)에 지낸다. ❹ 종향(從享)에게도 아울러 제사 지낸다.〈보〉 **종묘,** ❺ 1월·4월·7월·10월 상순〈오례〉 –❶ 택일할 때 국기(國忌)로 인해 재계하는 날과 국기일 당일은 택하지 않는다.〈증〉– 과 납일에 지낸다. ❻ 칠사(七祀)[73]의 경우 봄에는 사명(司

72 기곡제(祈穀祭) : 기곡대제(祈穀大祭), 기년제(祈年祭), 기풍제(祈豐祭)라고도 하며 정월 첫 신일(辛日)에 그해의 풍년을 기원하며 지내던 제사이다.

73 칠사(七祀) : 《주례》 주소 소전(注疏小箋)에 "큰일을 기구(祈求)하는 대신(大神)이 아니고 인간 사이에 있으면서 사람들의 작은 허물을 살펴 벌을 주는 소신(小神)들로, 궁중(宮中) 소신인 사명(司命), 당실(堂室) 거처를 주관하는 중류(中霤), 출입을 주관하는 국문(國門)과 호(戶), 도로를 주관하는 국행(國行), 살벌(殺罰)을 주관하는 태려(泰厲), 음식을 주관하는 조(竈)이다."라고 하였다.

命)과 사호(司戶)에, 여름에는 사조(司竈)에, 가을에는 국문(國門)과 공려(公厲)에, 겨울에는 국행(國行)에 각각 시향(時享)으로 제사 지내고, 중류(中霤)에는 6월의 토왕일(土旺日)[74]에 제사 지낸다. 납향제(臘享祭)[75]는 칠사에 두루 지낸다. 칠사에 지내는 제사는 소사(小祀)이다. 7 배향(配享) 공신에게는 사시(四時)와 납일에 모두 제사 지내되, 제사를 섭행할 때는 동향(冬享)만 지낸다. **영녕전(永寧殿)에**〈오례〉 8 종묘의 시향 때 함께 지내되 봄과 가을에만 제향한다. 만약 종묘에 친향(親享)할 때라면 봄가을이 아니더라도 관원을 보내어 지낸다.〈오례〉〈보〉 **지내는 제사는 대사(大祀)이다. 풍운뇌우단(風雲雷雨壇),**[76] 9 산천단(山川壇)과 성황단(城隍壇)이 같이 있다.[77] **악해독단(嶽海瀆壇),**〈오례〉 10 2월과 8월 상순에 지낸다.〈오례〉〈경〉 **선농단(先農壇),**[78] 11 경칩 후 해일(亥日)에 지낸다. **선잠단(先蠶壇),**[79] 12 3월 사일

74 토왕일(土旺日) : 오행에서 토(土)의 기운이 왕성한 날로 18일씩 1년에 네 번 있어 총 72일이다. 입하 전 18일을 봄의 토왕, 입추 전 18일을 여름의 토왕, 입동 전 18일을 가을의 토왕, 입춘 전 18일을 겨울의 토왕이라고 한다.

75 납향제(臘享祭) : 납일(臘日)에 한 해 동안 지은 농사 형편과 그 밖의 일을 여러 신에게 고하는 제사이다.

76 풍운뇌우단(風雲雷雨壇) : 풍운뇌우산천성황단(風雲雷雨山川城隍壇)에서 가운데에 위치한 바람, 구름, 우레, 비의 신좌(神座)를 가리킨다.

77 산천단(山川壇)과……있다 : 산천단은 풍운뇌우단의 왼쪽, 성황단은 오른쪽에 있다.

78 선농단(先農壇) : 중국 상고 시대에 처음으로 백성에게 농사를 가르쳤다는 신농씨(神農氏)에 대한 제사를 지내던 제단이다.

79 선잠단(先蠶壇) : 처음으로 양잠(養蠶)을 시작하였다는 신인 서릉씨(西陵氏)에 대한 제사를 지내던 제단이다.

(巳日)에 지낸다. **우사단**(雩祀壇),[80] 〈오례〉 13 4월 상순에 지낸다. 〈오례〉〈경〉 **문선왕**(文宣王 공자), 14 2월과 8월의 첫째 정일(丁日)에 지낸다.〈오례〉 15 종향에도 아울러 제사 지낸다.〈보〉 **역대 시조**(始祖),[81] 16 2월과 8월에 지낸다.〈오례〉 **궁묘**(宮廟)**에** 17 춘분, 추분, 동지, 하지에 지낸다.〈보〉 18 경모궁에는 2월, 5월, 8월, 11월 상순과 납일에 지낸다.〈증〉 19 저경궁(儲慶宮)[82]에는 춘분과 추분에 지낸다.〈보〉 **지내는 제사는 중사**(中祀)**이다. 명산대천**(名山大川), 20 2월과 8월에 지낸다.〈오례〉 21 별기제(別祈祭)[83]는 정월에 지낸다.〈보〉 **사한단**(司寒壇),[84] 22 얼음을 저장할 때는 12월에, 빙고(氷庫)를 열 때는 춘분에 지낸다. **영단**(禜壇),[85] 23 오랫동안 비가 내리면 제사 지낸다. **여단**(厲壇),[86] 24 봄에는 청명에, 가을에는 7월 15일에, 겨울에는 10월 1일에 지낸다.〈오례〉 25 성황발고제(城隍發告祭)를 먼저 남단(南壇)에서 지내고, 3일 뒤에

80 우사단(雩祀壇) : 가뭄이 계속될 때 하늘에 비를 비는 제사를 지내던 제단이다.

81 역대 시조(始祖) : 단군, 기자, 고구려 시조, 신라 시조, 백제 온조, 고려 시조이다.

82 저경궁(儲慶宮) : 선조의 후궁이자 원종(元宗)의 사친(私親)인 인빈(仁嬪) 김씨(金氏)의 신판을 봉안한 궁이다.

83 별기제(別祈祭) : 산천 별기제로, 국가의 안전과 평안을 위해 명산대천에서 지내던 산신제의 하나이다.

84 사한단(司寒壇) : 겨울이 너무 따뜻할 때 또는 눈이 너무 오지 않을 때 제사를 지내는 제단이다.

85 영단(禜壇) : 오랫동안 장마가 질 때에 날이 개기를 비는 기청제(祈晴祭)를 지내는 제단이다.

86 여단(厲壇) : 나라에 역질(疫疾)이 돌 때나 천재, 전란에 죽은 자와 자손이 없어 제사를 받아먹지 못하는 귀신에게 제사를 지내는 제단이다.

여제(厲祭)[87]를 지내는데, 성황신(城隍神)을 모시고 가서 아울러 제사 지낸다.〈속〉 **포단(酺壇),** 26 황명(蝗螟)[88]이 나타나면 제사 지낸다. **둑소(纛所),**[89] 27 경칩과 상강에 지낸다.〈오례〉 **계성사(啓聖祠),**[90] 28 2월과 8월의 첫째 정일에 지낸다.〈속례〉 **숭절사(崇節祠),**[91] 29 2월과 8월의 둘째 정일에 지낸다.〈보〉 **관왕묘(關王廟),**[92] 30 경칩과 상강에 지낸다. **선무사(宣武祠),**[93] 31 3월과 9월의 둘째 정일에 지낸다.〈속례〉 32 명(明) 관군(官軍)을 제사 지낸다.〈보〉 **해괴제(解怪祭)[94]에** 33 3, 4곳 이상의 고을에서 지진이 일어나면 중앙이 되는 고을에서 지낸다.〈증〉 **지내는 제사는 소사(小祀)이다.** 34 주·현에서는 사직제(社稷祭), 문선왕 석전

87 여제(厲祭) : 전염병 등 여러 가지 재액으로 인하여 죽어서 제사를 지내 줄 사람이 없는 여귀(厲鬼)를 위하여 지내 주던 제사이다. 지방의 각 고을에서 통상 봄가을에 지냈다.

88 황명(蝗螟) : 메뚜기 떼 등의 해충이다.

89 둑소(纛所) : 대가(大駕)나 군대의 행렬 앞에 세우던 대장기(大將旗)인 둑(纛)을 보관하던 곳으로, 이곳에서 둑신(纛神)에게 지내는 제사를 둑제(纛祭), 둑소제(纛所祭)라고 하였다.

90 계성사(啓聖祠) : 공자·안자·자사·증자·맹자의 아버지를 제사하는 사당으로, 문묘(文廟) 안에 있다.

91 숭절사(崇節祠) : 불의에 항거하여 기개를 편 중국 서진(西晉)의 태학생 동양(董養), 당(唐)의 태학생 하번(何蕃), 송(宋)의 태학생 진동(陳東)과 구양철(歐陽澈) 등 4절사의 신위를 모시고 제향한 사우이다.

92 관왕묘(關王廟) : 촉한의 장수 관우를 봉사(奉祀)하는 사당으로, 서울 동대문 밖[東廟]과 남대문 밖[南廟]에 있다.

93 선무사(宣武祠) : 임진왜란 때 원군을 이끌고 와 활약한 명나라 병부 상서(兵部尙書) 형개(邢玠)와 경리(經理) 양호(楊鎬)를 제사 지내는 사당이다.

94 해괴제(解怪祭) : 나라에 이상한 천재지변이나 괴이한 자연 현상이 일어날 때 제관(祭官)을 보내거나 향축을 내려 주어 지내던 제사이다.

제(文宣王釋奠祭), 영제(禜祭), 여제(厲祭), 포제(酺祭)만 지낸다. **종묘 속절제(宗廟俗節祭),** **35** 정조(正朝), 한식, 단오, 추석, 동지에 지낸다.〈오례〉 **진전(眞殿 선원전),** **36** 정조, 한식, 단오, 추석, 동지, 납일에 지낸다. **37** 영희전(永禧殿)에는 2년 간격으로 2월에 작헌례(酌獻禮)를 행한다.〈속례〉 **능(陵)·원(園)·묘(墓),** **38** 능은 정조, 한식, 단오, 추석, 동지에 지낸다. 현륭원(顯隆園)도 같다. 종묘에서 신주가 옮겨지면 한식에만 제향한다. 원과 묘에는 동지에 제사 지내지 않는다.〈오례〉〈속례〉〈보〉 **39** 기신제(忌辰祭)[95]는 친진(親盡)하면 지내지 않는다.〈속례〉 **40** 기신제가 절향(節享)과 겹치면 기신제만 지내고, 축문에는 절향과 겹친다는 내용의 말을 만들어 넣는다.〈증〉 **궁묘 속절제(宮廟俗節祭)에** **41** 정조, 한식, 단오, 추석에 지낸다. 경모궁에는 동지에도 지낸다.〈보〉 **42** 조경묘(肇慶廟)에는 2월과 8월 상순에 지내고, 또 속례(俗禮)로 지낸다.〈증〉 **지내는 제사는 속제(俗祭)이다.**〈오례〉

제 4 항 **여러 단(壇)의 위판(位版)은 봉상시 신실(神室)에 봉안한다.**〈보〉 **1** 사방과 중앙에 위판의 자리를 설치하고 봉안하되, 사직단의 돌로 만든 신주(神主)〈오례〉〈보〉 – **1** 주(州)·현(縣)에는 없다.〈오례〉 – 는 사직서의 신실에 봉안한다.〈보〉

제 5 항 **일이 있으면 기고제(祈告祭)를 지낸다.** **1** 홍수나 가뭄, 전염병, 충해(蟲害), 전쟁과 같은 경우는 기제(祈祭)를 지내되 기도 내용

95 기신제(忌辰祭) : 존족친(尊族親)의 기일(忌日)에 지내는 제사이다.

이 절박하면 날을 택하지 않고 즉시 지내고, 책봉·관례(冠禮)·혼례 등 나라에 큰 행사가 있으면 고제(告祭)를 지낸다. ❷ 수보(修補)할 때는 선고사유제(先告事由祭),[96] 이안제(移安祭),[97] 환안제(還安祭)[98]를 지낸다.〈오례〉 ❸ 기우제의 경우 1차는 삼각산(三角山)·목멱산(木覓山)·한강에서 지내고, 2차는 용산강(龍山江)·저자도(楮子島)에서 지내고, 3차는 풍운뇌우산천단(風雲雷雨山川壇)·우사단(雩祀壇)에서 지내고, 4차는 북교(北郊)와 사직단(社稷壇)에서 지내고, 5차는 종묘에서 지내고, 6차는 삼각산·목멱산·한강에서 지내되 한강에서는 침호두(沈虎頭)[99]를 하고, 7차는 용산강·저자도에서 지내고, 8차는 풍운뇌우산천단과 우사단에서 지내고, 9차는 북교와 모화관(慕華館)의 연못가에서 지내되 모화관의 연못가에서는 석척동자(蜥蜴童子)[100]들이 지내고, 10차는 사직단과 경회루(慶會樓) 연못가에서 지내되 경회루 연못가에서는 석척동자들이 지내고, 11차는 종묘와

96 선고사유제(先告事由祭) : 사유(事由)를 고(告)하는 제사이다.

97 이안제(移安祭) : 사당에서 신주를 옮겨 모실 때에 지내는 간단한 제사이다.

98 환안제(還安祭) : 신주를 다른 곳에 임시로 모셨다가 다시 제자리로 모실 때 지내던 제사이다.

99 침호두(沈虎頭) : 기우제를 지낼 때 호랑이 대가리 모양을 만들어 용산강(龍山江)에 던져 가라앉히는 의식이다.

100 석척동자(蜥蜴童子) : 도마뱀 3마리를 동이에 가두어 놓고서 비가 내리기를 기원하며 지내는 기우제를 석척 기우제(蜥蜴祈雨祭)라고 하는데, 이때 청의를 입고 도마뱀을 잡아넣은 항아리를 버들가지로 두드리며 구름을 일으키고 비를 내려 주기를 기원하는 동자를 석척 동자라 하였다. 용과 비슷한 도마뱀을 통해 용의 응험을 빌고자 한 것이다.

춘당대(春塘臺) 연못가에서 지내되 춘당대 연못가에서는 석척동자들이 지내고, 12차는 오방〈속〉-❶ 동쪽은 선농단(先農壇) 곁, 남쪽은 한강단(漢江壇) 곁, 중앙은 종각(鍾閣) 곁, 서쪽은 잠두창(蠶頭倉) 양천(梁川)[101] 곁, 북쪽은 여단(厲壇) 곁이다.〈보〉-토룡제(五方土龍祭)[102]를 지낸다.〈속〉-❷ 채찍으로 치는 것은 하지 않는다.〈증〉- ❹ 영제(禜祭)는 숭례문·흥인문·돈의문·숙정문 4대문에서 3일을 계속 지낸다. 오랫동안 비가 개지 않으면 3차에 한하여 또 지낸다. ❺ 기설제(祈雪祭)의 경우 1차는 종묘·사직·북교에서 지내고, 2차는 풍운뇌우산천단·우사단·삼각산·목멱산·한강에서 지낸다.〈속〉 **기제를 올렸는데 응험이 있으면 즉시 보사제(報祀祭)[103]를 지낸다.**〈오례〉 ❻ 기우제나 기청제(祈晴祭)의 보사제는 입추까지 기다리지 않고 설행한다.〈증〉

101 잠두창(蠶頭倉) 양천(梁川) : 잠두창은 양화진(楊花津)에 있었으며, 처음에 주교사(舟橋司)에 속하였는데 주교사가 폐지된 뒤 강창(江倉)으로 이름을 바꾸어 총융청의 세곡을 저치(貯置)하였다. 양천(梁川)의 경우 저본과 이본 모두 '양(梁)'으로 되어 있는데 '양(陽)'의 오자인 듯하다. 《萬機要覽 軍政編3 摠戎廳 諸倉》

102 오방 토룡제(五方土龍祭) : 기우제를 열한 번 지내도 비가 오지 않으면 열두 번째로 정3품 관원 제관(祭官)이 한날한시에 오방 토룡단에 흙으로 만든 용을 다섯 방향에 안치하고 채찍으로 이 용을 치면서 비가 내리기를 기원하는 제사를 지냈다. 중앙토룡제, 동방토룡제, 서방토룡제, 남방토룡제, 북방토룡제가 있다. 갑일(甲日)에 동방부터 제사를 지내기 시작하여 차례대로 다섯 방향에 모두 지내는데, 갑일이 아직 멀었을 경우에는 다른 방향부터 먼저 지내기도 하였다.

103 보사제(報祀祭) : 기우제를 지낸 뒤 비가 오면 그 뒤 3일 안에 수퇘지를 잡아 천신의 은혜에 감사드리던 제사이다.

제 6 항 **초하루와 보름에는 종묘에 제향한다.** ❶ 별제(別祭)와 날짜가 겹치면 별제만 지낸다.〈오례〉 ❷ 경모궁도 같다.〈보〉 ❸ 산릉(山陵)과 문묘(文廟)에는 분향만 한다.〈속례〉

제 7 항 **종묘에 천신(薦新)[104]하고 천금(薦禽)[105]한다.** ❶ 따로 택일하지 않는다. 초하루나 보름의 제향과 겹치면 겸하여 천신하거나 천금한다.〈오례〉 ❷ 경모궁도 같다.〈보〉

제 8 항 **지방의 성묘(聖廟) 정전(正殿)에 불이 나거나 예사롭지 않은 변고가 있으면 예조의 낭청을 보내어 위안제(慰安祭)를 지낸다.**

제 9 항 **개성부(開城府) 및 여러 도의 계수관(界首官)[106]을** ❶ 공주(公州), 충주(忠州), 홍주(洪州), 청주(淸州), 전주(全州), 나주(羅州), 남원(南原), 광주(光州), 경주(慶州), 진주(晉州), 상주(尙州), 안동(安東), 해주(海州), 황주(黃州), 원주(原州), 강릉(江陵), 평양(平壤), 안주(安州), 함흥(咸興), 안변(安邊), 북청(北靑), 경성(鏡城)이다.〈보〉 **제외하고 그 나머지 주학(州學)과 군학(郡學)은 동무(東廡)와 서무(西廡)에 제사 지내는 것을 면제해 주고, 현학(縣**

104 천신(薦新) : 새로 나오는 과일이나 곡식, 생선 등을 종묘에 올리는 일이다.

105 천금(薦禽) : 천자가 사냥하고 돌아와서 잡은 날짐승을 종묘에 올리는 일이다.

106 계수관(界首官) : 각 도에서 행정 및 군정의 요지가 되는 비교적 큰 고을을 이른다.

學)은 성전(聖殿)에 종향(從享)된 신위[107]에 제사 지내는 것도 아울러 면제해 준다.〈속〉〈보〉 ❷ 염계(濂溪 주돈이), 명도(明道 정호), 이천(伊川 정이), 회암(晦菴 주희) 선생 및 설총(薛聰), 최치원(崔致遠), 안유(安裕), 정몽주(鄭夢周), 김굉필(金宏弼), 정여창(鄭汝昌), 조광조(趙光祖), 이언적(李彦迪), 이황(李滉), 이이(李珥), 성혼(成渾), 김장생(金長生), 송시열(宋時烈), 송준길(宋浚吉), 박세채(朴世采)는 주학, 부학(府學), 군학, 현학에서 모두 제사 지낸다.〈속〉〈증〉 ❸ 향교(鄉校)의 모입(募入) 인원은 40명이다.〈속〉

제10항 **헌관(獻官)과 여러 집사(執事)는 이조에서 차출하여 아뢴다.** 〈보〉 ❶ 사직의 초헌관(初獻官)은 정1품, 아헌관(亞獻官)은 정2품, 종헌관(終獻官)은 종2품이다. 기고제(祈告祭), 보사제(報祀祭), 〈오례〉-❶ 기곡제(祈穀祭)도 같다.〈속례〉-고유제(告由祭), 이안제(移安祭), 환안제(還安祭) 때는 2품이다.〈오례〉〈보〉 ❷ 주(州)와 현(縣) 사직의 헌관은 본읍(本邑)의 수령이다.〈오례〉 ❸ 대보단(大報壇)의 헌관은 정1품이고, 종향(從享) 헌관은 당상관이다.〈보〉 ❹ 종묘의 시향(時享) 헌관은 사직의 경우와 같다. 속절제(俗節祭)·삭망제(朔望祭)·기고제·보사제·고유제·이안제·환안제 때는 2품이, 칠사(七祀) 및 배향(配享) 때는 5품이, 중류제(中霤祭)[108] 때는 종묘 영(令)이 맡는다. ❺ 영녕전(永寧殿)의 시향 초헌관은 1품

107 동무(東廡)와……신위 : 《육전조례》〈예전 문묘사전(文廟祀典)〉에 있다.
108 중류제(中霤祭) : 칠사(七祀)의 하나로, 당(堂)이나 실(室)의 거처를 맡은 신에게 여름의 마지막 달 토왕용사일(土王用事日)에 지내던 제사이다.

이고, 아헌관과 종헌관 및 고제(告祭)와 고유제·이안제·환안제 때는 종묘의 경우와 같다. 〈오례〉 〈보〉 **6** 영희전(永禧殿) 속절제의 헌관은 − **2** 납제(臘祭) 때는 정2품이다. − 종2품이고, 고유제·이안제·환안제 때도 같다. 〈속례〉 〈보〉 **7** 경모궁의 시향 초헌관은 1품, 아헌관은 종2품, 종헌관은 당상관이다. 속절제, 삭망제 및 고제와 고유제, 이안제, 환안제 때는 종묘의 경우와 같다. **8** 저경궁(儲慶宮)의 시향 헌관은 당하 정3품이고, 고유제·이안제·환안제 때도 같다. **9** 육상궁(毓祥宮)의 시향 초헌관은 종1품, 아헌관은 종2품이고, 종헌관 및 속절제·고유제·이안제·환안제 때는 당상관이다. **10** 연호궁(延祜宮)[109]의 시향 초헌관은 당하 정3품이고, 아헌관과 종헌관 및 고유제·이안제·환안제 때는 당하관이다. **11** 의소묘(懿昭廟)[110]의 시향 및 속절제·고유제·이안제·환안제 헌관은 당하 정3품이다. 〈보〉 **12** 능(陵)의 속절제 및 기신제(忌辰祭)의 헌관은 당상관이다. 임금이 친히 향축을 전하였을 때는 종2품 이상이고, 고유제·이안제·환안제 때는 당상관이다. 〈속〉 〈보〉 **13** 원(園)은 능의 경우와 같되, 순강원(順康園)[111]과 수길원(綏吉園)[112] 및 여러 묘(墓)의 헌관은 당하관

109 연호궁(延祜宮) : 영조의 후궁이자 진종(眞宗)의 사친(私親)인 정빈(靖嬪) 이씨(李氏)의 신판을 봉안한 궁이다.

110 의소묘(懿昭廟) : 사도세자와 혜빈(惠嬪) 홍씨(洪氏)의 장남 의소의 묘로, 1754년(영조30) 창의궁(彰義宮) 안에 지었다.

111 순강원(順康園) : 선조의 후궁이자 원종(元宗)의 사친(私親)인 인빈(仁嬪) 김씨(金氏)의 원(園)이다.

112 수길원(綏吉園) : 영조의 후궁이자 진종(眞宗)의 사친(私親)인 정빈(靖嬪) 이씨(李氏)의 원(園)이다.

이다. 고유제, 이안제, 환안제 때도 같다.〈보〉 **14** 장녕전(長寧殿)의 헌관은 강화 유수(江華留守)이고, 통진 부사(通津府使)가 예차(預差)이다. 제릉(齊陵)[113]의 헌관은 풍덕 부사(豐德府使)이고, 후릉(厚陵)[114]의 헌관은 장단 부사(長湍府使)이고, 영릉(英陵)[115]의 헌관은 여주 목사(驪州牧使)이고, 영릉(寧陵)[116]의 헌관은 죽산 부사(竹山府使)이다. 장릉(莊陵)의 헌관은 영월 부사(寧越府使)이고, 원주 목사(原州牧使)가 예차이다. 이들에게 사정이 있으면 다른 고을 수령이 맡는다. 조경묘(肇慶廟)와 경기전(慶基殿), 북도에 있는 능(陵)과 전(殿)[117]의 헌관은 감사(監司) 혹은 품계가 높은 수령이 맡는다.〈속〉〈증〉〈보〉 **15** 풍운뇌우단(風雲雷雨壇)의 초헌관은 2품, 아헌관은 당상관, 종헌관은 당하 정3품이고, 기제(祈祭)와 보사제 때는 2품이다.〈오례〉〈보〉 **16** 삼각산(三角山)·한강·목멱산(木覓山)에서 지내는 제사의 헌관은 당하 정3품이고, 기제와 보사제 때도 같다. **17** 망기제(望祈祭)[118]의 헌관

113 제릉(齊陵) : 태조의 정비(正妃) 신의왕후(神懿王后)의 능이다.

114 후릉(厚陵) : 정종과 정안왕후(定安王后)의 쌍릉이다.

115 영릉(英陵) : 세종과 소헌왕후(昭憲王后)의 능이다.

116 영릉(寧陵) : 효종과 인선왕후(仁宣王后)의 능이다.

117 북도에……전(殿) : 함경도에 있는 태조 이성계 및 그의 선조와 관련된 능과 전으로, 목조(穆祖)의 능인 덕릉(德陵)과 그 비 효공왕후(孝恭王后)의 능인 안릉(安陵), 익조(翼祖)의 능인 지릉(智陵)과 그 비 정숙왕후(貞淑王后)의 능인 숙릉(淑陵), 도조(度祖)의 능인 의릉(義陵)과 그 비 경순왕후(敬純王后)의 능인 순릉(純陵), 환조(桓祖)의 능인 정릉(定陵)과 그 비 의혜왕후(懿惠王后)의 능인 화릉(和陵), 그리고 태조의 탄생지인 영흥(永興)의 준원전(濬源殿), 익조의 옛집인 함흥(咸興)의 경흥전(慶興殿) 등이다.

118 망기제(望祈祭) : 북교(北郊)에서 악해독단(嶽海瀆壇)과 여러 산천단

은 악해독단(嶽海瀆壇)에 2품이고, 산천단(山川壇)에 당하 3품이다. 보사제 때도 같다. 기제에 직접 나가는 헌관은 모두 당하 3품이고, 보사제 때도 같다. 주·현의 악해독단과 역대 시조(始祖) 묘에서 지내는 제사의 헌관은 관찰사이며, 제사 지내는 곳이 한군데가 아니면 수령들을 나누어 보낸다.〈오례〉 **18** 선농단(先農壇)에서 지내는 제사의 초헌관은 1품, 아헌관은 정2품, 종헌관은 종2품이다. **19** 선잠단(先蠶壇)은 선농단의 경우와 같다.〈보〉 **20** 우사단(雩祀壇)은 풍운뇌우단의 경우와 같다.〈오례〉〈보〉 **21** 문선왕 석전제(文宣王釋奠祭)의 초헌관은 정2품, 아헌관은 당상관, 종헌관은 당하 정3품이다. 대성전(大成殿) 안 동서(東西) 종향위(從享位)에 드리는 제사의 분헌관(分獻官)은 각 1인으로 당하 3품이고, 동무(東廡)와 서무(西廡)의 종향위에 드리는 제사의 분헌관은 각 10인으로 모두 5, 6품이다. 고유제·이안제·환안제 때의 헌관은 3품이고, 분헌관은 2인으로 4품이다.〈오례〉〈증〉 **22** 주·현 석전제 때의 헌관은 본읍(本邑)의 수령이고, 아헌관과 종헌관 및 분헌관은 본읍의 한산(閑散) 문관이 맡되 없으면 유생이 맡는다. 고유제, 이안제, 환안제 때도 같다.〈오례〉〈보〉 **23** 사한제(司寒祭)[119]의 헌관은 당하 3품이다.〈오례〉 **24** 영제(禜祭)의 헌관은 당하 3품이고, 보사제 때도 같다. 지방은 수령이 맡는다. 성황제(城隍祭), 여제(厲祭), 포제(酺祭)도

(山川壇)을 바라보면서 기원하는 제사 의식이다.

119 사한제(司寒祭) : 얼음을 떠서 빙고(氷庫)에 넣거나 빙고를 열 때, 겨울에 눈이 오지 않거나 얼음이 얼지 않을 때에 추위를 맡은 신에게 지내던 제사이다.

같다.〈오례〉〈속〉 **25** 성황제의 헌관은 한성부 당상이다.〈오례〉 **26** 여제의 헌관은 한성부 서윤이며, 별기제(別祈祭)의 헌관은 중신(重臣)이다.〈오례〉〈보〉 **27** 포제의 헌관은 당하 3품이다.〈오례〉 **28** 둑제(纛祭)의 헌관은 무관 종2품이고, 고유제·이안제·환안제 때도 같다. 문관은 제사에 참여하지 않는다.〈오례〉〈보〉 **29** 계성사(啓聖祠) 제사의 헌관은 당하 3품이고, 고유제·이안제·환안제 때도 같다.〈속례〉〈보〉 **30** 숭절사(崇節祠) 제사의 헌관은 성균관 관원이고, 고유제·이안제·환안제 때도 같다.〈보〉 **31** 관왕묘(關王廟) 제사의 헌관은 무관 종2품이고, 고유제·이안제·환안제 때도 같다. 배위(配位)에 드리는 제사의 헌관은 무관 4품이다. 문관은 제사에 참여하지 않는다. **32** 선무사(宣武祠) 제사의 헌관은 무관 종2품이고, 고유제·이안제·환안제 때도 같다.〈속례〉〈보〉 **33** 기우제 헌관의 경우 1차는 당하 3품, 2차와 3차는 종2품이다. 4차는 북교(北郊)에서 지낼 때 종2품, 사직에서 지낼 때 정2품이다. 5차는 정2품, 6차는 근시관(近侍官), 7차와 8차는 정2품이다. 9차는 북교에서 지낼 때 정2품, 모화관(慕華館) 연못가에서 지낼 때 무관 종2품이다. 10차는 사직에서 지낼 때 의정, 경회루(慶會樓) 연못가에서 지낼 때 무관 종2품이다. 11차는 종묘에서 지낼 때 의정, 춘당대(春塘臺) 연못가에서 지낼 때 무관 종2품이다. 12차는 당하 3품이다. **34** 기설제(祈雪祭) 헌관의 경우 1차는 정2품이고, 2차는 풍운뇌우산천단과 우사단에서 지낼 때 정2품, 삼각산·목멱산·한강에서 지낼 때 근시관이다.〈속〉 **35** 헌관이 1명인 경우라도 삼헌(三獻 초헌·아헌·종헌)을 갖춘다. 다만 영제, 성황발고제(城隍發告祭), 칠사, 대보단의 종향위, 종묘의 배향위(配享位), 문묘(文廟)의 종향위, 선무사에 지내는 제사와 모든 기고제,〈보〉 –3 임금이 친히 행하는 기고제 때는 삼헌이다.〈속〉– 보사제, 이안제, 환안제, 종묘와 경모궁의 삭망제 때는 단작(單爵)이다.〈보〉 36 임금이 친히 지내는 제사의 아헌관은 왕세자이고,〈오례〉 –4 대보단에 지내는 제사는 전하가 삼헌을 한다. 산릉에 지내는 제사의 아헌관과 종헌관은 의정이다.〈오례〉〈보〉– 종헌관은 영의정인데 사정이 있으면 차관(次官)이 맡는다. 진폐찬작관(進幣瓚爵官) –5 사직과 문묘에 지낼 때는 진폐작주관(進幣爵酒官)이라고 칭하고, 전폐(奠幣)도 전폐작주관(奠幣爵酒官)이라고 칭한다. –은 이조 판서가 맡는데, 사정이 있으면 참판이 맡는다. 천조관(薦俎官)은 호조 판서가 맡는데, 사정이 있으면 참판이 맡는다. 전폐찬작관(奠幣瓚爵官)은 이조 참의가 맡는다. –6 산릉에는 이상의 집사가 없다. – 예의사(禮儀使)는 –7 산릉은 찬례(贊禮)이다. –〈오례〉 예조 판서가 맡는데, 사정이 있으면 참판이 맡는다. 전사관(典祀官)은 봉상시 정이 맡는데, 사정이 있으면 차관이 맡는다. 집례(執禮)는 단(壇) 위와 당(堂) 위는 문관 당상관이 맡고, 단 아래와 당 아래는 문관 4품이 맡는다. 지제교가 맡는 대축(大祝)은 4품 이상이고, 축사(祝史)는 문관 4품이고, 재랑(齋郎)은 문관 5품이다.[120] 헌관, 진폐관, 전폐관, 천조관, 예의사, 찬례, 집례는 모두 예차를 둔다. 종묘에 지내는 칠사와 배향위에 드리는 제사의 헌관은 각 1인으

120 지제교가……5품이다 : 정위(正位)와 배위(配位) 4위(位)에 대한 관원이다.

로 종3품이다. 문묘 배향위에 대한 삼헌은 정위(正位)의 경우와 같다. 전내(殿內)의 분헌관은 당상관이고, 동무와 서무에는 3품이나 4품이다. 영희전 속절제의 아헌관과 종헌관은 의정이고, 작헌례(酌獻禮)의 예의사는 찬례라고 칭하며 집례는 당하 3품이다. 또 진규관(進圭官)과 작주관이 있어야 하는 경우 모두 승지가 맡는다. 경모궁의 작헌례 때도 같다. 문묘의 작헌례 때는 전사관, 축사, 재랑만 있고 배위에도 친히 헌작한다. 전내의 종향 전작관(從享奠酌官)은 3품이며, 동무와 서무에는 6품 이상이다.〈오례〉〈속례〉〈증〉〈보〉 **37** 희생(犧牲)과 제기(祭器)를 살필 때는 예조 판서가 인도하며, 사정이 있으면 참판이 인도한다.〈보〉 **38** 세자가 제사를 섭행할 때의 아헌관과 종헌관은 의정, 진폐관은 이조 참판, 천조관은 호조 참판, 전폐관은 당하 3품, 전사관은 봉상시 관원이다. 집례는 당(堂) 위는 당하 3품, 당 아래는 4품인 필선이 맡는다. 문묘 석전제의 아헌관은 정2품, 종헌관은 당상관, 전내의 분헌관은 4품, 동무와 서무는 5, 6품이다. 입학할 때의 작헌관(酌獻官)은 필선이고, 집사는 학생이 맡는다.〈오례〉〈보〉 **39** 세자가 희생과 제기를 살필 때는 예조 참판이 인도하며, 사정이 있으면 참의가 인도한다. **40** 세손이 입학할 때의 작헌관은 익선이고, 집사는 학생이 맡는다.〈보〉 **41** 형조 및 사옹원의 낭청은 대제(大祭) 때 외에는 제관에 차출하지 않는다.〈속〉 **42** 관할하는 공물(貢物)이 있는 각사의 관원이 공인(貢人)으로 하여금 전(錢)을 내게 하여 제관에 차출

되는 것을 면하도록 도모하면 제서유위율(制書有違律)[121]로 논한다.[122]〈속〉〈증〉

제11항 **대사(大祀)의 산재(散齋)[123]는 4일간,**〈오례〉 ❶ 향관(享官) 및 근시관(近侍官)으로서 임금을 따라 제단으로 오르는 자는 정침(正寢)에서 재숙한다. 모든 친향(親享)도 같다.〈오례〉〈보〉 **치재(致齋)[124]는 3일간 하고,** ❷ 이틀은 본사(本司)에서 하고, 하루는 제소(祭所)에서 한다.〈오례〉 ❸ 모든 친향 때의 배제관(陪祭官) 및 여러 위(衛)의 소속으로서 유문(壝門)을 수위하는 자는 본사에서 청재(淸齋)하고 하룻밤 재숙한다.〈오례〉〈보〉 **중사(中祀)의 산**

121 제서유위율(制書有違律) : 《대명률》 〈이율 공식(公式)〉 제서유위(制書有違) 조의 율로, "제서(制書)를 받들어 시행할 때에 어기면 장 100이다."라고 하였다. 제서는 황제의 명을 적은 조서(詔書)와 칙서(勅書) 등이다.

122 관할하는……논한다 : 1753년(영조29) 사대부가 되어 공인으로 하여금 차제(差祭)를 면하게 하는 것은 결코 사대부가 할 짓이 아니라 하여 범하는 자는 곧바로 제서유위율로 처벌하도록 하였고, 1780년(정조4)에도 사포서 관원 등이 공인에게 2냥씩을 예납(例納)하게 하는 등 돈을 징출하여 그 돈으로 제관을 환차(換差)하는 일을 금하였다. 《英祖實錄 29年 7月 23日》《承政院日記 正祖 4年 9月 12日·24日, 10月 4日》

123 산재(散齋) : 제사를 지내기에 앞서 외침(外寢)에서 재계(齋戒)를 행하며, 술을 마시지 않고 훈채(葷菜)를 먹지 않는다. 임금은 별전(別殿)에서, 행사 집사관(行事執事官)은 본사(本司)에서 조상(弔喪)과 문병을 하지 않고 음악을 듣지 않고 형살 문서(刑殺文書) 등을 계문하지 않는 등 외면적인 행동을 조심하였다.

124 치재(致齋) : 제사에 임박하여 담당 관사에 거처하거나 공청에 모여서 몸과 마음을 깨끗이 하고 단정히 앉아 예문을 익히며, 음악을 듣지 않고 출입하지 않고 오로지 제사하는 선조만을 생각하며, 내면의 마음을 정갈하게 하고 정성과 공경을 지극히 하는 것이다.

재는 3일간, 치재는 2일간 하고, ❹ 하루는 본사에서 하고, 하루는 제소에서 한다. **소사(小祀) 및 속제(俗祭)의**〈오례〉 ❺ 종묘와 경모궁의 삭망제(朔望祭)도 같다.〈오례〉〈보〉 **산재는 2일간, 치재는 1일간 한다.** ❻ 제소에서 한다.〈오례〉 ❼ 능(陵)에 전알(展謁)할 때는〈속〉 –❶ 친향하는 경우도 있다.〈보〉– 산재는 2일간, 치재는 1일간 하되, 동가(動駕)하기 전날까지로 계산한다. 영우원(永祐園)도 같다. 묘(墓)에 작헌(酌獻)할 때도 같다.〈속〉〈증〉〈보〉 ❽ 영희전(永禧殿)에 작헌할 때 산재는 2일간, 치재는 1일간 한다.〈증〉 ❾ 주(州)·현(縣)의 사직제(社稷祭), 석전제(釋奠祭) 및 기고제(祈告祭), 보사제(報祀祭), 고유제(告由祭), 이안제(移安祭), 환안제(還安祭)도 같다. 소사에서 드리는 기고의 내용이 절박하면 청재하고 하룻밤 재숙하는 것만 한다.[125]〈오례〉 ❿ 향관은 제사 지내기 하루 전에 공해(公廨)에서 재숙하고, 그다음 날 아침 수향(受香)한다. 예조가 적간하여 빠진 사람이 있으면 논죄한다.〈증〉 ⓫ 서계(誓戒)[126]를 받은 사람이 산재할 때 정실(淨室)에서 재숙하지 않으면 벌봉전(罰俸錢)[127] 15일이고, 치재할 때 본사에

125 소사에서……한다 : 일이 절박하지 않으면 2일 동안 산재(散齋)하고, 1일 동안 치재(致齋)한다. 《世宗實錄 五禮 吉禮序例 齋戒 小祀》

126 서계(誓戒) : 나라의 큰 제사를 7일 앞두고 제관(祭官)들이 의정부에 모여서 서약하던 일이다. 술과 고기를 금하고, 가무·조상(弔喪)·문병을 하지 않으며, 형벌과 형살(刑殺)을 처리하지 않고 몸을 깨끗이 하되, 이를 어길 경우 일정한 처벌을 받을 것을 서약한다.

127 벌봉전(罰俸錢) : 벌봉(罰俸)은 가벼운 죄가 있는 관원에게 일정 기간 녹봉을 지급하지 않는 것으로, 범죄를 속전(贖錢)으로 받는 수속(收贖)과 더불어 재산형(財産刑)에 해당한다. 조선에는 봉전(俸錢) 제도가 없으므로 《대명률》의 벌봉전 시행을 녹봉으로 하자고 하여 의정부, 호조, 형조가 함께 의

서 재숙하지 않으면 벌봉전 1개월이다.〈율〉 [12] 산재 때 대공복(大功服) 이상의 초상 소식을 들은 자와 치재 때 기년복(朞年服) 이상의 초상 소식을 들은 자 및 질병이 있는 자는 제관의 직임을 면해 준다. 제관이 재소(齋所)에서 죽으면 같은 방에 있던 사람은 제사를 지낼 수 없다. 재계를 마쳤으나 일이 있어 빠지게 되면 나머지 제관들이 변통하여 제사를 섭행한다.

제12항 **대사(大祀)에서 백관은 제사를 지내기 7일 전에 서계(誓戒)를 받고,** [1] 의정부에서 받는다.〈오례〉 [2] 친림 때는 궐내에서 받으며, 대보단(大報壇)의 제사 때는 북원(北苑)[128]에서 받는다.〈오례〉〈보〉 **4일 전부터 의식을 연습한다.** [3] 의정부에서 한다. [4] 영녕전(永寧殿)의 제사 때는 예조에서 한다.〈오례〉 [5] 대보단의 제사 때는 공북문(拱北門)[129] 안에서 한다.〈보〉 **중사(中祀)는 제사 지내기 하루 전에 의식을 연습하는 것만 한다.** [6] 향소(享所)에서 한다.〈오례〉 [7] 헌관(獻官)은 실차(實差)와 예차(預差) 모두 참석하여 서계를 받고 의식을 연습하며, 일체 청재(清齋)한다.〈증〉 [8] 서

논하여 벌봉전 법을 제정하였으며, 모두 7조항이 마련되었다. 벌봉전 법 7조항 중 "율(律)에 벌봉전 10일이라 칭하는 것은 태(笞) 10에 준하고, 반달은 태 20, 한 달은 태 30, 두 달은 태 50으로 한다."라는 내용은 《경국대전》〈형전 죄범준계(罪犯準計)〉에 조문화되었다. 《中宗實錄 30年 10月 22日》

128 북원(北苑) : 창덕궁의 북쪽 동산으로 임금을 비롯한 왕족들이 휴식하던 곳이다. 후원(後苑), 금원(禁苑)이라고도 불렀으며, 고종 이후 비원(秘苑)으로 불렀다. 부용정과 부용지, 주합루와 어수문, 영화당, 불로문, 애련정, 연경당 등이 있다.

129 공북문(拱北門) : 창경궁 서쪽에 있는 문 이름이다.

문(誓文)의 내용은 "금년 모월 모일에 전하께서 사직에 제사를 지냅니다. –1 종묘의 경우에는 "종묘에 제향합니다."라고 한다. 제사를 섭행할 경우에는 모두 '전하'를 일컫지 않는다. 2 영녕전의 경우에는 "영녕전에 제향합니다."라고 한다.– 제사를 지내는 집사관(執事官) 및 제사를 배종하는 종친, 문무백관은 술을 함부로 마시지 않고, 훈채(葷菜 파·마늘 등 냄새나는 나물)를 먹지 않으며, 조문하거나 문병하지 않고, 음악을 듣지 않으며, 형벌을 시행하지 않고, 사형 집행 문서에 서명하지 않으며, 더럽고 추악한 일에 참여하지 않고, 각각 그 직분에 정성을 다하겠습니다. 혹시라도 어기는 일이 있으면 국법에 따라 처벌을 받겠습니다." 이다.〈오례〉 9 임금이 친림하여 서계할 때, 이조 판서가–3 사정이 있으면 참판이 한다.– 서문을 읽고 형조 판서가 배석한다.〈속〉 10 대사, 중사, 소사에 친향할 때 각 관사는 서령(誓令)을 써서 게시한다.〈증〉 11 서계를 받고서 조문하거나, 문병하거나, 사형 집행 문서에 서명하거나, 연회에 참석하면 벌봉전(罰俸錢) 1개월이다.〈율〉

제13항 종묘와 사직의 제사에 차출된 제관(祭官)이 적간할 때, 여러 집사(執事) 중에 비록 대관(臺官)이 있더라도 일체 배례(拜禮)한다.[130]〈속〉

130 종묘와……배례(拜禮)한다 : 1709년(숙종35) 태묘(太廟)에 친향할 때 집사에 차임된 대관(臺官)이 서관(庶官)과 같이 추배(趨拜)하는 것에 대해 물의가 있었다. 대관은 자별(自別)하므로 같이 추배하는 것은 대관의 체모를 손상시키는 것이라며 쟁집하였으나 숙종의 명에 따라 비록 대간이라 하더라

제14항 **모든 제향에 감찰이 나아가 참석하여 규찰한다.** ❶ 제감(祭監)이라 칭한다. ❷ 제사 지낼 때 예의를 잃은 경우에 대해서는 아래 〈조의(朝儀)〉 조에 보인다.〈보〉

제15항 **대사(大祀) 및 풍운뇌우단(風雲雷雨壇), 선농단(先農壇), 선잠단(先蠶壇), 우사단(雩祀壇), 문묘(文廟)에 지내는 제사에는 임금이 친히 향축(香祝)을 전한다.** ❶ 그 나머지 제사에는 승지가 외정(外庭)에서 대신 전한다.〈오례〉 ❷ 헌관(獻官)은 수향(受香)할 때, 입직한 향실관(香室官)과 함께 먼저 축문을 대조한다.[131]〈증〉 ❸ 향축을 전할 때에는 먼저 태묘(太廟)·전(殿)·능(陵)에 전하고, 그 뒤에 궁(宮)·원(園)·묘(廟)·묘(墓)에 전한다.〈증〉〈보〉 ❹ 조경묘(肇慶廟)와 경기전(慶基殿)은 본묘관(本廟官)과 본전관(本殿官)이 수향하고, 수복(守僕)이 모시고 간다. 제릉(齊陵)·후릉(厚陵)·영릉(英陵)·영릉(寧陵)·장릉(莊陵)·장녕전(長寧殿)은 본능관(本陵官)과 본전관이 수향하고, 북도에 있는 능(陵)과 전(殿)[132]은 입번(入番)한 충의(忠義)가 수향한다. 모두 서리가 모시고 간다.〈보〉 ❺ 향배 서리(香陪書吏)[133]를 골라 정하여 각각 본사(本司)에서 재숙하고 공궤(供饋)하게 하며, 안마(鞍馬)를

도 친향할 때 집사에 차임되면 다른 집사들과 함께 추배하도록 하였다.《承政院日記 肅宗 35年 4月 8日, 10日》

131 축문을 대조한다 : 정서한 축문을 초본과 대조하여 검토하는 절차이다.

132 북도에……전(殿) : 함경도에 있는 태조 이성계 및 그의 선조와 관련된 능, 전이다. 자세한 내용은 55쪽 주117 참조.

133 향배 서리(香陪書吏) : 제향 시 헌관이 향과 축문을 가지고 나갈 때 향궤(香櫃)를 받들고 앞서서 가는 서리이다.

지급한다.〈속〉 **6** 장녕전의 납향(臘享)과 정조(正朝) 제향 때 쓰는 향축은 동시에 모시고 간다.[134] 준원전(濬源殿)과 경기전의 경우도 같다.〈증〉 **7** 수향할 때 기일(期日)에 앞서 청도(淸道)[135] 하는데, 서울은 오부의 관원이, 지방은 지방관이 거행한다.〈속〉 **8** 문묘는 정위(正位)와 배위(配位)에만 축문이 있고, 주(州)·현(縣) 문묘는 배위에 대한 축문이 없다. 대보단(大報壇)과 종묘의 배향위(配享位)에는 축문이 없다. 여제(厲祭)는 교서(敎書)가 있고, 주·현의 여제는 제문(祭文)이 있다.〈오례〉〈보〉

제16항 **지방의 능(陵)과 전(殿)의 고유제(告由祭) 축문에는 날짜를 적어 넣지 않는다.** **1** 본소(本所)에서 때에 맞춰 거행한다.〈속〉

제17항 **희생은 순색(純色)을 쓴다.**〈보〉 **1** 대제(大祭)의 희생은 예조의 당상이 전생서 제조와 같이 간품한다. 제조가 사정이 있으면 예조에서 계품하여 차출한다.〈속〉〈증〉 **2** 대사(大祀)의 희생을 법대로 기르지 않아 마르고 상하게 하면 태(笞) 40이다. 1마리마다 1등급을 더하되 장(杖) 80에 그친다. 죽게 하면 1등급을 더한다. 중사(中祀)의 희생도 같다.〈율〉

134 장녕전의……간다 : 장녕전에서 1년에 6차례 드리는 제사에 쓰이는 향축은 본래 매번 제향을 드릴 때 모시고 갔으나, 1766년(영조42) 납향과 정조에 드리는 제사는 시기가 서로 멀지 않고 또 동절기라서 얼음이 얼어 뱃길의 왕래가 막힐 수도 있다 하여 두 제사에 쓰이는 향과 축문은 동시에 가져가도록 하였다.《承政院日記 英祖 42年 11月 14日》

135 청도(淸道) : 임금이 거둥할 때 잡인의 출입을 막고 길을 치우던 일이다.

제18항 제향에 쓰는 중포(中脯 어육포)는 봉상시에서 봄가을로 만들어 준비한다. ❶ 별제(別祭)가 잦아 쓸 것이 부족하면 수시로 만든다. ❷ 예를 행한 뒤에 전사관(典祀官)이 감찰과 함께 포 가운데를 자른다. ❸ 사사롭게 만들거나 사서 바치면 모두 사형으로 논한다.

제19항 천신(薦新)하는 물종(物種)은 생산되는 대로 먼저 봉상한다. ❶ 공상(供上)이 조금 지체되더라도 구애받지 않는다. **봉상해야 하는 달 안에 생산되지 못할 상황이면 관찰사가 장계를 올려 봉상을 연기하여 줄 것을 청한다.** ❷ 장계를 올려 아뢰지 않고 봉상을 지체하면 엄히 추고한다. ❸ 간품할 때 봉상시 제조가 사정이 있으면 예조의 당상이 한다.〈속〉

제20항 제물은 제를 지낼 당시 없는 물종이면 그때 생산되는 것으로 대신한다. 지방은 토산품이 아니면 그와 비슷한 것으로 채운다.〈오례〉 ❶ 실과(實果)는 추석부터 10월까지는 장원서의 절과(節果)를 대신 쓴다.

제21항 능(陵)과 전(殿)의 제물은 전사관(典祀官)이 간품하고 숙설한 뒤 헌관(獻官)이 직접 살핀다. ❶ 정결하지 않으면 능관, 전관 및 전사관을 제물 일좌(一座)를 모두 빠뜨린 죄에 대한 율[136]에

136 제물……율 : 《대명률》〈예율 제사(祭祀)〉 제향(祭享) 조에 "대사(大祀)에 쓸 생뢰(牲牢)·옥백(玉帛)·서직(黍稷) 등의 제물을 법대로 하지 않으

따라 처벌한다.〈속〉 **2** 희생을 잡고 제물을 숙설할 때 전사관, 능관, 전관이 함께 살피고 점검한다. 만약 제물이 도둑당하거나 불결해지는 일이 발생하면 초기(草記)를 올려 범한 자를 형배(刑配)한다. 번육(膰肉)을 사사롭게 판 자도 같다.〈증〉

제22항 **기제(祈祭)와 보사제(報祀祭) 및 종묘의 삭망제(朔望祭)는 간략한 예로 지낸다.**〈경〉 **1** 친히 기고제(祈告祭)를 지낸 뒤의 보사제는 비록 섭행으로 하더라도 봄가을의 절제(節祭)대로 하고, 관원을 보내 기고제를 지낸 뒤의 보사제는 소사(小祀)의 절목대로 한다.

제23항 **장녕전(長寧殿)의 제물값은 1년 동안 드는 비용을 계산하여 강화부(江華府)에 보낸다.**[137]

제24항 **고려 태조에게 드리는 제사의 제수(祭需)는 개성부(開城府)에서 준비해 보낸다.**〈속〉 **1** 신라 경순왕(敬順王)의 묘〈증〉-**1** 장단(長湍)에 있다.〈보〉-에 지내는 제사의 제물도 개성부에서 진배(進排)한다.

면 태 50이다. 제물 한 가지를 빠뜨리면 장 80이고, 한 자리[一座]를 모두 빠뜨리면 장 100이다."라고 하였다. 일좌(一座)는 제물 일습(一襲)이다.

137 장녕전(長寧殿)의……보낸다 : 1721년(경종1) 장녕전 제향 때 진로(津路)가 험하여 제물 마련에 낭패를 보는 일이 있다 하여 1년 동안 쓸 제물을 통계해서 호조에서 그 값을 정해 먼저 내려보내고 강화부에서 매달 진배(進排)하도록 하였다.《承政院日記 景宗 1年 10月 7日》

제25항 **친향(親享) 때는 예조 판서가 정(鼎)과 확(鑊)[138]을 살피고, 섭행할 때는 아헌관(亞獻官)이 살핀다.**〈증〉 ❶ 종묘의 제향을 지낸 뒤에 종헌관(終獻官), 전사관(典祀官), 호조·공조의 낭청, 입직한 묘사(廟司)[139]가 함께 모여 제기 세척을 감독하고 궤에 넣은 뒤 묘관(廟官)이 '신근봉(臣謹封)'이라고 쓴다.〈증〉〈보〉 ❷ 제향을 지낸 뒤 폐백은 태우고 축문은 내감(內坎)에 묻어 두었다가 봄 가을에 봉심할 때 종묘와 사직서의 제조와 묘사·단사(壇司)[140]가 함께 정결히 태운다. 축문과 폐백을 쓰는 곳은 이와 같이 한다.〈증〉

제26항 **아악(雅樂)과 헌가악(軒架樂)[141]에는 가사(歌詞)가 없고, 등가악(登歌樂)[142]에는 가사가 있고, 속악(俗樂)에는 모두 가사가 있다.** ❶ 사직단·대보단(大報壇)·풍운뇌우단(風雲雷雨壇)·선농단(先農壇)·선잠단(先蠶壇)·우사단(雩祀壇)·문선왕(文宣王)에 지내는 제사에는 아악을 쓰고, 종묘·영녕전(永寧殿)·경모궁·둑소

138 정(鼎)과 확(鑊) : 정은 발이 셋 달린 솥이고, 확은 육고기 및 말린 어물(魚物)을 담는 발이 없는 솥이다.

139 묘사(廟司) : 종묘에 제향을 지낼 때 임시로 차출되는 향관(享官)으로 종묘서 영이 맡았다.《六典條例 吏典 吏曹 考勳司 享官》

140 단사(壇司) : 사직에 제향을 지낼 때 임시로 차출되는 향관(享官)으로 사직서 영이 맡았다.《六典條例 吏典 吏曹 考勳司 享官》

141 헌가악(軒架樂) : 대례(大禮), 대제(大祭) 등에 사용하는 음악으로 종·경·북을 가에 달고 사죽(絲竹)과 함께 연주한다. 당하(堂下) 즉 궁전 뜰에 배치하며 관악기와 타악기 위주이다.

142 등가악(登歌樂) : 당상(堂上) 즉 섬돌 위에 배치하며 현악기 위주이다. 노래를 주로 하고 현악을 많이 사용한다.

(齋所)에 지내는 제사에는 속악을 쓴다.〈오례〉〈보〉

제27항 11차 기우제를 지낼 때는 남문을 닫고 북문을 열며[143] 시장을 옮긴다.[144]〈속〉

제28항 세 황제의 기신(忌辰)에 ❶ 명나라 태조의 기신은 5월 10일, 신종(神宗)의 기신은 7월 21일, 의종(毅宗)의 기신은 3월 19일이다. **망배례(望拜禮)를 행한다.** ❷ 기일(期日)이 되기 전에 여쭌다. ❸ 시원임 대신(時原任大臣), 9경(卿)이 참석하여 -❶ 장관이 사정이 있더라도 차관(差官)이 대행하지 못한다.- 청재(淸齋)하고 하룻밤 재숙한다. ❹ 명나라 사람의 자손과 충신의 자손이 참여한다.〈보〉

제29항 국상 때는 졸곡 전에 제사를 정지하되, 사직에만 빈전을 차린 뒤에 제사 지낸다.[145] ❶ 종묘의 삭망제(朔望祭)는 분향만 한다. ❷ 임금 재위 시에 내상(內喪)이나 소상(小喪)을 당하면 전하가 공제(公除)한 뒤에 제사를 지낸다.

143 북문을 열며 : 동중서의 기우제 지내는 방법으로, 오행에서 북은 물을 의미하므로 북문을 열어 음(陰)의 기운을 돋우는 것이다.《太宗實錄 16年 6月 5日》

144 시장을 옮긴다 : 가뭄의 원인이 소통의 부재에 있다고 보고 시장을 강변이나 골목 안 등지로 옮기는 것이다.

145 국상……지낸다 : 초상에서부터 졸곡까지 모든 대·중·소의 제사를 정지하고 빈전을 차린 후에는 사직에만 제사한다.《國朝五禮儀 凶禮 戒令》

제30항 **국상 때는 3년간 음악을 정지하되, 대사(大祀)에만 졸곡 뒤에 음악을 쓴다.** ❶ 내상(內喪)에는 연제(練祭) 뒤의 중사(中祀)에, 임금 재위 시에 당한 내상 및 소상(小喪)에는 졸곡 뒤의 모든 제사에, 소내상(小內喪)에는 빈전을 차린 뒤의 대사에 음악을 쓴다. 공제(公除) 뒤에는 모든 제사에 음악을 쓴다.〈보편〉

제31항 **대사(大祀)에 쓸 희생, 옥백(玉帛), 서직 따위를 법대로 하지 못하면 태(笞) 50이다. 한 가지 일을 빠뜨리면 장(杖) 80이고, 일좌(一座)를 전부 빠뜨리면 장 100이다.** ❶ 대사에서 신이 쓰는 물건[146]을 훼손하거나 버리면 장 100 도(徒) 3년이고, 유실하거나 실수로 훼손하면 장 70 도 1년 반이다. ❷ 중사(中祀)도 같다.[147]〈율〉

146 신이 쓰는 물건 : 대사에서 신에게 올려 배설한 제기나 유장(帷帳), 신전 안이나 제사 지내는 곳에 올린 옥, 비단, 희생, 음식물, 그릇 등의 물건이다.《大明律 刑律 盜賊 盜大祀神御物》

147 대사(大祀)에……같다 :《대명률》〈예율 제사(祭祀)〉 훼대사구단(毁大祀丘壇) 조에 있다.

제 4 조 조의(朝儀)

제 1 항 **대전(大殿)·왕비의 탄일 및 정조(正朝), 동지에 왕세자와 백관이 조하(朝賀)한다.** ❶ 지방관은 각각 소재지에서 진하(陳賀)한다.〈경〉 ❷ 정조, 동지와 대전의 탄일에 유수, 관찰사, 절도사와 2품 이상의 수령 및 부사, 대도호부사, 목사는 배전(拜箋)[148]하여 하례한다.〈경〉〈증〉 ❸ 대전의 탄일, 정조, 동지 및 경하할 의식이 있을 때 내각은 전문(箋文)을 올려 하례하고, 외직을 맡고 있는 시원임(時原任)도 전문을 갖추어 같이 봉진(封進)한다. ❹ 관학(館學) 유생도 경하할 일이 있으면 또한 전문을 올려 하례한다.〈증〉 ❺ 세자의 생신, 정조, 동지에 백관이 하례한다. 종2품 이상은 당(堂)에 올라 재배례(再拜禮)를 행하되, 시종(侍從)이나 당상 실직을 역임한 문관 2품, 실직을 역임한 당상, 곤수(閫帥)나 총관(摠管)을 역임한 무관 2품, 아윤(亞尹)이나 도정(都正)을 역임한 음관 2품 외에는 당에 올라갈 수 없다.〈경〉〈속〉〈증〉 ❻ 세손의 생신, 정조, 동지에 하례하는 것은 세자궁(世子宮)의 예와 같다. ❼ 내전(內殿)에는 전문 없이 치사(致詞)만 올리고, 표리(表裏 옷의 겉감과 안감)를 바친다.〈보〉 ❽ 조하하거나 조서(詔書)를 영접할 때 담당 관사가 미리 고시(告示)하지 않으면 태(笞) 40이다. 고시를 받고도 그르치면 죄가 같다.[149]〈율〉 ❾《경국대전》

148 배전(拜箋) : 임금에게 경하(慶賀)·진사(陳謝) 등의 뜻을 아뢰는 글인 전(箋)에 대하여 배례(拜禮)하는 것이다.

149 조하하거나……같다 :《대명률》〈예율 의제(儀制)〉 실오조하(失誤朝賀) 조에 있다.

에 삭망(朔望) 때 대전에 하례하는 예와 왕비의 탄일, 정조, 동지에 내외명부가 하례하는 예에 대한 조문이 있다.[150] 〈보〉

제2항 **정조(正朝), 동지, 성절(聖節)에 전하(殿下)는 왕세자 이하를 이끌고 망궐례(望闕禮)를 행한다.** 〈경〉 ❶ 백관은 기일(期日)에 앞서 의정부에서 습의(習儀)한다. 〈경〉 〈보〉

제3항 **매달 네 차례** ❶ 5일, 11일, 21일, 25일이다. **백관은 조참(朝參)한다.**

제4항 **매일 종친부·의정부·충훈부·중추부·의빈부·돈녕부·육조·한성부의 당상, 사헌부와 사간원 각 1원, 경연 당상과 당하 각 2원이 윤차(輪次)로 상참(常參)한다.** ❶ 아뢸 일이 있으면 전(殿)에 오른다. ❷ 의정부와 육조의 당직(當直) 당하관 및 감찰도 참석한다.

제5항 **봉조하와 기로소 당상은 정조(正朝), 동지, 탄일에만 숙배(肅拜)한다.**

제6항 **조하(朝賀) 때 감찰은 동반과 서반의 끝에 서로를 향해 서서 규찰한다.** ❶ 조참(朝參) 때도 같다. 〈경〉 ❷ 제사와 조회(朝會)의

150 경국대전에……있다 : 《경국대전》 〈예전 조의(朝儀)〉에 있다.

예를 행할 때 착오가 있거나 예의를 잃으면 벌봉전(罰俸錢)[151] 15일이다. 규의관(糾儀官)이 규찰하지 않으면 죄가 같다.[152] 〈율〉 3 조참하지 않았을 때의 처벌은 〈이전〉의 〈급가(給暇)〉 조에 보인다.〈보〉

제7항 **조하(朝賀)와 조참(朝參) 및 한데 모이는 모든 모임에 종친이 참석했는지의 여부를 종부시가 검찰한다.** 1 사정을 핑계 대고 참석하지 않으면 구사(丘史)[153]를 거두고, 재범이면 파직한다.

제8항 **매달 6차례** 1 5일, 10일, 15일, 20일, 25일, 30일이다. **비변사 도제조 이하 당상관 및 삼사(三司)의 관원 각각 1원이 입대(入對)한다.**

제9항 **매달 3차례**〈속〉 1 1일, 11일, 21일이다.〈보〉 **각사의 당하관이 돌아가면서 낙점을 받아 입대(入對)한다.**[154] 〈속〉 2 임금의 뜻을 여쭙되, 다섯 관사를 넘지 않는다. 낙점받은 관원 각각 1원이

151 벌봉전(罰俸錢) : 벌봉(罰俸)은 가벼운 죄가 있는 관원에게 일정 기간 녹봉을 지급하지 않는 재산형(財産刑)이다. 61쪽 주127 참조.

152 제사와……같다 : 《대명률》 〈예율 의제(儀制)〉 실의(失儀) 조에 있다.

153 구사(丘史) : 종친, 공신, 당상관 등에게 배당되어 이들을 모시고 다니는 하인 무리이다.

154 각사의……입대(入對)한다 : 입대할 때 직명(職名), 성명(姓名), 직장(職掌), 유재(遺在), 소회(所懷), 이력(履歷)을 차례로 아뢴다. 유재는 각 관서나 고을, 창고 등의 각종 회계 장부에 현재 기록되어 있는 재고 분량이다. 《銀臺條例 禮攷 輪對》

입대한다.〈속〉〈보〉

제10항 **조강(朝講)에는 옥당의 상번(上番)·하번(下番)**[155]**과 경연 영사(經筵領事) 1원, 경연 지사(經筵知事) 이하 1원, 경연 특진관(經筵特進官) 2원과 양사(兩司) 각 1원이 참석한다.** ❶ 영사가 사정이 있으면 의정부의 서벽(西壁 좌·우참찬)이 참석한다. ❷ 주강(晝講)에는 특진관 1원, 또 종신(宗臣) 및 무신 -❶ 윤대 무신(輪對武臣)[156]이라 칭하며, 당상에서 아장(亞將)까지이다. 병조에서 초계(抄啓)한다.- 1원이 참석하고, 양사는 참석하지 않는다. ❸ 석강(夕講)도 같되, 종신과 무신은 참석하지 않는다. ❹ 소대(召對)에는 옥당의 상번·하번과 각신(閣臣) 1원만 참석한다. 야대(夜對)도 같다.〈보〉 ❺ 경연과 시사(視事)[157]는 날마다 임금의 뜻을 여쭙고, 혹한과 혹서에는 탈품(頉稟)한다.〈속〉〈증〉 ❻ 주연(胄筵)[158]의 경우 국기일(國忌日)과 사기일(私忌日)에는 예(例)대로 소대를 행하고, 대향(大享) 및 능묘를 개수하는 날이나 동가(動駕)와 겹치는 날 외에는 일절 탈품하지 않는다.〈속〉 ❼ 익위사(翊衛司)[159]

155 옥당의 상번(上番)·하번(下番) : 옥당의 상번은 직제학, 전한, 응교, 부응교, 교리, 부교리를 가리키고, 하번은 수찬, 부수찬, 박사, 저작, 정자를 가리킨다.《銀臺便攷 禮房攷 弘文館》

156 윤대 무신(輪對武臣) : 무신은 입시하는 일이 없으므로 '윤대 무신'이라 이름하여 입시하게 하였다.《孝宗實錄 4年 8月 23日》

157 시사(視事) : 좁게는 상참(常參)과 경연을, 넓게는 차대(次對), 윤대(輪對), 조참(朝參) 등을 포함한 모든 국사(國事)를 가리킨다.

158 주연(胄筵) : 왕세자가 시강원의 빈객이나 강관에게 경서나 사서(史書) 등을 수강하고 강론하는 자리로, 왕세자의 법강(法講)에 해당한다.

159 익위사(翊衛司) : 왕세자를 모시고 호위하는 임무를 맡았던 정5품 아

에 입직한 1원이 강대(講對)[160]에 따라 참석한다. 위종사(衛從司)[161]도 같다.〈증〉

제11항 관왕묘(關王廟)에 친림할 때에 재배례(再拜禮)를 행한다.〈속〉

제12항 대전(大殿)의 예행(禮行)[162] 외에는 의장(儀仗)을 쓰지 않는다.

〈경〉 **1** 대가(大駕)는 대의장(大儀仗)이고, 사직·황단(皇壇 대보단)·종묘·경모궁에 제향할 때나 조칙을 맞이할 때에 쓴다. 어가(御駕)를 인도하는 것은 해당 부(部)의 도사가 하고, 한성부·예조·호조·병조·사헌부의 장관이 하되 사정이 있으면 모두 차관(次官)이 하고, 의금부의 당하관 2원이 한다. 마군(馬軍)은 갑주(甲胄)를 갖추어 입고 궁으로 돌아왔을 때 갑주를 벗는다. –**2** 법가(法駕)도 같다. – 〈오례〉〈속례〉〈보〉 **2** 법가는 반의장(半儀仗)이고, 영희전(永禧殿)·선농단(先農壇)·문선왕(文宣王)에 제향할 때, 사단(射壇)에서 활쏘기를 할 때, 사단에서 하는 활쏘기를 참관할

문인 세자익위사(世子翊衛司)이다. 조선 건국 초에는 세자에 대한 강학과 시위(侍衛)를 함께 관장하였으나 후에 강학은 세자시강원이, 시위는 세자익위사가 맡았다.《經國大典 兵典 京官職》

160 강대(講對) : 세자와 세손을 위하여 경서를 익히고, 묻고 대답하는 일이다.

161 위종사(衛從司) : 왕세손을 모시고 호위하는 임무를 맡았던 종6품 아문인 세손위종사(世孫衛從司)이다.《續大典 兵典 京官職》

162 예행(禮行) : 임금이 사직, 종묘, 능, 공자의 사당 등에 제사 지내기 위하여 예절을 갖추어 거둥하는 것이다. 문무관이 궐문 밖에서 좌우로 나누어 섰다가 연(輦)이 이르면 허리를 구부리고[鞠躬] 연이 통과한 후 허리를 펴고 서[平身] 차례대로 수가(隨駕)한다.《大典會通 禮典 朝儀》

때, 무과 전시(展試) 때에 쓴다. 어가를 인도하는 것은 대가의 경우와 같되, 삼조(三曹) 당상은 하지 않는다. ❸ 소가(小駕)는 소의장(小儀仗)이고, 능(陵)에 배례(拜禮)할 때와 궐문 밖으로 행행(行幸)할 때 쓴다. 어가를 인도하는 것은 법가의 경우와 같되, 사헌부 관원은 하지 않는다.〈오례〉 ❹ 문관과 무관이 궐문 밖에서 좌우로 나누어 서서 연(輦)이 이르면 국궁(鞠躬)하고 연이 지나가면 수가(隨駕)한다. ❺ 행행할 때 양사(兩司)의 관원 각각 1원과 경연 당하관 2원이 시종(侍從)한다.〈경〉 –❸ 별다른 사정이 없으면 삼사도 모두 참석한다.〈보〉 –

제13항 **황의장(黃儀仗)은 조칙을 맞이할 때와 배표(拜表)할 때 쓰고, 홍의장(紅儀仗)은 천추절(千秋節)과 배전(拜箋)할 때 쓴다.**〈오례〉

제14항 **경숙(經宿)하여 행행(行幸)할 때**〈경〉 ❶ 이틀 전에 태묘(太廟)와 경모궁에 고한다. 당일 궁으로 돌아올 때는 하지 않는다.〈보〉 **도성에 머물러 있는 백관은 성문 밖에서 공경히 전송하며, 어가가 돌아올 때 공손히 맞이하고 수가(隨駕)한다. 당일과 다음날에 2품 이상은 문안례(問安禮)를 행한다.**〈경〉〈보〉 ❷ 당일 궁으로 돌아올 때도 같다.〈보〉 ❸ 경숙하여 능행(陵幸)할 때 여러 도의 도신(道臣)은 도의 경계에서 대기한다.〈증〉 ❹ 능행할 때 경숙할 경우 호조 판서를 정리사(整理使)로 삼아 어재실(御齋室)을 수리하게 한다.〈보〉 ❺ 능행할 때 치거(植炬)[163]의 경우 한성부는

163 치거(植炬) : 횃불을 따로 잡고 있는 사람 없이 길가에 세워 두는 것이

치도(治道) 경계로 한정하고, 그 외의 지역은 외읍(外邑)에서 담당한다.〈증〉 6 어가를 호종해야 하는 사람이 기일을 어기거나 어가를 따라갔다가 먼저 돌아가면 1일에 태(笞) 40이고, 3일마다 1등급을 더하되 장(杖) 100에 그치며, 백호(百戶) 이상은 각각 1등급을 더한다. 어가를 따라갔다가 도망가면 장 100을 치고 변원(邊遠)에 충군(充軍)하며, 백호 이상은 교형(絞刑)이다. 직접 관할하는 두목이 고의로 묵인하면 범인과 같은 죄이고, 각찰(覺察)을 제대로 하지 못하면 3등급을 줄이되 죄는 장 100에 그친다.[164]〈율〉

제15항 동반 9품 이상과 서반 4품 이상으로 관직에 제수된 자는 그 다음 날 대전, 왕비전, 세자궁에 사은숙배(謝恩肅拜)한다.〈경〉 1 사배(四拜)한다. 세자궁에는 재배(再拜)한다.〈보〉 2 품계가 올랐거나 겸직이면 대전에만 숙배한다. 사신(使臣)으로 나가거나 휴가를 받고 나가는 자도 나갈 때와 돌아올 때 대전에만 숙배한다.〈경〉 3 종2품 이상이 그다음 날 숙배하면 이조 낭청이 교지를 직접 전하고, 인의(引儀)가 노창(臚唱)한다. 특별히 제수된 경우면 하지 않는다. 대관(大官)은 비록 시일이 오래 지난 뒤에 사은숙배하더라도 직접 교지를 전하고 노창한다.〈속〉〈증〉〈보〉 4 북도의 능관은 숙배하지 않는다.〈증〉 5 녹봉이 없는

다.《牧民心書 工典 道路》

164 어가를 호종해야……그친다 :《대명률》〈병률 궁위(宮衛)〉 종가계위(從駕稽違) 조에 있다.

관원은 숙배하는 예가 없다.〈보〉 ❻ 혹 각신(閣臣)이 임금에게 특은(特恩)을 입었을 때에도 전문(箋文)을 올려 사은한다.〈증〉

제16항 **문과, 무과, 생원진사과의 합격자는 방방(放榜)한 다음 날 대궐에 나아가 사은(謝恩)하고,**〈경〉 ❶ 육행단자(六行單子)를 올린다.〈보〉 **그다음 날 성균관에 나아가 알성(謁聖)한다.**

제17항 **정조(正朝)에는 여러 읍의 수리(首吏)가, 경축할 일이 생기면 어향(御鄕)의** ❶ 선원 대향(璿源大鄕), 황비(皇妣)의 내향(內鄕 친가가 있는 고을)과 외향(外鄕 외가가 있는 고을), 황조비(皇祖妣)·황증조비(皇曾祖妣)·황고조비(皇高祖妣)의 내향, 왕비의 내향과 외향이다. **수리 각 1명이 대궐 문 밖에서 숙배(肅拜)한다.**

제18항 **모든 관원은 길에서 향축, 교서, 유서(諭書), 선온(宣醞), 선패(宣牌) 등을 만나면 말에서 내려 국궁(鞠躬)한다. 받들고 가는 사람은 말에서 내리지 않는다.** ❶ 공어(供御)할 물건을 만나면 두 손을 모아서 절하고 선다. ❷ 모든 관원은 순장(巡將)과 순관(巡官)을 만나면 말에서 내린다. 순장과 순관이 어압 표신(御押標信)[165]을 만나면 말에서 내린다.〈경〉

165 어압 표신(御押標信) : 국왕의 화압(花押)을 친서(親署)한 표신으로, 선전 표신(宣傳標信)이라고도 한다. 왕의 명령으로 군대를 소집하거나 또는 궁문을 여닫을 때에 사용한다.

제 5 조 의장(儀章)

제 1 항 **임금의 복식은 면류관(冕旒冠)에 면복(冕服)**, ❶ 종묘, 영희전(永禧殿), 경모궁의 전알과 대전(大殿)의 탄일 및 정조(正朝)와 동지의 진하(陳賀) 때 입는다. ❷ 제향에는 방심곡령(方心曲領)[166]을 더 입는다. 사직·황단(皇壇 대보단)·종묘에 제향할 때, 영희전·경모궁·문묘(文廟)에 제향하거나 작헌례(酌獻禮)를 행할 때, 선농제(先農祭) 때, 기우제·우제(雩祭)와 풍운뇌우산천단(風雲雷雨山川壇)에서의 기우제 때 및 제기(祭器)를 살피는 모든 경우에 입는다. –❶ 황단에서도 희생을 살필 때 입는다.– **원유관(遠遊冠)[167]에 강사포(絳紗袍)**, ❸ 사직·황단·종묘·경모궁의 제향 때 궁에서 나가고 궁으로 돌아오는 경우, 영희전·문묘에 제향하거나 작헌례를 행할 때 궁에서 나가고 궁으로 돌아오는 경우, 친경(親耕) 및 희생을 살피는 모든 경우, 서계(誓戒)를 받거나 진하하는 경우, 반교하는 경우, 대과(大科)의 방방(放榜)을 하는 경우에 입는다. **익선관(翼善冠)에 곤룡포(袞龍袍)**, ❹ 종묘와 영희전에 전알할 때에 궁에서 나가고 궁으로 돌아오는 경우, 경모궁에 전배(展拜)하거나 작헌례를 행할 때에 궁에서 나

166 방심곡령(方心曲領) : 제복(祭服)을 입을 때 목에 걸어 깃 위에 덧다는 둥근 고리 모양의 흰색 비단이다. 곁에 2개의 끈이 있다. 왼쪽은 녹색이고, 오른쪽은 붉은색이다.《景慕宮儀軌 圖說 祭服圖說》

167 원유관(遠遊冠) : 검붉은색 비단인 현라(玄羅)로 만든다. 9량(梁)이고 매 양마다 18개의 옥을 꿰어 다는데, 앞뒤로 9개씩이며 황색, 푸른색, 흰색, 붉은색, 검은색 등 5색의 옥을 쓴다. 금비녀와 붉은 끈 2개를 양 곁에 붙인 다음 턱 아래에서 묶고 그 나머지는 늘어뜨린다.《景慕宮儀軌 圖說 祭服圖說》

가고 궁으로 돌아오는 경우, 저경궁(儲慶宮)·육상궁(毓祥宮)·연호궁(延祜宮)에 제향하거나 전배할 때와 궁에서 나가고 궁으로 돌아오는 경우, 교단(郊壇)에 기우제를 지낼 때와 친경(親耕)할 때 궁에서 나가고 궁으로 돌아오는 경우, 관왕묘(關王廟)에 전배할 때와 궁에서 나가고 궁으로 돌아오는 경우, 전향(傳香), 조참(朝參), 상참(常參), 영칙(迎勅), 전강(殿講), 전시(殿試), 관무재(觀武才), 소과(小科)의 방방 때 입는다. [5] 모든 동가할 때나 전좌(殿座)할 때도 모두 같다. **익선관에 무양흑원령포(無揚黑圓領袍),**[168] [6] 삼황 기신 망배례(三皇忌辰望拜禮)[169] 때, 능(陵)의 기신제(忌辰祭)에 전향(傳香)하거나 조문을 받을 때, 칙사를 맞이할 때 입는다. -[2] 칙사를 맞이할 때부터 칙서를 받을 때까지 예를 행할 때 입는다.- [7] 재일(齋日)에 동가할 때나 전좌할 때도 모두 같다. **융복(戎服),** [8] 철릭(帖裏)이다. [9] 교외로 나갔다가 궁으로 돌아올 때 입는다. [10] 능행하기 위해 궁에서 나갈 때 삽우(揷羽 깃털을 꼽는 것)는 하지 않는다. [11] 관왕묘(關王廟)에 전작(奠酌)하기 위해 궁에서 나가고 궁으로 돌아올 때 입는다. [12] 기신제로 능행하기 위해 궁에서 나가고 궁으로 돌아올 때는 흑융복(黑戎服)을 입는다. **익선관에 참포(黲袍)이다.** [13] 능(陵)·원(園)·묘(墓)에서 예를 행할 때, 부고를 전하는 칙사를

168 무양흑원령포(無揚黑圓領袍) : 흉배를 달지 않은 검은색 원령포이다. 원령포는 깃을 둥글게 하여 만든 도포이다.

169 삼황 기신 망배례(三皇忌辰望拜禮) : 임진왜란 때의 재조지은(再造之恩)에 대한 보은으로 명나라 태조·신종·의종 삼황의 기일인 5월 10일, 7월 21일, 3월 19일에 행하는 망배례이다.

맞이할 때 입는다. 14 소상(小喪)에서 묘(廟)와 전(殿) -3 경모궁도 같다.-에 친히 제사 지낼 때와 전알할 때 궁에서 나가고 궁으로 돌아오는 경우 흑원령포를 입는다.

제2항 **신하들의 복식은 당상 3품 이상과** 〈보〉 1 관(冠)의 경우 조복(朝服)·제복(祭服)에는 1품은 5량(梁)[170]모에 목잠(木簪)을 하고, -1 목잠은 9품까지 동일하다.- 2품은 4량모를 쓴다. 사헌부 관원은 관에 해치(獬豸)를 붙이고, 사간원 관원도 해치를 붙인다. 3품 〈경〉 〈보〉 -2 당하 3품도 같다.-은 3량모를 쓴다. 공복(公服) 〈경〉 -3 시복(時服)[171]이다. 〈보〉 -과 상복(常服) 〈경〉 -4 흑단령(黑團領)이다. 〈보〉 -에는 문사각(紋紗角)[172]의 오사모(烏紗帽)[173]를 쓴다. 융복(戎服)에는 자립(紫笠)을 쓰고, 〈경〉 〈속〉 -5 자립 장식은 은을 쓴다. 대군은 금을 쓴다. 〈경〉- 패영(貝纓)[174]을 한다. 의복의 경우 조복은 적초의(赤綃衣 붉은 생초로 만든 윗도리)와 적

170 량(梁) : 굴건(屈巾)이나 금량관(金梁冠) 따위의 가운데가 불룩하게 나오거나 활 모양으로 굽어진 부분을 말한다. 앞이마부터 뒤까지 나란히 곡선을 이루고 골이 진 모양을 이룬다.

171 시복(時服) : 문무백관이 입시(入侍)할 때나 공무(公務)를 볼 때 입던 옷이다.

172 문사각(紋紗角) : 사모(紗帽)에서 뒷면 아래쪽에 좌우 수평으로 뻗어 있는 것이 사모뿔이다. 백관은 품계에 따라 이 뿔의 무늬를 달리하여 사모를 구분했는데, 당상 3품 이상은 무늬 있는 뿔인 문사각을, 당하 3품 이하는 단사각(單紗角)을 쓰도록 하였다.

173 오사모(烏紗帽) : 검은 깁으로 만든 모자이다. 황제나 왕이 쓰는 익선관은 오사모의 양대(兩帶)를 위로 치켜올린 형태이다.

174 패영(貝纓) : 산호, 호박, 밀화, 대모, 수정 따위를 꿰어 만든 갓끈이다.

초상(赤綃裳 붉은 생초로 만든 아랫도리)에 폐슬(蔽膝)[175]을 드리우고, 흰 비단으로 만든 중단(中單 소매가 넓은 두루마기)을 입으며, 운학〈경〉〈속〉 –6 황(黃)·녹(綠)·적(赤)·자(紫) 4색 실로 직조한다. 〈오례〉 –금환수(雲鶴金環綬)[176]를 드리운다. 3품–7 당하 3품도 같다. –은 반조은환수(盤雕銀環綬)[177]를 드리우고, 번청 패옥(燔靑佩玉)[178]을 차며, 아홀(牙笏 상아로 만든 홀) –8 홀은 4품까지 동일하다. –을 들고, 백포 버선을 신는다. –9 버선은 9품까지 동일하다. – 〈경〉 제복은 청초의(靑綃衣)와 적초상에 흰 비단의 방심곡령(方心曲領)을 입고, 폐슬 이하는 조복과 같다. 공복은 담홍포(淡紅袍)를 입으며, 상복은 현록색(玄綠色) 사단(紗段)을 쓴다. 흉배의 경우 대군은 기린(麒麟), 왕자는 백택(白澤),[179] 문관은 운학(雲鶴), 무관은 호표(虎豹), 당상관은 웅비(熊羆) 문양이다. 〈경〉〈속〉 –10 웅비는 9품까지 같다. 〈속〉 – 융복은 남색 사단으로 만든 철릭이다. 대(帶)의 경우 조복·제복·공복·상복에는 1품 이상은 서대(犀帶),[180] 정2품은 삽금대(鈒金

175 폐슬(蔽膝) : 무릎을 가리기 위하여 허리 아래로 늘이는 장방형의 천이다.

176 운학금환수(雲鶴金環綬) : 예복이나 제복(祭服)의 웃옷 뒤쪽에 달던 구름과 학의 모양을 놓은 수(綬)로, 쌍으로 된 금고리[金環]를 단다.

177 반조은환수(盤雕銀環綬) : 예복이나 제복(祭服)의 웃옷 뒤쪽에 달던 독수리 모양을 놓은 수(綬)로, 쌍으로 된 은고리[銀環]를 단다.

178 번청 패옥(燔靑佩玉) : 조복을 입을 때 허리 양옆에 하나씩 늘어뜨리던 번청옥(燔靑玉)으로 꾸민 장신구이다.

179 백택(白澤) : 사자 모양을 하고 눈이 8개인 전설상의 동물이다.

180 서대(犀帶) : 서각(犀角), 즉 무소뿔로 장식한 관대(官帶)이다.

帶),[181] 종2품은 소금대(素金帶),[182] 정3품은 삽은대(鈒銀帶)를 한다. 융복은 홍사(紅絲)를 쓰고, 조복과 제복에는 또 대대(大帶)〈오례〉〈경〉〈속〉〈보〉–⑪ 붉은 비단과 흰 비단을 꿰매 붙인다.〈오례〉– 와 조대(絛帶)[183]를 한다. 화혜(靴鞋)[184]의 경우 조복·제복에는 흑피혜(黑皮鞋)를, 공복·상복·융복에는 흑피화(黑皮靴)를 신는다.〈경〉〈보〉 ❷ 이엄(耳掩)은 단(段 고급 비단)과 초피(貂皮 담비 가죽)로 만든다.〈경〉 ❸ 권자(圈子)[185]의 경우 1품은 환옥(環玉), 정2품은 환금(環金), 종2품은 금, 당상관은 옥이다.〈경〉〈보〉 ❹ 사복(私服)의 대는 홍조아(紅絛兒)[186]이다.〈경〉 **당하 3품 이하에**〈보〉 ❺ 관의 경우 4품 이하는 2량관, 7품 이하는 1량관이고, 단사각(單紗角)의 오사모를 쓰고, 흑립(黑笠)에 정영(晶纓)[187]을 한다. 의복의 경우 4품은 연작〈경〉〈속〉–⑫ 4품 이하는 황·녹·적 3색실로, 7품 이하는 황·녹 2색실로 직조한다.〈오례〉–은환수(練鵲銀環綬),[188] 5품·6품은 동환수(銅環綬), 7품 이하는 계칙

181 삽금대(鈒金帶) : 화조문(花鳥紋)이나 당초문 따위를 아로새긴 황금 띳돈을 단 각대(角帶)이다.

182 소금대(素金帶) : 문양을 새기지 않은 황금 띳돈을 단 각대이다.

183 조대(絛帶) : 여러 가닥의 끈목으로 만든 실띠이다.

184 화혜(靴鞋) : 화(靴)는 목이 있는 장화 형태의 신발이고, 혜(鞋)는 목이 짧고 운두가 없는 신발이다.

185 권자(圈子) : 망건의 당줄을 꿰어 거는 고리이다.

186 홍조아(紅絛兒) : 홍색의 세조대(細絛帶)이다. 조아(絛兒)는 실을 가늘게 꼬아 만든 끈으로, 양끝에 하나 또는 두 개의 수실을 붙인다. 도포 등을 입을 때 가슴에 띠었다.

187 정영(晶纓) : 수정으로 만든 갓끈이다.

188 연작은환수(練鵲銀環綬) : 예복이나 제복(祭服)의 웃옷 뒤쪽에 달던 때

(鸂鶒)[189] 무늬이며, 4품 이하는 번백 패옥(燔白佩玉)[190]을 차고, 5품 이하는 목홀(木笏)을 든다. 공복은 청포(靑袍)를 입고, 7품 이하는 녹포(綠袍)를 입는다. 상복은 현록색(玄綠色)의 저견(紵絹)으로 하고, 흉배는 백한(白鷴) 문양이다. 융복은 청현색(靑玄色)의 철릭이고, 교외로 동가할 때는 홍색이다. 대의 경우 종3품 이하는 소은대(素銀帶), 참하관은 흑각대(黑角帶)를 하며, 융복에는 홍사(紅絲)를 쓰지 않는다. 나머지는 모두 당상과 같다. 〈경〉〈속〉〈보〉 **6** 천담복(淺淡服)[191]은 당상과 당하 모두 참포(黲布 검은 베)로 하고, 흑각대를 하고, 오사모를 쓴다. 〈보〉 **7** 이엄은 비단과 서피(鼠皮)[192]로 만든다. 〈경〉 **8** 종친이 쓰는 이엄은 당하관일 경우 비단과 초피로 만든다. 사복에는 홍대(紅帶)를 한다. 〈경〉〈속〉 **9** 관찰사와 절도사의 입(笠) 장식에는 옥정자(玉頂子)[193]를 쓴다. **10** 유학(儒學)은 치포건(緇布巾)[194]을 쓰고, - **13** 재학(在學) 중에 쓴다. - 청금(靑衿)[195]을 입는다. 〈경〉 **11** 사복은 문무관,

까치 모양을 놓은 수(綬)로, 쌍으로 된 은고리[銀環]를 달았다.

189 계칙(鸂鶒) : 깃털에 자줏빛이 나는 물새로 자원앙(紫鴛鴦)이라고도 한다.

190 번백 패옥(燔白佩玉) : 조복을 입을 때 허리 양옆에 하나씩 늘어뜨리던 번백옥(燔白玉)으로 꾸민 장신구이다.

191 천담복(淺淡服) : 국상이나 일반 상의 3년상을 치르고 100일간 입는 제복이다.

192 서피(鼠皮) : 족제비 따위의 털가죽으로, 주로 갖옷과 이엄(耳掩)에 사용되었다.

193 옥정자(玉頂子) : 갓 꼭대기에 옥으로 만들어 단 장식이다.

194 치포건(緇布巾) : 검은 빛깔의 베로 만든 건이다.

195 청금(靑衿) : 옥색포견(玉色布絹)에 검은 연(緣)을 두른 성균관과 사학

사서인 모두 청색을 좋은 것으로 여긴다.〈속〉 ⓬ 《경국대전》에 양사 관원의 입(笠) 장식은 옥정자로, 감찰의 입 장식은 수정정자(水精頂子)로 하도록 한 법이 있다. **차이가 있다.**〈보〉

제 3 항 **배종(陪從)하거나 조하(朝賀)할 때의 복색은 임금의 복색을 따른다.** ❶ 임금이 면복(冕服)이나 강사포(絳紗袍) 차림이면 조신(朝臣)은 조복(朝服)을 입는다. 임금이 면복에 방심곡령(方心曲領)을 걸친 차림이면 조신은 조복을 입고, 제관(祭官)은 제복(祭服)을 입는다. 임금이 곤룡포(袞龍袍)나 무양흑원령포(無揚黑圓領袍)를 입으면 조신은 흑단령(黑團領)을 입는다. 임금이 참포(黲袍)를 입으면 조신은 천담복(淺淡服)을 입는다. 임금이 철릭(帖裏)을 입으면 조신은 융복(戎服)을 입는다. 모든 전좌(殿座)와 동가에 시위(侍衛)하는 신하들은 모두 융복을 입는다. ❷ 기우제를 위한 거둥, 계복(啓覆), 수향(受香), 망궐례(望闕禮), 배표(拜表), 사은숙배, 모든 습의(習儀)에는 흑단령을 입는다. 〈증〉 ❸ 하직할 때는 시복(時服)을 입는다.〈보〉 ❹ 조문하러 온 칙사를 맞을 때는 흉배를 뗀 흑단령을 입는다. ❺ 일식과 월식 때 구식(救食)할 경우에는 천담복을 입는다.〈증〉 ❻ 소상(小喪) 중에 묘(廟)와 전(殿) –1 경모궁도 같다. –에 친히 제사 지낼 때와 전알할 때 궁에서 나가고 궁으로 돌아오는 경우 신하들은 흉배를 뗀 무양흑단령(無揚黑團領)을 입고 오각대(烏角帶)를 한다.〈보〉

유생의 복장이다.

제4항 종1품 이상과 기로소 당상은 평교자(平轎子)를 탄다. 〈속〉

제5항 2품 이상은 초헌(軺軒)[196]을 탄다. 〈경〉 ■1 당상관은 호상(胡床)[197]과 안롱(鞍籠)[198]을 가진 자가 앞에서 인도한다. 관찰사는 또 절월(節鉞)[199]을 가지고 인도하고, 정3품 당하관은 안롱만 가지고 인도한다. 왕자를 인도할 때는 두석패(豆錫牌 놋쇠 패)를 차고, 의정부·승정원·경연의 관원을 인도할 때는 납패(鑞牌 주석 패)를 찬다. 내각의 관원을 인도할 때는 금패(金牌)를 찬 인로(引路)가 한다. 〈경〉〈증〉

제6항 관찰사와 종2품 이상은 도성 밖에서 쌍마교(雙馬轎)를 탄다. ■1 승지를 지냈으면 수령이라도 타는 것을 허락한다. 의주 부윤(義州府尹)이나 동래 부사(東萊府使)는 변신(邊臣)이므로 허락한다. 〈속〉 ■2 당하관이 승교(乘轎)를 타면 함부로 말을 탄 경우

196 초헌(軺軒) : 긴 줏대에 외바퀴가 밑으로 달려 있고, 앉는 자리는 의자처럼 되어 있으며, 발을 얹어 놓도록 고안되었다. 초헌을 사용하는 종2품 이상 벼슬아치의 집은 솟을대문에 문턱이 없이 설계되어 초헌을 바로 밀고 드나들 수 있었다. 명거(命車), 목마(木馬), 초거(軺車)라고도 불렀다.

197 호상(胡床) : 당상관들이 하인에게 갖고 다니게 하다가 바닥에 펴서 앉거나 말을 탈 때 사용하던 의자처럼 생긴 물건으로, 다리를 접고 펼 수 있었다. 교상(交床), 승상(繩床)이라고도 한다.

198 안롱(鞍籠) : 두꺼운 유지(油紙)로 만든 수레나 가마 따위를 덮는 우비이다.

199 절월(節鉞) : 부절(符節)과 부월(斧鉞)이다. 병사(兵使), 수사(水使), 유수, 대장, 통제사 등이 부임할 때 임금이 생살여탈권(生殺與奪權)을 의미하는 절월을 내려 주었다. 행차할 때에 절월을 앞장세워 권위를 나타내었다.

에 대한 율로 처벌하되, 연경(燕京)에 가는 서장관, 통신사, 종사관은 논하지 않는다. 3 중관(中官)이 승교를 타면 당상과 당하를 막론하고 당하관이 승교를 탔을 때 처벌하는 율을 적용한다. 〈증〉 4 1품 이하의 안구(鞍具) 및 녹사(錄事), 제학(諸學) 생도, 서리, 향리, 별감, 수복(守僕), 궐내 각 차비(差備) 및 인로(引路), 나장(羅將), 조례(皁隸)가 입는 복장에 대한 규정은 양전(兩典)[200]에 실려 있다. 모든 관원의 의복의 길이와 너비에 대한 제도는 《속대전》에 실려 있고, 사헌부의 서리와 통례원의 서원(書員)이 제사를 감독하고 조하(朝賀)할 때 공복(公服)을 입는다는 규정은 《경국대전》과 《대전통편》에 실려 있다.[201] 〈보〉

200 양전(兩典) : 《경국대전》과 《속대전》이다.

201 모든……있다 : 《대전통편》 〈예전 의장(儀章)〉에 있다.

제6조 **새보(璽寶)** 용인(用印) 항목을 붙임

제1항 **어보(御寶)에는 대보(大寶),** ❶ 사대문서(事大文書)에 사용한다. **시명지보(施命之寶),** ❷ 교명(敎命), 교서, 교지(敎旨)에 사용한다. **위정이덕지보(爲政以德之寶),**〈증〉〈관지〉 ❸ 통신(通信) 문서에 사용한다. **유서지보(諭書之寶),** ❹ 유서(諭書)에 사용한다. **과거지보(科擧之寶),** ❺ 시권(試券)과 홍패(紅牌), 백패(白牌)에 사용한다. **선사지기(宣賜之記), 선황단보(宣貺端輔), 동문지보(同文之寶),** ❻ 모두 반사(頒賜)하는 서적에 사용한다. **규장지보(奎章之寶),** ❼ 임금이 지은 글에 찍는 도장으로 사용한다. **준철지보(濬哲之寶)가** ❽ 각신(閣臣)의 교지에 사용한다. ❾ 그 나머지 여러 보(寶)는 대내(大內)에 있다.〈증〉 **있다.**

제2항 **각 아문의 인(印)은 당상관이 사용하고, 3품 이하 아문의 인은 행수관(行首官 수석 관원)이 사용한다.** ❶ 행수관에게 사정이 있으면 다음 등급의 관원이 사용한다. ❷ 서울과 지방의 1품아문의 관인은 사방 2치 9푼, -❶ 조례기척(造禮器尺)[202]이다.- 2품은 2치 8푼, 3품은 2치 5푼, 4품은 2치 3푼, 5품·6품은 2치 1푼이고, 7품 이하는 길이 1치 8푼에 너비 1치 3푼이다. ❸ 토관(土官)인

202 조례기척(造禮器尺) : 예기(禮器)와 제물을 법규에 맞게 만들기 위한 기준으로 만들어진 자로, 조례기척 1자는 황종척으로는 8치 2푼 3리에 해당한다. 《세종실록》〈오례(五禮)〉에 조례기척의 그림이 있으며, 세종 때의 길이는 28.621cm이다. 《經國大典 工典 度量衡》

도무사(都務司)[203]와 도할사(都轄司)[204]에게도 인이 있다.[205]〈경〉

제 3 항 **임시로 설치한 도감(都監) 및 왕명을 받은 사람은 예조의 봉사인(奉使印)을 품계에 따라 가져다 사용한다.**〈증〉

제 4 항 **병조는 당상과 낭청이 입직할 때 사용하는 인(印) 외에 판서와 이군색(二軍色)[206] 낭청의 인을 더 주조하여 사용한다.**

제 5 항 **인을 바꿀 때 포(布)를** ❶ 면포(綿布)이다. 속칭 작목(作木 수수료)이다. **차등 있게 바친다.**〈속〉 ❷ 예조에 납부하며, 경사(京司)·관찰사·부윤·절도사의 인은 15필, 목사·부사·서윤의 인은 14필, 영장·군수·판관·경력·현령·현감의 인은 13필, 도사·우후·찰방·감목관(監牧官)·첨사·만호·별장·권관의 인은 10필을 바친다.〈속〉〈보〉

203 도무사(都務司) : 함흥부, 영변대도호부, 경성도호부, 평양부 등에 설치한 토관(土官)의 관서로, 도무(都務)·교부(校簿)·전사(典事)의 관원이 있다.

204 도할사(都轄司) : 경원도호부, 의주목, 강계도호부 등에 설치한 토관(土官)의 관서로, 도할(都轄)·전사(典事)의 관원이 있다.

205 토관(土官)인……있다 : 7품 이하의 인(印)과 같은 규격으로, 길이 1치 8푼에 너비 1치 3푼이다. 《經國大典 禮典 用印》

206 이군색(二軍色) : 병조의 속사(屬司)이다. 기병과 보병의 보포(保布), 궐 내외 각사의 고립(雇立) 및 삭하포(朔下布) 등의 일을 관장한다.

제 7 조　사대(事大)

❶ 국초에는 동지, 정조(正朝), 성절(聖節), 천추절(千秋節)[207]에 네 차례의 사행을 보냈으며, 사은사(謝恩使), 주청사(奏請使), 진하사(進賀使), 진위사(陳慰使), 진향사(進香使), 문안사(問安使), -❶ 황제가 순행하다가 국경 부근에 왔을 때 보낸다.- 참핵사(參覈使) -❷ 죄수를 함께 조사할 일이 있을 때 보낸다.- 등의 사신을 일이 있을 때마다 차송(差送)하였다. -❸ 사은사 이하는 별행(別行)이라고 한다.- 숭덕(崇德 청 태종의 연호)[208] 이후로 천추사(千秋使)는 폐지하고 세폐사(歲幣使)를 두었다가, 순치(順治 청 세조의 연호)[209]에 와서 앞의 세 절사와 세폐사를 합쳐 하나의 사행으로 만들고 동지사(冬至使)라 이름하여 해마다 한 번 보냈다. -❹ 절행(節行)이라고 한다.- 〈관지〉

제 1 항　방물(方物)을 봉과(封裹)하는 날 의정부, 〈경〉 ❶ 의정 이하가 한다. ❷ 의정부의 관원이 참여하지 않으면 봉과할 수 없다. 〈보〉 **육조·사헌부·승정원의 장관,** 〈경〉 ❸ 장관에게 사정이 있으면 차관(次官)이 한다. 〈보〉 **사신(使臣)·서장관이 감봉(監封)한다.** 〈경〉 〈보〉 ❹ 한결같이 방물 단자(方物單子)에 낙점하여 내린 대로 대내(大內)에 들여서 어람(御覽)한 다음에 봉과한다. ❺ 절사(節使)의 방

207 천추절(千秋節) : 명나라 황태자의 생일이다.

208 숭덕(崇德) : 숭덕 2년인 1637년(인조15)이다. 《弘齋全書 卷11 序引 使价引》

209 순치(順治) : 순치 2년인 1645년(인조23)이다. 《通文館志 事大 赴京使行》

물은 3기(起)[210]로 한다. 다른 사행을 겸할 경우 그 명칭에 따라 각각 1기를 더한다.〈보〉 ❻ 방물로 바친 베의 안팎을 각각 다르게 하여 거칠게 만들면 감납관(監納官)은 추고하고 파출하며, 포를 바친 사람은 제서유위율(制書有違律)[211]로 논한다. 감납한 뒤에 몰래 다른 물품과 바꾸면 장(杖) 100 도(徒) 3년이다. 포를 바치는 사람이 정밀하게 가려서 받는 것을 꺼려 일부러 시일을 끌며 납부하지 않으면 장 80이다.〈속〉

제2항 **문서는**〈경〉 ❶ 표(表)와 전(箋)은 지제교가 짓고, 주문(奏文)은 대제학이 짓는데 대제학에게 사정이 있으면 제학이 짓는다. 두사(頭辭)와 자문(咨文)은 제술관이나 이문학관 중에서 뽑아 짓되, 중대한 사안의 자문은 문임(文任)이 짓는다.〈보〉 **사신이 출발하기 7, 8일 전에 계달(啓達)한다. 서울에서 3차례 사대(査對)하고, 가는 도중에 4곳에서 사대한다.** ❷ 승문원에서 흑초(黑草)[212]를 사대하며, 승문원 제조 3원과 의정 1원이 참석한다. 봉과일(封裹日)에 의정부에서 사대하고, 배표일(拜表日)에

210 기(起) : 중국 사신 편에 보내는 세폐(歲幣)와 방물(方物)의 양과 그에 대한 정부의 지급 단가를 결정하는 단위이다.

211 제서유위율(制書有違律) : 《대명률》 〈이율 공식(公式)〉 제서유위(制書有違) 조의 율로, "제서(制書)를 받들어 시행할 때에 어기면 장 100이다."라고 하였다. 제서는 황제의 명을 적은 조서(詔書)와 칙서(勅書) 등이다.

212 흑초(黑草) : 대중국 외교 문서 중 표전식(表箋式)에 입각하여 초서로 작성된 중간본이다. 흑초가 작성되면 승문원의 도제조와 제조가 관청에 모여 글자의 오류와 피휘 대상 여부, 문서 전달의 목적을 잘 반영하였는지 등을 점검하였다. 승문원의 검정을 거친 흑초는 임금에게 아뢰어 윤허를 받은 후 정식 외교 문서로 필사하였다.

모화관(慕華館)에서 사대할 때도 그와 같다. 모두 사신이 함께 참석한다. 황주(黃州), 평양(平壤), 안주(安州), 의주(義州)에서 사대하며, 모두 흑초와 대조하여 만약 오자가 있으면 치계(馳啓)하여 글을 고친다.〈경〉〈증〉〈관지〉〈보〉

제3항 **동지사**(冬至使) **사행은 정사**(正使) **1원,** ❶ 정2품이다. 종1품으로 결함(結銜)[213]한다. ❷ 정사와 부사 모두 품계를 올려 결함한다. **부사**(副使) **1원,** ❸ 정3품이다. **서장관**(書狀官) **1원이다.** ❹ 정5품이다. 품계에 따라 대간을 겸한다.〈관지〉 ❺ 사은사(謝恩使) 사행은 정사는 대신(大臣) 혹은 정1품의 종반(宗班)이나 의빈(儀賓)이고, 부사는 종2품, 서장관은 정4품이다. 주청사(奏請使), 진주사(陳奏使), 진하사(進賀使)도 같다.〈관지〉〈보〉 ❻ 진위사(陳慰使) 사행은 정사는 종2품, 부사는 정3품, 서장관은 정6품이다. 큰일이 있을 때에는 진하사 사행의 예와 같다.〈관지〉 ❼ 진향사(進香使) 사행은 진위사를 예겸하므로 정사는 진향사가 되고, 부사는 진위사가 되며, 서장관은 겸찰(兼察)한다. ❽ 고부사(告訃使) 사행은 정사는 정3품, 서장관은 종6품이다. 왕세자 고부 때의 재자관(齎咨官)[214]은 당하 문관이다.〈관지〉〈보〉 ❾ 문안사(問安使) 사행은 정사 1인이며 정사의 품계는 사은사의 경우에 따르고, 서장관은 3품이나 4품이다. ❿ 참

213 결함(結銜) : 문서에 직함을 기입하는 일이다.

214 재자관(齎咨官) : 중국 조정에 자문(咨文)을 가지고 가던 사신이다. 관계된 것이 중요하지 않아 굳이 품사(品使)가 필요하지 않으면 승문원 관원 1원이 자문을 가지고 가서 예부에 보고하는데, 이 사람을 재자관이라고 하였다.

핵사(參覈使) 사행은 정사는 정3품이며, 형조 참의를 예함(例銜)한다.〈관지〉 **11** 절사(節使)는 종반으로 차임할 수 없다.〈속〉 **12** 동지사 사행의 역관(驛官)은 당상 2인, 당하 21인이다. 대신이나 정1품 종반, 의빈이 사은사나 진주사 등의 사행을 겸하면 당상 1인을 더 정하고, 당하 혹은 당상 1인을 자벽(自辟)한다. 사은사·주청사·진주사·진하사·진위사·진향사 사행은 당상 2인, 당하 17인이며, 그중 자벽으로 각각 1인을 더 정한다. 진위사·진향사가 만약 2품이면 자벽으로 더 정하지 않는다. 고부사 사행은 당상 1인, 당하 11인이다. 문안사 사행은 당상 2인, 당하 4인이며, 간혹 각각 3인이다. 참핵사 사행은 당상과 당하 각 2인, 3인이다. 주청사·진주사의 사행이나 더러 주선할 일이 있으면 일의 경중에 따라 1인에서 3인까지 별도로 계청하여 더 데리고 간다.〈속〉〈관지〉〈보〉 **13** 대신, 정1품 종반, 의빈이 가는 사행에는 어의 1인을 별도로 보낸다.〈관지〉〈보〉 **14** 대군이 가는 사행은 호행 중사(護行中使) 1인에 별도로 2인을 더 정하여 데리고 간다.〈관지〉 **15** 매번 사행에 사자관(寫字官)은 2인이 가며, 그중 1인은 상사(上使)의 군관(軍官)으로 간다. 화원(畫員)이 1인, 의원 – **1** 양의사(兩醫司 전의감과 혜민서)의 의원이다. – 이 1인이다. 운대관(雲臺官)[215]은 3년에 한 번 가는데,〈속〉〈증〉 – **2** 문안사의 사행에는 가지 않는다.〈보〉 – 만약 역법(曆法)에 질문할 사항이 있어서 가는 경우면 이 예(例)를 적용하지 않는다. 참핵사 사행에는

215 운대관(雲臺官) : 천문학(天文學), 지리학(地理學), 명과학(命課學) 등을 전공한 관상감의 기술 관료이다.

의원 1인만 간다.⟨증⟩ ⟨관지⟩ **16** 왜학(倭學)은 교회(敎誨)[216]나 총민(聰敏) 중 1인이 절행(節行)에만 간다.⟨속⟩ **17** 삼사(三使 정사·부사·서장관)에 딸린 군관은 사은사 등의 사행에 8명, –3 정사에게 5명인데 그중 1명은 서장관이 자벽하여 차임한다. 부사에게 3명이다. – 동지사 사행에 7명, –4 정사에게 4명인데 그중 1명은 서장관이 자벽한다. 부사에게 3명이다. – 고부사 사행에 4명, –5 사신에게 3명이고, 서장관에게 1명이다. – 문안사 사행에 5명, –6 사신에게 4명이고, 서장관에게 1명이다. – 참핵사 사행에 2명이다. ⟨관지⟩ –7 1명은 형조 낭관을 데리고 간다.⟨보⟩ – 또 만상 군관(灣上軍官 의주 군관)을 두어 사행이 머무르는 곳을 살피거나 양료(糧料) 등의 일을 관장하게 하며, 의주(義州) 사람으로 차임한다.⟨관지⟩ **18** 사신과 서장관은 자제(子弟)와 가노(家奴)를 데리고 간다.⟨경⟩ **19** 절행은 6월에 차출하고, 10월 말에서 11월 초 사이에 배표(拜表)하며, 12월 26일 봉인(封印)[217] 전에 북경(北京)에 도착한다. 별행(別行)은 일이 있을 때마다 가되, 사행 일이 특별한 예(例)가 아니거나 절행과 겹치면 겸하여 간다. 사신의 품계는 사은사 사행에 따르고, 원액(員額)은 절행에 따른다. **20** 고부사는 상복(喪服) 차림으로 다녀온다. 그 밖의 사행은 비록 국상(國喪) 때라도 압록강을 건너간 뒤에는 길복(吉服)을 입

216 교회(敎誨) : 사역원 소속으로 외국어를 학습하여 해득한 관원이다. 일본어를 습득한 왜학 교회(倭學敎誨), 중국어를 습득한 한학 교회(漢學敎誨) 등이 있었다.

217 봉인(封印) : 세모(歲暮)와 연초(年初)에 공무를 정지하는 것이다.《漢語大辭典》

는다.〈관지〉

제 4 항 **사신과 원역(員役)의 의자(衣資 옷감)·사미(賜米)·반전(盤纏)[218]은 규식대로 지급한다.**〈속〉 ❶ 호조에서 지급한다. 또 선혜청과 지방에서 으레 지급하는 노자가 있다. ❷ 여러 읍에 별도로 요청할 일이 있으면 사신이 직접 편지를 보낸다.〈관지〉

제 5 항 **원역(員役)에게는 팔포(八包)를 가지고 가는 것을 허락한다.** ❶ 인삼 20냥이 1포(包)이고 10근이 8포이나, 지금은 금지 규정이므로 은(銀)으로 대신한다. 매 역원이 인삼 10근 대신 은 2000냥을 가지고 갈 수 있는데, 당상은 1000냥을 더 가지고 갈 수 있다. 사신의 군관은 비록 당상이라 하더라도 2000냥만 가지고 갈 수 있다.〈증〉〈관지〉 ❷ 《경국대전》에 "사신 이하는 각 10근을 가지고 간다."라고 하였으나, 지금은 사신과 서장관이 가지고 가는 것은 모두 폐지되었다.〈증〉〈노〉

제 6 항 **사신을 영송(迎送)하는 군(軍)은 평안도의 정병(正兵)으로 차출한다. 사신이 타는 말과 짐말의 경우 타는 말은 역마를 사용하고, 짐말은 쇄마(刷馬)[219]를 사용한다.**〈경〉〈증〉 ❶ 강계(江界), 위원(渭原), 초산(楚山), 벽동(碧潼), 창성(昌城), 삭주(朔州), 의주(義州), 용천(龍川), 철산(鐵山)에는 지정하지 않는다. ❷ 정사(正

218 반전(盤纏) : 사행(使行) 과정의 경비와 일반적인 여비이다.

219 쇄마(刷馬) : 지방에 배치된 관용(官用) 말이다.

使)와 부사(副使)에게는 개인 소유의 말 1필을 가져가도록 허락한다.〈경〉

제7항 **연경(燕京)에 가거나 사신을 접대할 때에는 당상 역관(堂上驛官)에게 비록 죄가 있더라도 곤(棍)이나 태(笞)를 치지 않고, 돌아온 뒤에 계문하여 논죄한다.**〈속〉

제8항 **서장관은 날마다 일을 기록하고 돌아온 뒤에 보고하면 승문원에 계하하여 등록(謄錄)하게 한다.**〈경〉

제9항 **참핵사가 압송해 간 범인은 함께 조사한 뒤에 죄를 의논한 자문(咨文)을 기다려서 처리하고, 사은사를 보낸다.** ❶ 혹은 다른 사신 편에 부쳐 보낸다. ❷ 우리나라에 표류해 온 사람을 내보낼 때도 사은사를 보내거나 다른 사신 편에 부쳐 보낸다.〈보〉

제10항 **황제에게 여쭐 일이 있으나 관계된 바가 중요하지 않아 사신을 갖출 필요가 없으면 재자관(齎咨官)을 보내어 자문(咨文)을 가지고 예부(禮部)에 가도록 한다.** ❶ 당상과 당하를 막론하고 한학(漢學) 중에서 별도로 선발한다. 역행(曆行)[220]에는 교회(敎誨) 중에서 순서를 살펴 선발한다. ❷ 자문을 전달하고 황지(皇旨)를 청한다. 자문을 보고하고, 자문을 회보하고, 역일(曆日)

220 역행(曆行) : 중국 황제가 반사(頒賜)하는 책력을 받으러 가는 사행(使行)이다.

을 받고, 표류한 사람을 돌려보내는 일에도 모두 전담하는 재자관을 차임한다. 역서(曆書)를 수령하는 관원은 10월 초하루에 맞추어 북경(北京)에 들어간다. ❸ 표류한 사람의 배가 파손되어서 육지로 가야 할 경우, 원적(原籍)이 산해관(山海關) 안쪽인 사람을 압송할 때는 북경에 자문을 전하고, 산해관 바깥쪽인 사람을 압송할 때는 봉황성(鳳凰城)에 자문을 전한다. 절사(節使)의 행차와 겹치면 그 편에 부쳐 보낸다. ❹ 원래 사안이 있어서 황지(皇旨)에 따라 복주(覆奏)하는 경우는 재주관(齎奏官)이라 이름하고, 무관 당하관과 동행한다.[221] 〈관지〉 ❺ 의자(衣資), 사미(賜米), 반전(盤纏)은 정식(定式)에 따른다.[222] 또 평안감영(平安監營), 평안 병영(平安兵營), 황해 병영(黃海兵營), 의주(義州)에서 반전을 지급한다.〈속〉〈관지〉 ❻ 팔포(八包)는 9000냥이다.〈보〉

제11항 **칙사의 행차는 정사(正使)와 부사(副使) 각각 1인, 통관(通官) 4인이 수행한다.** ❶ 근역(跟役 수행원)은 18인이다.〈관지〉 **패문(牌文)이 도착하면[223] 묘당에서 원접사(遠接使)를 차출하고,** 〈경〉〈관지〉 ❷ 정경(正卿)으로 차출한다. ❸ 중국 사신이 돌아갈 때에

221 원래……동행한다 : 주문(奏文)은 자문(咨文)보다 중하기 때문에 당하관의 무신을 골라서 보내고 '재주관'이라고 하였다.《英祖實錄 11年 1月 28日》

222 정식(定式)에 따른다 :《통문관지》에 재자관에게 지급하는 의자(衣資), 사미(賜米), 반전(盤纏)의 구체적 내용이 실려 있다.《通文館志 事大上 齎咨行》

223 패문(牌文)이 도착하면 : 중국의 사신이 아직 북경을 떠나지 않았을 때 먼저 패문을 보내어 이 사실을 알렸다.《通文館志 事大下》

는 반송사(伴送使)를 차출한다. [4] 차관(差官)[224]이 오는 경우는 〈관지〉 –[1] 전에 경계를 정하거나 미곡을 운반하는 등의 일로 나온 경우가 있었다. 〈보〉– 접반사(接伴使)를 차출하되, 아경(亞卿)으로 한다. **이조는 문례관(問禮官)을 차출하고,** [5] 문관 당하관으로 차출한다. **승정원은 6곳에** [6] 의주(義州), 정주(定州), 안주(安州), 평양(平壤), 황주(黃州), 송도(松都)이다. 〈관지〉 **영위사(迎慰使)를** 〈경〉〈증〉 [7] 당상관이며, 가선대부로 결함(結銜)한다. **차출하여 차례대로 보내고 또 별도로 문안사(問安使)를 파견한다.** 〈관지〉 [8] 당상관이나 혹 도내의 작질이 높은 수령에게 승정원에서 공문을 보낸다. 〈보〉 [9] 칙사가 안주(安州)에 도착하면 별도로 중사(中使)를 보내 문안한다. –[2] 돌아갈 때도 같다. – 각처의 연향을 줄이면 승정원에서 중로 문안사(中路問安使)를 차출하되, 회환(回還)하는 영위사가 그 임무를 그대로 수행한다.[225] 칙사가 중로(中路)에 질병이 있으면 문위사(問慰使)를 차출하여 보낸다. 절일(節日)을 만나면 〈관지〉 –[3] 성절(聖節), 정조(正朝), 동지이다. 〈보〉– 예조에서 문안사를 차출하여 보낸다. 사신이 서울에 들어온 뒤에는 날마다 문안하는데, 중사는 2원이, 재신과 승지는 1원이 돌아가며 문안한다. [10] 사신이 돌아가는 날 임금이 교외에 친림하는 일이 없으면 홍제원(洪濟院)[226]에 중사를 보낸다.

224 차관(差官) : 임시로 파견하는 관원이다.

225 각처의……수행한다 : 1719년(숙종45) 연향을 줄일 때 중로 문안사(中路問安使)를 파견하는 전례에 따라 평양 영위사(平壤迎慰使)를 그대로 머물게 하여 칙사를 접대하도록 하였다. 《承政院日記 肅宗 45年 2月 14日》

226 홍제원(洪濟院) : 현재의 지명은 홍제원(弘濟院)인데, 당시에도 홍(洪)

서로(西路)의 전위연(餞慰宴)를 줄이면 송도·평양·의주 등에 사신을 보내 문안한다.〈관지〉 [11] 영위(迎慰)하는 임무에는 종반(宗班)을 차출하지 못한다.〈속〉 [12] 원접사가 현관례(見官禮)를 행할 때는 명첩(名帖)을 올리고 재배(再拜)한다. 영위사, 관찰사, 문례관, 운향사(運餉使), 참관(站官), 수령 – [4] 수령도 모두 명첩을 올린다. – 이 예를 행할 때도 원접사의 예와 같이 한다. **영접도감(迎接都監)을 설치하고 관반(館伴) 1원과** [13] 정경이다. **제조 1원을** [14] 호조 판서이다. **둔다.**

제12항 **전하가 교외에서 칙서를 맞이하고, 인정전(仁政殿)에서 칙사를 접견하고, 다례(茶禮)를 행한다.** [1] 혹은 편전에서 칙서를 받고, 칙사를 접견하고, 다례를 행한다. [2] 어전 통사(御前通事)는 3원인데, 1원은 문관 당상이다. 혹 성상의 기후가 미령하여 저하(邸下)가 접견할 때는 시강원 통사(侍講院通事)가 3원이며, 1원은 문관 당하관이다. **칙사가 관소(館所)에 나아가면** 〈관지〉 [3] 세자가 앞으로 나아가 재배례(再拜禮)를 행한다.〈경〉 **백관이 현관례(見官禮)를 행할 것을 청한다.** [4] 관반(館伴)과 제조가 먼저 명첩(名帖)을 올리고 기둥 안쪽에서 재배한다. 도청(都廳)도 기둥 안쪽에서 예를 행하고, 각색(各色) 낭청과 감조관(監造官)은 기둥 바깥쪽에서 예를 행한다. 그런 뒤 2품 이상은 기둥 안쪽에서, 당상은 기둥 바깥쪽에서, 당하는 계단 위에서 명첩을

대신 홍(弘)으로 쓰기도 하였다.《국역 신증동국여지승람 제3권 비고편 동국여지비고 제2편 한성부》

올리고 예를 행한다. 2품 이상에게는 사신이 내려와서 읍을 하며, 당상 이하에게는 손을 든다. **5** 서울에 들어온 다음 날의 하마연(下馬宴)에서부터 돌아갈 때의 상마연(上馬宴) 및 전연(餞宴) 등까지 모두 7번의 연회를 베푼다. 그사이에 공일(空日)이 있으면 별다담(別茶啖)을 제공한다.〈관지〉 **6** 조칙을 맞이할 때는 백관이 기한에 앞서 의정부에서 의식을 익힌다.〈경〉〈보〉 **7** 조서를 영접하는 일을 미리 알리지 않은 경우에 대한 처벌은 위의 〈조의(朝儀)〉 조에 보인다.〈보〉

제13항 **칙사가 돌아가는 날에 더 유숙(留宿)하기를 청하여** **1** 처음에는 임금의 명으로 도감(都監)이 유숙하기를 청하고, 그다음에 승지가, 그다음에 대신(大臣)이, 그다음에는 중사(中使)가 청한다. **날짜가 정해진 뒤 돌아가는 날에 대한 패문(牌文)을 발송하고, 승정원에서 6곳에 전위사(餞慰使)를 차출하여 보낸다.** 〈관지〉 **2** 백관이 모화관(慕華館) 문 밖의 왼쪽 길에 순서대로 서 있다가 칙사가 대열의 초입에 이르면 백관이 재배(再拜)하고 보낸다.〈경〉

제 8 조 교린(交隣)[227]

제 1 항 **일본국왕**(日本國王)**은** ❶ 바로 관백(關白)[228]이다. 왕(王)이라고 칭하고 대군(大君)이라고 칭하기도 한다. **사신을 보내는 규례가 없다. 일이 있으면 대마도왜**(對馬島倭)**가 국왕의 뜻으로 대차왜**(大差倭)**를 보낸다.**

제 2 항 **대마도주**(對馬島主)**가 보내는 사신과** ❶ 1특송사(特送使)부터 3특송사까지이며 세견제1선송사(歲遣第一船送使)부터 세견제17선송사까지이다. **도서**(圖書)[229]**를 받은 선척**(船隻)**은** ❷ 부특

227 교린(交隣) : 《대전통편》에는 없는 조항이다. 《대전통편》 〈예전 대사객(待使客)〉과 《통문관지(通文館志)》 〈교린(交隣)〉에서 왜(倭)와 야인(野人) 등과의 외교에 관한 사항을 모아서 교린이라 하였다.

228 관백(關白) : 일본국은 천황(天皇)의 존재 때문에 감히 왕(王)이라 칭하지 못하고 스스로 관백이라 일컬었는데, 후대에는 왕이나 대군(大君)이라고도 하였다. 관백이라는 명칭은 《한서(漢書)》 〈곽광전(霍光傳)〉에 "모든 일은 모두 곽광에게 먼저 보고한 뒤에야 천자에게 아뢰었다.[諸事皆先關白光, 然後奏御天子.]"라고 한 데서 유래했다. 《通文館志 交隣 接待日本人舊定事例》

229 도서(圖書) : 왜인이나 야인(野人)의 추장(酋長)이 조선에 보내는 공적인 문건이나 서신에 찍도록 예조에서 만들어 준 도장, 또는 그 도장이 찍힌 문건이나 서신을 말한다.

송사(副特送使),[230] 만송원송사(萬松院送使),[231] 이정암송사(以酊菴送使)[232]이다. **연례적으로 나오면 부산관(釜山館)에서 사은 숙배하게 하고 연향을 베풀어 음식을 대접하고 서계(書契)[233]를 받는다.**〈관지〉 ❸ 특송사, 세견사(歲遣使), 부특송사는 예조 참의 앞으로 보내는 서계를 가지고 오며, 만송원송사와 이정암송사는 예조 좌랑 앞으로 보내는 서계를 가지고 온다. 또 봉진(封進)하는 물건이 있으면 예조의 관원이 회답(回答)과 회사(回賜)를 한다. 차왜(差倭) 등도 마찬가지이다.〈경〉〈관지〉 ❹ 왜인이 부산

230 부특송사(副特送使) : 본래는 조선으로부터 관직을 받은 평경직(平景直)의 사선(使船)이었는데, 평경직이 매년 조선에 내조(來朝)하는 것은 왕래하기에 어려움이 있다는 이유로 도서(圖書)를 받아 사자를 보내기를 청하였고 1611년(광해군3) 처음 허락하였다. 그 뒤 평경직이 죽자 그 아들 평조흥(平調興)이 그 사선을 이어받았다. 1632년(인조10) 평조흥이 죄를 지어 파면되자, 도주 평의성(平義成)이 그 사선의 칭호를 부특송사(副特送使)로 해달라고 청하였고 이를 인정해 주었다.《通文館志 交隣 年例送使》

231 만송원송사(萬松院送使) : 1622년(광해군14) 조선과 일본이 조약을 맺을 때 공을 세운 대마도주 평의지(平義智)가 죽은 후에 종벽산(鍾碧山)에 만송원(萬松院)이라는 원당(院堂)을 세웠는데, 이 원당 측에서 보내는 사신을 가리킨다.《通文館志 交隣 年例送使》

232 이정암송사(以酊菴送使) : 1611년(광해군3) 현소(玄蘇)가 대마도 할려산(瞎驢山)에 암자를 세우고 이름을 이정암(以酊菴)이라 하였다. 현소가 죽은 후에 도서(圖書)를 받고 사신을 보내었는데 이들을 이정암송사라 하였다.《通文館志 交隣 年例送使》

233 서계(書契) : 조선과 왜(倭), 유구국(琉毬國) 등이 주고받던 공식 외교문서이다. 조선에서는 상대방의 지위에 따라 그에 상응한 직명으로 서계를 작성하여 보냈고, 왜나 유구국 등은 조선의 예조에서 내준 동제(銅製) 도장인 도서(圖書)를 찍어서 작성해 보냈다. 도서가 위조되었거나 시기에 맞지 않는 것이면 공식 문서로서 인정하지 않았다.

포(釜山浦)에 도착하면 변장(邊將)이 서계, 도서, 노인(路引)[234]을 살펴서 격식에 맞지 않는 경우 돌려보낸다. 가지고 온 진상하는 물건은 관찰사가 차사원(差使員)을 정하여 길을 나누어 올려보낸다. 사람을 태우거나 짐을 실은 말이 15필 이상이면 얼음이 얼거나 물이 얕은 때를 제외하고 모두 수로를 경유하도록 한다. 짐이 무거운 경우 부산포에 남겨 두고 호조에서 매매한다.[235] 〈경〉 ❺ 도서를 찍은 견양지(見樣紙)를 예조, 교서관, 부산포에 보관해 두었다가 서계를 가지고 올 때마다 진위를 살펴서 검사한다. ❻ 다례(茶禮)와 연향에는 동래 부사(東萊府使)와 부산포 첨사(釜山浦僉使)가 함께 참석한다. 대차왜(大差倭)의 경우는 접위관(接慰官)이 연향을 주관하고 동래 부사가 접위관을 수행하여 참석하며, 별차왜(別差倭)의 경우는 향접위관(鄕接慰官)이 연향을 주관한다. ❼ 나라에 변고가 있으면 연향은 베풀지 않고 예를 행한 뒤에 건물(乾物)만 들여 준다.〈관지〉

제3항 **차왜(差倭)[236]는** ❶ 관백의 퇴휴(退休)를 알리는 차왜, 관백의 죽음을 알리는 차왜, 관백의 승습(承襲) 경사(慶事)를 알리는 차

234 노인(路引) : 관청에서 군졸이나 행상(行商), 외국인 등에게 여행을 허락할 때 내주던 일종의 여행 증명서이다.

235 짐이……매매한다 : 왜인이 가져온 물건 가운데 무거워서 도성으로 운반하는 데 백성들의 힘이 많이 드는 것은 수량을 헤아려 부산포에 남겨 두고 관찰사가 예조에 공문을 보냈다. 예조에서는 이러한 내용을 임금에게 아뢰고서 호조에 공문을 보내 호조에서 매매하게 하였다.《經國大典 禮典 待使客》

236 차왜(差倭) : 관백(關伯)이나 관백의 명을 받은 대마도주(對馬島主)가 특별한 임무의 수행을 위해 파견한 왜인으로, 일본이 보낸 임시 외교 사절이다.

왜, 대마도주(對馬島主)의 승습 경사를 알리는 차왜, 도서(圖書)를 바꿔 주기를 청하는 차왜, 통신사(通信使)를 보내 주기를 청하는 차왜, 통신사를 호위하여 일본으로 가는 차왜, 통신사를 호위하여 조선으로 돌아오는 차왜는 대차왜(大差倭)라고 한다. 이들은 예조 참판 앞으로 보내는 서계(書契)나 별폭(別幅)[237]을 가지고 나온다. 표류한 사람을 데리고 오는 차왜, 대마도주의 퇴휴를 알리는 차왜, 대마도주의 죽음을 알리는 차왜, 대마도주의 환도(還島)[238]를 알리는 차왜, 조위 차왜(弔慰差倭), 진하 차왜(陳賀差倭), 문위관(問慰官)을 호위하여 가는 차왜, 재판 차왜(裁判差倭)는 예조 참의 앞으로 보내는 별폭을 가지고 나온다.〈관지〉〈보〉 ❷ 대마도주가 비록 퇴휴한 뒤에 죽더라도 그가 도주로 있을 때 받은 도서를 찍어서 가지고 와서 유물(遺物)[239]을 바치면, 현임(現任) 도주의 죽음을 알리는 차왜에 대한 규례에 따라 접대한다. **일이 있으면 별도로 보내온다. 또 관수왜(館守倭),** ❸ 정관(正官) 1인, 반종(伴從) 3인이다. 금도왜(禁徒倭)를 거느리고서 왜인들을 단속하여 왜인들이 관문(館門)을 나와 잠

237 별폭(別幅) : 두루마리식 첩[周帖]으로, 주로 물건의 목록을 적는다. 《增正交隣志 卷5 別幅》

238 대마도주의 환도(還島) : 대마도주가 강호(江戶)에서 대마도로 돌아온 것을 이른다. 대마도주는 참근 교대(參勤交代)의 제도에 따라 가족은 강호에 둔 채 본인만 1년은 대마도에, 1년은 강호에 머물렀다. 《通文館志 交隣 彼地宴享》

239 유물(遺物) : 대마도주가 임종할 때 충성을 표시하는 의미에서 진헌한 물건이다. 1657년(효종8) 도주 평의성(平義成)이 사망한 후 조선에 부고하고 별도로 진헌한 것이 있다고 하면서 유물을 보내온 일이 있었다. 《通文館志 交隣 差倭 島主告訃差倭》

상(潛商)하지 못하게 하며, 2년마다 교체한다. 예조 참의 앞으로 보내는 별폭을 가지고 나온다. **대관왜(代官倭), 4** 10인이다. 공사(公私)의 매매를 관장하며, 3년마다 교체하는데 제3대관왜는 1년마다 교체한다. **5** 대관왜부터 통사왜(通詞倭)까지는 공궤(供饋)하는 일이 없고 시탄(柴炭)만 지급한다. **금도왜(禁徒倭), 6** 22인이다. 관소(館所) 내에서 간악한 짓을 하지 못하도록 방비하는 일을 하며, 1년마다 교체한다. **서승왜(書僧倭),**[240] **7** 1인이다. 왕래하는 서계를 관장하며, 3년마다 교체한다. **통사왜(通詞倭), 8** 2인이다. 통역을 담당하며, 3년마다 교체한다. **비선(飛船)이 9** 평상시 왕래하며, 공궤하는 일이 없다. **있다.**〈관지〉

제4항 **대차왜(大差倭)가 나오면 경접위관(京接慰官)을 파견하고,**〈속〉 **1** 문신 당하관으로 차출한다.〈관지〉〈보〉 **일반 차왜가 나오면 향접위관(鄕接慰官)을 보낸다.**〈속〉 **2** 관찰사가 도내의 문관 수령이나 도사 중에서 차출한다.〈속〉〈관지〉 **3** 조위 차왜(弔慰差倭)와 진하 차왜(陳賀差倭)가 나오는 때에도 경접위관을 보낸다.〈관지〉

제5항 **관백(關白)이 새로 즉위한 경우에는 저쪽에서 사신을 보내 주기를 요청하면 통신사(通信使)를 파견한다.**〈속〉 **1** 정사(正使)는 당상관으로 차출하고 이조 참의로 결함(結銜)한다. 부사(副使)는 당하관 정3품으로 차출하고 홍문관 전한(典翰 종3품)으로

240 서승왜(書僧倭) : 왜관 내에 작은 암자를 지어 동향사(東向寺)라 이름하고 그곳에서 거주하였다. 《通文館志 交隣 差倭》

결함한다. 종사관(從事官)은 1원인데 5품관이나 6품관으로 차출하고 홍문관 교리로 결함한다. 역관(譯官)은 당상 역관 3원, 당하 역관 9원인데 당하 역관 9원 가운데 1원은 내의(內醫)로 데려간다. 사자관(寫字官) 2원, 화원(畫員) 1원, 제술관(製述官) 1원, 서기(書記) 3원, 군관 12원,〈속〉〈증〉〈관지〉 -❶ 정사와 부사가 각 5원을 거느리는데 그중 2원은 병조에서 시재(試才)하여 정해 보낸다. 종사관이 2원을 거느린다.- 자제 군관(子弟軍官) 5원이다. -❷ 정사와 부사가 각 2원, 종사관이 1원을 거느린다.- ❷ 관백 앞으로 보내는 국서(國書)가 있고, 예조 참판 명의로 집정(執政) 4인, 근시(近侍)와 서경 윤(西京尹) 각각 1인에게 보내는 서계(書契)가 있다.〈관지〉 ❸ 국서는 대제학이 짓는데, 대제학이 사정이 있으면 제학이 짓는다.〈보〉 ❹ 의자(衣資 옷감), 사미(賜米), 반전(盤纏 노자)은 호조에서 규례대로 지급한다. 잡물(雜物)은 삼남(三南)과 관동에 지정(卜定)한다.〈관지〉 ❺ 세 사신은 함께 갔다 함께 돌아오며 따로따로 왕래해서는 안 된다.〈증〉 ❻ 통신사가 왜경(倭京 교토) -❸ 일본 천황이 사는 곳이다.-을 지날 때는 공복(公服) 차림으로 성안을 통과한다.〈관지〉

제6항 **대마도주(對馬島主)가 강호(江戶)에서 돌아오면 문위 역관(問慰譯官)을 보낸다.**〈속〉 ❶ 당상 역관은 1원인데 왜학 교회(倭學敎誨)를 지낸 자를 보내고, 별건(別件)의 일이 있으면 1원을 더 보낸다. 당하 역관은 1원인데 왜학 교회 중에서 관안(官案)의 차서를 살펴 차출한다. 군관은 10원이다. ❷ 예조 참의 명의로 보내는 서계(書契)가 있다. ❸ 의자(衣資), 사미(賜米), 반전(盤纏)은

호조에서 규례대로 지급한다.

제7항 표류한 왜인은 그들이 정박한 곳에서 압송하여 왜관에 넘긴다.〈관지〉

제8항 왜관에 주재하는 왜인과 차왜(差倭)에게는 왜료미(倭料米)[241]를 양미(糧米)로 공급한다. ❶ 차왜의 다소에 따라 가감이 있다. 동래부(東萊府) 등 3개 읍의 대동미와 연해 17개 읍[242]의 전세(田稅)에서 떼어 준다.〈보〉 ❷ 연말에 회안(會案)[243]을 호조에 보고한다. 실제보다 부풀려 보고한 경우에는 도회관(都會官)[244]과 동래부의 해당 아전은 장(杖) 100을 치고 정배(定配)한다.[245]〈속〉 ❸ 연례송사(年例送使)[246]가 왜관에 머무는 기간

241 왜료미(倭料米) : 부산 왜관에 주재하는 왜인들의 생활을 지원하기 위하여 특별세의 세목을 붙여 징수하고 비치한 쌀이다.

242 연해 17개 읍 : 영남(嶺南) 연해의 경주(慶州), 성주(星州), 영해(寧海), 선산(善山), 울산(蔚山), 동래(東萊), 인동(仁同), 칠곡(漆谷), 초계(草溪), 흥해(興海), 대구(大邱), 영덕(盈德), 청하(淸河), 고령(高靈), 연일(延日), 장기(長鬐), 기장(機張)이다.《典律通補 戶典 田稅》

243 회안(會案) : 서울과 지방 각 아문의 회계 장부를 말한다.

244 도회관(都會官) : 조선 시대에 사안(事案)에 따라 각 도(道)에 임시로 설치하던 갖가지 도회소(都會所)가 있는 고을이나 그 고을의 수령을 말한다. 한 도의 수령들을 대표하였고, 으레 도계(道界)의 머리가 되는 고을에 설치하였기 때문에 계수관(界首官)과 같은 의미로 쓰이기도 하였다. 계수관은 서울에서 각 도에 이르는 본가도(本街道)의 연변(沿邊)이나 도계에 있는 고을의 수령이다.

245 연말에……정배(定配)한다 : 《속대전》〈호전 잡령(雜令)〉에 있다.

246 연례송사(年例送使) : 1609년(광해군1) 체결한 기유약조(己酉約條)에

은 특송사(特送使)의 경우 110일이고, 그 밖의 송사는 85일이다. 5일까지는 조리된 음식을 제공하고 그 이후에는 건물(乾物)을 지급하되, 부특송사(副特送使)는 6일까지, 만송원송사(萬松院送使)와 이정암송사(以酊菴送使)는 2일까지 조리된 음식을 제공한다. 차왜가 왜관에 머무는 기간은 대차왜(大差倭) 이하는 55일이지만, 재판 차왜(裁判差倭)는 정해진 기한이 없다. 대차왜 이하에게는 5일까지 조리된 음식을 제공하지만, 일반 차왜 가운데 간혹 2일까지만 제공하는 경우도 있다. 왜관에 머무는 기한 외에는 접대를 허용하지 않는다.⟨속⟩⟨증⟩⟨보⟩ **또 공작미(公作米)와 공작목(公作木)[247]으로써 물화(物貨)를 교역한다.** **4** 흑각(黑角), 동철(銅鐵) 등 6개 종목의 물화를 교역한다.⟨보⟩ **5** 목(木)은 1121동(同) 44필(疋) 남짓인데 – **1** 400동은 쌀 1만 6000섬으로 대신 지급한다.⟨관지⟩⟨보⟩ – 연해 17개 읍의 전세에서 떼어 준다. 그 부족한 수량은 다른 고을의 상납하는 목(木)과 연해 고을의 대동미(大同米)로 보충하여 지급한다.⟨보⟩ **6** 왜료미, 공작미, 공작목에 손을 댄 수령은 장률(贓律)[248]로 논죄한

의하면, 매년 세견송사(世遣送使) 17척과 특송선(特送船) 3척 등 모두 20척의 선척이 오도록 규정되어 있고 이외에 부특송사(副特送使), 만송원송사(萬松院送使), 유방원송사(流芳院送使), 이정암송사(以酊菴送使), 평언삼송사(平彦三送使), 평의진송사(平義眞送使) 등이 있었는데 이를 연례송사라 통칭하였다.《通文館志 交隣 年例送使》

247 공작미(公作米)와 공작목(公作木) : 대마도와의 공무역에 치를 물품의 값을 쌀로 환산한 것을 공작미라 하고, 무명으로 환산한 것을 공작목이라 한다.

248 장률(贓律) :《대명률》〈형률 수장(受贓)〉 좌장치죄(坐贓致罪) 조에 "관리나 일반인이 일과 관련 없이 재물을 받으면 좌장(坐贓)으로 죄를 지은 것이다. 각 관련자로부터 받은 재물을 통틀어 계산하여 절반으로 과죄한다.

다. 기한이 지나도록 납부하지 않으면 수령은 의금부로 잡아다 신문하고, 색리는 장 100을 치고 정배한다.[249] 〈속〉〈증〉 **7** 왜인에게 공급할 곡물에 대해 수표(手標)를 받고서 수표에 기재된 수만큼 왜관에 다 들여보내지 않은 경우는 감관과 색리 및 이에 동참한 범인 등은 왜관의 관문(館門)에서 효시한다. 〈속〉 **8** 공작미를 물에 불려 하납(下納)[250] 한 자는 전세화수율(田稅和水律)[251] 로 논한다.[252] **9** 공작미를 들여 준 뒤에 다 지급했는지 다 지급하지 못했는지를 따지지 말고 연말에 동래부(東萊府)에서 장계로 보고한다.[253] 〈증〉

제 9 항 왜역관(倭譯官)으로서 소임을 마친 뒤에 동래부(東萊府)에 그

재물을 준 사람은 5등급을 줄인다. 받은 재물이 1관 이하이면 태 20이고 차차 증가하여 500관 이상이면 장 100 도 3년이다."라고 하였다.

249 왜료미……정배한다 : 《속대전》〈호전 잡령(雜令)〉, 《대전통편》〈형전 잡령(雜令)〉에 있다. 기한이 지나도록 납부하지 않으면 수령의 경우 《속대전》에서는 "영문에서 장을 치는[營門決杖]" 처벌이었는데, 《대전통편》에서 "의금부로 잡아다 신문하는[拿問]" 처벌로 바뀌었다. 이는 1761년(영조37) 내린 하교이다. 《承政院日記 英祖 37年 12月 25日》

250 하납(下納) : 경주 등 경상도의 17개 연해읍의 전세(田稅)를 호조에 납부하지 않고 일본과의 교역을 위한 재원으로 부산창(釜山倉)에 납부하는 것을 가리킨다. 《萬機要覽 財用編5 公貿 公木》

251 전세화수율(田稅和水律) : 《속대전》〈호전 조전(漕轉)〉에 있다. 물에 불리는 경우 주모자는 효시하고, 한배의 선인(船人)은 모두 엄히 형신(刑訊)하고, 물에 불린 사실을 안 사람은 극변(極邊)에 정배하되 노약자는 도 3년으로 정배(定配)한다. 《전율통보》〈호전 조전(漕轉)〉 6항 참조.

252 공작미를……논한다 : 《대전통편》〈호전 잡령(雜令)〉에 있다.

253 공작미를 들여……보고한다 : 《대전통편》〈예전 대사객(待使客)〉에 있다.

대로 머무르는 자는 모두 찾아서 서울로 돌려보낸다.〈속〉 **1** 소임을 마친 뒤에 동래부 근처에 머물러 있는 자는 법률에 따라 엄히 다스린다. 동래 부사와 동래를 벗어나 중간에 지체하며 머물러 있던 곳의 지방관은 논죄한다.[254]〈증〉 **2** 훈도와 별차(別差)는 가족을 데리고 갈 수 없다.[255]〈속〉

제10항 **동래(東萊)의 변정 장계(邊情狀啓)는 부사가 중죄를 지었다 할지라도 상중이 아니면 거행한다.**[256]〈증〉

254 소임을……논죄한다 : 《대전통편》 〈예전 잡령(雜令)〉에 있다.

255 훈도와……없다 : 《속대전》 〈예전 잡령(雜令)〉에 있다.

256 동래(東萊)의……거행한다 : 《대전통편》 〈예전 대사객(待使客)〉에 있다.

제 9 조 개시(開市)[257]

제 1 항 **봉황성(鳳凰城)[258] 등지의 관인(官人)들은 매년 두 차례** ❶ 봄가을로 2월과 8월에 한다. **의주(義州)에서 교역하고, 영고탑(寧古塔)[259] 사람들은 매년**〈관지〉 ❷ 겨울에 한다. 아래도 같다.〈보〉 **회령(會寧)에서 교역하고, 고이객(庫爾喀)[260] 사람들은 2년에 한 차례 경원(慶源)에서 교역한다.** ❸ 의주에서는 송도(松都), 황해 감영, 평안 감영에서 농삿소, 쟁기, 다시마, 해삼, 목(木), 포(布), 소금, 종이 등을 각 읍에 분정(分定)하고, 관찰사가 차사원(差使員)을 정한 다음〈관지〉〈보〉 –❶ 수령으로 한다.〈보〉– 차사원이 역학 훈도(譯學訓導)와 함께 중강(中江)[261]으로 교역할 사람들을 거느리고 가서 봉황성의 통관(通官), 장경(章京)[262]과 더불어 값을 정하여 서로 바꾼다. 사사로이 파는 사람 및 암말[牝

257 개시(開市) : 《대전통편》에는 없는 조항이다. 《통문관지(通文館志)》〈사대(事大)〉 개시 조와 《통문관지》〈교린(交隣)〉 개시 조에서 야인(野人), 왜 등과 시장을 개설하고 물품을 교역하는 데 관한 규정을 모아 놓은 것이다.

258 봉황성(鳳凰城) : 만주(滿洲) 요녕성(遼寧省)에 있는 봉천성(奉天城)의 별칭이다.

259 영고탑(寧古塔) : 만주(滿洲) 길림성(吉林城) 영안현(寧安縣)에 있었던 옛 성(城)으로, 지금의 흑룡강성(黑龍江省) 영안현 일대이다. 영고(寧古)는 만주어로 여섯이라는 뜻으로 청나라 조정의 발상지인데, 청나라 시조 6형제가 여기에서 살았기 때문에 붙여진 이름이다.

260 고이객(庫爾喀) : 만주(滿洲) 간도성(間島省)의 한 지방의 명칭이다.

261 중강(中江) : 평안북도 의주(義州) 이북의 난자도(蘭子島)와 검동도(黔同島) 사이의 압록강을 이르는 말이다. 이곳 난자도에서 중국과의 무역 시장을 개설하였는데, 이를 중강 개시(中江開市)라 한다.

262 장경(章京) : 청나라 때 요동(遼東)에 설치되었던 관직명이다.

馬], 인삼 등 금지 물품은 의주 부윤이 엄히 살핀다.〈관지〉 4 회령과 경원에서는 농삿소, 쟁기, 가마 및 소금을 교역하는데, 관찰사가 차사원을 정하고〈관지〉〈보〉–2 인근 읍의 무관 수령으로 정한다.〈보〉– 차사원이 지방관과 함께 객관에서 시장을 감독한다. 금지 물품은 같다.〈관지〉〈보〉 5 자(子)·인(寅)·진(辰)·오(午)·신(申)·술년(戌年)에는 회령에서만 시장을 개설하고 이를 단시(單市)라 하며, 축(丑)·묘(卯)·사(巳)·미(未)·유(酉)·해년(亥年)에는 회령과 경원에서 시장을 함께 개설하고 이를 쌍시(雙市)라 한다.

제2항 **왜관에는 매월 여섯 차례** 1 3일과 8일이 드는 날에 한다. **시장을 개설한다.** 2 왜인의 요청이 있거나 물화(物貨)가 쌓였을 때는 특별히 시장을 연다. 3 상인 등이 동래부(東萊府)에서 발행한 패(牌)를 받아 물화를 가지고 수문(守門)에 이르면 훈도(訓導), 별차(別差), 수세계사(收稅計士),[263] 개시 감관(開市監官) –1 동래 부사가 대동한 군관이다.–〈관지〉이 함께 검사하고서 장부에 기록하고 들여보낸 다음 차례대로 교역하며 일시에 모두 물러간다. 왜관의 각 방(房)으로 흩어져 들어간 경우에는 쌍방 모두를 잠상률(潛商律)[264]로 논한다.〈관지〉〈보〉 4 가지고 나오는 왜인의 물화도 장부에 기록하고 연말에 그 출입을 대조한 것

263 수세계사(收稅計士) : 호조 경비사(經費司) 소속 관원으로, 계사는 종8품이다.

264 잠상률(潛商律) : 관의 허가를 받지 않고 법률로 금지되어 있는 물품을 비밀리에 매매한 자를 처벌하는 법률이다.

을 호조에 보고한다.〈관지〉

제10조 제과(諸科)

제 1 항 **식년시(式年試),** 🅱1 대비과(大比科)[265]라고 한다. 식년(式年)[266]마다 전년 가을에 초시(初試)를 설행하고, 식년 초봄에 복시(覆試)와 전시(殿試)를 설행한다.〈경〉〈속〉 **증광시(增廣試)는** 🅱2 국가에 큰 경사가 있거나 여러 경사가 겹쳤을 때 설행한다. 합경(合慶)이 가장 많은 때에는 대증광시(大增廣試)라고 한다. **문과(文科)·무과(武科) 및 생원시(生員試)·진사시(進士試)·잡과(雜科)를 아울러 설행하고, 별시(別試),** 🅱3 중시(重試)에 대한 대거(對擧)[267] 및 국가에 경사가 있을 때에 설행한다. **정시(庭試),**〈속〉 🅱4 별시와 같다. 또 간혹 임금이 친림한 관무재(觀武才)[268]에 대한 대거로 설행한다.〈속〉〈증〉 **알성시(謁聖試),** 🅱5 임금이 문묘(文廟)에 작헌례(酌獻禮)를 친히 행하고서 설행한다. **춘당대시(春塘臺試)는** 🅱6 각 군문(軍門)의 무사(武士)들을 대상으로 임금이 친림하여 그 무예를 시험한다. **문과와 무과만 설행한다.**

265 대비과(大比科) : 3년마다 한 번씩 설행하는 과거 시험을 말한다.《주례(周禮)》〈지관(地官) 사도(司徒) 향대부(鄕大夫)〉에 "3년이 되면 과거 시험을 설행하여 그 덕행과 도예(道藝)를 상고해서 어질고 재능 있는 자를 선발한다."라고 하였다.

266 식년(式年) : 사방의 정위(正位)에 속하는 자(북), 오(남), 묘(동), 유(서)의 간지가 들어 있는 해이다. 3년에 한 번씩 돌아온다.《續大典 禮典 諸科》《典律通補 戶典 戶籍》

267 대거(對擧) : 어떤 과거 시험의 대(對)로 설행하는 과거 시험이다.

268 관무재(觀武才) : 조선 시대에 특별히 왕의 명령이 있을 때 시행하던 무과이다. 한량, 군관, 조관, 출신 등이 응시할 수 있었으며, 초시와 복시가 있었다.《大典通編 兵典 試取 觀武才初試·觀武才覆試》

제2항 **거재 유생(居齋儒生)[269]의 원점(圓點)[270]에 대해서는** ❶ 식당에 두 번 들어가는 것을 1점으로 한다. 〈속〉 **반제(泮製)[271]의 경우 매년 30점을 채운 자에게, 관시(館試)[272]의 경우 300점을 채운 자에게 응시를 허락한다.** 〈속〉 〈증〉 ❷ 관시에 응시하는 자가 너무 적으면 50점 이상인 자도 임금의 뜻을 여쭈어서 응시를 허락한다. ❸ 정해 놓은 원점을 채우지 못했는데 무릅쓰고 응시한 자가 입격(入格)[273]했을 경우는 뽑아내서 방목에서 제외시키고, 입격 여부를 막론하고 모두 과장에 난입한 죄를 다스리는 율[274]로 논한다.

제3항 **절일제(節日製)는 지방 유생에게도 아울러 시험 보일 것인지 성균관 유생에게만 시행할 것인지에 대해 임금의 뜻을 여쭌**

269 거재 유생(居齋儒生) : 성균관의 동재(東齋)와 서재(西齋)에서 기숙하며 학업을 닦는 생원과 진사를 말한다.

270 원점(圓點) : 거재 유생들의 출결을 점검하기 위하여 식당에 들어갈 때 도기(到記)에 찍던 둥근 점을 말한다. 이 점을 계산하여 일정한 점수가 되면 관시(館試)와 한성시(漢城試)에 응시할 자격을 주었다. 원점의 계산은 그해 8월 1일부터 다음 해 7월 그믐까지 1년 단위로 하였다.

271 반제(泮製) : 성균관 유생들에게 제술로 보이던 시험이다.

272 관시(館試) : 성균관에서 생원과 진사인 상재생(上齋生)과 사학 승보생(四學陞補生)으로 유학(幼學)인 하재생(下齋生)을 대상으로 하여 보이던 식년 문과 초시이다.

273 입격(入格) : 각종 과거(科擧), 시취(試取), 취재(取才), 중시(重試) 등에서 일정한 기준을 통과하거나 다음 시험의 자격을 얻는 일을 가리킨다.

274 과장에……율 : 《속대전》 〈병전 무과(武科)〉에 있다. 과장(科場)에서 물의를 일으킨 자는 경중에 따라 논죄하는데, 난입한 경우는 수군(水軍)에 충정(充定)한다.

다. ❶ 성균관 유생은 원점(圓點)의 수에 따라 응시를 허락한다.

제4항 유생의 전강(殿講)은 현재 성균관과 사학에 기숙하는 자를 ❶ 도기 유생(到記儒生)[275]이다. **써서 들인다.**〈속〉

제5항 문관에게는 문과 중시(文科重試)와〈경〉 ❶ 병년(丙年)마다 설행한다. **문신 정시(文臣庭試)가 있다.**〈속〉 ❷ 관무재의 대거(對擧)로 치르는 경우는 특지가 있어야 설행하고 유생 정시(儒生庭試)와 차례로 돌아가며 설행한다.〈속〉〈증〉

제6항 지방에서 보이는 과시(科試)는 원적(原籍)에 들어 있는 자에게 응시를 허락한다. ❶ 원적에 들어 있지 않은데도 함부로 공문을 받은 자는 3년 동안 과거 응시 자격을 정지하고, 본읍(本邑) 수령 및 도회관(都會官)과 입문관(入門官)[276]은 파직한다. ❷ 서울 유생이 함부로 향시(鄕試)에 응시한 경우에도 같은 율을 적용한다.

제7항 식년시, 증광시, 별시 때 수령으로서 과거에 응시하는 자는 경

275 도기 유생(到記儒生) : 특정일이나 특정 기간의 도기(到記)에 들어 있는 성균관과 사학에 기거하는 유생을 말한다. 1777년(정조1) 이후에는 전강과 제술을 함께 보인 춘도기(春到記) 또는 추도기(秋到記)에 응시할 자격이 주어졌다.

276 입문관(入門官) : 입문소(入門所)에서 과거에 응시한 사람들의 부정을 감시하던 관원이다. 입문소는 과장(科場)에서 응시자의 출입을 감시하던 곳이다.

시(京試)**에 응시하게 한다.**〈속〉 ❶ 조관(朝官)으로 재직 중인 자는 향시(鄕試)에 응시하는 것을 허락하지 않으며, 왕명을 받아 지방에 파견되거나 휴가를 받은 경우도 응시를 허락하지 않는다.[277] 무과도 같다.〈경〉〈증〉

제8항 **문과는 통훈대부 이하에게,** ❶ 무과도 같다. **생원시와 진사시는 통덕랑 이하에게 응시를 허락한다.** ❷ 수령은 생원시와 진사시에 응시하는 것을 허락하지 않는다.

제9항 **관시**(館試)**는 성균관에서 녹명**(錄名)**하고, 한성시**(漢城試)**는** ❶ 생원시와 진사시도 같다. **한성부에서 사관**(四館 예문관·성균관·승문원·교서관)**의 참외관 각 1인과 함께 녹명하고,**〈경〉 ❷ 단자(單子)에 사조(四祖 부·조부·증조부·외조부)를 갖추어 기록한다.〈보〉 ❸ 사조에 현달한 관원이 있는 자 이외에는 보인(保人)을 갖춘다.〈속〉 **향시**(鄕試)**는 관찰사가 차사원**(差使員)**을 정하여 녹명한다.** ❹ 복시는 《경국대전》과 《주자가례(朱子家禮)》 – ❶ 생원시와 진사시는 《소학》과 《주자가례》이다. – 를 고강한 다음 녹명한다. ❺ 잡과(雜科)는 해당 관사에서 녹명하고, 향시는 관찰사가 차사원을 정하여 녹명하고, 복시는 예조에서 해당 관사의 제조 당상과 함께 녹명한다.〈경〉 ❻ 잡과 초시에서는 사조를 갖추어 기록하고, 세 명의 보인은 해당 관사의 녹관(錄官)으로 갖

277 왕명을……않는다 : 《경국대전》에서는 향시에 응시하는 데에 제한을 두지 않았다. 《經國大典 禮典 諸科》

춘다. 회시(會試)[278]도 동일한데, 다만 보인 1인은 문관으로 한다.〈보〉 7 과거 응시자의 녹명이 의심스러운 경우는 해당 부(部)의 관원과 사관(四館)의 담당자를 모두 파출하고, 죄를 저지른 자는 수군(水軍)에 충정(充定)한다. 8 비록 은사(恩賜)한 과거 응시자[279]가 녹명하지 않은 경우라도 빼 버린다.〈속〉 9 관군(館軍)[280]의 자손은 응시를 허락한다. 〈병전〉의 〈제과(諸科)〉조에 보인다.〈보〉

제10항 **모든 전시(殿試)에는 은사(恩賜)로 곧바로 응시할 수 있는 자격을 얻은 자에게 응시를 허락한다.**〈속〉〈보〉 1 친림하여 당일에 창방(唱榜)하는 시험[281]에는 응시할 수 없다.〈속〉 2 제술이나 강경에서 회시(會試)에 곧바로 응시할 수 있는 자격을 얻은 자와 은사로 분수(分數)를 지급받은 사람은 식년시, 증광시, 별시, 정시를 막론하고 자원하는 대로 응시를 허락하되 은사로 분수를 지급받은 사람은 초시에서 시권을 바칠 때 은사를 방말(榜末)에 붙인 후에 회시에 응시하게 한다.〈증〉〈보〉

278 회시(會試) : 초시에 합격한 사람에게 다시 보이는 과거로, 복시를 말한다. 과거의 특성에 따라 전시가 아닌 복시가 최종 시험이 되기도 하는데, 잡과가 이에 해당된다.

279 은사(恩賜)한 과거 응시자 : 유생 전강이나 제술 등을 통해 2분(分)이나 1분의 점수를 받은 사람을 말한다.

280 관군(館軍) : 각 관(館)과 역참에 속하여 신역(身役)을 부담하던 군졸이다.

281 친림하여……시험 : 알성시나 춘당대시를 말한다.

제11항 **문과 중시(文科重試)는 당하관에게 응시를 허락하고, 문신 정시(文臣庭試)는 당상관 이하에게 응시를 허락한다.**〈경〉〈속〉 ❶ 중시는 대간(臺諫) 및 고신(告身)을 빼앗긴 사람에게도 모두 응시를 허락한다. ❷ 응시해야 할 사람이 과장에 들어오지 않으면 의금부에 내려 추고하되, 수령으로 응시하지 못하게 한 자는 죄주지 않는다. ❸ 문신 정시에는 지방관으로 아직 부임하지 않은 자와 아직 분관(分館)되지 않은 자에게도 모두 응시를 허락한다.

제12항 **친림하는 과거라 하더라도 부자(父子)가 함께 시험에 응시할 수 없다.**〈속〉 ❶ 아버지가 복시에 응시하는 경우는 아들이 피한다. ❷ 무과도 같다.〈경〉

제13항 **유생으로서 벌을 받고 있는 경우는 알성시나 춘당대시라 하더라도 응시를 허락하지 않는다.**〈속〉 ❶ 영원히 서용하지 않는 자, 장리(贓吏)의 아들, 재가(再嫁)하거나 행실이 그른 부녀자의 자손은 대과와 소과에 응시하는 것을 허락하지 않는다. 무과도 같다.〈경〉

제14항 **초시에 입격한 자가 부모상을 당했거나, 기복친(朞服親)의 장례를 아직 치르지 않았거나, 부자(父子)가 함께 초시에 입격한 경우는 모두 진시(陳試)[282]를 허락한다.** ❶ 복제(服制)를 사칭

282 진시(陳試) : 과거의 초시에 입격한 사람이 특별한 사정이 있어서 회시

하여 함부로 진시를 허락하는 공문을 내는 자는 10년 동안 과거 응시 자격을 정지하고, 공문을 발급해 준 관원도 파직한다. ❷ 감시(監試)의 초시에 진시한 사람은 증광시와 식년시에 함께 섞어 응시하도록 허락한다.〈속〉 ❸ 서울에 거주하는 자는 한성부에 바치고, 지방에 거주하는 자는 본읍(本邑)에 바치면 점련(粘連)[283]하여 예조에 바친다.〈증〉

제15항 **과거 응시자와 시관(試官)이 상피하는 경우는 다른 시소(試所)에서 응시한다.**〈경〉

제16항 **대과와 소과는 과장을 설치할 때에 택일하고, 시권을 바칠 때에 시한을 정한다.**〈보〉 ❶ 정시 초시는 전시 전 10일 내로 가려 정한다.〈속〉 ❷ 소과의 초시와 복시는 먼저 진사시를 치르고 1일 간격을 두고 생원시를 치른다. 대과의 초장(初場)·중장(中場)·종장(終場)도 격일로 치른다.〈증〉〈보〉 ❸ 승보시(陞補試)는 6, 7월 더위가 극심할 때와 12월 추위가 심할 때를 제외하고 분배하여 설행하되 10월 전에 시험을 마친다. 학제(學製 사학 합제)는 4분기로 나누어 설행하되 분기를 넘기게 되면 승정원에서 찰추(察推)한다. 공도회(公都會)는 가을을 기다려 설행한다.〈증〉 ❹ 승보시, 학제, 공도회는 그해 안에 시험을 마칠 수 없다면 시

(會試)에 응시하기 어려운 경우에 그 사유를 예조나 병조에 보고하고 다른 해의 회시에 응시하는 일이다.

283 점련(粘連) : 계목(啓目)을 작성하는 방식 가운데 하나로, 회계(回啓)하기 위해 받은 문서의 내용이 복잡할 경우 그 문서를 계목에 첨부하는 것이다.

행하지 않는다. **5** 정시와 초시는 해가 길 때는 오시(午時)로 한정하고, 해가 짧을 때는 미시(未時)로 한정한다. 전시는 시각을 조금 늦춘다.

제17항 **무릇 시관(試官)은 초시는 이조에서, 복시는 예조에서,** **1** 별시 회강(會講) 및 잡과 복시의 경우도 같다. **전시·전강·정시는 승정원에서 후보자를 갖추어 의망한다.**〈속〉 **2** 시관 후보자를 의망하여 들일 때에 각각 그 조(曹)의 당상관은 인원을 갖추어야 한다. **3** 증광시와 식년시일 때에 제주(濟州)의 경우에 3인의 시관 중에 문신이 갖추어지지 못하였으면 제주 목사가 과거 시험의 시행 기간 전에 계문해야 한다.〈증〉 **4** 문망(文望)이 있어 과시(科試)를 담당할 만한 사람은 과거 응시자와 상피 관계에 있는 것에 구애받지 말고 갖추어 의망한다.〈속〉

제18항 **고시(考試)에는 규장각 제학과 대제학, 양관(兩館) 제학이 동참한다.** **1** 대제학과 제학의 인원이 모두 갖추어지지 않았으면 규장각 제학이 고시를 주관한다. **대신(大臣)이 유생들에게 과시(課試)을 보일 때에는 규장각 직제학이 동참한다.**

제19항 **대제학이 집필(執筆)[284]하고, 제학만 있으면 명관(命官)[285]이**

284 집필(執筆) : 시제(試題)를 쓰는 일이나 시험 답안지를 채점하고 등수를 쓰는 일 등을 맡는 것이다.

285 명관(命官) : 국왕의 명을 받아 국왕 대신 과시(科試)를 주관하는 관원이다.

집필한다.〈증〉

제20항 **시관이 이미 시원(試院)[286]에 들어갔으면 비록 기년상(朞年喪)이나 대공(大功), 소공(小功)을 입는 상을 당했더라도 부고를 알려 주지 않는다.**

제21항 **알성시와 춘당대시의 경우 탁방(拆榜)[287]하기 전에는 합좌(合坐)하여 고시(考試)할 때에 낙방한 시권을 뜯어보지 못한다.**

제22항 **대과와 소과 과장에서 시험 답안지에 쓴 문자 중에 당파의 색목(色目)을 언급하거나 기이하고 편벽된 말을 사용한 것은 취하지 않는다.**〈속〉

제23항 **직부(直赴)하는 사람이 전시에 외등(外等)[288]일 경우에는 다음 번 전시를 보게 하되, 세 차례 입격하지 못하였을 때는 삭과(削科)한다.**〈보〉

제24항 **금란관(禁亂官)은 의금부의 실직인 도사로 차정한다.** ❶ 도사가 과거에 응시하면 감찰이 대신 담당한다.〈속〉 ❷ 지방의 수협관

286 시원(試院) : 시소(試所)나 시장(試場)과 동일한 장소로 보이며, 시관은 시험 보는 날 이전에 시원에 들어가는 듯하다.

287 탁방(拆榜) : 시권(試券)에 성명을 기록하여 봉합한 부분을 떼어서 합격자의 성명을 열서(列書)하여 게시하는 것을 말한다.

288 외등(外等) : 과차(科次)에서 낙방된 최하위 등급이다.

(搜挾官)[289]은 관찰사가 수령으로 차정한다.〈속〉〈증〉 **3** 성균관의 과시일(課試日)에는 정록청(正錄廳)의 관원 4원이 동서(東西)로 나누어 앉아 책을 몰래 갖고 있는 자를 사찰하여 시험장에서 쫓아낸다. **4** 유생이 백의를 입고 과장에 들어오는 것은 금단한다.[290]〈속〉

제25항 **과거 시험장의 군졸은 향군(鄕軍)으로 정해서 보낸다.**〈보〉 **1** 고군(雇軍)을 대신 세운 사실을 살피지 않은 경우에 위장(衛將)은 태거(汰去)하고 시소 승지(試所承旨)는 파직한다.〈증〉

제26항 **모든 초시 및 알성시, 춘당대시, 반제를 설행하는 날에 녹관(祿官), 생도(生徒)**〈속〉 **1** 관상감, 사역원, 양의사(兩醫司), 율관(律官), 사자관(寫字官), 화원(畫員), 계사(計士)이다.〈속〉〈보〉 **및 각 사의 이서(吏胥)를 비변사에서 점고한다.** **2** 함부로 과장에 들어와서 차서(借書)하는 폐단을 막는 것이다.〈속〉 **3** 사헌부에서도 점고한다.〈증〉

제27항 **시권에는 사관(四館)의 관원을 시켜서 도장을 찍게 한다.** **1** 회시(會試)에는 또 내타인(內打印)[291]이 있다. **2** 식년시의 강경에

289 수협관(搜挾官) : 과거 응시자가 책을 몰래 갖고 들어오는 것을 수색하여 부정행위를 방지하는 직책을 가진 임시직 관원이다.

290 유생이……금단한다 : 과거에 응시하는 유생은 청색 도포를 입는다.

291 내타인(內打印) : 조선 초기 예조 좌랑이 타인관(打印官)이 되어 오시(午時)에 시권을 거두고 예조의 도장을 시폭(試幅)과 시폭의 연접처(連貼處)

는 강경에 쓰는 서책명 및 '근봉(謹封)'[292] 등의 글자를 새긴 도장을 찍어 준다.〈속〉

제28항 **문과 식년시, 증광시,**〈경〉〈보〉 ❶ 초시·복시·전시에 해당한다. **별시,** ❷ 초시와 전시에 해당한다. **정시에서** ❸ 전시에 해당한다. 〈보〉 **작성한 글은 모두 역서(易書)[293]한다.**〈경〉〈보〉 ❹ 사동관(査同官)[294]과 지동관(枝同官)[295]은 성균관 관원으로 차임한다.〈증〉 ❺ 역서한 시권에 의심스럽거나 잘못된 곳이 있어서 부득이 원본과 비교하여 바로잡아야 할 경우에는 반드시 장막 밖에 있는 대관(臺官) 앞에 가져가서 살펴본다. ❻ 정시 전시의 경우 역서한 시권에 의심스럽거나 잘못된 곳이 있는 것은 사동관과 지동관으로 하여금 다시 원본과 비교하여 바로잡아 들이게 한다.〈속〉 ❼ 주초(朱草)[296]할 때 농간을 부린 자는 유(流) 3000리이다.〈증〉

에 찍은 뒤에 돌려주었는데 이를 내타인이라고 한다. 외타인(外打印)은 녹명 때 시권의 비봉(秘封)에 '근봉(謹封)'이라는 도장을 찍어 주는 것을 말한다.

292 근봉(謹封) : 시험 답안지 끝을 접어서 성명, 나이, 본관, 거주지 등을 쓴 후 풀로 붙여서 누구의 답안지인지 알 수 없도록 봉합한 곳을 표시하는 글자이다.

293 역서(易書) : 시관(試官)이 응시자의 필체를 알아보지 못하도록 응시자가 낸 시권을 서리(書吏)로 하여금 옮겨 쓰게 하는 일이다.

294 사동관(査同官) : 시험 답안지 원본을 읽는 임무를 담당하는 관원이다.

295 지동관(枝同官) : 베껴 쓴 시험 답안지를 대조하는 임무를 담당하는 관원이다.

296 주초(朱草) : 과장에서 과거 응시자들이 제출한 시권을 역서(易書)할 때 서리(書吏)들이 붉은 먹으로 베껴 쓰는 일이다.

제29항 **과장에서 함부로 농간을 부린 자는 논죄한다.** 〈보〉 **1** 서얼인 유생은 업유(業儒)라고 칭하고, 서얼인 무인은 업무(業武)라고 칭한다. 사대부의 첩자(妾子)로서 함부로 유학(幼學)이라 칭한 자는 군보(軍保)로 강정(降定)한다. **2** 시험 답안지로 후지(厚紙)를 사용한 자는 과거 응시 자격을 정지하고, 관인을 찍은 관원은 위령률(違令律)[297]로 논한다. 〈속〉 **3** 과장 안에 서책을 가지고 들어오는 자는 두 차례의 과거 응시 자격을 정지하고, 수협관(搜挾官)과 행수 장무관(行首掌務官)은 모두 파직한다. 〈경〉 〈속〉 **4** 차술(借述)한 자와 대술(代述)한 자 및 수종(隨從)을 거느린 자, 녹명(錄名)하지 않고 함부로 과장에 들어온 자, 서로 짜고서 역서(易書)한 자, 앞장서서 난동을 부려 파장(罷場)하게 한 자가 조관(朝官)이나 생원 및 진사일 경우에는 변원(邊遠)에 충군(充軍)하고 물간사전(勿揀赦前)하며, 유학(幼學) 이하는 종신토록 강등시켜 수군(水軍)으로 충정(充定)한다. 과장에 함부로 들어와서 답안지를 내신 쓴 경우에는 양인이면 수군으로 충정하고, 공사천이면 절도(絶島)에 노비로 삼는다. 승보시(陞補試), 학제(學製), 공도회(公都會)의 경우 답안지를 대신 쓴 자는 1등급을 줄인다. **5** 조흘강(照訖講)에서 대강(代講)한 사람은 종신토록 수군으로 충정한다. 조흘첩(照訖帖)과 호패가 없는 자는 과거 응시 자격을 정지한다. **6** 강경할 자표(字標)[298]를 뽑

297 위령률(違令律) : 《대명률》 〈형률 잡범(雜犯)〉에 "명령을 어긴 자는 태 50에 처한다."라고 하였다.

298 자표(字標) : 경서(經書)의 강독 시험에 낼 문제를 추첨하기 위하여 어려운 대문(大文)에 자호(字號)를 붙여 표시한 것이다.

을 때 농간을 부린 경우 유생은 3년 동안 과거 응시 자격을 정지하고, 사관(四館)의 관원은 파직한다. **7** 다른 사람의 입격한 답안지 비봉(秘封)을 바꿔치기하여 과명(科名)을 훔친 자는 사형으로 논한다. 동조한 자와 교사한 자도 같다. **8** 금란관(禁亂官)과 입문관(入門官)이 하인을 시켜 응시하는 유생에게 몰래 서책을 주게 한 경우에는 파직한다. **9** 시관의 하인은 과장 출입을 엄금한다. 관학(館學)의 노복와 각사의 노복이라는 것을 빙자하여 함부로 과장에 들어온 경우는 양계(兩界)의 관노로 영구히 소속시키고, 그들을 데리고 들어온 시관은 제서유위율(制書有違律)[299]로 논한다. 〈속〉 **10** 과장의 아전이나 노복으로서 시험 정보를 누설하거나 왕래하며 내통한 자와 고의로 조사하지 않은 자는 장(杖) 100이다.[300] 〈경〉 **11** 조관과 생원 및 진사로서 충군된 자는 사전(赦典)에 포함시키는 것을 허락하되, 정상이 매우 괘씸한 자는 해당 조(曹)에서 복주(覆奏)할 때 그대로 정배(定配)해 둘 부류에 두도록 한다. 유학(幼學) 이하로서 충군된 자는 초시에 입격하면 군역을 면제한다. 무과도 같다. **12** 유생으로서 1년 동안 과거 응시가 정지된 자는 12개월이 차지 않았더라도 한 번의 과거를 거른 상태에서 해가 바뀐 경우에는 정지 기간이 다 찬 것으로 논한다. 경과(慶科)를 시행할 때에는 비록 특교(特敎)로 과거에 응시할 자격이 정지된 자라

299 제서유위율(制書有違律) : 《대명률》 〈이율 공식(公式)〉 제서유위(制書有違) 조의 율로, "제서(制書)를 받들어 시행할 때에 어기면 장 100이다."라고 하였다. 제서는 황제의 명을 적은 조서(詔書)와 칙서(勅書) 등이다.

300 과장의……100이다 : 《경국대전》 〈형전 금제(禁制)〉에 있다.

도 성균관에서 초기(草記)하여 여쭌다.〈증〉

제30항 과장에서 죄가 시관에게 있으면 시관을 처벌하고, 죄가 응시자에게 있으면 응시자를 처벌하고 파방(罷榜)은 하지 않는다.〈속〉

제31항 양서(兩西)는 과장이 설치되는 해에 비록 칙사의 행차와 과거가 겹치더라도 과거를 설행한다.〈증〉

제32항 과장에 필요한 용품을 마련하는 모든 일은 전포(錢布)나 공물(貢物)이 있는 아문에서 차례대로 돌아가며 정한다.[301]〈속〉

1 문과 - 1 소과도 같다. - 의 경우는 호조, 공조, 광흥창, 군자감, 사재감, 제용감, 사복시, 사도시, 예빈시, 장흥고, 양현고가 응판관(應辦官)이 되는데, 예조에서 정간(井間)의 차례대로 돌아가며 정한다. 무과의 경우에는 군기시, 사도시, 예빈시, 내섬시, 내자시, 사재감, 제용감, 장흥고, 의영고, 사포서, 조지서, 전생서, 장원서, 와서가 주장관(主掌官)이 되는데, 호조에서 돌아가며 정한다.〈속〉〈보〉

제33항 식년(式年) 문과(文科) 초시(初試)〈경〉〈속〉 1 관시(館試)와 한성시(漢城試)의 양소(兩所) - 1 일소(一所)와 이소(二所)이다. - 는 각기 정3품 이하 3원을 차출하여 시취하게 하며, 감찰 각 1원이 감시(監試)한다. 향시(鄉試)의 경우 경기는 한성시에 응시하게 하

301 과장에……정한다 : 《속대전》〈호전 지공(支供)〉에 있다.

고, 관동·해서·삼남(三南)의 우도(右道) 및 평안북도와 함경북도는 도사가, 삼남의 좌도(左道)와 평안남도는 경시관(京試官)이, 함경남도는 평사(評事)가 시취하며, 참시관(參試官) 각 2원을 관찰사가 문신 수령으로 차출한다.〈속〉 ❷ 관시에서는 50인, 한성시의 양소에서는 60인을 뽑는데, 관시에 자원하여 응시하는 자가 없으면 그 정원을 한성시로 나누어 배속시킨다. 호서와 호남은 각 25인, 영남은 30인, 해서는 10인, 관동과 관서는 각 15인, 관북은 13인을 뽑는다.〈경〉〈속〉〈증〉 ❸ 초장(初場)에서는 사서의(四書疑) 1편과 논(論) 1편을, 중장(中場)에서는 부(賦) 1편과 표(表)나 전(箋) 중에서 1편을, 종장(終場)에서는 대책(對策) 1편을 시험한다.〈경〉〈속〉

○**복시(覆試)**〈경〉 ❹ 양소에 각기 종2품 이상 3원, 정3품 이하 4원을 차출하여 시취하게 하고, 양사(兩司) 각 1원이 감시한다.〈속〉 ❺ 양소에서 33인을 뽑는다.〈경〉 ❻ 강(講)에서 14분(分) 이상을 맞은 사람을 뽑되, 원래의 입격 정원이 차지 않으면 – ❷ 양소에서 16인씩 도합 32인을 원래의 정원으로 삼는다. – 생획(生畫)을 보여 – ❸ 점수를 합하여 13분 반(半) 이하로 입격하지 못한 자에게 제술 시험을 보이는 것을 생획이라 한다. – 원래 입격한 자가 얼마나 되는지에 따라 정원을 채운다. 이미 정원이 찼으면 생획에서는 1인만을 취하며, 혹 강에서 정원보다 더 많은 입격자가 나왔으면 14분을 맞은 사람들에게 비교(比較)를 보여 원래의 정원만큼 취하되 비교에서 떨어진 사람들은 또한 생획에 응시하도록 한다.〈보〉 ❼ 초장에서 강서(講書)는 사서삼경을 배강(背講)하도록 하되, 《춘추》를 강하고자 하는 자가 있으면 들

어준다. 중장과 종장에서 제술〈경〉〈속〉 -4 생획이다.〈보〉 -은 초시와 같다.〈경〉 8 강(講)의 비교(比較)는 처음에는 《역경》으로 하고, 또 비교를 보이게 되면 《서경》, 《시경》, 《논어》, 《맹자》의 순으로 한다.〈증〉 9 제술은 장(場)마다 상상(上上) 9분부터 차차로 줄어 하하(下下) 1분까지이고, 표(表)와 전(箋)은 점수를 배로 준다. 강서에서 통(通)은 2분, 약(略)은 1분, 조(粗)는 반(半)분이고, 《역경》과 《춘추》는 점수를 배로 준다.〈경〉〈속〉 10 구두(句讀)와 훈석(訓釋)이 모두 틀리지 않고 강론(講論)도 딱 맞게 통하지는 않아도 한 장(章)의 대지(大旨)를 놓치지 않은 경우는 조(粗)이다. 구두와 훈석이 모두 분명하고 대지에 통하기는 해도 두루 꿰뚫지 못한 경우는 약(略)이다. 구두와 훈석이 모두 정밀하고 취지를 두루 꿰뚫고 변설(辨說)에 의심할 것이 없는 경우는 통(通)이다. 11 강(講)에서는 조(粗) 이상을 취하는데 시관이 매긴 점수에서는 많은 쪽 점수를 따르며, 점수가 각기 다른 하나씩일 때는 낮은 쪽을 따른다.〈경〉 12 강서와 제술의 점수를 합산할 때에 분수(分數)가 같은 경우는 실직(實職)에 있는 사람이 비록 품계가 낮더라도 공명첩(空名帖)으로 얻은 품계를 가진 사람보다 위에 있게 해야 한다. 다른 과거 시험에서 점수를 합산할 때도 마찬가지이다.〈속〉 13 복시를 치르기 전에 《경국대전》과 《주자가례》를 강하게 하는데 임문(臨文)하도록 하며 양소에 당하관 각 1원,〈경〉〈속〉 -5 이조에서 차출한다.- 예조 낭청, 성균관 관원, 사헌부 감찰 각 1원을 차출하여 -6 각기 그 관사에서 차출한다.- 시험 보이며, 사관(四館)이 주관한다.〈속〉 14 향시(鄉試) 초시의 입격자 가운데 관동, 삼남(三南)의 좌도

(左道), 평안남도, 함경남도에서 온 자들은 1소(所)로 나아가고, 해서, 삼남의 우도(右道), 평안북도, 함경북도에서 온 자들은 2소로 나아간다. **15** 《경국대전》 법에 "분수가 같으면 성균관에서 지낸 시일이 많은 자를 취한다."라고 하였다.〈보〉

○**전시**(殿試)〈경〉 **16** 독권관(讀券官)은 의정 1원과 종2품 이상 2원이고, 대독관(對讀官)은 정3품 이하 4원이다.〈속〉 **17** 갑과(甲科)는 3인, 을과(乙科)는 7인, 병과(丙科)는 23인이다.〈경〉 **18** 책(策), 논(論), 표(表), 전(箋), 제(制), 조(詔), 부(賦), 잠(箴), 명(銘), 송(頌) 가운데 1편을 시험한다.〈경〉〈속〉

제34항 증광(增廣) 문과(文科) 초시(初試) **1** 관시(館試)와 향시(鄕試)의 경기 응시자는 한성시(漢城試) 양소(兩所)에 응시하게 한다. **2** 시관과 감시관(監試官)은 식년 초시와 같되, 종2품 1원을 더한다. **3** 정원은 식년 초시와 같고, 대증광시(大增廣試)일 때는 한성시에서는 66인을 더 뽑고, 호서와 호남에서는 각각 15인을 더 뽑고, 영남에서는 18인을 더 뽑고, 관동과 관서에서는 각각 9인을 더 뽑고, 해서와 관북에서는 각각 6인을 더 뽑는다. **4** 제술은 식년 초시와 같다.

○**복시**(覆試) **5** 시관과 감시관 및 정원은 식년 복시와 같다. 정원은 대증광시일 때 7인을 더 뽑는다. **6** 초장(初場)에서 부(賦) 1편(篇)과 표(表)나 전(箋) 가운데 1편을 시험하고, 종장(終場)에서 책(策) 1편을 시험한다. **7** 복시를 치르기 전에 전례강(典

禮講)[302]을 하는 규정과 시관은 식년시와 같다.

○ **전시**(殿試) 〈속〉 **8** 식년 전시와 같다. 정원은 대증광시일 때 갑과(甲科) 3인, 을과(乙科) 7인, 병과(丙科) 30인이다.[303] 〈속〉 〈보〉

제35항 **식년**(式年)·**증광**(增廣) **생원시**(生員試)·**진사시**(進士試) **초시**(初試) 〈경〉 〈속〉 **1** 시관(試官)은 식년 문과 초시와 같다. 〈속〉 **2** 한성시(漢城試)의 양소(兩所)에서는 초장(初場)에서 260인, 호서와 호남에서는 각 90인, 영남에서는 100인, 관동과 관서에서는 각 45인, 해서와 관북에서는 각 35인을 뽑는다. 종장(終場)에서도 같다.[304] 〈경〉 〈속〉 **3** 초장에서는 부(賦) 1편과 고시(古詩) 1편을 시험하고, 종장에서는 사경의(四經義) 1편과 사서의(四書疑) 1편을 시험한다. 〈경〉 〈속〉 〈증〉 **4** 초시를 치르기 전에 《소학(小學)》을 강하는데 임문(臨文)으로 하며, 시관은 양소에 각기 성균관 관원 1원, - **1** 혹은 예조 낭청이다. - 예조 낭청 1원을 차출하여 고시(考試)하게 하고 사관(四館)에서 주관한다. 입격하면 조흘첩문(照訖帖文)을 만들어 준다. 학례강(學禮講)[305]을 거친 사람은 면제해 준다. 〈보〉

302 전례강(典禮講) : 《경국대전》과 《주자가례(朱子家禮)》를 강(講)하도록 하는 것이다.

303 정원은……30인이다 : 대증광시 정원은 식년 문과 전시 때보다 병과에서 7인을 더 뽑는다. 본조 33항 소주 **17** 참조. 《經國大典 諸科 式年文科殿試》

304 초장(初場)에서……같다 : 초장은 진사시이고, 종장은 생원시이다. 《六典條例 禮典 禮曹 稽制司 科學》

305 학례강(學禮講) : 생원시와 진사시의 복시를 치르기 전에 응시생에게 《소학》과 《주자가례》를 강하도록 하는 것이다.

○**복시**(覆試)〈경〉〈속〉 **5** 양소에 각기 종2품 이상 2원, 정3품 이하 3원을 차출하여 시취하도록 하며, 감찰 각 1원이 감시(監試)한다.〈속〉 **6** 같은 날 예궐(詣闕)하여 출방(出榜)하는데, 양소를 서로 섞어 등수를 매긴다. 생원과 진사가 각각 100인이다.〈경〉〈속〉 **7** 제술을 보이는데 초시 때와 같다.〈경〉〈속〉〈증〉 **8** 복시를 치르기 전에 《소학》과 《주자가례》를 강하는데 임문(臨文)으로 하며, 시관은 문과 복시에 전례강(典禮講)을 할 때와 같고 사학(四學)이 주관한다.〈경〉〈속〉 **9** 초시의 초장과 종장에 모두 입격한 자가 학례강을 초장에서 입격하였으면 종장에서 재차 강하는 것은 면제해 주는데 만약 통과하지 못하였으면 다시 종장의 학례강에 응시하도록 허락한다.〈증〉 **10** 《경국대전》에 "향리(鄕吏)의 경우는 또 사서(四書)와 1경(經)을 배강(背講)한다."라는 법이 있다.〈보〉

제36항 **별시 문과**(別試文科) **초시**(初試) **1** 양소(兩所)에서 하며, 시관과 감시관(監試官)은 식년 문과 복시와 같다. **2** 정원은 300인 혹은 600인인데 임금의 뜻을 여쭌다. **3** 초장(初場)에서는 논(論) 1편, 표(表)나 전(箋) 중 1편, 부(賦) 1편을 돌아가면서 2가지씩 시제(試題)로 낸다. 종장(終場)에서는 책(策) 1편이다.

○**전시**(殿試) **4** 식년 문과 전시와 같고, 정원은 임금의 뜻을 여쭌다.〈속〉 **5** 전시를 치르기 전에 회강(會講)하는데, 삼경 가운데 1경을 자원하여 배강(背講)한다. 음석(音釋)은 하지 않고, 《서경》은 편제(篇題)에서 금문(今文)과 고문(古文)에 있는지 없는지 밝힌 부분에서 그치고, 《시경》은 육의(六義)에 그치고, 《역

경》은 〈설괘(說卦)〉와 〈잡괘(雜卦)〉를 제외하고 단지 〈서괘(序卦)〉, 〈문언(文言)〉, 〈계사(繫辭)〉만 강한다. 시관과 감시관은 초시 때와 같다.〈속〉〈보〉 6 강(講)으로 회시(會試)에 곧바로 응시할 자격을 받은 자는 회강을 면제해 준다.〈보〉

제37항 **정시 문과**(庭試文科) **초시**(初試)〈속〉 1 삼소(三所) 혹은 양소(兩所)에서 하는데, 임금의 뜻을 여쭌다.〈속〉〈증〉 2 시관과 감시관(監試官)의 규정은 증광 초시와 같다. 3 정원은 임금의 뜻을 여쭌다. 4 부(賦) 1편, 표(表)나 전(箋) 중에서 1편을 시험한다.

○**전시**(殿試) 5 독권관(讀券官)과 대독관(對讀官)의 인원은 식년 전시와 같은데, 친림하여 당일에 창방(唱榜)하는 경우는 알성시와 같다. 6 정원은 임금의 뜻을 여쭌다. 7 제술은 식년 전시와 같다.

제38항 **알성시**(謁聖試) **문과**(文科) 1 당일에 창방(唱榜)한다. 2 독권관(讀券官)은 10원, 대독관(對讀官)은 20원이다. 3 정원은 임금의 뜻을 여쭌다. 4 제술은 식년 전시와 같다.

제39항 **춘당대시**(春塘臺試) **문과**(文科) 1 알성시와 같다.

제40항 **문과**(文科) **중시**(重試) 1 독권관(讀券官)과 대독관(對讀官)은 다른 전시와 같은데, 대독관은 모두 당상으로 차출한다. 2 정원은 임금의 뜻을 여쭌다. 3 제술은 식년 전시와 같다.〈속〉 4 수석은 자궁(資窮)이면 아직 준직(準職)을 거치지 않았더라도 자급을

올려 주고, 참외관이면 6품으로 올려 준다. 지차(之次)는 자궁이면서 준직을 거쳤으면 자급을 올려 주고, 준직을 거치지 않았으면 준직에 제수하며, 참외관이면 6품으로 올려 준다.〈속〉〈보〉

제41항 **문신(文臣) 정시(庭試)** ❶ 독권관(讀券官)은 의정 1원, 정2품 이상 2원이며 대독관(對讀官)은 종2품 4원이다. ❷ 정원은 임금의 뜻을 여쭌다. ❸ 제술은 식년 전시와 같고, 추가로 율시(律詩) 시험을 보일지는 임금의 뜻을 여쭈는데, 율시는 10운(韻)이나 20운으로 한다. ❹ 수석은 자궁(資窮)이면 자급을 올려 주고 그렇지 않으면 준직(準職)에 제수하며 참외관이면 6품으로 올려 준다. 그 나머지 입격한 이들에게는 모두 말을 하사한다.

제42항 **전강(殿講)** ❶ 2월부터 한 달씩 걸러 해당 월의 16일에 행하는데, 임금의 뜻을 여쭌다. ❷ 시관은 식년 전시와 같다. ❸ 정원은 정해진 수가 없다.〈속〉 ❹ 강서(講書) 시험은 3경 중에서 임금의 뜻을 여쭈어 거행하고 배강(背講)하도록 한다. 순통(純通)을 맞은 자에게는 회시(會試)에 곧바로 응시할 자격을 주고, 조(粗) 이상을 맞은 자에게는 소정의 분수(分數)를 지급한다. 친림하여 행한 경우는 순통을 맞은 자에게 혹 전시에 곧바로 응시할 자격을 주기도 한다. 순통을 맞은 자가 많으면 제술로 비교 시험을 보여 취하되 3인을 넘지 않도록 하는데, 특지(特旨)가 있어야 시행한다.〈속〉〈보〉 ❺ 춘추 도기(春秋到記)는 제술과 강서로 나누어 시행하는데 수석에게는 각각 급제(及第)할 자격을 준

다.[306] 명관(命官)이 설행한 경우에도 급제할 자격을 준다.〈증〉 ❻ 도기의 제술 유생 중에 강서에 능한 자는 강서 시험에도 응시할 수 있도록 하며, 제술 유생이 강서로 입격한 경우 증광시나 별시의 복시에 응시할 수 있도록 한다.〈보〉

제43항 **절일제(節日製)**〈속〉 ❶ 1월 인일(人日 7일), 3월 3일, 7월 7일, 9월 9일에 설행하는데, 사정이 있으면 그달 안으로 물려 행한다. ❷ 의정부, 육조, 제관(諸館)의 당상〈경〉〈속〉 –❶ 사학 교수(四學敎授)도 참석한다.〈보〉 –이 반궁(泮宮 성균관)에 나아가 시취하고〈속〉 –❷ 대신(大臣)이 출령(出令)한 것을 대윤차(大輪次)[307]라 한다. 문형(文衡)이 없으면 설행할 수 없다.〈보〉 – 과차(科次)[308]하여 아뢴다. 혹 특명으로 유생들에게 시험을 보이게 하면 대제학을 패초하고, 대제학이 사정이 있으면 홍문관 제학을 패초하고, 홍문관 제학이 사정이 있으면 예문관 제학을 패초하여 승지와 함께 반궁에 가게 하고 성균관 당상도 동참하며, 시권을 거두어 예궐(詣闕)하면 입직 옥당이나 춘방(春坊) 관원 2원이 대독(對

306 급제(及第)할 자격을 준다 : 전시에 곧바로 응시할 자격을 내려 주는 것을 말한다. 전시는 급제자의 순위를 정하는 시험이고 이 자격을 가진 자들은 응시하기만 하면 으레 급제자로 방목(榜目)에 붙기 때문에 이를 급제할 자격을 주는 은사(恩賜)라는 의미에서 사제(賜第)라고 하였다.

307 대윤차(大輪次) : 정시 문과(庭試文科) 초시(初試)나 감시(監試) 초시 등을 치른 뒤 낙방자들에게 다시 시험 기회를 준다는 의미로, 제술 시험을 보여 회시(會試)나 복시(覆試)에 직부(直赴)할 수 있는 자격을 주는 것 또는 그런 시험을 말한다.

308 과차(科次) : 조정에서 주관하여 보이는 각종 과시(科試)에서 채점하고 석차 매기는 과정을 통틀어 이르는 말이다.

讀)한다. ❸ 정원은 정해진 수가 없다. ❹ 제술은 식년 전시와 같다. 수석 이하에게 전시나 회시(會試)에 곧바로 응시할 자격을 주는 것은 특지(特旨)가 있어야 행한다. ❺ 황감제(黃柑製)는 관학 유생에게 황감을 나누어 준 다음－❸ 대제학을 패초하여 승지와 함께 반궁에 가게 하고 성균관 당상이 동참하여 황감을 나누어 준다.－ 이어 유생들에게 시험을 보인다. 나머지는 절일제와 같다.

제44항 **통독(通讀)** ❶ 매년 대사성이 제술과 고강을 각각 11차례 시험을 보여 통합해서 점수를 계산하고 10인을 뽑으며, 식년 문과 복시에 응시할 자격을 준다. ❷ 부(賦) 1편과 표(表), 전(箋), 논(論) 중 1편을 차례대로 돌아가면서 낸다. 초초(初抄)에는 세 가지 시제(試題)를 모두 낸다. ❸ 초초에서는 7서 중 자원하는 1서를 강하고, 재초(再抄) 이후에는《역경》,《시경》,《서경》,《논어》,《맹자》,《중용》,《대학》을 차례로 강하는데, 배강(背講)으로 한다.

제45항 **승보시(陞補試)** 〈속〉 ❶ 매년 대사성이 12차례 시험을 보여 점수를 계산하고 10인을 뽑으며, 식년 생원시와 진사시의 복시에 응시할 자격을 준다. 생원시 복시에 응시할지 진사시 복시에 응시할지 자원하는 대로 계하받은 뒤에는 옮기어 적지 못하고, 방목(榜目)의 차서에서 반 이상은 일소(一所)에 붙이고 반 이하는 이소(二所)에 붙인다. 합제(合製), 합강(合講), 공도회(公都會)에서 식년 복시에 응시할 자격을 주는 경우도 이와 같다. 〈속〉〈증〉〈보〉 ❷ 부(賦) 1편과 고시(古詩) 1편을 시험한다. ❸ 송도(松都)는 4인을 뽑는데 유수가 시취하고, 제주(濟州)는 2인을

뽑는데 문관 목사일 때 시취한다.〈속〉

제46항 **사학학제**(四學學製)·**사학합제**(四學合製) ❶ 매년 봄, 여름, 가을, 겨울 네 분기에 사학(四學)의 교수가 제술을 시험 보여 학(學)마다 분기에 10인씩 총 160인을 뽑는다. 또 고강을 하여 학마다 사서(四書)로 10인씩, 《소학》으로 10인씩〈속〉〈보〉 –❶ 《속대전》에 "동몽(童蒙)은 《소학》으로 한다."라고 되어 있다.〈보〉– 총 80인을 뽑는다. 대사성이 합제(合製)와 합강(合講)에서 제술로 16인을 뽑고 강으로 8인을 뽑는다.〈속〉 ❷ 학제와 합제의 제술은 승보시와 같다. 학강(學講)과 합강은 사서(四書)와 《소학》으로 하고 배강(背講)한다.〈속〉〈보〉

제47항 **공도회**(公都會) ❶ 매년 각 도의 도사와 양도(兩都)의 유수가 시취한다.〈속〉 ❷ 경기, 관동, 해서는 제술과 고강에서 각각 3인, 삼남(三南)은 제술과 고강에서 각각 5인, 관서는 제술과 고강에서 각각 4인, 관북은 제술에서 3인 및 고강에서 2인, 양도는 제술과 고강에서 각각 2인을 뽑는다.〈경〉〈속〉 ❸ 제술은 승보시와 같고, 강서(講書)는 사학(四學)의 학강(學講)과 같다.〈속〉

제48항 **외방별과**(外方別科) ❶ 관서, 관북, 강화(江華), 제주(濟州)에서 특지(特旨)가 있어야 시행한다. ❷ 별도로 중신(重臣)을 보내면 시취하고서 시권을 올려보내 임금 앞에서 이름을 개봉하고 그 지역에서 방방(放榜)한다. 별도로 어사(御史)를 보내면 시권을 거둬 올려보내 제학이 과차(科次)한 다음 전시에 곧바로 응시

할 자격을 준다. ❸ 정원은 임금의 뜻을 여쭌다. ❹ 제술은 식년 전시와 같다.〈속〉

제49항 음양과(陰陽科) 〈경〉 ❶ 초시는 관상감 제조 1원 혹은 2원이 천문학·지리학·명과학의 관원 각 2원과 함께 시취한다. 천문학 10인, 지리학과 명과학 각 4인을 뽑고, 대증광시에는 각각 4인을 더 뽑는다. ❷ 복시는 관상감 제조 1원이 천문학·지리학·명과학의 관원 각 2원과 함께 시취하고 예조의 당상관과 낭관 각 1원, 양사(兩司)의 관원 각 1원이 참여한다. 천문학 5인, 지리학과 명과학 각 2인을 뽑고, 대증광시에는 각각 2인을 더 뽑는다. ❸ 초시와 복시에서는 본업(本業)의 여러 서적 및 《대전통편》을 배강(背講)하거나 임문(臨文)하며, 주(籌)를 시험 보인다.[309] 〈경〉〈속〉

제50항 역과(譯科) 〈경〉 ❶ 초시는 사역원 제조 2원 혹은 1원이 참여하고 겸교수는 별일이 없으면 참여하여 한학·청학·몽학·왜학의 관원 각 2원과 함께 시취한다. 한학 23인, 청학·몽학·왜학 각 4인을 뽑고, 대증광시에는 각각 4인을 더 뽑는다.〈경〉〈속〉 ❷ 한학 향시(鄕試)는 관찰사가 도사, 역학 훈도로 하여금 문신 수령과 함께 시취하게 한다. 해서 7인, 관서 15인을 뽑는다.〈경〉〈보〉 ❸ 복시는 사역원 제조 1원이 한학·청학·몽학·왜학의 관원 각 2원과 함께 시취하고 예조의 당상관과 낭관 각 1원, 양사(兩司)의

309 주(籌)를 시험 보인다 : 천문학, 《칠정산내편(七政算內篇)》, 《칠정산외편(七政算外篇)》, 《교식추보가령(交食推步假令)》으로 한다.

관원 각 1원이 참여한다. 한학 13인, 청학·몽학·왜학 각 2인을 뽑고, 대증광시에는 각각 2인을 더 뽑는다. ❹ 초시와 복시에서는 본업(本業)의 여러 서적 및 사서(四書)를 배강(背講)하거나 임문(臨文)하며, 사자(寫字), 역어(譯語)를 시험 보인다.〈경〉〈속〉 ❺ 사자와 역어의 점수를 주는 방법은 강서(講書)와 같다. ❻ 복시에서 경사(經史)를 강하기를 원하면 들어주고, 임문으로 한다.

제51항 **의과(醫科)**〈경〉 ❶ 초시는 전의감 제조 1원 혹은 2원이 본감(本監)의 관원 2원과 함께 시취한다. 18인을 뽑고, 대증광시에는 4인을 더 뽑는다.〈경〉〈속〉〈보〉 ❷ 복시는 전의감 제조 1원이 본감의 관원 2원과 함께 시취하고 예조의 당상관과 낭관 각 1원, 양사(兩司)의 관원 각 1원이 참여한다. 9인을 뽑고, 대증광시에는 2인을 더 뽑는다. ❸ 초시와 복시에서는 본업(本業)의 여러 서적 및 《대전통편》을 배강(背講)하거나 임문(臨文)한다.〈경〉〈속〉

제52항 **율과(律科)**〈경〉 ❶ 초시는 형조 당상관 1원 혹은 2, 3원이 낭관 1원, 율관 1원과 함께 시취한다. 18인을 뽑고, 대증광시에는 4인을 더 뽑는다. ❷ 복시는 형조 당상관 1원이 낭관 1원, 율관 1원과 함께 시취하고 예조의 당상관과 낭관 각 1원, 양사(兩司)의 관원 각 1원이 참여한다. 9인을 뽑고, 대증광시에는 2인을 더 뽑는다.〈경〉〈속〉 ❸ 초시와 복시에서는 본업(本業)의 여러 서적을 배강(背講)하거나 임문(臨文)한다.〈경〉

제11조 장권(奬勸)[310]

제 1 항 **효성스럽고 우애로우며 절개가 있고 의로운 자를** ❶ 예컨대 효자, 효손(孝孫), 절부(節婦), 국가를 위해 몸을 바친 자의 자손, 친족 간에 화목하였거나 환란을 구휼한 자 따위이다.〈경〉 **서울에서는 한성부가 예조에 보고하고, 지방에서는 본도(本道)에서 장계로 보고하면 예조에서 녹계(錄啓)하여 장권한다.**〈경〉〈보〉 ❷ 자손이나 읍리(邑里)를 막론하고 효열(孝烈)이 있어 영읍(營邑)에 올리면 도신(道臣)이 실제로 행한 일을 탐문하여 매년 1월 안에 장계를 작성하여 올린다. 예조의 세 당상이 함께 모여 자세히 살펴서 정려(旌閭), 증직(贈職), 복호(復戶)로 등급을 나누고 의정부에 이송(移送)하여 시임(時任)에게 서경(署經)을 받는다. 효열이 있어서 영읍에 올렸는데 영읍에서 여러 차례 막히게 된 경우라야 상언(上言)을 허락하며, 영읍을 거치지 않고 지레 호소한 경우 그 장두(狀頭)는 논죄한다. 도신이 장계를 작성하여 올리는 기한을 넘기면 승정원에서 찰추(察推)한다.[311]〈증〉〈보〉 ❸ 그 처가 수절(守節)한 경우에도 복호한다.〈경〉

310 장권(奬勸) : 《경국대전》, 《속대전》, 《대전통편》의 〈예전 장권〉과 〈예전 취재(取才)〉를 합하여 〈장권〉 조로 편집해 놓았다. 9항과 10항이 〈취재〉에 해당한다.

311 자손이나……찰추(察推)한다 : 《대전통편》 〈예전 장권〉에서는 "효자나 열녀로서 정려(旌閭)나 급복(給復)에 해당하는 경우에는 여러 도에서 초계하고, 매 식년 1월에 예조의 세 당상이 함께 모여 자세히 살펴서 의정부로 이송한 뒤에 별단(別單)으로 계품한다."라고 하였다. 이 조문과 관련하여 1787년(정조11) 예조에서 아뢰기를 식년을 기다려 처리하게 되면 그사이에

❹ 모든 정려, 증직, 급복(給復) 등에 관련된 일은 승정원에서 승전(承傳)을 받든 다음 베껴 중외(中外)에 반포한다.〈증〉 ❺ 충신, 효자, 효손, 열녀 중에 빈한(貧寒)하여 걸식하는 자가 있으면 매년 쌀 5섬, 사계절에 옷 1벌을 서울은 예조가, 지방은 관찰사가 계문하여 제급(題給)한다.〈속〉 ❻《경국대전》 법에 "관식이나 물품을 상(賞)으로 주는데, 특히 훌륭한 사람에게는 정문(旌門)하거나 복호한다."라고 하였다.〈보〉

제2항 **아들 다섯이 모두 과거에 급제한 아버지는 계문하여 가자(加資)한다.**〈속〉 ❶《경국대전》에 "아들 다섯이 모두 과거에 합격한 어버이는 계문하여 해마다 쌀을 사급하고, 죽으면 추증하고 치제(致祭)한다."라는 법이 있다.〈보〉

제3항 **수업한 스승이 가르친 유생 가운데 급제한 사람이 3인,** ❶ 지방은 2인이다. **혹은 생원시와 진사시에 입격한 사람이 10인** ❷ 지방은 5인이다. **이상이면 계문하여 가자(加資)한다.**〈경〉 ❸《경국대전》 법에 "수업한 스승의 관직과 성명을 치부(置簿)하여 예조에 보관한다."라고 하였다.〈보〉

보고가 적체되어 뽑아 보고할 때 착오가 생기는 폐단이 있고, 관찰사의 장계가 도착하는 대로 아뢴다면 번거로운 일이 될 것이라고 하여 수정 보완된 조문이다. 이때 예조에서 효자와 열녀에 관한 일을 관찰사가 장계로 올리는 기한, 예조와 의정부의 처리 절차, 상언(上言) 등에 대해 건의하여 이를 따라 시행되었다.《承政院日記 正祖 11年 3月 10日》

제4항 성균관의 생원과 진사는 차례로 돌아가며 거재하되 50점을 채우고,〈속〉 ❶ 거재하는 생원과 진사는 106인이다.〈경〉〈속〉 –❶ 6인은 장의(掌議)와 색장(色掌)이다.〈보〉 – 들어가야 할 자가 많을 경우에는 방차(榜次)로, 방차가 같으면 나이로 선후를 정한다.〈속〉 ❷ 과거 3일 전에는 정원에 구애받지 않는다.〈증〉 ❸ 장의는 2명, 동재와 서재의 색장은 각각 2명이다.〈보〉 ❹ 장의와 색장은 별도로 거재하되 50점을 채우기 전에는 결코 바꾸지 않는다.〈속〉 ❺ 장의는 두 번의 방(榜)을 지낸 뒤에야 천거하고 시임(時任) 장의가 주관하되 봉향(奉香)이나 소두(疏頭)를 거쳤다면 한 번의 방을 지낸 뒤에 천거하고, 전에 장의였던 사람들에게 간통(簡通)한 뒤에 천거를 완료한다. 색장은 시임 장의가 후보자를 올려 뽑는다.〈보〉 **성균관 및 사학(四學)의 기재생은**〈속〉 ❻ 성균관의 하재생은 20명이고, 사학의 거재생은 각각 5명이다.〈경〉〈속〉〈보〉 ❼ 사학의 장의는 각각 2명이고, 색장은 각각 4명이다. 장의는 해당 학의 시임 장의가 차출하되, 없으면 성균관의 장의가 중학의 장의를 뽑고, 중학의 장의가 여러 학의 장의를 차출한다. 색장은 해당 학의 장의가 차출한다.〈보〉 **학생으로 채워 보충한다.** ❽ 시강에서 뽑힌 자와 통독에서 점수를 채웠으나 아직 입격하지 않은 자로 차례대로 보충한다. ❾ 팔도의 유생 중에 경전의 뜻에 능통한 1인에 대해 관찰사로 하여금 대사성에게 공문을 보내게 하여 빈자리가 나는 대로 보충한다. ❿ 서북의 유생에게 각각 한 자리를 배정해 준다. ⓫ 제주(濟州)의 유생은 식년이 아니더라도 사학 유생의 승보시(陞補試)의 예에 따라 고강하여 들인다. ⓬ 사사로이 청탁하여 들어가기를 꾀하

는 자는 일절 막는다.〈속〉 13《경국대전》 법에 "벼슬하던 사람 중에 학(學)에 들어가기를 원하는 자는 허락한다."라고 하였다.〈보〉

제5항 **통훈대부 이하의 문신을 초계(抄啓)하여 학문을 권장한다. 사가호당(賜暇湖堂),** 1 호당 문신(湖堂文臣)은 대제학으로 하여금 문학이 뛰어난 자로 뽑게 하고, 휴가를 주어 호당에서 독서하게 한다. 6개월마다 교체하고 대간 같은 업무가 바쁘고 힘든 자리에 차출하지 않는다. 혹은 고강을 명하기도 하고 혹은 시제(試題)를 내어 제술하도록 하여 고하(高下)를 매겨서 매달 말에 서계(書啓)한다. 제술을 볼 때 참여하지 않은 사람에게는 시제를 보내어 추후에 지어 올리게 한다.〈속〉 **월과(月課),** 2 월과 문신(月課文臣)은 대제학으로 하여금 홍문관 인원 및 문명(文名)이 있는 자로 뽑게 하고, 매년 4분기에 대제학이 주(奏), 표(表), 부(賦), 송(頌), 서(序), 찬(贊), 의(議), 설(說), 논(論), 칠언율시(七言律詩), 배율시(排律詩), 오언율시(五言律詩), 고시(古詩) 중에서 9개의 제목을 내게 하여 집에서 지어 바치게 하고 과차(科次)하여 입계한다. 짓지 않은 자 및 지은 것이 6개의 제목을 채우지 못한 자는 추고하고, 3차례 연이어 짓지 않은 자는 파직하되 외임(外任)을 맡고 있는 자는 추고한다. 3차례 연이어 수석을 차지한 자는 가자(加資)한다.〈속〉〈보〉 **전경(專經),** 3 전경 문신(專經文臣)은 예조로 하여금 37세 이하의 사람으로 뽑게 하고, 41세가 되면 탈면(頉免)을 허락한다. 매년 1월·4월·7월·10월의 11일에 친림하

여 전강을 보이거나 명관(命官)을 정하여 고강한다. 의정 1인, 2품 이상 2인, 3품 이하 4인을 고관(考官)으로 차출한다. 오경 중에서 자원하는 1서를 1권마다 돌아가며 강하되 임문(臨文)으로 한다. 복제(服制) 중인데 아직 성복하지 않은 자 외에 복제나 식가(式暇)를 허락받지 않은 자, 말미를 받아 지방에 있는 자, 옥당이나 춘방(春坊)에 입직한 자는 현탈(懸頉)할 수 없다. 문신 감찰도 참여한다. 나오지 않은 자는 의금부에 내려 추고한다. 수석을 차지한 자는 논상(論賞)한다.〈속〉〈증〉〈보〉 **제술(製述),** ❹ 제술 문신(製述文臣)은 예조로 하여금 50세 이하의 사람으로 뽑게 하고 51세가 되면 탈면을 허락한다. 매년 2월과 8월의 10일에 친림이나 명관으로 시행한다.〈속〉〈보〉–❶ 전경과 같다.〈속〉– 부(賦), 표(表), 책(策), 논(論), 잠(箴), 명(銘), 송(頌), 율시(律詩)를 나열해 써서 낙점을 받는다. 시종(侍從)을 거친 자로 파산(罷散) 상태에 있는 자 및 면신례(免新禮)를 아직 행하지 않은 승문원 관원도 모두 응시하고, 문신 감찰 또한 참여한다. 사관(史官)〈속〉〈승〉〈보〉–❷ 겸사관(兼史官)도 같다.〈보〉–으로 입직한 자는 한림 상하번(上下番)의 예에 따라 응시하지 않는다. 시장(試場)에 들어오지 않았거나 시권을 내지 않은 자는 의금부에 내려 추고하고, 갱등(更等)312은 엄하게 추

312 갱등(更等) : 과차(科次)는 상(上), 중(中), 하(下), 이상(二上), 이중(二中), 이하(二下), 삼상(三上), 삼중(三中), 삼하(三下)의 9등(等)으로 나누고, 삼하를 1분(分)으로 정한다. 9등 아래로는 차상(次上), 차중(次中), 차하(次下), 갱(更), 외(外)의 5등이 있다. 갱등은 과차에서 낙방된 끝찌에서 두 번째 등급이다.《이성무, 韓國의 科擧制度, 집문당, 2000, 218쪽》

고하고, 외등(外等)은 파직한다. 명경과(明經科)에서 관인이 찍히지 않은 시권을 낸 자는 파직하지 않는다. 연이어 세 차례 수석을 차지한 자는 가자하고, 건너뛰어 세 차례 수석을 차지한 자는 우직(右職)으로 직위를 올려 천전(遷轉)시킨다. 〈속〉〈증〉〈보〉 **규장각의 제술과 강, 5** 규장각의 초계 문신(抄啟文臣)은 의정부에서 승문원에 분관된 37세 이하의 사람으로 뽑고, 40세가 되면 감하한다. 본각(本閣)은 매월 1일에 친시(親試) 날짜를 품정하고 20일에 친강(親講) 날짜를 품정한다. 시관은 본각에서 시임 각신(時任閣臣)과 원임 각신(原任閣臣)을 나열해 써서 낙점을 받는다. 전에 각신이었던 자는 비록 대신(大臣)이더라도 써넣는다. 본각의 시원임이 만약 수가 적으면 시원임 문형과 문임을 함께 의망한다. 강은 본각에서 서계하되 단지 낙점을 받은 사람만 참여하고, 제술은 뽑힌 사람 모두 참여한다. 강은 매월 10일 전의 날과 20일 후의 날에 2차례, 제술은 20일 후의 날에 1차례 설행한다. 강하는 책은 사서삼경을 돌아가며 강한다. 사서삼경의 강을 끝낸 뒤에 《사기》를 강한다. 제술은 논(論), 책(策), 서(序), 기(記), 설(說), 의(議), 변(辨), 제발(題跋), 자문(咨文), 주문(奏文), 표(表), 전(箋), 계(啓), 조(詔), 제고(制誥), 반사문(頒赦文), 교서(敎書), 비답(批答), 노포(露布), 격(檄), 상량문(上梁文), 잠(箴), 명(銘), 송(頌), 찬(贊), 배율(排律), 율시(律詩), 고시(古詩), 율부(律賦)를 나열해 써서 낙점을 받은 다음 글제를 삼망(三望)을 갖추어 올려서 낙점을 받아 집에서 지어 올리도록 한다. 집에서 지어 올리는 기한은 책(策)은 2일, 나머지는 그다음 날까지이다. 강과 제술에서 연이어 3차례 수석을 차지한 자는 참외이면 승륙하고 참상이면 승서하고 승서되었으면 준직(準職)에 제수하고, 준직을 거쳤으면 가자한다. 강에서 연이어 4차례 불(不)을 맞거나 제술에서 연이어 4차례 꼴찌인 자는 엄히 처벌한다. 3차례 불을 맞았거나 꼴찌인 자는 의금부에 내려 추고하고, 2차례이면 추고한다. 12월에 친강(親講), 친시(親試), 과강(課講), 과시(課試)를 분류하여 점수를 계산하되, 제술 시험의 비교(比較)를 강으로 한 경우는 이를 강의 점수에 통틀어 계산하고, 강 시험의 비교를 제술로 한 경우는 이를 제술의 점수에 통틀어 계산한다. 연말에 출방(出榜)하는데, 강의 배송(背誦)과 제술의 사륙문은 점수를 2배로 준다. 점수가 같은 경우는 비교를 보인다. 차등 있게 논상(論賞)한다.〈증〉 ❻ 파산 상태인 사람이라 하더라도 참여한다.〈보〉 **삭서(朔書),** ❼ 삭서 문신(朔書文臣)은 승문원으로 하여금 39세 이하의 사람으로 뽑게 하고, 40세가 된 사람은 탈면을 허락한다.[313] 매달 해서(楷書)와 전서(篆書)를 시험한다. 해서는 100자를 채우되 진초(眞草)[314]를 덧붙이고, 전서는 40자를 채우되 대전(大

313 삭서 문신은……허락한다 : 《속대전》에 "삭서 문신은 승문원에서 초계하도록 한다.-통훈대부 이하로 나이 40세 이하인 자를 모두 뽑는다.-"라고 하였는데, 《전율통보》 편찬자는 초계 대상자의 나이를 39세 이하로, 면제받는 나이는 40세로 규정하였다. 그런데 면제받는 나이가 저본에는 40세, 국중A본과 규장A본에는 41세로 되어 있다. 이를 볼 때 39세 이하와 40세는 필사 과정의 오류인 듯하다. 삭서 문신의 나이는 《전율통보》 이후에 편찬된 《대전회통》, 《육전조례(六典條例)》, 《은대조례(銀臺條例)》에도 《속대전》의 조문과 동일하게 40세 이하로 규정되어 있다.

314 진초(眞草) : 사전적 의미로는 해서(楷書)와 초서(草書)를 뜻하지만 《속대전》에서는 초서만을 가리킨다. 《은대편고(銀臺便攷)》 〈예방고 삭서(朔

篆), 소전(小篆), 상방대전(上方大篆) 이외는 금단한다. 2품 이상 관원〈속〉〈보〉 – 3 승정원에서 미리 초계한다. – 으로 하여금 과차하여 입계하게 한다. 3등까지 종이, 붓, 먹을 상으로 지급하는데 차등이 있다.[315] 쓰지 않은 자는 의금부에 내려 추고한다.〈속〉 8 유생 중에 해서와 전서를 잘 쓰는 자 또한 초계하여 함께 시험을 보게 한다.〈증〉 **한어(漢語)와 이문(吏文),** 9 한어 문신(漢語文臣)과 이문 문신(吏文文臣)은 승문원으로 하여금 29세 이하의 사람으로는 뽑아 한어를 익히도록 하고 39세 이하의 사람으로는 뽑아 이문을 익히도록 하며, 모두 49세가 되면 탈면을 허락한다. 본원(本院)의 포폄 좌기(褒貶坐起)에서 3곳〈경〉〈속〉 – 4 대문(大文) 하나를 뽑아 묻는 것을 1곳으로 한다.〈보〉 – 을 고강하는데 3곳이 통(通)이나 약(略)이면 상고(上考)이고, 2곳이 조(粗)이면 중고(中考)이고, 3곳이 조이거나 1곳이 불(不)이면 하고(下考)이다. 혹 전강을 하라고 명하기도 한다. 상을 주거나 벌을 준다. 당면한 도목(都目)에서 6품으로 오를 사람은 9곳을 강하는데, 3곳이 조이거나 1곳이 불이면 중고이고, 4곳이 조이거나 2곳이 불이면 하고이다. 상고는 6품으로 올린다.〈경〉〈보〉 **천문이습(天文肄習)이 있다.** 10 천문이습 문신(天文肄習文臣)은 관상감 영사로 하여금 재주와 명망이 있는 자로 뽑게 한다. 별자리에

書)〉에 "뽑힌 사람들에게 해서 100자, 진초 20자, 전자(篆字) 40자를 매달 써서 승문원에 올리도록 한다."라는 조문이 있다.

315 3등까지……있다 : 수석을 차지한 사람에게는 종이 5권, 붓 4자루, 먹 3홀을, 그다음 사람에게는 종이 3권을, 또 그다음 사람에게는 종이 2권을 상으로 주었다. 《承政院日記 顯宗 3年 1月 9日》《銀臺便攷 禮房攷 朔書》

이변이 있으면 번(番)을 나누어 직숙하며 상의하고 따져서 바로잡는다. 간혹 친림하여 전강하거나 명관으로 시험을 보인다. 3차례 연이어 통인 자는 1고(考)를 인정하고〈속〉－❺ 사일(仕日) 6개월을 준다.〈보〉－ 3차례 불통인 자는 1고를 깎는다. 태만하고 학습하지 않는 자는 제서유위율(制書有違律)[316]로 논한다.〈속〉

제6항 **종친은 종부시에서 고강한다.** ❶ 종친은 15살이 되면 종학(宗學)에 들어가고 매달〈경〉－❶ 5월, 6월, 11월, 12월은 방학한다.[317] 〈경〉〈보〉－ 3차례－❷ 10일, 20일, 30일이다.－〈보〉 종부시 당상과 낭청이 하거나 낭청 2명이 고강하되 사서(四書) 중에서 자원하는 1서로 한다. 5등(等)을 연달아〈경〉〈보〉－❸ 1월에서 4월까지를 1등(等)으로 하고, 7월에서 10월까지를 1등으로 한다.〈보〉－ 수석을 차지한 자는 가자(加資)하고, 연달아 세 차례 불통(不通)을 맞은 사람은 논벌(論罰)한다. 30세가 되면 강을 면제해 주는데 전강이 있을 경우에는 37세까지도 자원하여 강에 응하고 순통(純通)을 맞으면 가자한다.〈경〉〈속〉〈보〉 ❷《경국대전》 법에 "이유 없이 종학에 나오지 않는 자와 예의에 어그러지고 명령을 위반한 자는 종부시에서 부과(附過)[318]한다."라고 하였다.〈보〉

316 제서유위율(制書有違律) : 《대명률》〈이율 공식(公式)〉 제서유위(制書有違) 조의 율로, "제서(制書)를 받들어 시행할 때에 어기면 장 100이다."라고 하였다. 제서는 황제의 명을 적은 조서(詔書)와 칙서(勅書) 등이다.

317 5월……방학한다 : 《경국대전》에는 방학 기간이 6월, 7월, 11월, 12월이다.

318 부과(附過) : 관리가 체차하지 않아도 될 정도의 경미한 잘못을 저지르면 그 과실을 기록해 두었다가 일정 기간의 횟수를 통계하여 인사 고과에

제7항 동몽교관(童蒙敎官)이 가르치는 생도는 예조에서 고강한다. ❶ 매월 세 차례–❶ 10일, 20일, 30일이다.– 예조의 당상이 모두 모여 동몽이 읽은 책을 고강하고 읽은 책의 다소와 근태를 참고하여 전최(殿最)한다.〈속〉 ❷《경국대전》 법에 "동몽을 개인적으로 가르쳐서 성과가 있는 자는 도목(都目) 때마다 계문하여 서용한다."라고 하였다.〈보〉

제8항 여러 학(學)의 잡기(雜伎)에 대해서는 본사(本司)에서 권장하고 징계한다. ❶ 양의사(兩醫司 전의감과 혜민서)의 참외 전함(前銜)과 생도 중에서 젊고 총민한 자를 뽑아서 매년 1월·4월·7월·10월에 관직에 임명하고, 본업(本業)의 책으로 고강하여 성적이 우수한 자는 체아직에 붙여 준다.〈속〉 ❷ 사자관(寫字官) 전함은 격월마다 대제학이 고시(考試)하고 대제학이 사정이 있으면 승문원 제조가 고시하여 성적이 우수한 자를 자리가 비는 대로 실관(實官)으로 올려서 보임한다. 사자관 실관은 매달 시재(試才)하여 쌀과 포(布)를 상으로 준다. ❸ 화원(畫員) 중에서 젊고 총민한 자를 뽑아서 매달 예조 당상관이 본업으로 화제(畫題)를 내서 고시하고,[319] 연말에 점수를 합계하여 점수가 많은 자는 1년 동안 구임(久任)의 녹에 붙여 준다. 생도는 매달 시재하여 7인에게 포(布)를 상으로 준다.〈속〉〈보〉 ❹ 교서관

반영하는 것을 가리킨다.

319 화제(畫題)를 내서 고시하고 : 죽(竹), 산수, 인물, 영모(翎毛), 화초 중에서 두 가지 기예를 시험 보인다. 죽을 1등, 산수를 2등, 인물·영모를 3등, 화초를 4등으로 삼는다.《經國大典 禮典 取才》

에서 서책을 간인한 뒤에 오류가 없으면 감인관(監印官)을 논상(論賞)하고, 창준(唱準)[320]에게는 특별 근무 일수를 쳐주며, 1권에서 3글자 이상의 오류가 있으면 감인관을 논하여 벌을 주고 창준 및 수장 제원(守藏諸員),[321] 균자장(均字匠),[322] 인출장(印出匠)[323] 등은 근무 일수를 깎는다.〈속〉 **5** 관상감에서 새로 뽑는 아동의 수는 일정하지 않다. 본감(本監)의 생도와 아동에게 본업의 책을 강독하여 점수가 많은 자는 매달 요(料)가 있는 한 자리에 붙인다.〈보〉 **6** 교생(校生)이 독서한 일과를 매달 말에 수령이 관찰사에게 보고하며, 관찰사는 순행할 때에 고강하여 권장하거나 징계하며, 월과(月課)와 일강(日講)에서 성적이 우수한 자는 호역(戶役)을 헤아려 감해 준다.〈경〉 **7** 내의원의 여의(女醫)는 차비대령(差備待令) 외에 12인인데, 매달

320 창준(唱準) : 교서관에서 서적을 인출할 때 원고를 소리 내어 읽는 사람으로, 종9품 잡직(雜職)인 영직(領職)에 제수한다. 《續大典 兵典 雜職》《燃藜室記述 別集 文藝典故 鑄字》

321 수장 제원(守藏諸員) : 교서관에서는 서적을 인출하기 위해 만든 글자를 궤(櫃)에 넣어 저장하였는데, 그 글자를 지키는 벼슬아치이다. 《經國大典 吏典 雜職 校書館》《經國大典註解後集 天官 冢宰 雜職條》《燃藜室記述 別集 文藝典故 鑄字》

322 균자장(均字匠) : 수장(守藏)이 인출할 책 초본(草本)의 글자대로 주자(鑄字)를 벌여 판에 옮기는 것을 상판(上板)이라고 하는데, 이때 대나무나 파지(破紙)로 글자의 틈을 메워 움직이지 못하게 굳게 조이는 일을 하는 사람이다. 《燃藜室記述 別集 文藝典故 鑄字》

323 인출장(印出匠) : 인출할 책 초본(草本)의 글자대로 주자(鑄字)를 벌여 판(板)에 옮긴 다음 글자가 움직이지 않게 대나무나 파지(破紙)로 메워 고정해 놓으면 그 판을 받아서 책을 찍어 내는 사람이다. 《燃藜室記述 別集 文藝典故 鑄字》

2일과 6일이 들어간 날〈속〉〈보〉 -❶ 2일, 12일, 22일, 6일, 16일, 26일이다.- 에 내의원의 입직관이 본업의 책으로 고강하고 한 달 동안의 점수를 통계하여 점수가 6분(分) 이상이 된 사람에게 요(料)를 준다. 내의원 제조는 매달 한 차례 본업으로 고시하여 두 사람에게 포(布)를 상으로 준다. ❽ 혜민서 여의(女醫) 중에서 젊고 총명하며 슬기로운 자를 뽑아서 매달 세 차례 -❷ 10일, 20일, 30일이다.- 의서를 고강한다. 1차와 2차 고강은 세 임관(任官)[324]이 회동하여 시행하고, 3차 고강은 제조가 합강(合講)한 다음 점수를 합계하여 점수가 많은 자 4인에게 요(料)나 포(布)를 상으로 준다. 만약 내의원 여의에 결원이 생기면 올려서 보임한다.〈속〉 ❾《경국대전》에는 조관(朝官)부터 유생, 잡학(雜學)에 이르기까지 교육하여 평가하고 그에 따라 상(賞)과 벌(罰)을 주는 것에 관한 조건(條件)이 가장 많다. 《속대전》의 연혁(沿革)에는 비록 같지 않은 점이 있지만 법의 취지는 대부분 이것을 근본으로 삼는다. 《속대전》의 조문이 이미 시행되고 있으니, 《경국대전》의 조문은 이미 없어졌다고 말하지 않아도 저절로 없어진 것이다. 다만 그중에서 "성균관 유생들에게 매일 고강하고 열흘마다 시제(試題)를 내려 제술하게 하며 예조에서 매달 고강해서 점수를 합계하여 성적이 우수한 자는 계문하여 서용한다. 여러 해 동안 문과 관시(館試)나 한성시(漢城試)에 응시하여 7번 입격하고 50세가 된 사람은

324 세 임관(任官) : 구임관(久任官)이 될 수 있는 혜민서의 주부(主簿), 의학 교수(醫學敎授), 직장(直長)을 가리킨다.

계문하여 서용한다.", "관찰사가 도내 교생을 헤아려 선발하고서 매년 6월에 도회소(都會所)를 설치하고 문관을 차임하여 강론이나 제술로 시험 보인 뒤에 성적이 우수한 자는 계문하여 생원시 복시나 진사시 복시에 곧바로 응시할 자격을 준다.", "서울과 지방의 관리에 대해 매년 말에 이조와 관찰사가 찌를 뽑아 《경국대전》으로 고강하고 이를 참고하여 전최(殿最)한다.", "《삼강행실》을 언문으로 번역하여 서울과 지방 사족(士族)의 가장이나 부로(父老) 혹은 교수나 훈도 등에게 부녀자와 어린아이를 가르치도록 하되 그 책의 대의(大義)를 잘 이해하여 남다른 품행이 있는 사람을 서울에서는 한성부가, 지방에서는 관찰사가 계문하여 상을 시행한다." 등과 같은 법은 또한 이미 없어졌다고 말할 수는 없다. 또 "율원(律員)과 주원(籌員)[325]으로 본업에 정통한 자는 관직을 제수한다.", "수군(水軍)으로 재주와 품행이 남다른 사람은 재능에 따라 서용한다."[326] 라는 법도 있다.〈보〉

제9항 **여러 학(學)은** **1** 천문학(天文學), 지리학(地理學), 명과학(命課學), 한학(漢學), 청학(淸學), 몽학(蒙學), 왜학(倭學), 의학(醫學), 율학(律學), 사자관(寫字官), 화학(畫學), 주학(籌學)이다.〈경〉

325 주원(籌員) : 《경국대전》 원문은 '산원(算員)'이다. 정조(正祖)의 이름 '산(祘)' 음을 휘(諱)하여 같은 뜻의 한자 '주(籌)' 자를 쓴 것이다. 이하 본서에서 '주원', '주학(籌學)' 등은 모두 동일하다.
326 수군(水軍)으로……서용한다 : 《경국대전》 〈병전 번차도목(番次都目)〉에 있다.

〈보〉 **2** 악공(樂工)과 악생(樂生)이다. **예조가 해당 관사와 함께** 〈경〉 **3** 예조 당상관이 사정이 있으면 해당 관사의 제조가〈속〉 -**1** 율학은 형조 당상이다.〈경〉- **예조 낭관과 함께 하고,** 해당 관사의 제조가 사정이 있으면 예조 당상관이 해당 관사의 낭관과 함께 하고, 낭관이 없는 관사의 제조가 사정이 있으면 예조 당상관과 낭관이 한다. 사자관은 대제학이 사정이 있으면 제조가 하고, 화원은 예조 당상관이 단독으로 하고, 주학은 호조 당상관이 단독으로 한다. 악공과 악생은 여러 학과 같다.〈속〉 〈보〉 **본업(本業) 제서(諸書), 사서(四書), 경사(經史),** **4** 임문(臨文)하거나 배강(背講)하되 50세 이상은 배강을 면제하고, 역학의 어전(御前) 교회(敎誨)는 40세 이상이면 배강을 면제한다. **사자(寫字), 역어(譯語 통역), 주(籌 계산), 본업 실습으로 취재(取才)하고 삭수(朔數)를 한정하여 점수를 계산한 다음 관직을 올려 주거나 강등하고 부록(付祿)한다.**〈경〉〈속〉〈보〉 **5** 각 학은 양도목(兩都目)에서 취재하고 6개월 동안의 근무 일수를 계산한다. 사자관, 화원, 악생, 악공은 사도목(四都目)에서〈속〉〈보〉-**2** 사자관은 3월·6월·9월·12월에, 화원 이하는 1월·4월·7월·10월에 한다.〈보〉- 취재하고 3개월 동안의 근무 일수를 계산한다. 강(講) 점수와 근무 일수가 모두 같으면 강 점수가 순(純)인지 불순(不純)인지 살피고, 그래도 같으면 앞 분기의 녹(祿)과 직위의 고하를 살핀다. 한학, 청학, 몽학, 왜학의 강 점수가 서로 같으면 학의 차례에 따르고,[327] 해당 학 안에서 강 점수가 서로 같

327 한학……따르고 : 《속대전》 〈예전 취재(取才)〉에는 "한학(漢學)의 강

으면 근무 일수를 살핀다.〈속〉〈보〉 6 상제(喪制)가 끝난 자는 근무 일수와 상관없이 취재에 응시하는 것을 허락한다.〈속〉 7 사역원의 등제(等第)[328]는 교회(敎誨) 이하에 결원이 있으면 도제조와 제조가 합좌(合坐)하여 한다. 한학은 경사자집(經史子集)을 시험하거나 제술을 시험하고, 청학과 몽학은 본업의 제서(諸書)를 강하거나 사자(寫字)하고, 왜학은 청학과 몽학처럼 하거나 한학처럼 한다. 성적이 우수한 자를 취해 한학, 청학, 몽학, 왜학에 채워 차임한다. 북경에 가는 것과 왜학이 통신사를 따라 나가는 것은 근무 일수를 계산하여 돌아가면서 하게 하되 차례를 빼앗은 자는 3년에 한하여 취재에 응시하는 것을 허락하지 않으며, 차례가 되었는데 피한 자는 모두 장(杖) 100이다. 8 양의사(兩醫司)는 취재하여 차등 있게 부록하고, 그다음은 여러 도의 심약(審藥)에 차임하고, 그다음은 강화(江華)의 월령의(月令醫)[329] 및 통영(統營)의 구료관(救療官)에 차임한다.〈속〉〈보〉 9 율학의 취재에서 수석을 차지한 5인은 부록하고, 지차(之次)는 여러 도의 검률(檢律)에 차임한다.〈경〉〈보〉 10 사자관은 취재하여 부록하고, 점수를 계산하여 성적이 우수한 자는 북경에 갈 수 있게 한다. 화원도 같다. 11 내의원은 포폄 때마

(講) 점수와 삼학(三學)의 강 점수가 서로 같은 경우에는 경서(經書)와 사서(史書)의 점수로 우선 계산한다."라고 하였다.

328 등제(等第) : 역관이나 의관 등의 취재에서 성적이 우수한 자를 선발하여 관직에 나갈 차례를 정하는 것이다.

329 월령의(月令醫) : 전의감이나 혜민서에서 의금부, 전옥서, 성균관 등에 몇 달씩 파견하는 의원으로, 주로 죄수나 생도의 병을 치료하는 일을 맡았다.

다 세 제조[330]가 본원(本院)의 당상관[331]과 함께 본업 관련서를 강하게 하되 40세 이하는 배강으로 하고, 40세 이상은 임문으로 하여 차례대로 부록한다.〈보〉

제10항 국휼(國恤) 때 인산(因山)을 치른 뒤에는 취재를 규례대로 행한다.[332]〈속〉

330 세 제조 : 내의원의 도제조 1원, 제조 1원, 부제조 1원을 가리킨다.《典律通補 吏典 京官職》

331 본원(本院)의 당상관 : 내의원 본청의 어의(御醫)를 가리킨다. 정해진 수가 없다.《典律通補 吏典 京官職》

332 국휼(國恤)……행한다 : 《속대전》〈예전 취재(取才)〉에 있다.

제12조 혜휼(惠恤)

제1항 **1품으로 70세 이상인 사람이 국가의 중요한 일에 관계되어 치사하지 못한 경우에는 예조가 계문하여 궤장(几杖)을 하사한다.**

제2항 **치사한 사람에게는 매달 고기를 보낸다.**〈경〉 ❶ 대신(大臣)에게는 또 세수(歲首) 및 봄가을에 쌀, 콩, 생선, 소금, 땔감을 준다.

제3항 **조관(朝官)으로서 나이 70세 이상인 자에게는 쌀을 하사한다.** ❶ 당상관과 그의 처가 70세 이상인 경우, 실직을 거친 사람과 그의 처가 80세 이상인 경우에는 세수(歲首)에 한성부에서 초계(抄啓)하여 쌀과 소금을 차등 있게 준다.[333] 지방도 대상자는 같으며 도신(道臣)이 장계로 보고한다. ❷ 《경국대전》 법에 "공신의 부모와 처, 당상관의 처로 70세 이상인 사람에게는 매달 술과 고기를 보내 준다."라고 하였다.〈보〉

제4항 **친족이 없는 구걸하는 자와 보살펴 줄 사람이 없는 노인은 예조가 계문하여 의복과 식량을 헤아려 지급한다.**〈경〉 ❶ 홀아비,

333 당상관과…준다 : 세수에 세찬(歲饌)으로 제급(題給)하는 품목을 영조조 《승정원일기》에서 살펴보면, 당상관과 그의 처가 70세 이상인 경우에는 각각 쌀 4말, 소금 2말, 대구어 2미(尾), 청주(淸酒) 1병이고, 실직을 거친 사람과 그의 처가 80세 이상인 경우에는 각각 쌀 5말, 소금 3말, 대구어 3미, 청주 1병이다. 《承政院日記 英祖 5年 5月 28日》

과부, 고아, 독거노인, 독질(篤疾)이 있는 사람, 폐질(廢疾)이 있는 사람으로 빈궁하고 의지할 친척이 없는 자에 대해 관사에서 거두어 부양하지 않은 경우는 장(杖) 60이다. 의복이나 식량을 지급해야 하는데 관리가 떼어먹은 경우는 감수자도율(監守自盜律)로 논한다.[334] 〈율〉

제5항 서울과 지방의 병든 자에게는 관아에서 의원을 보내 주고 약을 내준다. 〈보〉 **1** 거재 유생(居齋儒生)이 병이 있으면 양의사(兩醫司)에서 의원을 보내고 성균관에서 약물을 제급(題給)한다. 〈속〉 **2** 삼군문(三軍門)에 약방(藥房)을 두어 병이 있는 군졸을 구료(救療)한다.[335] 〈증〉 **3** 의금부와 전옥서는 각각 월령의(月令醫)를 정하여 병이 있는 죄수를 치료한다. **4** 병자가 오부에 치료해 주기를 호소하면 오부는 즉시 월령의를 보내 치료하고, 가난하여 약을 살 수 없는 자에게는 관아에서 약을 지급하고 예조에 보고한다. 지방에서는 본읍(本邑)에서 의원을 보내 주고 약을 지급한다. **5** 병자가 의원에게 치료해 주기를 호소했는데도 병자에게 즉시 가서 치료해 주지 않은 경우에는 병자의 가족이 고발하여 치죄(治罪)하게 할 수 있다. **6** 무당과 박수는 서

334 홀아비……논한다 : 《대명률》 〈호율 호역(戶役)〉 수양고로(收養孤老) 조에 있다. 감수자도율은 《대명률》 〈형률 도적(盜賊)〉 감수자도창고전량(監守自盜倉庫錢粮) 조의 율로, "감림(監臨)이나 주수(主守) 자신이 창고의 돈이나 식량이나 그 밖의 물건을 훔치면, 수범과 종범을 구분하지 않고 병장(倂贓)으로 죄를 논한다."라고 하였다.

335 삼군문(三軍門)에……구료(救療)한다 : 《대전통편》 〈병전 구휼(救恤)〉에 있다.

울에서는 예조가 명부에 기록하여 활인서에 나누어 소속시켜 병자를 치료하게 하고, 지방에서는 본읍에서 명부에 기록하여 병자를 치료하게 한다.〈경〉 7 전염병에 걸린 도성 백성에 대해서는 활인서에서 예조에 보고하고, 예조에서 호조에 공문을 보내면 호조는 막(幕)을 지을 재료를 지급하며, 양의사는 약물을 갖추어 구료관(救療官)으로 하여금 치료하게 한다.〈보〉 8 군사가 주둔하며 방어하는 곳에서, 혹은 정부(丁夫)[336]나 각종 장인(匠人)이 공역(工役)을 하는 곳에서 병에 걸렸는데 해당 관사에서 의원을 보내 주고 약을 지급하여 치료할 것을 요청하지 않으면 태(笞) 40이고, 이로 인하여 병자가 죽게 되면 장(杖) 80이다. 담당 관사에 공문을 보냈는데도 담당 관사에서 의원을 보내 주지 않거나 약을 지급하지 않으면 같은 죄이다.[337]〈율〉 9 종친 및 2품 이상의 관원이 병세가 위급하여 의사(醫司)에 없는 약을 청구하면 승정원에서 임금에게 아뢰어 지급한다.

제6항 온천이 있는 곳의 수령은 부지런하고 신중한 사람을 선정해서 집을 수리하고 병자를 구호하게 한다.〈경〉

제7항 구걸하러 다니는 아이와 버려진 아이는 진휼청에서 거두어

336 정부(丁夫) : 정(丁)과 전(田)을 계산하여 징발하는 인부(人夫)를 일컫는데, 원래 정해진 각종 신역(身役)에 차정된 사람으로서 관(官)에 나가 일에 종사하는 사람이 모두 이에 해당된다.《大明律集說附例 卷3 16章》

337 군사가……죄이다 : 《대명률》〈형률 잡범(雜犯)〉 부장군사병급의약(夫匠軍士病給醫藥) 조에 있다.

기른다. **1** 구걸하러 다니는 아이는 10세까지, 길가에 버려진 아이는 3세까지 오부에서 진휼청에 보고하면 진휼청에서 맡아 기른다. 구걸하러 다니는 아이는 진휼청 밖이나 창고문 밖의 빈터에 움막을 지어서 머무르는 장소로 삼아 주고 진휼청의 식례(式例)에 따라 식량을 지급한다. 버려진 아이는 떠돌아다니며 구걸하는 여인 중에 젖이 나오는 사람을 골라서 1인당 두 아이를 주고 매일 쌀·간장·미역을 계산하여 지급한다. 떠돌아다니며 구걸하는 사람이 아니더라도 데려다 기르고 싶어 하면 아이 한 명만 주고 쌀·간장·미역을 헤아려 지급한다. 구걸하러 다니는 아이와 버려진 아이 및 떠돌아다니며 구걸하는 여인으로서 옷이 없는 사람은 발견되는 대로 해당 관청에서 옷을 만들어 지급하고 질병이 있는 경우에는 혜민서에서 구료(求療)하되, 구걸하러 다니는 아이는 흉년에는 보릿가을까지로 한정하고 버려진 아이는 풍년이나 흉년에 구애받지 않는다. **2** 보고를 태만하게 한 해당 부(部)와 성실하게 양육하지 않은 해당 낭청은 진휼청에서 초기(草記)를 올려 논죄한다. 지방에서는 면임(面任),[338] 이임(里任)[339]이 본관(本官)에 보고하고 데려다 기르는 절차는 한결같이 서울에서의 절목(節目)을 따른다. 수령으로서 사목을 위반한 경우에는 도신(道臣)이 장계로

338 면임(面任) : 지방 각 읍(邑)의 면(面) 단위에서 행정 실무를 관장하던 향임(鄕任)의 총칭이다. 《전율통보》 〈호전 호적(戶籍)〉 6항 참조.

339 이임(里任) : 지방 각 리(里)의 호적, 연분(年分), 수세(收稅) 등 각종 행정 실무를 관장하던 향임으로, 이정(里正)이 대표적인 예이다. 《전율통보》 〈호전 호적(戶籍)〉 6항 참조.

보고하여 논죄하거나 어사(御史)가 적발하여 엄하게 처벌한다. **3** 구걸하러 다니는 아이나 버려진 아이를 막론하고 거두어 기르기를 자원하는 사람이 있으면 한결같이 《속대전》의 사목(事目)에 따른다.[340] 〈증〉 - **1** 〈형전〉의 〈사천(私賤)〉 조에 보인다. 〈보〉 -

제8항 **전염병이 돌 때 가족 전체가 다 죽어 수습해 묻어 줄 사람이 없는 경우에는 호조와 진휼청 및 여러 도로 하여금 휼전(恤典)을 거행하게 한다.** 〈속〉

제9항 **지방 고을의 화재로 죽은 사람이나 물에 빠져 죽은 사람은 도신(道臣)이 장계로 보고하여 휼전(恤典)을 거행한다.** **1** 호랑이에게 물려 죽은 사람도 같다.

제10항 **관북과 제주(濟州)에서 과거를 보러 온 사람에게는 옷과 식량을 지급한다.** 〈보〉

제11항 **공천(公賤)으로서 입역(立役)하는 계집종은 출산에 임박해서 한 달 휴가를 주고 출산 후에 50일 휴가를 준다.** **1** 남편에게

340 구걸하러……따른다 : 이 조문은 《자휼전칙(字恤典則)》에 있는 사목이다. 《자휼전칙》은 1783년(정조7) 버려진 아이들을 거두어 기르는 일과 흉년이 들어 돌아다니며 구걸하는 아이들을 구해 살리는 등의 휼전(恤典)에 대해 규정해 놓은 책이다. 정조가 이 책을 국한문(國漢文)으로 인출하여 전국에 반포하게 하고 《자휼전칙》 사목을 영구히 시행하도록 하였다. 《正祖實錄 7年 11月 5日》

는 15일 휴가를 준다.[341] 〈경〉

341 공천으로서……준다 : 《경국대전》 〈형전 공천(公賤)〉에 있다.

제13조 **혼가(婚嫁)**

제 1 항 **왕자와 왕녀의 길례(吉禮) 때 본가(本家)와 혼인을 주관하는 집안에서 법으로 규정한 것[342]을 넘어 사치하는 일은 전부 금한다.**〈속〉 **1** 왕자와 왕녀의 혼례는 속존 종친(屬尊宗親)[343]을 주인(主人)으로 삼는다. 왕자의 혼례는 종친 3품 이하가 사자(使者)가 되고, 공주·옹주·군주(郡主)·현주(縣主)의 혼례는 부마(駙馬)의 족친이 사자가 되는데 7품 이하의 관직을 제수받은 자가 한다. 또 도청(都廳)이 있는데 문관 당하가 한다.〈오례〉〈보〉

제 2 항 **남자는 15세, 여자는 14세가 되어야 혼인을 허락한다.** **1** 만약 양가(兩家) 부모 중에 누가 숙질(宿疾)이 있거나 만 50세이면서 자녀가 12세 이상이면 관청에 알리고 혼인한다.〈경〉 **2** 혼인하기 위하여 여자 집에서 거짓으로 속인 경우는 장(杖) 80을 치고 혼인 예물을 추징하여 돌려주며, 남자 집에서 거짓으로 속인 경우는 1등급을 더해 처벌하고 혼인 예물은 추징하지 않는다. 아직 성혼(成婚)하지 않았으면 원래 정혼(定婚)한 대로 따

342 법으로 규정한 것 : 왕자의 혼례 시에는 납폐(納幣) 때 초현(綃玄) 3단(端)과 분홍색 비단[纁] 2단을 쓰고, 군(君)이면 주(紬)나 포(布)를 쓴다. 친영(親迎) 때는 금욕(衾褥)에 면주(綿紬)와 목면(木棉)을 쓰고, 대군은 면주와 목면으로 된 공복(公服)을 입으며, 전도(前導)는 대군이면 횃불이 14자루이고 군이면 10자루이며, 부인의 의복은 면주와 목면으로 한다.《國朝五禮儀 王子婚禮》

343 속존 종친(屬尊宗親) : 종친 가운데 존귀한 사람이다.《經國大典註解後集 天官 冢宰 文昭殿條 屬尊》

르고, 이미 다른 사람에게 혼인을 허락했으면 이 제한을 두지 않는다.[344] 〈율〉

제 3 항 **종실은 그 자녀의 나이와 정혼(定婚)한 집안 가장의 직명(職名)과 성명(姓名)을 갖추어 종부시에 고하고** ❶ 정혼한 집안의 성(姓)이 이씨(李氏)인 경우는 고하지 못한다.[345] **종부시가 조사하여 사실을 확인하고서 계문한다.** ❷ 양가(兩家) 자녀는 10세가 차야 혼사를 의논하는 일을 허락한다. 6세 차이가 나면서 진정으로 혼인하기를 원하지 않는 자에게는 혼인을 허락하지 않는다. 나이를 가감하거나 자녀 유무를 숨긴 자는 가장을 위혼망모율(爲婚妄冒律)[346]로 논한다. 〈경〉

제 4 항 **성(姓)이 같으면 관향(貫鄕)이 다르더라도 혼인할 수 없다.**[347]

344 혼인하기……않는다 : 《대명률》 〈호율 혼인(婚姻)〉 남녀혼인(男女婚姻) 조에 있다. '1등급을 더해 처벌한다'는 것은 남자 집안 혼주에게 장 90을 치는 것이다. '원래 정혼한 대로 따른다'는 것은 남녀가 질병이 있어 그들의 형제나 자매로 하여금 거짓으로 속여 서로 만나 보게 한 경우에 아직 성혼하지 않았으면 원래 거짓으로 속여 서로 만나 본 남녀와 혼인하도록 하는 것이다.

345 정혼한……못한다 : 종실의 경우 동성(同姓)인 이씨와의 혼인을 허락하지 않는 규정이다. 《속대전》에 이르러서는 종실뿐만이 아니라 모든 사람에게 동성 간의 혼인을 허락하지 않게 되었다. 본조 4항 참조.

346 위혼망모율(爲婚妄冒律) : 혼인하기 위하여 거짓으로 속인 데 대한 율이다. 본조 2항 소주 ❷ 참조.

347 성(姓)이……없다 : 1669년(현종10) 송시열(宋時烈)이 건의하여 시행된 것이다. 국가에서는 아내를 얻을 때에 동성(同姓)을 맞이하지 않는 고례(古禮)를 준용하고 있었는데 민간에서는 동성 간의 혼인을 계속하고 있었기

제5항 혼인할 때를 넘긴 자에 대해서는 한성부와 제도(諸道)를 엄하게 신칙하여 형편이 매우 심한 자를 찾아내서 호조와 영읍(營邑)으로 하여금 특별히 더 도와주게 한다. 〈속〉 ❶ 사족(士族)의 딸로서 나이가 서른에 가까운데 가난하여 아직 결혼하지 못한 자는 예조에서 계문하여 돈과 물자를 헤아려 지급한다.[348] 〈경〉 ❷ 종실의 후손으로서 혼인할 시기를 넘긴 자나 짚이나 거적으로 싸서 임시 매장하고서 장례 시기를 넘긴 자는 호조와 팔도에서 해마다 연초에 찾아내어 즉시 도와준다. ❸ 혼인할 때가 넘었는데도 혼인하지 못한 자와 가난해서 장사를 지낼 수 없는 자는 2년 간격으로 세수(歲首)에 임금의 뜻을 여쭈어서 도와준다. 만약 기근이 들거나 전염병이 돌게 되면 연차에 구애받지 않는다.[349] 〈증〉 ❹ 사족의 딸이 집안이 궁핍하지 않은데 30세 이상이 되어서도 시집을 가지 않은 경우에는 가장을 무거운 쪽으로 논죄한다.[350] 〈경〉

제6항 기일(期日)에 앞서 납폐(納幣)한 뒤에는 양가(兩家)의 부모상이 있더라도 반드시 3년을 기다려 혼인하고, 이를 어긴 경우 가장은 장(杖) 100이다. 〈속〉 ❶ 이미 혼서(婚書)로 통보했거나

때문에 관향이 다르더라도 성이 같으면 혼인하지 못하도록 법규를 정한 것이다. 고례란 《예기》 〈대전(大傳)〉에 "비록 백대의 먼 친척 간이라도 혼인을 통하지 않는 것은 주나라 도가 그러하였다."라고 한 것을 말한다. 《承政院日記 顯宗 10年 1月 4日》

348 사족(士族)의……지급한다 : 《경국대전》 〈예전 혜휼(惠恤)〉에 있다.

349 종실의……않는다 : 《대전통편》 〈예전 혜휼(惠恤)〉에 있다.

350 사족의 딸이……논죄한다 : 《경국대전》 〈예전 혜휼(惠恤)〉에 있다.

사사로이 약속을 했는데 갑자기 파혼하면 태(笞) 50이고, 혼인 예물을 받은 자도 같다. 만약 다시 다른 사람에게 허락했으나 아직 성혼(成婚)하지 않았으면 장 70이고, 이미 성혼했으면 장 80이다. 납폐한 뒤에 장가들 곳을 정한 자는 사정을 알았으면 같은 죄이고 혼인 예물은 관부(官府)에서 몰수하며, 사정을 몰랐으면 죄주지 않고 혼인 예물은 도로 돌려준다. 남자 집에서 파혼하면 같은 죄이고 혼인 예물은 추징하지 않는다.[351]

제 7 항 부모나 남편의 상중에 자기 스스로 시집가거나 장가들면 장(杖) 100이다. ❶ 남자가 부모의 상중에 첩을 들이거나, 아내나 딸이 남편이나 부모의 상중에 다른 사람에게 시집가서 첩이 되면 각각 2등급을 줄인다. 사정을 알고도 혼인했으면 각각 5등급을 줄인다.[352] 〈율〉

제 8 항 자신이 상중에 있으면서 아들의 기년복(朞年服)이 끝나지 않았는데도 혼인하면 불근거상률(不謹居喪律)[353]로 논한다. 〈속〉

351 이미 혼서(婚書)로……않는다 : 《대명률》 〈호율 혼인(婚姻)〉 남녀혼인(男女婚姻) 조에 있다.

352 부모나……줄인다 : 《대명률》 〈호율 혼인(婚姻)〉 거상가취(居喪嫁娶) 조에 있다. '각각 2등급을 줄인' 처벌은 장 80이다. '각각 5등급을 줄인다'는 것은 가령 남자가 부모상 중인데 시집와서 처나 첩이 되고 부녀가 남편 및 부모의 상중임을 알면서도 장가들어 그를 처나 첩으로 삼은 경우는 각각 정범(正犯)이 받는 장 100과 장 80에서 5등급을 줄여 과죄하는 것을 일컫는다. 《大明律講解 戶律 婚姻 居喪嫁娶》

353 불근거상률(不謹居喪律) : 상중에 삼가지 않은 데 대한 형률이다.

■ "부모, 시부모 및 남편의 상중인데도 혼사를 주관하면 장(杖) 80이다.[354]"라는 형률을 적용한다.〈보〉

제9항 **조부모나 부모가 옥에 갇혀 있는데 시집가거나 장가들면 장(杖) 80이다. 유죄(流罪) 이하는 논죄하지 않는다.** ■ 첩이 된 경우에는 2등급을 줄인다. 조부모나 부모의 명을 받들어 시집가거나 장가든 자는 처벌하지 않는다.[355]〈율〉

제10항 **사대부로서 처가 사망한 경우는 3년 뒤에 다시 장가든다.** ■ 부모의 명 때문이거나 나이가 40이 넘도록 아들이 없는 경우는 1년 뒤에 장가드는 것을 허락한다.〈경〉

제11항 **부마(駙馬)로서 아들이 없는 경우는 동종(同宗)의 지자(支子)를 후사로 세우고 다시 장가드는 것을 허락하지 않는다.**[356]〈속〉

제12항 **백성으로서 40세 이상인데도 아들이 없는 경우는 첩을 두는**

354 부모……80이다 : 《대명률》〈호율 혼인(婚姻)〉 거상가취(居喪嫁娶) 조에 있다.

355 조부모나 부모가……않는다 : 《대명률》〈호율 혼인(婚姻)〉 부모수금가취(父母囚禁嫁娶) 조에 있다. "유죄 이하는 논죄하지 않는다."라는 조문은 《대명률강해》〈호율 혼인〉 부모수금가취 조에 "조부모나 부모가 유형(流刑) 이하의 죄를 범하여 갇혀 있는데 자손이 시집가거나 장가든 경우에는 처벌하지 않는다."라고 한 데서 비롯한 것이다.

356 부마(駙馬)로서……않는다 : 《속대전》〈예전 입후(立後)〉에 있다.

것을 허락하고, 이를 어긴 경우는 태(笞) 40이다.[357]

제13항 **부(府)·주(州)·현(縣)의 관원이 부민(部民)의 부녀에게 장가들어 그를 처나 첩으로 삼은 경우는 장(杖) 80이다. 감림관(監臨官)이 관청의 일에 관계된 사람[358]의 처, 첩, 딸을 자신의 처나 첩으로 삼는 경우는 장 100이다.** ❶ 여자의 집도 같은 죄이며, 처나 첩은 양쪽 모두 이혼시키고 딸은 부모에게 돌려주며, 혼인 예물은 관청에서 몰수한다. **강요하여 장가든 경우에는 2등급을 더하여 처벌한다.** ❷ 여자의 집은 처벌하지 않으며, 혼인 예물을 추징하지 않는다. 집안사람을 위하여 부민의 부녀에게 장가보낸 경우도 죄가 같으며, 이때 당사자인 남녀는 처벌하지 않는다.[359]

제14항 **죄를 짓고 도주한 부녀자에게 장가들어 그를 처나 첩으로 삼은 경우는 그러한 사정을 알고 있었다면 같은 죄이다.** ❶ 지은 죄가 사죄(死罪)에 이른 경우에는 1등급을 줄인다.[360]〈율〉 ❷ 방

357 백성으로서……40이다 : 《대명률》〈호율 혼인(婚姻)〉 처첩실서(妻妾失序) 조에 있다.

358 감림관(監臨官)이……사람 : 감림관에게 심문을 받는 죄인, 감림관의 관리를 받는 죄수·공역인(工役人), 감림관의 처분을 받을 일이 있어서 자신에게 유리하게 결정해 달라고 청탁하는 사람 등을 이른다. 《大明律例諺解 卷9 38章》

359 부(府)……않는다 : 《대명률》〈호율 혼인(婚姻)〉 취부민부녀위처첩(娶部民婦女爲妻妾) 조에 있다.

360 죄를……줄인다 : 《대명률》〈호율 혼인(婚姻)〉 취도주부녀(娶逃走婦女) 조에 있다. 1등급을 줄인 처벌은 장 100, 유 3000리에 처하고 이혼시키

략(方略)을 세워서 양인을 유인하여 처나 첩으로 삼은 경우[361]에 대해서는 〈형전〉의 〈사천(私賤)〉 조에 보인다. 창우(倡優)나 악인(樂人)이 양인을 사서 처나 첩으로 삼은 경우[362]에 대해서는 〈형전〉의 〈잡령(雜令)〉 조에 보인다.〈보〉

제15항 관리가 악인(樂人)에게 장가들어 그를 처나 첩으로 삼은 경우는 장(杖) 60이다. ❶ 관원의 자손이 장가든 경우도 죄가 같다.[363]

제16항 중이나 도사(道士)가 처나 첩을 맞이한 경우는 장(杖) 80이다. ❶ 환속(還俗)시킨다. ❷ 여자의 집도 같은 죄이며, 이혼시킨다. ❸ 중이나 도사가 친속이나 동복(僮僕) 등을 거짓 핑계 대어 혼인을 구하였다가 스스로가 차지한 경우는 간음죄(姦淫罪)로 논한다.[364]

제17항 처에게 응당 내쫓아야 하거나 ❶ 내쫓을 수 있는 일곱 가지

는 것이다.

361 방략(方略)을……경우 : 《대명률》〈호율 혼인(婚姻)〉 약인약매인(略人略賣人) 조에 있다. 처벌은 장 100에 도 3년이다.

362 창우(倡優)나……경우 : 《대명률》〈호율 혼인(婚姻)〉 매량위창(買良爲娼) 조에 있다. 처벌은 장 100이다.

363 관리가……같다 : 《대명률》〈호율 혼인(婚姻)〉 취악인위처첩(娶樂人爲妻妾) 조에 있다.

364 중이나 도사(道士)가……논한다 : 《대명률》〈호율 혼인(婚姻)〉 승도취처(僧道娶妻) 조에 있다.

죄[365]를 범한 경우이다. **의절할** **2** 남편이나 처의 조부모·부모·백숙부모(伯叔父母)·형제·고모·자매를 서로 죽인 경우, 남편이 처를 구타하여 뼈가 부러지는 부상 이상에 이른 경우, 처가 남편을 욕하거나 구타한 경우이다. **일이 없는데 쫓아내면 장(杖) 80이다.** **3** 비록 일곱 가지의 내쫓을 수 있는 죄를 범하였더라도 세 가지의 쫓아낼 수 없는 경우[366]에 해당하는데 내쫓았으면 2등급을 줄이고 함께 살게 한다. **4** 남편과 처가 서로 화목하지 못하여 둘 다 이혼을 원하면 처벌하지 않는다.[367]

제18항 **처가 있는데 다시 처를 맞이하면 장(杖) 90을 치고 이혼시킨다.**[368]

제19항 **처를 첩으로 삼으면 장(杖) 100이다. 처가 있는데 첩을 처로 삼으면 장 90이다.** **1** 모두 고쳐 바로잡는다.[369]

365 내쫓을……죄 : 아들을 낳지 못함, 행실이 음탕함, 시부모를 섬기지 않음, 말이 많음, 도둑질함, 투기를 함, 몹쓸 병을 앓음 따위이다.《大明律講解 戶律 婚姻 出妻》

366 세……경우 : 시부모의 삼년상을 함께 마친 경우, 장가들 때 빈천했으나 나중에 부귀해진 경우, 돌아갈 곳이 없는 경우이다.《大明律講解 戶律 婚姻 出妻》

367 처에게……않는다 :《대명률》〈호율 혼인(婚姻)〉 출처(出妻) 조에 있다. 단, 소주 **2**의 조문은《대명률강해》〈호율 혼인〉 출처 조에 있다.

368 처가……이혼시킨다 :《대명률》〈호율 혼인(婚姻)〉 처첩실서(妻妾失序) 조에 있다.

369 처를……바로잡는다 :《대명률》〈호율 혼인(婚姻)〉 처첩실서(妻妾失序) 조에 있다. '모두 고쳐 바로잡는다'는 것은 처는 그대로 처로 있게 하고

제20항 **남편을 배신하고 도망하면 장(杖) 100을 치고 남편의 뜻에 따라 시집보내거나 판다. 도망한 상태에서 개가하면 교형이다. 남편이 도망한 것으로 인하여 3년 안에 관청에 신고하지 않은 채 도망하면 장 80이다. 함부로 개가하면 장 100이다.** ❶ 첩은 각각 2등급을 줄인다. 숨겨준 사람 및 사정을 알고도 장가든 자는 같은 죄이며, 사죄(死罪)에 이르면 1등급을 줄인다.[370]

제21항 **사위를 쫓아내고 딸을 시집보내거나 거듭 사위를 맞으면 장(杖) 100이다.** ❶ 딸은 처벌하지 않는다. 남자 집에서 사정을 알고서도 장가든 경우도 같은 죄이다. 딸은 전남편에게 보낸다.[371]

제22항 **이혼해야 하는데 이혼하지 않으면 장(杖) 80이다.**[372] ⟨율⟩

제23항 **역적 집안의 손녀는 이혼하지 않아도 된다.**[373] ⟨속⟩

첩은 그대로 첩으로 있게 하는 것이다. 《律條疏議(上) 431쪽》

370 남편을……줄인다 : 《대명률》 〈호율 혼인(婚姻)〉 출처(出妻) 조에 있다.

371 사위를……보낸다 : 《대명률》 〈호율 혼인(婚姻)〉 축서가녀(逐壻嫁女) 조에 있다.

372 이혼해야……80이다 : 《대명률》 〈호율 혼인(婚姻)〉 출처(出妻) 조에 있다.

373 역적……된다 : 다른 집안으로 시집간 역적의 딸이나 손녀는 연좌 대상이 아니었지만 역적 집안 사람이기 때문에 이혼당하는 경우가 많았다. 숙종 때 삼정승을 역임했던 여성제(呂聖齊)는 그 처의 조부가 인조조에 역모의 주모자로 사사(賜死)당한 소현세자빈(昭顯世子嬪)의 친정아버지 강석기

제24항 **관직이 있는 사람은** 1 현직과 산직(散職)을 막론한다. **사모(紗帽)와 품대(品帶)를 착용하는 것을 허락한다.** 2 관직이 없는 사람은 입(笠 갓)을 쓰고 실띠를 두른다.〈경〉

제25항 **국휼(國恤) 때에는 시집가고 장가드는 것을 금한다. 사(士)·이(吏)·군(軍)·민(民)은 졸곡 뒤에 혼인을 허락하고, 실직(實職) 3품 이하는 소상(小祥) 뒤에 혼인을 허락하는데, 모두 3일 동안 길복(吉服)을 입을 수 있다. 당상관으로 상장(喪杖)을 받는 자 이상과 실직 2품 이상은 담제(禫祭) 뒤에 혼인을 허락한다.** 1 내상(內喪)과 소상(小喪)에는 실직 3품 이하는 졸곡 뒤에 혼인을 허락하는데 3일 동안 길복을 입을 수 있다. 당상관과 시종(侍從)을 역임한 자 이상은 소상(小祥) 뒤에 길례(吉禮)를 행한다. 소내상(小內喪)에는 모두 공제(公除) 뒤에 혼인을 허락한다.[374]〈보편〉

(姜碩期)였는데, 강석기는 세자빈의 일로 삭탈관작되고 그 가문이 역적 집안으로 멸문당하였다. 당시 여성제는 역적 집안과 인척 관계가 된 것을 불안하게 여기고 처와 이혼하였다. 1712년(숙종38) 여성제의 일을 거론하고서 앞으로는 역적의 손녀라는 이유로 이혼하는 일을 금하게 하였다. 그리고 여성제의 이혼한 처에게는 다시 여성제의 처가 되도록 하고 남편의 직위에 따라 관작을 봉해 주게 하였다.《肅宗實錄 38年 4月 2日》《承政院日記 肅宗 38年 4月 2日》

374 국휼(國恤)……허락한다 :《국조상례보편(國朝喪禮補編)》〈수교분류상(受教分類上) 계령(戒令)〉에 있다.

제14조 상제(喪祭)[375]

❶ 상제의 예(禮)는 우리나라의 사대부가에서는 《가례(家禮)》를 준용하였다. 그런데 《경국대전》에 실려 있는 사가(私家)의 복제(服制)는 《가례》의 오복도(五服圖)와 약간 차이가 난다. 예를 들어 《가례》에는 장자(長子)를 위해서는 삼년복을 입는다고 하였지만 《경국대전》에는 기년복(朞年服)을 입는다고 한 것과 같은 경우가 이것이다. 지금 오복도를 이 책의 〈별편(別編)〉에 기록하고 여기서는 나라의 제도 조항 몇몇만 기록한다.〈보〉

제 1 항 **종친, 대신(大臣)이 죽으면 계문하여 조회를 정지하며,** ❶ 종성(宗姓)의 기년복을 입는 친척과 왕자는 3일, 대공친(大功親)과 정1품·종1품은 2일, 소공친(小功親)과 정2품은 1일, 문관과 무관의 정1품·종1품 실직은 2일, 의정을 지낸 사람은 3일, 정2품 실직은 1일, 참찬과 판서를 지낸 사람은 2일이다. **임금이 부의를 내려 주고 조문하고 치제(致祭)하며,** ❷ 종성의 단문친(袒免親)에 해당하는 자,[376] – ❶ 10촌 형제이다. ❷ 딸은 비록 출가했더라도 본래의 복(服)대로 입는다. –〈경〉 이성(異姓)의 시마복(緦麻服) 이상에 해당하는 친족과 그의 처, 문관·무관·음관으로

375 상제(喪祭) : 《경국대전》, 《속대전》, 《대전통편》의 〈예전 상장(喪葬)〉과 〈예전 치제(致祭)〉 조문을 대부분 수록하였고, 그 외의 조문도 주로 상장과 치제와 관련된 내용이다.

376 종성의……자 : 고조의 형제, 증조의 4촌 형제, 조부의 6촌 형제, 아버지의 8촌 형제, 자신의 10촌 형제에 해당한다. 《經國大典 禮典 喪葬》

2품 이상 실직인 자, 공신, 정3품으로 감사(監司)·부윤·병사(兵使)를 역임한 자는〈경〉〈속〉 -❸ 부임하지 않은 경우도 똑같이 한다. 〈속〉 - 모두 임금이 부의를 내려 주고 조문하고 치제한다. 문관으로 일찍이 시종신(侍從臣)을 지낸 자, 무관으로 일찍이 곤수(閫帥)를 지낸 자, 음관으로 일찍이 도정(都正)을 지내고서 동지중추부사가 된 자의 경우에도 허락한다. 그러나 동지중추부사와 승습군(承襲君)으로 도정을 지낸 이력이 없는 자는 허락하지 않는다.〈경〉〈속〉〈증〉 ❸ 공무를 보다가 지방에서 죽은 자와 전사(戰死)한 자는 직질(職秩)을 따지지 않고 모두 부의를 내려 주고 조문하고 치제한다.〈경〉 ❹ 조문과 치제는 예관(禮官)을 보내지만 유신(儒臣)이나 승지를 보내기도 하는데 유지(有旨)에 따라서 행한다.〈보〉 ❺ 일찍이 이사(貳師)를 지낸 경우에는 궁관(宮官)을 보내어 조문하고 치제한다.〈속〉 ❻ 일찍이 대시(臺侍)를 지낸 경우에는 부의만 내려 준다.〈보〉 ❼ 예장(禮葬)하는 경우는 부의를 내려 주지 않는다. **예장한다.**〈경〉 ❽ 왕비의 부모, 빈(嬪), 귀인(貴人), 대군, 왕자 및 대군과 왕자의 부인, 공주, 옹주, 봉보부인(奉保夫人), 대신(大臣), 원훈(元勳)이 이에 해당한다.〈경〉〈보〉 ❾《경국대전》에는 또 의빈(儀賓), 종친 종2품 이상, 문관과 무관 종1품 이상 및 공신을 예장하는 법이 있다.〈보〉 **거애(擧哀)하고 회장(會葬)할 경우에는**〈경〉 ❿ 신하들이 함께한다.〈해〉 **임금의 특지(特旨)가 있어야 행한다.**[377]〈경〉 ⓫ 왕자와 그 부인

377 종친, 대신(大臣)이……행한다 :《경국대전》〈예전 상장(喪葬)〉,《속대전》〈예전 상장〉,《대전통편》〈예전 상장〉에 있다. 단, 소주 ❷의 "정3품으

(夫人), 공주와 옹주, 외조부모, 왕비의 부모, 내명부, 종척(宗戚), - 4 내명부와 종척은 은사(恩賜)의 깊고 얕음에 따라 행한다. - 귀신(貴臣)을 위해서는 - 5 귀신은 직임 정2품, 산관(散官) 종1품 이상이다. 6 일찍이 의정을 지낸 사람 외에는 은사의 깊고 얕음에 따라 행한다. - 거애하고 임상(臨喪)하며, 세자가 외조부모와 세자빈의 부모를 위해서는 거애하고, 사부(師傅)와 이사(貳師)를 위해서는 거애하고 임상하되, 모두 열다섯 번 소리 내어 곡한다.[378] 〈오례〉

제 2 항 **궁관(宮官)을 보내어 조제(弔祭)할 때[379]에 향축은 곁문 동협문(東挾門)을 경유하여 나간다.[380]** 〈증〉

제 3 항 **종친 2품 이상, 문관과 무관 1품 이상에게는 조묘군(造墓軍)을 보내 준다.** 1 대군·공주·왕비의 부모에게는 각각 300명, 왕자·옹주에게는 각각 250명, 빈(嬪)·부마(駙馬)에게는 각각 200명, 부위(副尉)에게는 180명, 종친 정1품에게는 200명, 종친 종1품에게는 180명, 종친 정2품에게는 130명, 종친 종2품에게는 65명, 대신(大臣)에게는 250명, 정1품과 종1품에게는 180명을 보내

로……허락하지 않는다"라는 조문은 《속대전》 〈예전 치제(致祭)〉, 《대전통편》 〈예전 치제〉에 있다.

378 왕자와……곡한다 : 《국조오례의(國朝五禮儀)》 〈흉례(凶禮)〉에 있다.

379 궁관(宮官)을……때 : 궁관을 보내어 조제하는 대상은 의정부 찬성이 겸임하는 세자시강원 종1품 이사(貳師)를 역임한 사람이다. 《續大典 禮典 致祭》

380 향축은……나간다 : 《대전통편》 〈예전 치제(致祭)〉에 있다.

준다. 선혜청과 병조에서 반씩 분담하여 보내 준다. 선혜청은 1명마다 쌀 1섬을 지급하고 병조는 전(錢) 1냥을 지급한다.〈보〉

제4항 **널을 만들 재목(材木)을 내려 줄 일이 있으면 그에 해당하는 값으로 대신 지급한다.**[381]〈증〉 ❶ 쌀 20섬을 전(錢)이나 목(木)으로 절급(折給)하는데 선혜청에서 내려 준다.〈증〉〈보〉 ❷ 거재 유생(居齋儒生)이 죽었을 경우에는 판재(板材)에 해당하는 값으로 대목(代木) 8필을 지급한다.〈보〉

제5장 **의정을 천장(遷葬)할 때는 장례에 들어가는 물품과 담군(擔軍)을 참작하여 제급(題給)한다.** ❶ 예장(禮葬)을 허락하지 않는다.[382]〈속〉 ❷ 대신(大臣)과 유현(儒賢)을 천장할 때 연석에서 아뢰어 군정(軍丁)을 보내어 도와주는 경우에는 처음 예장할 때와 비교하여 절반으로 줄인다.[383]〈증〉

제6항 **일찍이 승지, 관찰사, 절도사, 방어사, 동반 2품의 실직을 역임하고서 외임(外任)에 재직하다가 죽은 경우에는 널을 메는 군정(軍丁)을 보내 준다.**〈속〉 ❶ 지방 사람으로 이러한 직임을 역임하다가 서울에서 객사한 경우와 경재(卿宰) 이상이 말미를 받아 지방으로 내려갔다가 객사한 경우도 같다.〈속〉〈증〉

381 널을……지급한다 : 《대전통편》 〈호전 잡세(雜稅)〉에 있다.

382 의정을……않는다 : 《속대전》 〈예전 상장(喪葬)〉에 있다.

383 대신(大臣)과……줄인다 : 《대전통편》 〈예전 상장(喪葬)〉에 있다.

❷ 수령·변장(邊將)·영장·찰방이 임소에 있다가 죽은 경우, 〈속〉 〈보〉 –❶ 계청 군관(啓請軍官), 심약(審藥), 검률(檢律)도 같다. 〈보〉 – 서울 사람이 나랏일로 지방에 갔다가 객사한 경우, 지방 사람이 새로 급제하였거나 직임을 맡고 있다가 서울에서 죽은 경우, 지방 선비가 성균관에서 지내다가 죽은 경우는 그 시신을 고향이나 제집으로 보낼 때에 수레를 끌 소를 제급(題給)한다. 〈속〉 ❸ 조신(朝臣) 및 번상군(番上軍)으로 외방에 거주지를 두고서 서울에서 죽은 자의 시신은 역참을 통해서 내려보낸다.[384] 〈경〉

제 7 항 **문관, 무관, 음관으로 일찍이 실직을 역임한 사람이 향리에 있다가 죽은 경우에는 지방관이 관찰사에게 보고한다. 관찰사는 시종신(侍從臣) 이상에 대해서는 계문하고 그 나머지는 이조와 병조에 보고한다.**[385] 〈증〉

제 8 항 **살림이 궁핍하여 기한을 넘기고도 장례를 치르지 못한 경우에는 서울은 호조와 진휼청에서, 지방은 관찰사가 장례 물품을 제급(題給)한다.**[386] 〈속〉 ❶ 조신(朝臣)이 궁핍하여 기한을 넘기고도 장례를 치르지 못한 경우에는 예조에서 계문하여 장례 비용을 지급한다.[387] 〈경〉 ❷ 종실의 후손과 가난한 자들을 돌보아

384 조신(朝臣)……내려보낸다 : 《경국대전》 〈병전 역마(驛馬)〉에 있다.
385 문관……보고한다 : 《대전통편》 〈이전 정안(政案)〉에 있다.
386 살림이……제급(題給)한다 : 《속대전》 〈예전 상장(喪葬)〉에 있다.
387 조신(朝臣)이……지급한다 : 《경국대전》 〈예전 상장(喪葬)〉에 있다. 《경국대전》에 조신의 장례 기한은 4품 이상은 3개월, 5품 이하는 달을 넘기

주는 것은 앞의 〈혼가(婚嫁)〉 조에 보인다.[388] 〈보〉

제9항 **국휼(國恤) 때에 사가(私家)의 대상(大祥)과 소상(小祥)은** ❶ 기제(忌祭)와 묘제(墓祭)도 마찬가지이다. **졸곡 후에** 〈보편〉 ❷ 소상(小喪)이면 공제(公除) 뒤에 한다. 〈보〉 **행하도록 허락하고, 장례는 공제 전후를 막론하고 행하도록 허락한다.** ❸ 우제(虞祭)도 행하도록 허락한다.[389] 졸곡은 국장(國葬) 뒤에 행한다. 〈보편〉

제10항 **분묘(墳墓)에는 일정한 한계를 정하여 경작과 목축을 금지한다.** ❶ 종친의 경우 1품은 사면(四面) 각 100보(步), 2품은 90보, 3품은 80보, 4품은 70보, 5품은 60보, 6품은 50보이다. 문관과 무관의 경우는 종친의 각 품계에 비교해 10보씩 줄어들되, 7품 이하와 생원·진사·유음자제(有蔭子弟)는 6품의 경우와 같다. 여자는 남편의 직품(職品)을 따른다. ❷ 경작지로 개간한 것이 장례를 치르기 전에 있었던 경우는 금지하지 않는다.[390] 〈경〉 ❸ 수묘군(守墓軍)은 덕흥대원군(德興大院君)[391] 묘는 16명, 인빈

는 것으로 되어 있다.

388 종실의……보인다 : 본서 〈예전 혼가〉 5항 소주 ❷, ❸ 참조.

389 국휼(國恤)……허락한다 : 《국조상례보편》 〈수교분류 상(受教分類上) 계령(戒令)〉에 있다.

390 분묘(墳墓)에는……않는다 : 《경국대전》 〈예전 상장(喪葬)〉에 있다.

391 덕흥대원군(德興大院君) : 선조의 생부로, 이름은 초(岹), 자는 경패(景佈)이다. 중종의 일곱째 아들이며, 어머니는 창빈(昌嬪) 안씨(安氏)이다. 1567년 셋째 아들인 하성군(河城君) 이균(李鈞)이 선조로 즉위한 후 1570년 대원군에 추존되었다.

(仁嬪)[392] 묘는 10명, 대왕 사친(私親)의 묘는 10명, 세자 사친의 묘는 5명, 창빈(昌嬪)[393] 묘는 5명, 왕후 고비(考妣)의 묘는 위(位)마다 각각 2명, 연산군과 광해군의 묘는 각각 10명, 능원군(綾原君)[394] 묘는 2명이다.[395] 〈속〉 〈보〉 ❹ 타인의 분묘 내 수목을 도둑질한 경우에는 장(杖) 80이다. 그 장물을 계산하여 본죄(本罪)보다 중한 경우에는 각각 도죄(盜罪)에서 1등급을 더한다.[396] 〈율〉 ❺ 《경국대전》에 "관찰사가 능묘를 봉심할 때 종묘 각 실(室)의 왕후 고비의 묘를 아울러 봉심한다."[397] 라는 법이 있다. 〈보〉

제11항 **전하가 외조부모를 위해서는 부음을 들은 날 거애(擧哀)하고 최복(衰服)을** ❶ 포대(布帶)를 착용한다. **5일 동안 입은 뒤에 벗는다. 왕비의 부모를 위해서는 3일 동안 최복을 입은 뒤에 벗는다.** ❷ 세자가 외조부모와 세자빈의 부모를 위해서도 같다. 〈오례〉

392 인빈(仁嬪) : 선조의 후궁이며, 인조의 생부 정원군(定遠君)의 생모인 인빈 김씨(金氏)이다.

393 창빈(昌嬪) : 중종의 후궁이며, 선조의 사친(私親) 덕흥대원군(德興大院君)의 어머니인 창빈 안씨(安氏)이다.

394 능원군(綾原君) : 원종(元宗)의 아들이며 인조의 동생이다. 이름은 보(俌), 호는 담은당(湛恩堂)·경숙(敬叔), 시호는 정효(貞孝)이다.

395 수묘군(守墓軍)은……2명이다 : 《속대전》 〈예전 잡령(雜令)〉에 있다. 광해군 묘의 수묘군이 10명이라는 조문은 《전율통보》에서 추가되었다.

396 타인의……더한다 : 《대명률》 〈형률 도적(盜賊)〉 도원릉수목(盜園陵樹木) 조에 있다.

397 관찰사가……봉심한다 : 《경국대전》 〈예전 봉심(奉審)〉에 있다.

제12항 **왕비가 부모를 위해서는** ❶ 대왕대비, 왕대비, 세자빈이 부모를 위해서도 같다. **자최기년복(齊衰期年服)을 입는다.** ❷ 13일간의 공제(公除) 뒤에는 천담색(淺淡色)의 대수장군(大袖長裙), 흑대(黑帶), 피혜(皮鞋)를 착용한다. 13개월이 되면 최복(衰服)을 벗는다. 두 해가 되기 전에는 담복(淡服)을 입는다. 진현할 때는 길복(吉服)을 입는다.〈속례〉 ❸ 조부모를 위해서는 포대(布帶)를 30일 동안 착용하고, 외조부모를 위해서는 15일 동안 착용한 뒤에 벗는다.〈오례〉

제13항 **군사와 서인(庶人)이 자기 부모를 위해서는 100일 동안 상복을 입는다.** ❶ 군사가 3년 동안 상복을 입기 원하는 경우는 허락한다.[398] 〈경〉 ❷ 서리(書吏)와 향리(鄕吏)에게는 부모상에 100일간 휴가를 준다.[399] 〈속〉

제14항 **기복(起復)한 관원에게 의첩(依牒)을 내어 준다.** ❶ 사은(謝恩)하거나 사신(使臣)으로 중국 경사(京師)에 갈 때는 모두 길복(吉服)을 입는다. 조회에는 참석하지 않고 관사에 나아가 참알(參謁)만 행하며, 옥색복(玉色服)을 입는다. 집에 있을 때는 최복(衰服)을 입는다.[400] 〈경〉 ❷ 《경국대전》 법에 "새로운 법을 제정하거나 옛 법을 고칠 때 및 상중에 있는 사람을 기복시키는

398 군사와……허락한다 : 《경국대전》 〈예전 오복(五服)〉에 있다.
399 서리(書吏)와……준다 : 《속대전》 〈예전 급가(給假)〉에 있다.
400 기복(起復)한……입는다 : 《경국대전》 〈예전 오복(五服)〉에 있다.

경우에는 의정부에서 논의하여 임금에게 아뢰고 그런 다음 예조에서 양사(兩司)의 서경(署經)을 살펴보고서 의첩을 내어 준다."[401]라고 하였다.〈보〉

제15항 상제(喪制)가 아직 끝나지 않았는데 관직에 나아가면 장(杖) 80이다. 1 기년복(期年服)을 입어야 하는 친척 존장(尊長)의 상을 듣고도 숨기고서 거애(擧哀)하지 않으면 장 80이다. 상제가 아직 끝나지 않았는데 길복(吉服)을 입으면 장 60이다. 2 상이 없는데 거짓으로 상이 있다고 하거나 과거에 상을 당하였는데 거짓으로 새로 상을 당했다고 하면 장 100이다. 이것이 피하려고 꾀한 경우이면 무거운 쪽으로 논한다.[402] 3 상을 당한 집에서는 재(齋)를 지내거나 초(醮)를 베풀면서 남녀가 뒤섞여 술을 마시고 고기를 먹으면 가장은 장 80이다.[403] 4 풍수에 현혹되어 관(棺)을 집에 둔 채 해가 지나 시신이 드러나도록 장사를 지내지 않으면 장 80이다.[404]〈율〉

제16항 태상시(太常寺)에서 치제(致祭)할 때는 생선과 육류를 쓰지 않

401 새로운……준다 : 《경국대전》〈예전 의첩(依牒)〉에 있다.

402 상제(喪制)가……논한다 : 《대명률》〈예율 의제(儀制)〉 익부모부상(匿父母夫喪) 조에 있다.

403 상을……80이다 : 《대명률》〈예율 의제(儀制)〉 상장(喪葬) 조에 있다. 재(齋)를 지내는 것은 중을 공양(供養)하는 것이고, 초(醮)를 베푸는 것은 도사(道士)를 접대하는 것이다. 《大明律例諺解 卷14 94章》

404 풍수에……80이다 : 《대명률》〈예율 의제(儀制)〉 상장(喪葬) 조에 있다.

는다. ❶ 지방에서 치제할 때도 마찬가지이다.[405] 〈속〉

제17항 **종묘 각 실**(室)**의 왕후 고비**(考妣)**의 기일**(忌日)**이나 2월·5월·8월·11월에 지내는 제사,** 〈경〉 ❶ 시제(時祭)이다. 〈보〉 **속절**(俗節)**의** ❷ 묘(廟)와 묘(墓)의 제사이다. **제사 때는 관청에서 제물을 지급한다.**[406] 〈경〉

제18항 **회묘**(懷墓)**와** 〈증〉 ❶ 연산군의 사친(私親)이다. 〈보〉 **성묘**(成墓)**에는** 〈증〉 ❷ 광해군의 사친이다. 〈보〉 **해마다 2월에 치제**(致祭)**한다.**[407] 〈증〉

제19항 **사액 서원의 제수**(祭需)**와 폐백은 관청에서 준비해 지급한다.** 〈보〉

제20항 **종묘 각 실**(室)**의 왕후 고비**(考妣)**와 처음으로 공신이 된 사람은 대수**(代數)**가 다했더라도 신주를 체천**(遞遷)**하지 않고 따로 감실**(龕室) **하나를 세운다.**[408] 〈경〉 ❶ 대군, 왕자, 종묘에 배향(配

405 태상시(太常寺)에서……마찬가지이다 : 《속대전》〈예전 제례(祭禮)〉에 있다.

406 종묘……지급한다 : 《경국대전》〈예전 치제(致祭)〉에 있다.

407 회묘(懷墓)와……치제(致祭)한다 : 《대전통편》〈예전 치제(致祭)〉에 있다.

408 종묘……세운다 : '종묘 각 실의 왕후 고비'에 대한 내용은 《경국대전》〈예전 치제(致祭)〉에 있고, '처음으로 공신이 된 사람'에 대한 내용은 《경국대전》〈예전 봉사(奉祀)〉에 있다.

享)된 신하, 문묘(文廟)에 종향(從享)된 선정신(先正臣)도 신주를 체천하지 않는다.〈보〉

제21항 **첩의 아들로서 승중(承重)한 자는 생모를 사실(私室)에서 제사 지내되 자기 대에서 그친다.**[409]〈경〉

409 첩의……그친다 : 《경국대전》〈예전 봉사(奉祀)〉에 있다.

제15조 입후(立後)

제1항 **적장자에게 대를 이을 자손이 없는 경우는 동종(同宗)의 가까운 친속을 후사로 세우도록 허락한다.** ⟨속⟩ **1** 양쪽 집안의 아버지가 함께 명하여 세우는데, 아버지가 죽고 없으면 어머니가 관청에 고한다. 존속(尊屬), 형제, 손자는 후사로 세우지 못한다. ⟨경⟩ **2** 동종의 장자를 후사로 세우는 것과 한쪽 부모가 모두 죽고 없는 경우는 허락하지 않는다. 그러나 사정이 불쌍히 여길 만하면 한쪽 부모와 문중 어른의 상언(上言)에 따라 예조에서 회계(回啓)하여 후사로 세우도록 허락하기도 한다. ⟨속⟩ ⟨증⟩ **3** 계후 문서(繼後文書)는 예조 판서가 없을 때에는 차당상(次堂上)이 연명(聯名)한다. **4** 지방 사람은 관찰사에게 문서를 바치고, 관찰사가 계문하면 예조에서 입안(立案)을 작성해서 내려보낸다. ⟨속⟩ **5** 적자를 세울 때 법을 어기면 장(杖) 80이다. 처가 50세 이상이고 아들이 없으면 서장자(庶長子)를 세운다. 장자를 세우지 않으면 죄가 같다. **6** 후사를 세웠는데 항렬의 높고 낮음의 순서를 잃었으면 장 60이다. 그 아들은 본가로 돌려보낸다. **7** 성(姓)이 다른 의자(義子)를 길러 종족을 어지럽히면 장 60이다. 준 사람도 똑같이 처벌하고, 그 아들은 본가로 돌려보낸다.[410] ⟨율⟩

410 적자를……돌려보낸다 : 《대명률》 〈호율 호역(戶役)〉 입적자위법(立嫡子違法) 조에 있다.

제 2 항 **남의 후사로 들어간 자는 본생가(本生家) 부모에게 자손이 없어 대가 끊어지면 파양하고 본생가로 돌려보낸다. 후사로 들어갔던 집안은 다시 후사를 세울 수 있도록 허락한다.** ❶ 후사로 들어간 집의 부모가 이미 사망하여 다시 후사를 세울 수 없으면 반부(班祔)하는 예에 따라 임시로 신주를 모신다.〈속〉 ❷ 동종(同宗)의 사람을 길러 아들로 삼았는데 양자가 길러 준 부모를 버리고 가면 장(杖) 100이고, 길러 준 부모에게 보내어 거두게 한다. 만약 길러 준 부모에게 친아들이 있거나 본생가의 부모에게 아들이 없어 돌아가고자 하면 들어준다.[411] 〈율〉

제 3 항 **적장자에게 대를 이을 자손이 없으면 중자(衆子)가 제사를 받들어 모시고, 중자도 대를 이을 자손이 없으면 서자가 제사를 받들어 모신다.** ❶ 양첩의 아들에게 대를 이을 자손이 없으면 천첩의 아들이 승중(承重)한다. ❷ 적처와 첩에게 모두 아들이 없는 경우는 동종(同宗)의 지자(支子)를 세워 후사로 삼는다. ❸ 적장자가 서자만 있어서 아우의 아들을 후사로 삼고자 하는 경우는 들어주고, 스스로 서자와 별도로 한 지파(支派)를 이루기를 원하는 경우도 들어준다. ❹ 사대부가 자녀가 없어서 노비를 묘지기로 삼아 제사를 주관하게 하고자 하는 경우는 재주(財主)의 뜻에 따라 문기(文記)에 서명하고 그 제사를 받들어 모시게 한다. 그 노비는 대부는 6구(口), 사(士) 이하는 4구로

411 동종(同宗)의……들어준다 : 《대명률》〈호율 호역(戶役)〉 입적자위법(立嫡子違法) 조에 있다.

한다.[412] 〈경〉

제4항 **장자가 죽었는데 대를 이를 후손이 없어서 다른 아들을 세워서 제사를 받들어 모시게 하면 장자의 아내는 총부(冢婦)로 논할 수 없다.** ❶ 전지(田地)와 노비는 중자(衆子)의 예대로 나누어 주고, 사당을 세운 집은 제사를 주관하는 자손에게 주되 멋대로 파는 것은 금단한다.[413]

제5항 **후사를 세운 경우에는 이미 입안(立案)이 나온 다음이면 아들이 태어났다 하더라도 그 아들은 둘째 아들로 삼고 이미 세운 후사가 제사를 받들어 모시게 해야 한다.**[414] 〈속〉

제6항 **처가 있는데 또 장가들어 처를 얻은 사실이 즉시 발각되지 않고 본인이 죽은 뒤에 자손들이 적자를 다투는 경우에는 먼저 장가들어 얻은 처의 아들을 적자로 삼는다.**[415] 〈경〉

412 적장자에게……한다 : 《경국대전》 〈예전 봉사(奉祀)〉에 있다. 소주 ❹의 조문은 1477년(성종8) 내린 전지(傳旨)이다. 《成宗實錄 8年 6月 19日》

413 장자가……금단한다 : 《속대전》 〈예전 봉사(奉祀)〉에 있다.

414 후사를……한다 : 《속대전》 〈예전 봉사(奉祀)〉에 있다.

415 처가……삼는다 : 《경국대전》 〈형전 노비결송정한(奴婢決訟定限)〉에 있다.

제16조 **잡령(雜令)**

제 1 항 **객사(客舍)가 있는 곳의 각 읍(邑)·진(鎭)·보(堡)에는 전패(殿牌)를 봉안한다.**[416] 〈속〉〈보〉

제 2 항 **황제의 부음을 들은 날에 거애(擧哀)하고** ❶ 열다섯 번 곡을 한다. **4일째 되는 날에 성복하고** ❷ 최복(衰服)을 입는다. 4품 이상의 백관도 최복을 입는다. **3일 만에 벗는다.** ❸ 성복할 때부터 상복을 벗을 때까지 아침마다 임곡(臨哭)한다. ❹ 상복을 벗기 전에는 크고 작은 제사를 지내지 않고, 항시(巷市)[417]하고, 음악을 중단하고, 형륙(刑戮)을 쓰지 않고, 도살과 혼인을 금한다. **제도(諸道)의 왕명을 받든 신하 및 지방관은 황제의 부음을 전하는 문서가 도착한 날에 정청(正廳)에서 소복(素服)을**

416 객사(客舍)가……봉안한다 : 1711년(숙종37) 민진후(閔鎭厚)가, 무예를 숭상하는 변방 지역에 더욱 예법을 널리 펴야 하는데 황해도와 평안도의 진(鎭)이나 보(堡)에 전패를 봉안하지 않는 곳이 있어 편치 않다는 이유를 들어, 객사가 있는 곳에 모두 전패를 봉안하여 탄일(誕日), 정조(正朝), 동지, 삭망(朔望)에 공복(公服)이나 융의(戎衣) 차림으로 반드시 망궐례(望闕禮)를 행하도록 도신(道臣)에게 분부할 것을 건의하여 시행된 것이다. '읍(邑)'에 대한 조문은 《전율통보》에서 추가되었다. 《承政院日記 肅宗 37年 1月 13日》

417 항시(巷市) : 시전(市廛)을 열지 않고 생필품만 마을 거리에서 교역하는 것이다. 《예기》 〈단궁 하(檀弓下)〉에 "천자가 붕(崩)하면 7일 동안 항시하고, 제후가 훙(薨)하면 3일 동안 항시한다."라고 하였는데, 주(註)에 "마을 거리로 옮겨 교역하는 것이니, 이는 서인(庶人)이 나라의 대상(大喪)을 위하여 근심하고 슬퍼해서 저자를 파하는 것인데, 일용에 필요한 물건이 또 없을 수 없기 때문에 마을 거리로 저자를 옮겨 물건을 교역하는 것이다."라고 하였다.

갖추어 입고서 사배(四拜)를 하고 곡을 한 다음 **5** 열다섯 번 곡을 한다. **또 사배를 한다.** **6** 4일째에 성복하고 3일 만에 벗는다. **7** 연변(沿邊)의 장수 및 군관은 이렇게 하지 않는다.〈오례〉

제3항 **일식과 월식 때에는 각 관사에서 의식대로 구식(救蝕)한다.**

1 일식 단자(日食單子)와 월식 단자(月食單子)는 일식이나 월식이 있기 5달 전에 입계한다. 일식과 월식 때에 각 관사의 당상과 낭청 각 1원씩, 당상이 없는 관사에서는 행수관(行首官)과 좌이관(佐貳官)으로 2원을 갖추어서 해당 관사에 모여서 구식한다. 종친부, 의정부, 충훈부, 의빈부, 돈녕부, 중추부, 선혜청, 의금부, 육조, 한성부, 사헌부, 사간원, 성균관, 승문원, 봉상시, 종부시, 사복시, 군기시, 내섬시, 사도시, 군자감, 제용감, 선공감, 사재감, 장악원, 관상감, 사역원, 광흥창, 장흥고, 평시서, 사포서, 전생서, 사학(四學)에서는 구식하는 기계(器械)[418]를 설치하고, 훈련원, 통례원, 교서관, 내자시, 예빈시, 전의감, 의영고, 장원서, 혜민서, 전옥서, 오부에서는 구식하는 기계를 설치하

418 기계(器械) : 구식의(救蝕儀)를 수행할 때 진열하는 향안(香案), 삼휘(三麾), 삼고(三鼓), 삼병(三兵) 따위를 일컫는다. 《서운관지》와 《세종실록》에 따르면, 일식에는 향을 사르고 청색고(青色鼓)·적색고(赤色鼓)·백색고(白色鼓)의 삼고를 치고 청색휘(青色麾)·적색휘(赤色麾)·백색휘(白色麾)의 삼방 기치(三方旗幟)와 모(矛)·검(劍)·극(戟)의 삼병을 설치하며, 월식에는 향을 사르고 징을 치고 오방 기치(五方旗幟)와 모(矛)·검(劍)·극(戟)을 설치한다고 하였다. 이때 향안은 정전의 전계(殿階) 위에 설치한 임금의 욕위(褥位) 앞에 두고, 삼고는 전악서 전악이 설치하고 삼휘와 삼병은 병조 정랑이 진열한다. 《世宗實錄 五禮 軍禮儀式 救日食儀》《書雲觀志 卷2 交食》

지 않는다. 궐내의 각 관사에서는 친림하는 경우가 아니면 설행하지 않으며, 군문(軍門) 및 잔약한 관사에서는 모두 설행하지 않는다. ❷ 지방 고을에서는 서울 관사의 예에 따라 설행한다. 영하읍(營下邑)에서는 감사(監司)가 동참하고, 병영과 수영(水營)에서는 설행하지 않지만 소재 고을의 수령을 겸직한 곳에서는 또한 설행한다.[419]

제 4 항 **성변(星變)이 있으면 측후관(測候官)을 차출한다.** ❶ 옥당의 시임(時任)과 원임(原任)으로 차출한다.〈증〉 ❷ 흠천감(欽天監)의 관원이 천문 현상을 잘 살피지 못하여 잘못된 내용을 아뢰면 장(杖) 60이다.[420]〈율〉

제 5 항 **친림하여 시학(視學)할 때에는 시강관(侍講官)과** ❶ 경연의 영사·지사·동지사와 성균관의 지사·동지사 중에 별 탈이 없는 사람을 모두 써서 들인다. **강서관(講書官)을 둔다.** ❷ 강서관은 7원이다.〈속〉 ❸ 옥당 및 일찍이 한림을 역임한 사람을 정원(政院)에서 뽑아 아뢴다.[421]〈속〉〈보〉 ❹ 경생(經生)은 생원, 진사, 유학

419 병영과……설행한다 : 병사(兵使)나 수사(水使)가 영하읍(營下邑)의 수령을 겸직할 경우에는 일식이나 월식 때 구식(救蝕)하는 의식을 설행한다. 함경도 북병사는 경성도호부사(鏡城都護府使)를, 경기 수사는 교동도호부사(喬桐都護府使)를, 황해도 수사는 옹진도호부사(瓮津都護府使)를 겸임하였다.《經國大典 吏典 外官職》《續大典 吏典 外官職》

420 흠천감(欽天監)의……60이다 :《대명률》〈예율 의제(儀制)〉 실점천상(失占天象) 조에 있다.

421 친림하여……아뢴다 :《속대전》〈이전 차정(差定)〉에 있다. 소주 ❸의

(幼學) 중에서 뽑는데, 정해진 인원수가 없고 대사성이 뽑아 아뢴다.〈보〉

제6항 **왕세자가 입학할 때에는 박사**(博士), ❶ 성균관 지사이다. **장명자**(將命者), ❷ 1원이다. **집사자**(執事者)**를 둔다.** ❸ 집사자는 6원이다. ❹ 장명자와 집사자는 모두 학생이다.〈오례〉 ❺ 세손이 입학할 때에도 같다. 다만 박사는 예문관 제학이다.〈보〉 ❻ 왕자가 입학할 때에는 박사는 사성이고, 장명자, 상자(相者), 집사자는 6원인데 모두 학생이다.

제7항 **비**(妃)**를 맞아들일 때에는** ❶ 납채(納采), 납징(納徵), 고기(告期), 책비(冊妃)할 때에도 같다. **정사**(正使), ❷ 정1품이다. **부사**(副使), ❸ 정2품이다. **빈자**(儐者)**를 둔다.** ❹ 참외관이다. ❺ 친영(親迎)할 때에도 빈(儐)이 있다.〈오례〉 ❻ 도청(都廳)은 문신 당하관이다.〈보〉 ❼ 세자와 세손의 빈(嬪)을 맞아들일 때에도 같다. 다만 세손의 빈을 맞아들일 때에는 정사는 종1품이고, 부사는 종2품이다.〈오례〉〈보〉

제8항 **왕세자의 관례 때에는 빈**(賓), ❶ 의정이다. **찬**(贊), ❷ 예조 판서가 맡되, 예조 판서가 일이 있으면 예조 참판이 맡는다. **주인**(主人), ❸ 속존 종친(屬尊宗親)이다. **주인 찬관**(主人贊冠)**을 둔다.** ❹ 주인 찬관은 보덕이 맡는다.〈오례〉 ❺ 세손의 관례 때에는 빈은

조문 중 '정원(政院)'이 《전율통보》에서 추가되었다.

1품 참찬이 맡고, 찬은 예조 참판이 맡고, 주인은 속존 종친이 맡고, 주인 찬관은 익선이 맡는다.

제9항 **산실청(産室廳)은** ❶ 빈(嬪) 이하에 대해서는 호산청(護産廳)이라고 한다. **산달 석 달 전에** ❷ 호산청은 산달에 설치한다. **설치한다.** ❸ 내국(內局)의 세 제조와 의관이 돌아가며 직숙한다.〈보〉

제10항 **제사 지낼 때와 조하(朝賀)하는 날에 음악을 사용할 경우에는 모두 협률랑(協律郞)을 둔다.** ❶ 장악원 관원이 맡는다.〈오례〉

제11항 **열성(列聖)의 어제(御製), 어필(御筆), 어화(御畫), 고명(顧命), 유고(遺誥), 밀교(密敎) 및 《선원보략(璿源譜略)》, 세보(世譜), 보장(寶章), 인장(印章), 《국조보감(國朝寶鑑)》, 행장(行狀), 지문(誌文)은 모두 봉모당(奉謨堂)에 봉안한다.**[422] ❶ 《선원보략》은 종부시의 당상, 낭청과 각신(閣臣) 2원이 봉안한다.[423]〈증〉

제12항 **전각(殿閣)의 옛터, 비각(碑閣), 행궁(行宮), 잠저(潛邸) 때의 구궁(舊宮)은 서울은 호조와 공조가, 지방은 관찰사가 봉심한다.**〈보〉

422 열성(列聖)의……봉안한다 : 《경국대전》〈예전 장문서(藏文書)〉에 있다.
423 선원보략은……봉안한다 : 《대전통편》〈예전 장문서(藏文書)〉에 있다.

제13항 **춘추관의 시정기(時政記)는 우사(右史)가 편수하여 춘추관 사고에 보관한다.[424] 국휼(國恤) 뒤에 실록청을 설치해 실록을 편수하여 다섯 곳의 사고에 보관한다.** 〈경〉〈보〉 **1** 강화(江華) 정족산성(鼎足山城), 강릉(江陵) 오대산(五臺山), 무주(茂朱) 적상산성(赤裳山城), 봉화(奉化) 태백산(太白山) 및 본관(本館)에 보관한다. 〈보〉 **2** 실록은 3년마다 춘추관 당상이 사고를 열어 살피고 포쇄(曝曬)한다. 지방에는 사관(史官)을 보낸다.[425] 〈경〉 **3** 삼남(三南)의 좌도(左道)와 관서의 청천강(淸川江) 이남 지방은 문관 수령 중에 겸춘추(兼春秋)를 차임하여 일기(日記)를 정리해 본관으로 올려보내게 한다. 삼남(三南)의 우도(右道)와 관서의 청천강 이북, 경기, 관동, 해서, 관북은 도사가 이를 정리하여 올려보내는데, 이들은 겸춘추를 겸임하지 않는다. 〈보〉

제14항 **여러 관사와 여러 읍의 문서는 분류하여 모아서 철하고 찌[籤]를 달아 보관한다.[426]** **1** 관부(官府)의 문자(文字)는 입안(立案)을 만들어 두어 뒷날 상고할 때에 증빙하도록 한다.[427] 〈경〉 **2** 비변사의 수석 낭청은 중앙과 지방의 계사(啓辭)와 장계(狀啓)를 관장하는데, 뒷날 상고할 때에 증빙할 만한 것을 잘 맡아

424 춘추관의……보관한다 : 《경국대전》 〈예전 장문서(藏文書)〉에 있다. 우사는 하번(下番)인 한림으로, 평소에는 승정원에 입직하는 사관이다.

425 실록은……보낸다 : 《경국대전》 〈예전 봉심(奉審)〉에 있다.

426 여러……보관한다 : 《경국대전》 〈예전 장문서(藏文書)〉에 있다.

427 관부(官府)의……한다 : 《경국대전》 〈예전 용문자식(用文字式)〉에 있다.

서 간수하지 못하면 엄하게 감처(勘處)한다.[428]

제15항 **내각(內閣), 옥당, 춘방(春坊) 각 관사를 막론하고 간인할 서책을 각 도에 분정(分定)할 때에는 반드시 임금의 뜻을 여쭈어 행한다.** ❶ 간인하여 올린 뒤에 저치미(儲置米)로 회감(會減)한다. 이를 위반한 경우에는 해당 도의 도신(道臣)과 선혜청의 당상관을 논죄한다.〈증〉 ❷《경국대전》에 "간인한 모든 서책은 의정부, 홍문관, 성균관, 춘추관, 여러 도의 수읍(首邑)에 1건씩 보관한다."[429]라는 법이 있다.〈보〉

제16항 **내각(內閣)의 서적을 들이라는 명이 있거나 내주기를 청할 때에는 아패(牙牌)에 그 서적의 이름을 써넣는다.** ❶ 하나는 '내부서적명입패(內府書籍命入牌)'라고 전각(篆刻)하여 대내(大內)에 두고, 하나는 '내부서적청출패(內府書籍請出牌)'라고 전각하여 이문원(摛文院)에 둔다. 내주기를 청할 경우에는 내주기를 청하는 각신(閣臣)의 성명을 기록한다.[430]〈증〉 ❷ 홍문관의 서책을 출납할 때에는 상패(象牌)를 사용한다. 관원이라 할지라도 함부로 궐문 밖으로 내가지 못한다.[431]〈속〉

428 비변사의……감처(勘處)한다 :《대전통편》〈예전 장문서(藏文書)〉에 있다.

429 간인한……보관한다 :《경국대전》〈예전 장문서(藏文書)〉에 있다.

430 내각(內閣)의……기록한다 :《대전통편》〈예전 장문서(藏文書)〉에 있다.

431 홍문관의……못한다 :《속대전》〈예전 장문서(藏文書)〉에 있다.

제17항 **매년 역일(曆日)을 반사(頒賜)한다.**[432] 〈경〉 **1** 동반은 역일을 나누어 주어야 할 사람의 명단을 이조에서 작성하여 아뢰고, 서반은 문관·무관·음관으로서 일찍이 2품 이상의 실직을 지낸 사람, 시임(時任) 선전관(宣傳官)과 별군직(別軍職) 및 별군직을 역임한 시임 수령과 병사(兵使)·수사(水使)의 명단을 병조에서 작성하여 아뢴다. **2** 《경국대전》 법에 "관상감에서 인출하여 여러 읍에 나누어 주고, 여러 읍에서는 종이를 바치고 역일을 받아 간다."[433]라고 되어 있으나 지금은 이를 폐지하였다. 다만 삼남(三南), 양서(兩西), 관동에는 정해진 수대로 순영에 보내어 각 읍에 나누어 보내도록 하는데, 이를 무거력(貿去曆)이라고 칭한다.〈보〉

제18항 **연상시(延祥詩), 춘첩자(春帖子), 단오첩(端午帖)은 응제(應製)하는 사람이 대궐에 나와서 지어 올린다.**〈속〉

제19항 **유수·관찰사·통제사·통어사에게는 교서(敎書)와 유서(諭書)를 내리고, 수어사·총융사·봉조하·훈신(勳臣)과 종묘에 배향하는 신하에게는 교서만 내리고, 병사(兵使)·수사(水使)·방어사에**

432 매년 역일(曆日)을 반사(頒賜)한다 : 《경국대전》 〈예전 장문서(藏文書)〉에 있다.

433 관상감에서……간다 : 《경국대전》 〈예전 장문서(藏文書)〉에는 "관상감에서 4000건을 인출하여 여러 관사, 여러 읍, 종친, 문무관 당상관 이상에 반사(頒賜)한다. 제주 3읍 이외의 여러 읍은 모두 종이를 바치고 받아 간다."라고 되어 있다.

게는 유서만 내린다. ❶ 교서는 지제교(知製敎)가 짓는다. 〈보〉

제20항　하례(賀禮)하는 전문(箋文)과 위로하는 전문의 경우 유수, 관찰사, 절도사, 방어사는 파직되었더라도 봉진(封進)한다. 〈속〉

제21항　2품 아문에서는 직계(直啓)하기도 하고 직접 공문을 보내기도 한다. 그 나머지 아문에서는 소속된 조(曹)에 보고한다. ❶ 중앙과 지방에 있는 제장(諸將)과 승정원, 사간원, 종부시에서도 직계할 수 있다. 각 관사에서는 긴급한 일이 있으면 관사의 제조가 직계할 수 있다.[434] 〈경〉 ❷ 수령으로서는 의주(義州), 동래(東萊), 제주(濟州)의 수령만이 직계할 수 있다. 참상인 찰방은 역(驛)과 관련된 일은 직계할 수 있다. 〈보〉 ❸ 지방관이 봉명 사신(奉命使臣)에게 보고할 때, 중앙과 지방의 제장이 병조에 보고할 때는 첩정(牒呈)을 사용하고, 도총부에 보고할 때는 관문(關文)을 사용한다.[435] 〈경〉 ❹ 군문(軍門)에서 병조로 관문을 통용할 때에 군문에서는 해서(楷書)로 쓰고 병조에서는 초서(草書)로 관문을 쓴다. ❺ 각 관사에서 비변사에 보고하는 경우에는 비록 대신 아문(大臣衙門)이라 하더라도 공사(公事)를 담당한 당상관이나 낭청에게 첩정한다. ❻ 내각(內閣)은 대신 아문이라 하더라도 관문으로 통용하고, 각 관사와 각 도에서 내각

434　2품……있다 : 《경국대전》 〈예전 용문자식(用文字式)〉에 있다.

435　지방관이……사용한다 : 《경국대전》 〈예전 용문자식(用文字式)〉에 있다.

에 보고할 때에는 서목(書目)을 갖추어 첩정한다.[436] 〈증〉 **7** 내의원의 세 제조가 모두 입직할 때에는 정1품 아문에서는 관문을 통용하고, 종1품 이하의 아문에서는 첩정을 보내는데, 입직을 마친 뒤에는 구례(舊例)대로 거행한다.[437] 〈속〉 **8** 겸찰방(兼察訪)이 직계하는 것에 대한 규정은 〈이전 외관격식(外官格式)〉 조에 보인다.[438] 〈보〉

제22항 **제향하거나 공상(供上)할 때, 동빙고(東氷庫)와 서빙고(西氷庫)에 저장된 얼음을 달을 한정하여 진배(進排)한다.**[439] 〈속〉 **1** 제향할 때는 동빙고에서 3월 1일부터 상강까지, 공상할 때는 서빙고에서 3월 1일부터 9월 30일까지 진배한다.[440] 〈속〉〈증〉 **2** 혹시 겨울 날씨가 따뜻하여 얼음이 없으면 각 전(殿)에 공상하는 얼음의 양을 5월부터 7월까지는 절반을 줄이고, 8월부터

436 군문(軍門)에서……첩정한다 : 《대전통편》 〈예전 용문자식(用文字式)〉에 있다.

437 내의원의……거행한다 : 《속대전》 〈예전 용문자식(用文字式)〉에 있다. 내의원은 정3품 아문이지만 도제조가 정1품이므로 종1품 이하의 아문에서는 그에 맞게 내의원에도 상급 관서에 보내는 문서 형식인 첩정을 보낸다.

438 겸찰방(兼察訪)이……보인다 : 각 도에 겸찰방을 두어 불법 행위를 염탐하여 살피게 하고 이들에게는 직계를 허용한다고 하였다. 이에 대한 주(註)에 영서(迎曙), 양재(良才), 성환(成歡), 유곡(幽谷), 황산(黃山), 삼례(參禮), 금교(金郊), 은계(銀溪), 대동(大同), 어천(魚川), 고산(高山), 거산(居山), 수성(輸城)이 여기에 해당한다고 되어 있다.

439 제향하거나……진배(進排)한다 : 《속대전》 〈예전 반빙(頒氷)〉에 있다.

440 제향할……진배한다 : 《속대전》 〈예전 반빙(頒氷)〉에 있다. 《속대전》에는 "공상할 때는 서빙고에서 2월 1일부터 10월 30일까지 진배한다."라고 되어 있다.

9월까지는 3분의 2를 줄인다.[441] 〈증〉 **3** 제향에 쓸 얼음을 저장할 때는 봉상시 관원이 일체 감독한다.[442] 〈속〉 **4** 내빙고(內氷庫)의 공상은 자문감(紫門監)이 관장한다.[443] 남염빙(藍染氷)은 각 전(殿)의 중관(中官)이 그해에 들여야 할 양을 헤아려 5월 30일에 수본(手本)을 올려 계하받은 뒤 해당 조(曹)에 내려 진배하게 한다. 내빙고에서 잘 검칙하지 못하여 8월 전에 얼음이 다 없어지면 해당 관원은 태거(汰去)한 뒤에 의금부로 잡아다 처리하고, 하리(下吏)는 엄하게 감처(勘處)한다.[444] 〈속〉 〈증〉

제23항 **종친, 문관과 무관 정2품 이상 및 여러 상사(上司)에 달을 정해 얼음을 나누어 준다.[445]** 〈속〉 **1** 비변사, 승정원, 홍문관, 시강원, 익위사, 춘추관, 병조, 내의원, 양현고에는 5월 16일부터 7월 14일까지 나누어 준다. 육조, 여러 상사, 종친, 동반·서반 정2품 이상, 여섯 승지, 삼사(三司) 장관, 규장각의 시임(時任)과 원임(原任) 제학·직제학·직각·대교에게는 6월 1일부터 30일까지 나누어 준다.[446] 〈속〉 〈증〉 **2** 《경국대전》에 "당상관에게

441 혹시……줄인다 : 《대전통편》 〈예전 반빙(頒氷)〉에 있다.

442 제향에……감독한다 : 《속대전》 〈예전 반빙(頒氷)〉에 있다.

443 내빙고(內氷庫)의……관장한다 : 《속대전》 〈공전 영선(營繕)〉에 있다.

444 남염빙(藍染氷)은……감처(勘處)한다 : 《대전통편》 〈예전 반빙(頒氷)〉에 있다.

445 종친……준다 : 《경국대전》 〈예전 반빙(頒氷)〉에 있다.

446 비변사……준다 : 《속대전》 〈예전 반빙(頒氷)〉에 있다. 단, '규장각의 시임과 원임 제학·직제학·직각·대교'에 관한 조문은 《대전통편》 〈예전 반빙〉에 있다.

얼음을 나누어 주되, 시제(時祭) 때에도 나누어 준다. 활인서의 병자 및 의금부와 전옥서의 죄수에게도 얼음을 나누어 준다."[447]라는 법이 있다.〈보〉

제24항 **외진연(外進宴) 때에는 연례(宴禮)에 참식할 인원에 대해 임금의 뜻을 여쭌다.**[448]〈속〉 ❶ 내진연(內進宴)에는 내명부와 외명부가 참석한다.[449]〈경〉 ❷ 기녀 52명을 뽑아 올리되, 특지(特旨)가 있으면 인원을 더하거나 줄인다.[450]〈속〉 ❸ 모든 연례에는 납화(蠟花)를 쓰지 않는다.[451]〈증〉 ❹《경국대전》법에 "행행(行幸)하거나 강무(講武)한 뒤에는 의정부와 육조에서, 2월·5월·8월·11월에는 충훈부에서, 매년 두 번은 종친부와 의빈부에서 진연(進宴)한다."라고 하였다. 또 회례연(會禮宴)과 양로연(養老宴), 예조에서 베풀어 주는 연회 등의 연례가 있다.[452]

제25항 **대과(大科)와 소과(小科)에** ❶ 무과도 같다. **회방(回榜)이 된 사람에게는 연회를 베풀어 주고** ❷ 화패연(花牌宴)이라 칭한다.

447 당상관에게……준다 :《경국대전》〈예전 반빙(頒氷)〉에 있다.
448 외진연(外進宴)……여쭌다 :《속대전》〈예전 연향(宴享)〉에 있다.
449 내진연(內進宴)에는……참석한다 :《경국대전》〈예전 연향(宴享)〉에 있다.
450 기녀……줄인다 :《속대전》〈예전 선상(選上)〉에 있다.
451 모든……않는다 :《대전통편》〈예전 연향(宴享)〉에 있다. 1746년(영조 22) 크고 작은 연례에 지화(紙花)만을 허용하고 납화를 쓰지 말도록 하였다.《英祖實錄 22年 4月 21日》
452 경국대전……있다 :《경국대전》〈예전 연향(宴享)〉에 있다.

가자(加資)한다. ❸ 연초에 한성부 판윤과 도신(道臣)이 방문하고 나서 계문한다. ❹ 《경국대전》에 "문과와 무과에 급제한 자에게는 의정부에서 은영연(恩榮宴)을 베풀어 준다. 영친연(榮親宴)을 베풀 때에는 예조에서 계문하여 술과 악공을 내려 주되, 지방에 거주하는 자에게는 수령이 연향을 베풀어 준다. 부모가 사망한 경우에는 제사를 지내 주고, 장원 급제한 경우에는 쌀을 내려 준다."[453]라는 법이 있다.〈보〉

제26항 **각 능침의 향탄산(香炭山)은 능관이 후보지를 뽑아 보고하면 그중에서 정하여 표(標)를 세운다.**[454]

제27항 **재궁(梓宮)을 만드는 데 쓸 판목은 황장봉산(黃腸封山)이 있는 곳에 경차관을 파견하여 경상도와 전라도는 10년에 한 번, 강원도는 5년에 한 번 채취한다.** ❶ 나무의 수는 그때그때 필요에 따라 헤아려 정하되, 길이와 너비는 예전 법식을 따른다. 안동(安東), 영해(寧海), 예천(醴泉), 영덕(盈德), 문경(聞慶), 봉화(奉化), 영양(英陽), 강릉(江陵), 원주(原州), 회양(淮陽), 양양(襄陽), 춘천(春川), 삼척(三陟), 영월(寧越), 이천(伊川), 평해(平海), 통천(通川), 정선(旌善), 고성(高城), 간성(杆城), 평창(平昌), 금성(金城), 울진(蔚珍), 평강(平康), 낭천(狼川), 홍천(洪川), 양구(楊口), 인제(麟蹄), 횡성(橫城)에서 내재궁(內梓宮)을 만드는 데 쓸

453 문과와……준다 : 《경국대전》 〈예전 장권(奬勸)〉에 있다.
454 각……세운다 : 《속대전》 〈공전 시장(柴場)〉에 있다.

판목을 채취한다. 순천(順天)의 거마도(巨磨島), 흥양(興陽)의 절이도(折爾島), 강진(康津)의 완도(莞島)에서 외재궁(外梓宮)을 만드는 데 쓸 판목을 채취한다.

제28항 **봉상시에서 신주를 만드는 데 쓸 재목은 밤나무가 생산되는 곳에 경차관과 범철관(泛鐵官)을 파견하여 경상도에서는 식년마다 한 번, 충청도와 전라도에서는 식년을 걸러서 다음 식년에 한 번 채취한다.** ❶ 간혹 나라에서 쓸 것이 부족하면 강원도에서 별도로 베어 온다.〈속〉 ❷ 우주(虞主)를 만드는 데 쓸 재목은 인산(因山) 전에 양서(兩西)의 뽕나무가 있는 곳에 경차관을 파견하여 베어 얻는다.〈보〉

제29항 **유생의 무리가 조관(朝官)을 부황(付黃)하거나 삭적(削籍)하는 폐단은 일절 금단한다.** ❶ 어긴 자는 성균관이 계달하여 정배(定配)하게 한다. 부황하거나 묵말(墨抹)한 내용은 시행하지 말며, 부황이나 묵말을 당한 자는 인혐하지 않는다.〈속〉 ❷ 유생이 상소를 올릴 때에는 태학생(太學生)과 사학생(四學生)이 직접 올린 뒤에야 성균관에서 청금록(青衿錄)과 대조하도록 허락한다. 지방의 유생으로 유적(儒籍)에 기재되지 않았는데 함부로 상소 명단에 들어간 자에게는 유벌(儒罰)을 시행한다. ❸ 유생이 소청(疏廳)을 빙자하여 지방 고을에 청구하고서 먼저 저인(邸人)에게 돈을 징수하는 것은 금단한다. ❹ 성균관과 사학의 재임(齋任)은 감히 자체적으로 벌주거나 삭적하지 못한다.〈증〉

제30항 **사관**(四館 예문관·성균관·승문원·교서관)**의 신래**(新來)**가 면신할 때에 선진**(先進)**이 심한 모욕을 주는 폐단을 엄금한다.** **1** 어기는 경우에 장무관(掌務官)과 상박사(上博士)는 파직한다. **2** 각 관사의 관원과 하속(下屬)이 면신, 벌례(罰禮), 허참례(許參禮) 등의 일을 징책(徵責)하는 경우는 《대명률》의 관리수재불왕법(官吏受財不枉法)으로 논한다. 적발하지 않은 관원은 파직한다. 지방 향교의 향임과 관속이 위반한 경우도 같은 죄로 논한다.[455]

제31항 **지방에서 사우**(祠宇)**와 서원을 금령을 무릅쓰고 새로 설립한 경우에 수창**(首倡)**한 유생은 원지**(遠地)**에 정배**(定配)**한다.** **1** 관찰사는 의금부로 잡아다 처리하고, 수령은 고신(告身) 3등(等)을 추탈(追奪)하는 율로 논한다. **2** 사액 서원에서 조정에 여쭈지 않고 마음대로 배향(配享)한 경우에 수창한 유생은 3년간 과거 시험의 응시를 정지시키고 도신(道臣)은 엄하게 추고하고 지방관은 파직한다. **3** 영당(影堂)이나 정사(精舍)로 따로 명목을 만든 경우에는 사원(祠院)을 함부로 세운 예에 따라 감률(勘律)한다. 생사당(生祠堂)은 일절 금단한다.〈속〉

제32항 **현임 관원이 선정의 치적이 없는데도 제멋대로 비석을 세우거**

455 각……논한다 : 《속대전》〈형전 금제(禁制)〉에 있다. '관리수재불왕법'에 대해서는 《대명률》〈형률 수장(受贓)〉 관리수재(官吏受財) 조 참조.

나 사당을 지은 경우에는 장(杖) 100이다.[456]〈율〉 ❶ 시골 백성이 마애(磨崖), 축대(築臺), 각석(刻石) 등을 하여 수령에게 빌붙고 아첨하는 경우에 수창(首倡)한 자는 형장을 치고 정배(定配)하고 수령은 엄하게 감처(勘處)한다.[457]〈증〉

제33항 **모집해 들이는 사람을 향교는 40명, 사액 서원은 20명으로 한다.**

제34항 **군병의 인원수가 늘어나 많아질 때까지 도승(度僧)을 허락하지 않는다.** ❶ 어긴 자는 그 일족(一族)을 가두어 자수할 것을 독촉한다.[458]〈속〉

제35항 **사찰, 도관(道觀), 암자, 도원(道院)은 현재 있는 곳을 제외하고 창건하는 것을 허락하지 않는다. 어기는 자는 장(杖) 100을 치고 변원(邊遠)에 충군(充軍)한다.** ❶ 비구니는 노비로 삼는다.[459]〈율〉 ❷ 사찰은 새로 창건하지 못한다. 옛터에 중수하는 경우에는 예조가 계문한다.[460]〈경〉 ❸ 능침과 가까운 곳에 사찰을 창건하는 것은 엄금한다. 능관이 금하지 않은 경우에는 엄하게 감

456 현임……100이다 : 《대명률》 〈예율 의제(儀制)〉 현임관첩자립비(見任官輒自立碑) 조에 있다.

457 시골……감처(勘處)한다 : 《대전통편》 〈형전 금제(禁制)〉에 있다.

458 군병의……독촉한다 : 《속대전》 〈예전 도승(度僧)〉에 있다.

459 사찰……삼는다 : 《대명률》 〈호율 호역(戶役)〉 사창암원급사도승도(私創庵院及私度僧道) 조에 있다.

460 사찰은……계문한다 : 《경국대전》 〈예전 사사(寺社)〉에 있다.

처(勘處)한다. ❹ 각 관사와 각 궁방(宮房)의 원당(願堂)은 일체 혁파한다. 이미 세운 것은 허물어 철거하고, 아직 세우지 않았을 경우에는 신축하는 것을 엄하게 금지한다.[461] 〈증〉

제36항 **악공이나 악인(樂人) 등이 종(鍾)과 경(磬)을 맡아서 조심히 잘 간수하지 못하고 파손한 경우에는 장(杖) 100 도(徒) 3년이다.** 〈속〉

제37항 **임금이 타는 수레나 입는 의복과 같은 물건을 간수하거나 수리하는 것을 법대로 하지 않으면 장(杖) 60이다. 임금에게 진헌할 때 잘못하면 태(笞) 40이다. 수레를 끄는 말들이 훈련되지 않았거나 수레나 말의 부속품이 견실하게 완비되지 못하면 장 80이다.** ❶ 책임지고 지키는 사람이 임금이 타는 수레나 입는 의복과 같은 물건을 직접 빌려 쓰거나 남에게 빌려준 자 및 그것을 빌려 쓴 자는 각각 장 100 도 3년이다. 임금이 타는 수레나 입는 의복과 같은 물건을 버리거나 훼손하면 죄가 같다. 실수로 잃어버리거나 잘못하여 훼손하면 각각 3등급을 줄인다. ❷ 임금이 타는 배를 잘못하여 견고하게 만들지 못하면 공장(工匠)은 장 100이다. 그 배를 제대로 정돈하고 치장하지 않거나 배에 있는 상앗대나 노 따위가 모자라면 장 60이다. 감림

461 능침과……금지한다 : 《대전통편》 〈예전 사사(寺社)〉에 있다. 1770년(영조46) 내린 하교이다.

제조관(監臨提調官)은 각각 2등급을 줄인다.[462]

제38항 **임금의 약을 조제할 때 잘못하여 본방문(本方文)대로 하지 않거나 약봉지에 이름을 잘못 쓴 의원은 장(杖) 100이다.** ❶ 약재를 다루거나 간택(揀擇)하는 데 있어 정밀하지 않으면 장 60이다. 감림 제조관(監臨提調官)은 2등급을 줄인다.[463]

제39항 **어선(御膳)을 만들 때 잘못하여 음식의 금기를 범하면 주자(廚子)는 장(杖) 100이다.** ❶ 음식물이 정결하지 않으면 장 80이다. 재료의 간택(揀擇)을 정밀하게 하지 않으면 장 60이다. 음식을 미리 맛보아 독성의 유무를 감정하지 않으면 태(笞) 50이다. 감림 제조관(監臨提調官)은 각각 2등급을 줄인다. ❷ 감림 제조관 및 주자 등이 잘못하여 잡약(雜藥)을 가지고 어선을 만드는 처소에 이르면 장 100이다. 문관(門官)이나 수위관(守衛官)이 수색하여 검문하는 것을 제대로 하지 못하면 범인과 같은 죄이다.[464] 〈율〉

제40항 **혜민서의 향약재(鄕藥材)는 비록 상사 아문(上司衙門)이라도**

462 임금이 타는 수레나 입는 의복과 같은 물건을 간수하거나……줄인다 : 《대명률》〈예율 의제(儀制)〉 현임관첩자립비(見任官輒自立碑) 조에 있다.

463 임금의……줄인다 : 《대명률》〈예율 의제(儀制)〉 합화어약(合和御藥) 조에 있다.

464 어선(御膳)을 만들……같다 : 《대명률》〈예율 의제(儀制)〉 합화어약(合和御藥) 조에 있다.

상정(詳定)한 수량 이외에는 남용하지 못한다.〈속〉

제41항 **왕명을 받아 사신(使臣)으로 나갔다가 복명하는 자는 만일 민폐(民弊)를 들은 것이 있으면 계달한다.**[465]〈경〉

제42항 **황제의 칙서를 받들어 사신으로 나갔다가 복명하지 않고 다른 일에 간여하면 장(杖) 100이다.** ❶ 각 아문에서 사신으로 나갔다가 복명하지 않고 다른 일에 간여하면 통상적인 일은 장 70이고, 군사상의 중요한 일이면 장 100이다. ❷ 이치에 어긋나거나 분수를 어기고서 다른 사람의 맡은 업무를 침범하면 태(笞) 50이다. ❸ 돌아온 뒤에 3일이 되도록 성지(聖旨)를 반환하지 않으면 장 60이되, 2일마다 1등급을 더하여 장 100에 그친다. 부험(符驗)을 반환하지 않으면 태 40이되, 3일마다 1등급을 더하여 장 80에 그친다. 자기 일을 의도적으로 피하려 하였으면 무거운 쪽으로 논죄한다.[466]〈율〉

제43항 **대군, 왕자, 공주, 옹주, 대신(大臣)이 갈 때는 도신(道臣)이 배행(陪行)한다. 부원군, 1품 종반(一品宗班), 부마(駙馬)가 갈 때는 도사가 배행한다.** ❶ 실록(實錄)과 《선원록(璿源錄)》을 모시고 갈 때는 도신이 오리정(五里亭)에서 영송한다.〈보〉

465 왕명을……계달한다 : 《경국대전》〈예전 진폐(陳弊)〉에 있다.
466 황제의……논죄한다 : 《대명률》〈이율 공식(公式)〉 출사불부명(出使不復命) 조에 있다.

제44항 **여러 학(學)의** ❶ 성균관 및 사학(四學), 관상감의 천문학·지리학·명과학, 사역원에 딸린 한학·청학·몽학·왜학, 전의감·혜민서의 의학(醫學), 형조의 율학(律學), 호조의 주학(籌學), 도화서의 화학(畫學)이다.〈경〉 **생도(生徒)는 모두 정해진 인원수가 있다.**〈경〉〈보〉 ❷ 인원수는 《경국대전》과 《속대전》 및 《대전통편》에 있다. 《경국대전》에는 관학(館學)의 거재 유생(居齋儒生)을 유학 생도(儒學生徒)라고 하였는데, 지금 위의 〈장권(獎勸)〉 조에 보인다. 관상학(觀象學), 역학, 의학, 주학에도 전함(前銜)이 있다. 관상감의 생도도 이습(肄習)이라고 한다. 지방의 경우는 유학(儒學), 의학, 율학은 주(州)·부(府)·군(郡)·현(縣)에 정해진 인원수가 있으며 역학은 양서(兩西), 관북, 영남의 읍진(邑鎭) 및 제주(濟州)에 있다. ❸ 《경국대전》에는 사자관(寫字官)이 여러 학(學)에 포함되지 않아서 지금 과거가 없다. 생도는 이습이라고 칭한다. 이습으로 승진하여 전함이 되고 벼슬을 하게 되면 실관(實官)이라고 칭한다. 주학과 화학(畫學)도 과거가 없다. 주학으로 벼슬에 든 자는 시사(時仕)라고 하고, 화학으로 벼슬에 든 자는 실관이라고 칭한다.〈보〉

典律通補

전율통보 병전

제4권

병전 목록(兵典目錄)

병전(兵典)

1 속아문(屬衙門)은 오위(五衛), 훈련원(訓鍊院), 사복시(司僕寺), 군기시(軍器寺), 전설사(典設司), 세자익위사(世子翊衛司), 세손위종사(世孫衛從司)[1]이다. 〈경〉〈속〉

제 1 조 관계(官階)

1 서반(西班) 종2품 이상의 관계는 동반(東班)과 같다.[2] 정3품부터 종4품까지는 장군(將軍)이라 칭하고, 정5품부터 종6품까지는 교위(校尉)라 칭하고, 정7품부터 종9품까지는 부위(副尉)라 칭한다. 잡직(雜職)의 칭

1 세손위종사(世孫衛從司) : 위종사는 조선 시대 왕세손의 시위(侍衛)에 대한 일을 맡아보던 관속(官屬)으로 1448년(세종30)에 설치되었다. 세종 때 위종사의 관직은 종6품인 좌장사(左長史)와 우장사(右長史) 각 1원, 종7품인 좌종사(左從事)와 우종사(右從事)로 동서반의 다른 관원이 겸임하였다. 이는 문종 즉위년에 혁파되었다가 1648년(인조26) 새로 위종사의 관사를 창덕궁에 설치하였다. 이로 인하여 《속대전》 조문에 들어갔는데 종7품인 관직명이 좌종사(左從史)와 우종사(右從史)로 바뀌었다. 조선 시대 역대 왕 가운데 세손 시절을 보낸 왕은 단종, 현종, 정조, 헌종이다. 《世宗實錄 30年 3月 21日》《文宗實錄 卽位年 7月 20日》《仁祖實錄 26年 8月 13日, 10月 1日》

2 서반(西班)……같다 : 정1품부터 종2품까지는 동반과 동일하게 '대부(大夫)'라 칭한다. 정1품은 대광보국숭록대부(大匡輔國崇祿大夫)·보국숭록대부(輔國崇祿大夫)이며, 종1품은 숭록대부(崇祿大夫)·숭정대부(崇政大夫)이며, 정2품은 정헌대부(正憲大夫)·자헌대부(資憲大夫)이며, 종2품은 가의대부(嘉義大夫)·가선대부(嘉善大夫)이다. 《전율통보》 〈이전 관계(官階)〉 참조.

호는 서반 품계에 대한 것과 같다. 토관직(土官職)은 정5품부터 종6품까지는 대위(隊尉)라 칭하고, 정7품부터 정9품까지는 도위(徒尉)라 칭한다.

2 잡직 정6품은 봉임교위(奉任校尉)·수임교위(修任校尉)이고, 종6품은 현공교위(顯功校尉)·적공교위(迪功校尉)이며, 정7품은 등용부위(騰勇副尉)이고, 종7품은 선용부위(宣勇副尉)이며, 정8품은 맹건부위(猛健副尉)이고, 종8품은 장건부위(壯健副尉)이며, 정9품은 치력부위(致力副尉)이고, 종9품은 근력부위(勤力副尉)이다. 토관직은 정5품은 건충대위(健忠隊尉)이고, 종5품은 여충대위(勵忠隊尉)이며, 정6품은 건신대위(健信隊尉)이고, 종6품은 여신대위(勵信隊尉)이며, 정7품은 돈의도위(敦義徒尉)이고, 종7품은 수의도위(守義徒尉)이며, 정8품은 분용도위(奮勇徒尉)이고, 종8품은 효용도위(效勇徒尉)이며, 정9품은 여력도위(勵力徒尉)이고, 종9품은 탄력도위(殫力徒尉)이다.〈경〉

제 1 항

<table>
<tr><td rowspan="2">정3품</td><td>절충장군(折衝將軍)
- 당상(堂上)이다. -</td></tr>
<tr><td>어모장군(禦侮將軍)</td></tr>
<tr><td rowspan="2">종3품</td><td>건공장군(建功將軍)</td></tr>
<tr><td>보공장군(保功將軍)</td></tr>
<tr><td rowspan="2">정4품</td><td>진위장군(振威將軍)</td></tr>
<tr><td>소위장군(昭威將軍)</td></tr>
<tr><td rowspan="2">종4품</td><td>정략장군(定略將軍)</td></tr>
<tr><td>선략장군(宣略將軍)</td></tr>
<tr><td rowspan="2">정5품</td><td>과의교위(果毅校尉)</td></tr>
<tr><td>충의교위(忠毅校尉)</td></tr>
<tr><td rowspan="2">종5품</td><td>현신교위(顯信校尉)</td></tr>
<tr><td>창신교위(彰信校尉)</td></tr>
<tr><td rowspan="2">정6품</td><td>돈용교위(敦勇校尉)</td></tr>
<tr><td>진용교위(進勇校尉)</td></tr>
<tr><td rowspan="2">종6품</td><td>여절교위(勵節校尉)</td></tr>
<tr><td>병절교위(秉節校尉)</td></tr>
<tr><td>정7품</td><td>적순부위(迪順副尉)</td></tr>
<tr><td>종7품</td><td>분순부위(奮順副尉)</td></tr>
<tr><td>정8품</td><td>승의부위(承義副尉)</td></tr>
<tr><td>종8품</td><td>수의부위(修義副尉)</td></tr>
<tr><td>정9품</td><td>효력부위(效力副尉)</td></tr>
<tr><td>종9품</td><td>전력부위(展力副尉) 〈경〉</td></tr>
</table>

제2조 경관직(京官職)

❶ 잡직(雜職): 금군(禁軍)은 정(正)이 21원(員)인데 종8품이고, 영(領)이 63원인데 종9품이다. 각 영(營)의 군사는 기총(旗摠)이 정8품이고, 대장(隊長)이 종8품이며, 대부(隊副)가 종9품이다. 기병(騎兵)과 보병(步兵)은 여수(旅帥)가 종8품이고 대정(隊正)이 종9품이다. 승문원의 제원(諸員) 3인에게 제수한 영(領), 창준(唱準)이 서적을 인출했을 때와 도화서 화원(畫員)이 대궐에 나아가 특별히 그림을 그렸을 때에 제수한 영 -❶ 영직(領職)을 제수한다. - 은 종9품이다.〈속〉

제1항 중추부(中樞府) ❶ 정1품 아문이다. ❷ 관장하는 사무는 없고, 문무 당상관으로서 소임이 없는 자를 대우하는 곳이다.〈경〉 ❸ 의정이 체직되어 송서(送西)하면 영사와 판사의 정원이 찼더라도 모두 판사에 붙인다. 보국숭록대부도 판사에 붙이되, 이미 정원이 찼으면 지사에 붙인다.〈속〉〈보〉 ❹ 대신(大臣) 이외에는 영사에 붙일 수 없다. 총재(冢宰 이조 판서), 종백(宗伯 예조 판서), 사마(司馬 병조 판서)를 거치지 않은 사람은 판사에 붙일 수 없다. ❺ 노인직(老人職) 자헌대부의 경우는 문관, 무관, 음관을 막론하고 4품의 실직을 거치지 않은 사람은 지사에 제수할 수 없다.[3]〈증〉 ❻ 지사, 동지사, 첨지사 등의 자리에 의관이나 역관

3 노인직(老人職)……없다 : 자헌대부는 품계가 정2품 하계인데, 노인직 자헌대부로서 중추부 동일 품계인 정2품 지사에 제수되는 경우는 4품 실직을 역임한 자에 한하였다. 노인직은 《전율통보》〈이전 노직(老職)〉 참조.

이 승전(承傳)을 통해 차임되는 경우는 30개월을 기한으로 하여 체차한다.[4] 7 동지사, 첨지사 자리에 노인직으로서 자급을 올려 제수되는 경우는 3개월을 기한으로 한다.[5]〈속〉 8 가설지사(加設知事) 이하는 별군직(別軍職)에 붙이니, 아래 별군직 조에 보인다.〈보〉

○**영사**(領事) 9 정1품이다.

○**판사**(判事) 10 2원이며, 종1품이다.

○**지사**(知事) 11 6원이며, 정2품이다.〈경〉

○**동지사**(同知事) 12 8원이며, 종2품이다.〈경〉〈속〉 13 1원은 위장(衛將)의 체아직이다.〈속〉

○**첨지사**(僉知事) 14 8원이며, 정3품이다.〈경〉 15 3원은 위장의 체아직이다.〈속〉

○**경력**(經歷) 16 종4품이다.

○**도사**(都事) 17 종5품이다.〈경〉

4 지사……체차한다 : 의관이나 역관 가운데 실직으로 승전(承傳)한 사람은 중추부의 지사, 동지사, 첨지사 자리에 붙이기도 하는데 벼슬 기한 없어서 간혹 10년이나 자리를 차지하고 있는 경우가 있었다. 이에 1675년(숙종1) 지사 김석주(金錫胄)가 벼슬 기한을 정할 것을 건의하여 30개월로 하였다. 《承政院日記 肅宗 1年 9月 5日》

5 동지사, 첨지사 자리에……한다 : 노인직으로서 자급이 올라 중추부의 동지사, 첨지사가 된 자 가운데 음관은 3개월을 기한으로 체직된 반면에 문관이나 무관은 일정한 기한이 없어서 여러 해 동안 자리만 차지하는 폐단이 있었다. 1720년(숙종46) 병조 판서 이만성(李晩成)의 건의로 노인직으로서 자급이 올라 동지중추부사나 첨지중추부사가 된 자는 문관, 무관, 음관 모두 재직 기한을 3개월로 하였다. 《承政院日記 肅宗 46年 1月 26日》

⑱ 이방 녹사(吏房錄事)와 장무 녹사(掌務錄事) 각 1원을 둔다.[6] 〈속〉〈증〉 ⑲ 의원(醫員) 1원을 둔다.[7] 〈속〉

제2항 **오위도총부(五衛都摠府)** ❶ 정2품 아문이다. ❷ 오위(五衛)의 군무(軍務)를 다스리는 일을 관장한다. 〈경〉 ❸ 총관(摠管)은 품계에 따라 도총관이나 부총관으로 조정하여 10원을 갖춘다. 〈보〉 ❹ 총관은 만 1년이 되면 체차한다. 위장(衛將)도 같다.

○**도총관(都摠管)** ❺ 정2품이다. ❻ 겸직이다.

○**부총관(副摠管)** ❼ 종2품이다. ❽ 겸직이다. 〈경〉

○**경력(經歷)** ❾ 6원이며, 종4품이다.

○**도사(都事)** ❿ 6원이며, 종5품이다. 〈경〉〈속〉

제3항 **오위(五衛)**[8] ❶ 정3품 아문이다. 〈경〉〈속〉 ❷ 의흥위(義興衛), 용양위(龍驤衛), 호분위(虎賁衛), 충좌위(忠佐衛), 충무위(忠武衛)이다. 〈경〉 ❸ 지금 오위의 병제(兵制)는 모두 혁파되었고 관직명만 남아 있다. 〈속〉 -❶ 의흥위는 관직명까지도 없어졌다. 〈보〉- 위장과 부장(部將)은 번(番)을 나누어 입직하고 밤에 순찰한다. 상호군 이하는 군함 체아직(軍銜遞兒職)에 속하며, 자급이 오르거나 내려 관직이 조정되는 과정에서 부직(付職)되는 자들을 대우하는 자리이다. 〈속〉 ❹ 조사위장(曹司衛將)은 문관, 무관, 음관을 융

6 이방……둔다 : 《대전통편》 〈이전 경아전(京衙前)〉 녹사(錄事) 조에 있다.

7 의원(醫員) 1원을 둔다 : 《속대전》 〈병전 번차도목(番次都目)〉에 있다.

8 오위(五衛) : 《경국대전》에서는 종2품 아문이었는데, 《속대전》에서 관사의 품계가 강등되어 정3품 아문이 되었다.

통하여 차임한다. 5 《경국대전》 법에 "의흥위는 중위(中衛)이고 갑사(甲士)와 보충대(補充隊)가 소속되며, 용양위는 좌위(左衛)이고 별시위(別侍衛)와 대졸(隊卒)이 소속되며, 호분위는 우위(右衛)이고 족친위(族親衛)와 친군위(親軍衛), 팽배(彭排)가 소속되며, 충좌위는 전위(前衛)이고 충의위(忠義衛)와 충찬위(忠贊衛), 파적위(破敵衛)가 소속되며, 충무위는 후위(後衛)이고 충순위(忠順衛)와 정병(正兵), 장용위(壯勇衛)가 소속된다."라고 하였다. 서울의 오부(五部)와 지방의 각 읍(邑)과 진(鎭)의 군사도 나누어 소속된다.[9] 〈보〉

○**장(將)** 6 12원이며, 정3품이다.〈경〉〈속〉 7 2원은 조사위장(曹司衛將)이라 칭한다.〈속〉 8 겸직이다.〈경〉

○**상호군(上護軍)** 9 8원이며, 당하 정3품이다.〈경〉〈속〉 10 2원은 원록체아직(原祿遞兒職)[10]이고, 6원[11]은 잡체아직(雜遞兒職)[12]이

9 서울의……소속된다 : 서울의 오부는 중부(中部), 동부(東部), 서부(西部), 남부(南部), 북부(北部)이다. 중부는 의흥위 중부(中部)에 소속되고, 동부는 용양위 중부에 소속되고, 서부는 호분위 중부에 소속되고, 남부는 충좌위 중부에 소속되고, 북부는 충무위 중부에 소속된다. 지방의 각 읍과 진의 군사도 오위 각 위(衛)의 중부(中部), 좌부(左部), 우부(右部), 전부(前部), 후부(後部)에 나누어 소속된다. 이에 대해서는 《경국대전》〈병전 경관직〉 오위 조와 《대전통편》〈병전 경관직〉 오위 조 참조.

10 원록체아직(原祿遞兒職) : 《속대전》에서 오위의 상호군 이하의 군직에 붙여지는 원록체아직의 인원수와 그 외 체아직의 인원수를 규정하였다. 《續大典 兵典 京官職 正三品衙門 五衛》

11 6원 : 상호군에 붙여지는 선전관 1원, 사자관 1원, 제술관 1원, 금군 3원이다. 《續大典 兵典 京官職 正三品衙門 五衛》

12 잡체아직(雜遞兒職) : 오위의 상호군 이하의 군직 가운데 원록체아직 이외의 모든 체아직을 가리킨다.

다.〈속〉

○**대호군**(大護軍) **11** 12원이며, 종3품이다.〈경〉〈속〉 **12** 2원은 원록체아직이고, 10원[13]은 잡체아직이다.〈속〉

○**호군**(護軍) **13** 4원이며, 정4품이다.〈경〉〈속〉 **14** 원록체아직이다.〈속〉

○**부호군**(副護軍) **15** 76원[14]이며, 종4품이다.〈경〉〈속〉 **16** 잡체아직이다.〈속〉

○**사직**(司直) **17** 11원이며, 정5품이다.〈경〉〈속〉 **18** 원록체아직이다.〈속〉

○**부사직**(副司直) **19** 100원이며, 종5품이다.〈경〉〈속〉 **20** 17원은 원록체아직이고, 83원[15]은 잡체아직이다.〈속〉

○**사과**(司果) **21** 21원이며, 정6품이다.〈경〉〈속〉 **22** 원록체아직이다.〈속〉

○**부사과**(副司果) **23** 177원이며, 종6품이다.〈경〉〈속〉 **24** 35원은

13 10원 : 대호군에 붙여지는 친공신 5원, 공신 적장자 2원, 남우후(南虞候) 1원, 선전관 1원, 사자관 1원이다.《續大典 兵典 京官職 正三品衙門 五衛》

14 76원 : 부호군에 붙여지는 친공신 5원, 승습군 1원, 공신 적장자 2원, 금군 별장(禁軍別將) 1원, 금군장(禁軍將) 7원, 호위 별장(扈衛別將) 3원, 선전관 1원, 훈련도감의 장관(將官) 8원, 훈련도감 군병 2원, 금위영의 장관 6원, 어영청의 장관 8원, 총융청의 장관 3원, 수어청의 장관 5원, 내의원 의원 4원, 사자관 1원, 이문학관 1원, 포도군관 5원, 금군 13원이다.《續大典 兵典 京官職 正三品衙門 五衛》

15 83원 : 승습군 3원, 공신 적장자 7원, 선전관 1원, 가족을 거느리지 않고 부임한 수령 3원, 훈련도감의 장관(將官) 6원, 훈련도감 군병 4원, 금위영의 장관 5원, 내의원 의원 5원, 사자관 1원, 사역원 역관 4원, 관상감 술자(述者) 1원, 포도군관 12원, 금군 31원이다.《續大典 兵典 京官職 正三品衙門 五衛》

원록체아직이고, 142원[16]은 잡체아직이다.〈속〉

○**사정**(司正) **25** 20원이며, 정7품이다.〈경〉〈속〉 **26** 원록체아직이다.〈속〉

○**부사정**(副司正) **27** 249원이며, 종7품이다.〈속〉〈경〉 **28** 33원은 원록체아직이고, 216원[17]은 잡체아직이다.〈속〉

○**사맹**(司猛) **29** 15원이며, 정8품이다.〈경〉〈속〉 **30** 원록체아직이다.〈속〉

○**부사맹**(副司猛) **31** 213원이며, 종8품이다.〈경〉〈속〉 **32** 27원은 원록체아직이고, 186원[18]은 잡체아직이다.〈속〉

○**사용**(司勇) **33** 24원이며, 정9품이다.〈경〉〈속〉 **34** 원록체아직이

16 142원 : 친공신 5원, 승습군 2원, 공신 적장자 7원, 선전관 1원, 훈련도감 군병 6원, 금위영 군병 1원, 내의원 의원 1원, 사자관 1원, 이문학관 1원, 사역원 역관 1원, 훈련원 습독관 7원, 화원 2원, 전의감 습독관 1원, 관상감 습독관 1원, 혜민서 총민(聰敏) 1원, 혜민서 치종(治腫) 1원, 수문장 1원, 포도 군관 18원, 금군 82원, 충의위 2원이다.《續大典 兵典 京官職 正三品衙門 五衛》

17 216원 : 승습군 1원, 공신 적장자 6원, 선전관 1원, 무신겸선전관 13원, 훈련도감 군병 6원, 금위영 군병 1원, 내의원 의원 2원, 이문학관 1원, 사역원 역관 2원, 관상감 습독관 3원, 금루관 1원, 훈련원 습독관 1원, 훈련원 권지참군 2원, 봉사 38원, 화원 1원, 전의감 의원 1원, 수문장 3원, 통례원 겸가인의(兼假引儀) 6원, 포도군관 12원, 금군 115원이다.《續大典 兵典 京官職 正三品衙門 五衛》

18 186원 : 선전관 6원, 무신겸선전관 10원, 가족을 거느리지 않고 부임한 수령·변장 4원, 이문학관 1원, 사역원 역관 8원, 훈련원 권지참군 2원, 화원 1원, 기로소 약방(藥房) 1원, 통례원 겸가인의(兼假引儀) 6원, 종친부 의원 1원, 의정부 의원 1원, 중추부 의원 1원, 충훈부 의원 1원, 육조 의원 1원, 제술관 2원, 관상감 습독관 2원, 명과학 교수 2원, 금루관 1원, 금군 132원, 충의위 3원이다.《續大典 兵典 京官職 正三品衙門 五衛》

다.〈속〉

○**부사용(副司勇)** 35 581원이며, 종9품이다.〈경〉〈속〉 36 105원은 원록체아직이고, 476원[19]은 잡체아직이다.〈속〉

제4항 **훈련원(訓鍊院)** 1 정3품 아문이다. 2 군사들의 무재(武才)를 시험하고 기예를 훈련하는 일과 무경(武經)을 익히고 외우는 일을 관장한다.〈경〉 3 가설 첨정(加設僉正), 가설 판관(加設判官) 각 1자리, 가설 주부(加設主簿) 3자리는 각 군문의 유천 출신(有薦出身) 초관(哨官)[20]으로 제수하며, 12개월이 임기 기한이다. 강서(講書)와 진법(陣法)에 능통한 자는 뽑아서 병조에 보고하여 주부에 의망한다. -1 3자리 안에서 2자리는 금위영과 어영청에 소속시켜 도목 정사 때마다 제수하고, 1자리는 훈련도감, 수어청, 총융청에 소속시켜 돌아가면서 제수하되, 훈련도감은 한 도목을 걸러, 수어청과 총융청은 세 도목을 걸러 제수한다.- 판관은 주부를 거쳤던 사람으로, 첨정은 판관을 거쳤던 사람으로 의망하되, 도목 정사 때마다 차츰 감하하고 부직(付職)한다. 첨정은

19 476원 : 공신 적장자 20원, 선전관 9원, 무신겸선전관 27원, 가족을 거느리지 않고 부임한 수령·변장 21원, 사역원 역관 17원, 관상감 습독관 4원, 훈련원 습독관 22원, 훈련원 권지참군 4원, 교서관 보자관(補字官) 1원, 교서관 창준(唱準) 4원, 혜민서 치종(治腫) 1원, 수문장 19원, 종친부 의원 1원, 궁방(弓房) 사약(司鑰) 2원, 금군 324원이다.《續大典 兵典 京官職 正三品衙門 五衛》

20 각……초관(哨官) : 각 군문에 소속된 초관 중에 무과 출신으로서 선전관천(宣傳官薦), 부장천(部將薦), 수문장천(守門將薦) 가운데 하나를 받은 사람을 말한다.

선천(宣薦)된 사람이 아니면 의망할 수 없다.〈증〉 **4** 권지 봉사(權知奉事)는 차례로 올려 권지참군(權知參軍)에 붙인다.〈보〉 **5** 권지참군은 제수된 순서에 따라 제팔(第八) 참군이 근무 일수를 계산하여 제오(第五) 참군이 되면 제사(第四) 참군으로 승진시키거나, 실봉사(實奉事)로 옮겨 참군으로 승진시키거나, 군기시에 소속시켜 참봉·부봉사·봉사·직장을 거쳐 6품으로 올려 준다. 제사 참군이 근무 일수를 계산하여 제일(第一) 참군이 되면 구근(久勤)으로 천전(遷轉)시킨다.[21] 〈속〉〈증〉〈보〉 -**2** 제일 오래 근무한 자가 거관(去官)할 차례가 되면, 구근과(久勤窠)는 그 다음으로 오래 근무한 사람에게 속한다.〈보〉 - 또 권지참군은 실참군(實參軍)과 돌아가면서 이조와 병조에서 천전하되, 병조는 도목 정사 때마다 거관(去官)하도록 하여 주부에 단부(單付)한 다음 즉시 변장(邊將)에 차임하고, 이조는 간도목(間都目)에서 6품직에 차임한다. 권지 봉사 또한 구근하면 천전시킨다.〈속〉〈증〉〈보〉 **6** 권지 가운데 현병(懸病)한 지 30일이 된 자 및 정사(呈辭)하고 기한이 지난 자는 실관에 제수할 때에 한 차례를 건너뛰고, 1년이 지난 자는 두 차례를 건너뛰고, 2년 이상 지난 자는 세 차례

21 권지참군은……천전(遷轉)시킨다 : 권지참군은 8원인데, 권지참군에 제수된 후의 근무 일수를 계산하여 자리의 순서가 정해진다. 근무 일수가 가장 적은 사람이 제팔 참군이 되고 가장 오래된 사람이 제일 참군이 된다. 제일, 제이, 제삼, 제사 참군은 권지참군 자리로 항상 정해진 자리이다. 가장 오래 근무한 참군 1원의 자리는 구근과(久勤窠)로 정해서 6월과 12월 도목 정사 때에 이비(吏批)에서는 소각사(小各司)에 품계에 따라 의망하고 병비(兵批)에서 훈련원 주부에 단부한 다음 변장(邊將)에 의망하였다.《承政院日記 正祖 15年 12月 20日》

를 건너뛴다.〈속〉 ❼ 주부와 판관은 구근하면 천전시킨다. ❽ 습독관(習讀官)과 겸습독관(兼習讀官)도 구근하면 천전시킨다.〈증〉 ❾ 가설 주부(加設主簿) 이상은 별군직(別軍職)에 붙이니, 아래 별군직 조에 보인다. ❿《경국대전》 법에 "부정 이하 주부 이상 1원은 문관으로 차임한다."라고 하였다.〈보〉

○**지사**(知事) ⓫ 정2품이다. ⓬ 겸직이다.

○**도정**(都正) ⓭ 2원이며, 정3품이다. ⓮ 1원은 겸직이다.

○**정**(正) ⓯ 당하 정3품이다.

○**부정**(副正) ⓰ 2원이며, 종3품이다.〈경〉

○**첨정**(僉正) ⓱ 4원이며, 종4품이다.

○**판관**(判官) ⓲ 8원이며, 종5품이다.

○**주부**(主簿) ⓳ 18원이며, 종6품이다.〈경〉〈속〉

○**참군**(參軍) ⓴ 2원이며, 정7품이다.

○**봉사**(奉事) ㉑ 2원이며, 종8품이다.〈경〉

㉒ 권지참군은 8원, 권지 봉사는 38원이다. 습독관은 30원, 겸습독관은 10원인데 모두 6품이다.〈경〉〈속〉〈보〉 –❸ 겸습독관은 각 번(番)의 금군이 겸한다.〈보〉 –

제5항 **선전관청**(宣傳官廳) ❶ 정3품 아문이다.〈속〉 ❷ 형명(形名), 계라(啓螺), 시위(侍衛), 왕명의 전달, 부신(符信)의 출납을 관장한다.〈증〉 ❸ 참상 선전관으로 조용하여 옮길 때에는 한결같이 일찍이 거친 관직의 본래 품계를 따른다.〈속〉 ❹ 당상 선전관과 당하 선전관을 막론하고 네 자리는 승전기(承傳岐)로 만들고 6개월 후에 천전(遷轉)시킨다. 그러나 당상 선전관의 경우는 아직

변지 수령이나 방어사를 지내지 않은 자는 정해진 삭수(朔數)가 찬 뒤에 즉시 변지 수령이나 방어사에 제수하고, 방어사를 지낸 자는 즉시 수사(水使)에 의망한다. 참상 선전관의 경우는 6품으로 온 자는 5품으로 시행하여 곧바로 4품에 의망한다. 품계마다 한 품계를 더하되, 지방의 3품 수령을 지냈으면 -1 병마우후도 같다.- 바로 당상직에 제수한다. 5 행수 선전관(行首宣傳官)은 번갈아 문신을 차임하되 이조 참의나 홍문관 부제학에 이미 통망된 사람으로 의망하며, 장천(將薦)으로 곤임(閫任)을 거친 자도 역시 의망한다.〈증〉 6 참외 선전관은 근무 일수가 720일이 차면 6품으로 올리고, 참외 승전기는 15개월이 차면 올린다.〈속〉〈증〉 7 남행 선전관(南行宣傳官)은 사과록(司果祿) 자리를 받고, -2 6개월 후에 받는다.- 나중에 과거에 급제하면 6품으로 올린다.〈보〉

○**선전관**(宣傳官) 8 24원이다. 행수 선전관은 1원이고 당상관은 3원인데 모두 정3품이다. 참상관은 6원이고 일정한 품계가 없다. 참하관은 14원인데 2원은 남행 선전관으로 종9품이다.〈경〉〈속〉〈증〉 9 문신겸선전관(文臣兼宣傳官)은 2원이며, 종6품이다.〈속〉〈증〉 10 무신겸선전관(武臣兼宣傳官)은 50원인데, 참상관은 38원이고 종6품이며, 참하관은 12원이고 종9품이다.〈속〉

제6항 **세자위익사**(世子翊衛司) 1 정5품 아문이다. 2 세자를 배종하고 호위하는 일을 관장한다.

○**좌익위**(左翊衛)·**우익위**(右翊衛) 3 정5품이다.

○**좌사어**(左司禦)·**우사어**(右司禦) 4 종5품이다.

○**좌익찬**(左翊贊)·**우익찬**(右翊贊) 5 정6품이다.

○**좌위솔**(左衛率)·**우위솔**(右衛率) 6 종6품이다.

○**좌부솔**(左副率)·**우부솔**(右副率) 7 정7품이다.

○**좌시직**(左侍直)·**우시직**(右侍直) 8 정8품이다.

○**좌세마**(左洗馬)·**우세마**(右洗馬) 9 정9품이다.〈경〉

제7항 **세손위종사**(世孫衛從司) 1 종6품 아문이다. 2 세손을 배종하고 호위하는 일을 관장한다.

○**좌장사**(左長史)·**우장사**(右長史) 3 종6품이다.

○**좌종사**(左從史)·**우종사**(右從史) 4 종7품이다.〈속〉

제8항 **부장청**(部將廳) 1 종6품 아문이다.〈속〉 2 부(部)를 나누어 입직하는 것을 관장한다. 일찍이 오위(五衛)에 속했는데 오위가 혁파된 후에 내삼청(內三廳 선전관청·부장청·수문장청)으로 옮겨 소속시켰다.〈속〉〈보〉 3 참외관 한 자리는 도목(都目) 때마다 금군(禁軍) 중에서 천(薦)을 받아 취재(取才)에 입격한 자를 차출한다. 4 참외관은 근무 일수가 600일이 차면 6품으로 올린다.〈속〉 5 구근(久勤)하면 천전(遷轉)시킨다.〈증〉 6 참외관은 기사(騎士)에 차출하니 아래 수문장청(守門將廳) 조에 보인다. 가설(加設)은 별군직(別軍職)에 붙이니 아래 별군직 조에 보인다.〈보〉

○**부장**(部將) 7 25원이다. 참상은 10원이고 종6품이다. 참하는 15원인데 1원은 남행(南行)으로 종9품이다.〈경〉〈속〉〈보〉

제9항 **수문장청**(守門將廳) 1 종6품 아문이다.〈속〉 2 궁궐 문을 지키는

일을 관장한다.〈증〉 3 참외관 다섯 자리는 중인과 서얼로 차임한다. 4 참외관 한 자리는 도목(都目) 때마다 금군(禁軍) 중에서 천(薦)을 받아 취재(取才)에 입격한 자로 차임한다.〈속〉 5 참외관 혹 부장(部將) 참외관은 금위영과 어영청 두 군영의 기사(騎士) 중에서 친기가 있는 각 1인을 구근(久勤)한 차례에 따라 차임한다.〈증〉〈보〉 6 참외관은 근무 일수가 450일이 차면 6품으로 올린다.〈속〉 7 구근하면 천전(遷轉)시킨다.〈증〉

○**수문장(守門將)** 8 23원이다. 참상은 5원이고 종6품이다. 참하는 18원이고 종9품이다.

제10항 **군영(軍營)**〈속〉 1 기사(騎士)는 금위영과 어영청 두 군영이 각각 3개 번(番)으로 나누어 1번은 부장천(部將薦)을 받은 사람에게 취재(取才)를 보여 차임하고, 그 나머지는 각 군문의 병졸로서 무과 출신(出身)과 한산인(閑散人) 중에 전함(前銜) 및 당상 이상에서 차임한다.〈증〉 -1 무과 출신 이외에는 차임하지 않는다.〈보〉 - 2 교련관(敎鍊官)은 백도(白徒)로 차임할 수 없다.〈증〉 3 교련관과 기패관(旗牌官)은 무과 출신자, 전함, 한량(閑良), 항오(行伍)를 막론하고 모두 취재를 보아 차임한다. 금군과 항오의 정원 중에 비록 무과 출신자가 있더라도 출신자의 자릿수에 계산하여 넣지 않도록 한다. 4 장교(將校)를 차임할 때는 포폄에서 하(下)를 맞았거나 파직된 것에 구애받지 않는다.〈속〉 5 중군(中軍) 이하의 장관(將官) 및 종사관(從事官)은 해당 군영에서 삼망(三望)을 갖추어 병조로 보낸다. 6 기사 별장(騎士別將)은 병사(兵使)와 수사(水使)를 지낸 사람으로 차임하되, 비록 다

른 군문의 천총(千摠)이라도 구애받지 않는다. 기사장(騎士將)은 영장을 지낸 사람으로 차임하며 금군장과 같은 이력으로 시행한다.〈증〉 7 여러 해 동안 근무 경력이 있는 상태에서 무과에 급제하여 부방(赴防)을 수행한 뒤에 다시 해당 군문에 들어온 자는 이전 사일을 합산해 준다.〈속〉 8 각 군문의 별장(別將), 천총, 기사장과 호위청 별장은 1년을 주기로 체차한다. 파총(把摠)은 2년을 주기로 하여 체차한다. 9 훈련도감, 금위영, 어영청 삼군문(三軍門)의 지구관(知彀官), 교련관, 기패관, 별무사(別武士), 별군관(別軍官), 도제조 군관(都提調軍官)은 구근(久勤)하면 천전(遷轉)시킨다.〈증〉 10 일반적으로 구근으로 천전된 자는 천전된 곳에서 근무 일수가 차면 6품으로 오르는데 간혹 6품으로 오르지 못하는 경우도 있다.〈보〉 11 훈련도감, 금위영, 어영청 삼군문의 대장은 동관왕묘(東關王廟)와 남관왕묘(南關王廟)의 당상관을 예겸한다.〈증〉 12 삼군문 및 수어청과 총융청 두 군영은 대장부터 천총에 이르기까지 모두 겸직이다.〈보〉 13 삼군문은 각각 의원(醫員) 2원을 둔다. -2침의(鍼醫)와 약의(藥醫)가 각각 1명이다. -〈증〉

제1호 훈련도감(訓鍊都監)〈속〉 1 선조조에 오위를 혁파하고 도감을 창설하여 도성의 친위 군병으로 삼았다.〈속〉〈보〉 2 국별장은 당상과 가선대부를 막론하고 변지 수령, 방어사, 당상 선전관을 지낸 사람으로 차임한다. 삭수(朔數)가 차면 우직(右職)에 승진시켜 임용한다.〈증〉 3 별기대(別騎隊) -1 마군(馬軍)과 보군(步軍)의 군병 중에서 무과에 급제한 자로 부대를 만든다. -의 초관은 목사나 부사를 지낸 자로 차임한다. **4** 파총은 당하 3품관 중에서 차임하되 양전(兩全)에서 천전(遷轉)시킨다.〈속〉 **5** 초관은 구근하면 양전에서 천전시킨다.〈증〉〈보〉 **6** 국출신 자리 중에서 무예 출신(武藝出身)으로 차임하는 30자리를 덜어 내고 거기에 20자리를 더하여 새로운 관청을 만들고 장용위(壯勇衛)라고 불렀다. 구근하면 천전시킨다.〈증〉 **7** 무예별감(武藝別監)은 150인이고 군병 중에서 가려 뽑는다.〈보〉

○**도제조(都提調)** **8** 정1품이다.

○**제조(提調)** **9** 2원이며, 정2품이다. **10** 호조 판서와 병조 판서가 겸임한다.

○**대장(大將)** **11** 종2품이다.

○**중군(中軍)** **12** 종2품이다.

○**별장(別將)** **13** 2원이며, 정3품이다.

○**천총(千摠)** **14** 2원이며, 정3품이다.

○**국별장(局別將)** **15** 3원이며, 정3품이다.〈속〉 **16** 겸직이다.〈보〉

○**파총(把摠)** **17** 6원이며, 종4품이다.〈속〉

○**종사관(從事官)** **18** 6원이며, 종6품이다.〈속〉〈증〉 **19** 1원은 문관이 겸임하고, 2원은 음관으로 차임하며, 3원은 호조의 별영색 낭관(別營色郎官), 병조의 무비사 낭관(武備司郎官), 훈련도감의 파총이 겸임한다.〈속〉〈보〉

○**초관(哨官)** **20** 34원이며, 종9품이다.〈속〉 **21** 5원은 선천인(宣薦人), 2원은 서북(평안도, 함경도) 사람, 2원은 지구관의 체아직, 2원은 기패관의 체아직, 1원은 한인(漢人)으로 차임한다.〈속〉〈증〉 –**1** 한인은 아병(牙兵)의 초관이다.〈증〉– 그 나머지는 모두 초관

이 될 수 있는 경력을 갖춘 전함(前銜)으로 차임한다.

○**지구관**(知彀官) 22 10원이다.

○**기패관**(旗牌官) 23 20원이다.〈속〉 24 모두 지구관의 항오(行伍) 중에서 차임하되, 1원은 장용위에서 선발한다.〈속〉〈증〉

○**별무사**(別武士) 25 68원이다.〈속〉 26 항오 중에서 차임하되, 2원은 무예별감 중에서, 1원은 장용위에서 선발한다.〈속〉〈증〉

○**군관**(軍官) 27 15원이다. 28 5원은 도제조에게 소속된다.

○**별군관**(別軍官) 29 10원이다.

○**권무 군관**(勸武軍官) 30 50원이다.

○**국출신**(局出身) 31 150원이다. 32 항오로서 출신인 자들로 대오를 편성한다.〈속〉

제2호 **금위영**(禁衛營) 1 숙종조에 훈련도감의 군병 총수[軍摠]를 줄이고 그 중부별대(中部別隊)와 병조의 정초군(精抄軍)을 합하여 금위영을 설치하였다.〈속〉 2 초관 및 유천 기사(有薦騎士)는 구근(久勤)하면 천전(遷轉)시킨다.〈증〉〈보〉

○**도제조**(都提調) 3 정1품이다.〈속〉

○**제조**(提調) 4 정2품이다. 5 병조 판서가 겸임한다.〈증〉

○**대장**(大將) 6 종2품이다.〈속〉〈증〉

○**중군**(中軍) 7 종2품이다.

○**별장**(別將) 8 정3품이다.

○**천총**(千摠) 9 4원이며, 정3품이다.〈속〉

○**기사장**(騎士將) 10 3원이며, 정3품이다.〈증〉 11 겸직이다.〈보〉

○**파총**(把摠) 12 5원이며, 종4품이다.〈속〉 13 지방의 겸파총(兼把

摠)은 12원이며, 종4품이다. 가평(加平), 용인(龍仁), 대흥(大興), 진천(鎭川), 익산(益山), 임실(任實), 영천(榮川), 문경(聞慶), 금성(金城), 김화(金化), 수안(遂安), 금천(金川)의 수령이 겸임한다.

○**종사관**(從事官) [14] 2원이며, 종6품이다.〈속〉〈증〉 [15] 문관과 무관 각 1원이 겸임한다.〈속〉〈보〉

○**초관**(哨官) [16] 41원이며, 종9품이다. [17] 7원은 선천 금군(宣薦禁軍), 4원은 금군, 3원은 기사 중에서 취재(取才)에 합격한 사람, 1원은 영남 좌별무사 도시(嶺南左別武士都試)에서 수석을 차지한 사람,〈속〉〈증〉 –[1] 어영청과 돌아가며 차임한다.〈보〉– 4원은 호위청 군관(扈衛廳軍官), 2원은 서북 사람, 20원은 한산인(閑散人) 가운데 전함(前銜)으로 차임한다.

○**교련관**(教鍊官) [18] 12원이다.

○**기패관**(旗牌官) [19] 10원이다. [20] 나누어 배치하는 인원수는 교련관과 아울러 계산한다. 2원은 천총에 속한다. 3원은 금군, 4원은 항오(行伍), 1원은 장용위, 1원은 장용위 패두(壯勇衛牌頭),〈속〉〈증〉 –[2] 어영청과 돌아가며 차임한다.〈증〉– 11원은 한산인 가운데 출신(出身) 및 전함으로 차임한다.〈속〉〈증〉

○**별무사**(別武士) [21] 30원이다.〈속〉 [22] 5원은 별기위(別騎衛), 1원은 장용위, 10원은 항오, 14원은 한산인 가운데 전함으로 차임한다.〈증〉

○**군관**(軍官) [23] 5원이다. [24] 도제조에게 소속된다.

○**별군관**(別軍官) [25] 10원이다.

○**권무 군관**(勸武軍官) [26] 50원이다.〈속〉

○**기사**(騎士) [27] 150원이다.

○**별기위(別騎衛)** 28 32원이다. 29 본영(本營) 출신이다.〈증〉

제3호 어영청(御營廳) 1 인조조에 어영사(御營使)를 두고, 효종조에 군영을 설치하고, 숙종조에 1영(營) 5부(部)의 제도로 고쳤다.〈속〉 2 초관, 유천 기사(有薦騎士), 가전 별초는 구근(久勤)하면 천전(遷轉)시킨다.〈속〉〈증〉〈보〉

○**도제조(都提調)** 3 정1품이다.

○**제조(提調)** 4 정2품이다. 5 병조 판서가 겸임한다.

○**대장(大將)** 6 종2품이다.

○**중군(中軍)** 7 종2품이다.〈속〉

○**별장(別將)** 8 정3품이다.〈속〉〈증〉

○**천총(千摠)** 9 5원이며, 정3품이다.〈속〉 10 별후부 천총(別後部千摠)은 정3품이다. 영종 첨사(永宗僉使)가 겸임한다.

○**기사장(騎士將)** 11 3원이며, 정3품이다.〈증〉 12 겸직이다.〈보〉

○**파총(把摠)** 13 5원이며, 종4품이다. 14 지방의 겸파총(兼把摠)은 10원이며, 종4품이다. 적성(積城), 금천(衿川), 청안(淸安), 남포(藍浦), 고부(古阜), 진안(鎭安), 거창(居昌), 군위(軍威), 이천(伊川), 장련(長連)의 수령이 겸임한다.〈속〉

○**종사관(從事官)** 15 2원이며, 종6품이다.〈속〉〈증〉 16 문관과 무관 각 1원이 겸임한다.〈속〉〈증〉

○**초관(哨官)** 17 41원이며, 종9품이다. 18 7원은 선천 금군(宣薦禁軍), 2원은 금군, 3원은 호위청 군관(扈衛廳軍官), 3원은 기사, 2원은 가전 별초, 2원은 서북 사람, 1원은 영남 좌별무사 도시(嶺南左別武士都試)에서 수석을 차지한 사람,〈속〉〈증〉 –1 금위영과

돌아가며 차임한다.〈보〉 – 21원은 한산인(閑散人) 가운데 전함(前銜)으로 차임한다.

○**교련관**(敎鍊官) **19** 12원이다.〈속〉

○**기패관**(旗牌官) **20** 11원이다. **21** 나누어 배치하는 인원수는 교련관과 아울러 계산한다. 2원은 천총에게 소속된다. 3원은 금군, 2원은 가전 별초, 5원은 항오(行伍), 5원은 출신(出身), 1원은 장용위, 1원은 장용위 패두(壯勇衛牌頭),〈속〉〈증〉 – **2** 금위영과 돌아가며 차임한다.〈증〉 – 4원은 한산인 가운데 출신과 전함으로 차임한다.

○**별무사**(別武士) **22** 30원이다.〈속〉〈증〉 **23** 4원은 항오 가운데 출신, 8원은 항오 가운데 전함, 17원은 항오, 1원은 장용위로 차임한다.〈증〉

○**군관**(軍官) **24** 41원이다.〈속〉〈증〉 **25** 5원은 도제조에게 소속된다.

○**별군관**(別軍官) **26** 10원이다.

○**권무 군관**(勸武軍官) **27** 50원이다.〈속〉

○**가전 별초**(駕前別抄) **28** 52원이다.〈속〉〈증〉

○**기사**(騎士) **29** 150원이다.〈증〉

제4호 수어청(守禦廳) **1** 인조조에 남한산성을 개축하고 수어청을 설치하여 광주(廣州) 등 진(鎭)의 군무를 지휘하게 하였다.〈속〉 **2** 남한산성의 유영 별장(留營別將)은 목사나 부사를 거친 사람으로 차출한다.〈보〉 **3** 남한산성의 권무 군관은 그 지역에 사는 사부(士夫)를 권하여 들인다.〈증〉 **4** 경영(京營)의 초관, 교련관, 군관 및 남한산성의 장교는 구근(久勤)하면 천전(遷轉)시킨다. **5** 광주가 전영(前營), 양주(楊州)가 중영(中營), 죽산(竹山)이 후영(後營)이다. 광주와 양주의 장교는 구근하면 천전시킨다.〈증〉〈보〉

○**사**(使) **6** 종2품이다.

○**중군**(中軍) **7** 종2품이다.

○**별장**(別將) **8** 2원이며, 정3품이다.〈속〉

○**천총**(千摠) **9** 정3품이다.〈속〉〈증〉

○**파총**(把摠) **10** 3원이며, 종4품이다.〈속〉

○**초관**(哨官) **11** 12원이며, 종9품이다. **12** 1원은 선천 금군(宣薦禁軍), 1원은 서북 사람, 1원은 금군, 5원은 한산인(閑散人) 가운데 출신(出身) 및 전함(前銜), 4원은 산성인(山城人)으로 차임한다.

○**교련관**(敎鍊官) **13** 7원이다. **14** 1원은 금군, 1원은 항오(行伍), 1원은 장용위, 4원은 전함으로 차임한다.

○**군관**(軍官) **15** 3원이다.〈속〉〈증〉 **16** 소임 군관(所任軍官)이다.〈보〉

17 남한산성의 수성장(守城將)은 종2품이며 광주 부윤(廣州府尹)이 겸임한다. 유영 별장은 정3품, 초관 5원은 종9품이다. 교련관 10원, 기패관(旗牌官) 60원, 군관 43원, 부료 군관(付料軍官) 27원, 권무 군관 50원, 옮겨 소속시킨 군관 250원이다.〈속〉〈증〉

제5호 **총융청**(摠戎廳) **1** 인조조에 창설하였고, 수원(水原) 등 진(鎭)의 군무를 맡는다.〈속〉 **2** 관성장(管城將)은 남한산성의 유영 별장(留營別將)의 예에 따라 자급을 따지지 않고 자벽(自辟)하고,[22] 향환(餉還)을 다 받아들이기 전에는 천전(遷轉)시키지 말되, 1년을 기한으로 한다.〈증〉 3 북한산성의 파총 이하는 북한산성 사람으로 차임한다.〈보〉 4 경초관(京哨官), 교련관, 군관 및 북한산성의 장교는 구근(久勤)하면 천전시킨다. 5 남양(南陽)은 전영(前營), 수원(水原)은 좌영(左營), 북한산성은 중영(中營), 파주(坡州)는 우영(右營), 장단(長湍)은 후영(後營)이다. 장교는 구근하면 천전시킨다.〈증〉〈보〉 6 경리청(經理廳)[23]에서 맡았던 산성의 사무는 혁파하여 본청(本廳)에 소속시켰다.〈속〉〈증〉

○**사**(使) 7 종2품이다.

○**중군**(中軍) 8 종2품이다.

○**천총**(千摠) 9 2원이며, 정3품이다.〈속〉

○**파총**(把摠) 10 2원이며, 종4품이다.

○**초관**(哨官) 11 10원이며, 종9품이다. 12 1원은 선천 금군(宣薦禁軍), 1원은 호위청 군관(扈衛廳軍官), 1원은 금군, 1원은 수원 초관, 1원은 북한산성과 연융대(鍊戎臺) 사람,[24] 5원은 출신(出身)으로 차임한다.

22 관성장(管城將)은……자벽(自辟)하고 : 남한산성과 북한산성의 유영 별장은 성향(城餉) 조적(糶糴)과 수성(守城)의 필요 때문에 자급을 따지지 않고 장관이 임의대로 추천하여 선발하였다.

23 경리청(經理廳) : 북한산성을 관리하던 관청으로 1712년(숙종38) 설치되었는데 1747년(영조23) 총융청에 합치되었다가 1891년(고종28) 다시 설치되었다.《大典會通 兵典 京官職 軍營衙門 經理廳》

24 북한산성과 연융대(鍊戎臺) 사람 : 북한산성과 연융대 주변에 거주하는 사람을 말한다. 연융대는 탕춘대(蕩春臺)를 말하는데, 1754년(영조30) 왕명에 의해 원래의 이름을 회복하였다.《英祖實錄 30年 9月 2日》

○**교련관**(**教鍊官**) 13 15원이다. 14 1원은 금군, 1원은 수원 또는 파주의 집사(執事), -1 돌아가며 차임한다.- 1원은 북한산성과 연융대 사람, 2원은 항오(行伍), 1원은 장용위, 9원은 한산인(閑散人) 가운데 출신과 전함(前銜)으로 차임한다.〈속〉〈증〉

○**군관**(**軍官**) 15 14원 중 소임 군관(所任軍官)이 3원이다.〈속〉〈증〉〈보〉

○**감관**(**監官**) 16 2원이다.〈속〉〈증〉 17 금송(禁松)을 담당한다.〈보〉

○**수문부장**(**水門部將**) 18 1원이다.〈속〉

○**한량 군관**(**閑良軍官**) 19 300원 중 150원은 수원 영(營)에 소속시킨다.

20 북한산성의 관성장은 정3품이고, 파총은 종4품이며, 초관 6원은 종9품이다. 교련관 4원, 기패관(旗牌官) 5원, 수첩 군관(守堞軍官)은 1총(摠)과 2총에 각 1원, 군기감관(軍器監官) 1원, 소임 군관 3원, 부료 군관(付料軍官) 20원, 성문부장(城門部將) 3원이다.〈속〉〈증〉

제6호 호위청(**扈衛廳**)[25] 1 호위를 관장한다. 2 소임 군관은 구근(久勤)하면 천전(遷轉)시킨다.〈속〉

○**대장**(**大將**) 3 정1품이다. 4 시원임 대신(時原任大臣)과 국구(國

25 호위청(扈衛廳) : 1623년(인조1) 궁중을 호위하기 위해 창설하였다. 현종조에 3청(廳)으로 만들었으나 1777년(정조1) 이찬(李禶)을 추대한 반역 사건에 호위청 군관 강용휘(姜龍輝)가 관련된 것으로 인해 1청으로 축소되었다. 《承政院日記 正祖 1年 9月 6日》《正祖實錄 2年 2月 5日》《萬機要覽 軍政篇1 扈衛廳》

舅) 중에서 겸임하나, 대신이라도 훈척(勳戚)이 아니면 겸임하지 못한다.〈속〉〈증〉

○**별장(別將)** 5 3원이며, 정3품이다.

○**소임 군관(所任軍官)** 6 3원이다.〈속〉 7 1원은 군관에서 올려 차임한다.〈보〉

○**군관(軍官)** 8 350원이다.〈속〉〈증〉

○**당상 별부료 군관(堂上別付料軍官)**〈속〉

제7호 **용호영(龍虎營)**〈증〉 1 내금위(內禁衛), -1 300원이다.- 겸사복(兼司僕), -2 200원이다.- 우림위(羽林衛) -3 200원이다.- 700원을 합하여 하나의 청을 만들었다. 7개 번(番)으로 나누어 번마다 3정(正)과 9령(領)을 두고 호위와 입직을 맡는다. 병조판서가 지휘한다.〈속〉 2 내금위 일번(一番)은 선천(宣薦)된 사람 중 출신(出身)과 한량에서 취재(取才)하여 정원을 채우고, 6개월이 지나면 관직에 의망할 수 있게 한다. 혹 태거(汰去)되었으면 취재 없이 곧바로 구전 정사를 한다. 용호영에 다시 왔으면 3개월이 되어야 관직에 의망하고, 세 번째 왔으면 개월 수에 상관없이 곧바로 관직에 의망한다.〈증〉〈보〉 3 6개 번 -4 일내(一內)는 제외한다.- 안에서 가후 금군(駕後禁軍) 50원을 선발한다.〈속〉 4 화포 금군(火砲禁軍) 27원 중 10원은 본영(本營)의 표하군(標下軍) 가운데 출신(出身)으로, 5원은 표하군으로, -5 지위를 올려 차임한다.- 6원은 군기시 별파진(軍器寺別破陣)으로, 6원은 삼군문의 별파진으로 차임한다.〈증〉 5 서북에서 뽑아 올리는 금군은 각각 5인이다.〈보〉 6 서북 별부료 군관(西北別付料

軍官)은 관북의 6진과 삼수(三水)·갑산(甲山), 관서의 7읍, 가솔을 데리고 가지 않는 고을의 무사를 해당 병영에서 시험하여 출신과 한량 각각 20원을 뽑아 올려보내고, –6 서도 40원, 북도 40원이다.– 서도와 북도에 각각 부료(付料) 10과(窠)를 두어 시사(試射)하여 요포(料布)를 준다.〈증〉〈보〉 7 변지인(邊地人)이 아닌데 섞여 입속(入屬)하게 한 경우에는 병조 판서 및 수신(帥臣)에게 제서유위율(制書有違律)[26]을 시행한다. 8 별장은 금군별장(禁軍別將)이라고 부른다. –7 본영은 처음에 금군청(禁軍廳)이라 불렸다.– 〈증〉 9 일번장(一番將)은 방어사 이상으로 의망한다.〈증〉〈보〉 10 별부료 병방(別付料兵房)은 방어사를 거친 사람으로 차임한다.〈증〉 11 금군은 비록 품계가 올라 숭품(崇品)이 된다 해도 체차하지 않는다.〈속〉 12 내장(內將)은 15개월에 체차한다.〈보〉 13 당상 군관, 교련관, 별부료 군관,〈증〉 –8 20과(窠) 안에서이다.〈보〉 –, 정령 금군(正領禁軍), 가후 금군, 각 번(番) 금군은 구근(久勤)하면 천전(遷轉)시킨다.〈증〉

○**별장**(別將) 14 종2품이다.〈속〉 15 겸직이다.〈보〉

○**장**(將) 16 내금위 3원, 겸사복 2원, 우림위 2원이며, 모두 정3품이다.〈경〉〈속〉 17 모두 겸직이다.〈경〉〈보〉

○**당상 군관**(堂上軍官) 18 16원이다.〈속〉〈증〉 19 1원은 별부료 병방, 8원은 금군, 7원은 한산인(閑散人)으로 차임한다. 20 병조

26 제서유위율(制書有違律) : 《대명률》 〈이율 공식(公式)〉 제서유위(制書有違) 조의 율로, "제서(制書)를 받들어 시행할 때에 어기면 장 100이다."라고 하였다. 제서는 황제의 명을 적은 조서(詔書)와 칙서(勅書) 등이다.

판서에게 속하되 5원은 별장에게 소속된다.〈증〉

○**교련관**(教鍊官) **21** 14원이다.〈속〉〈증〉 **22** 4원은 금군, 2원은 항오(行伍), 8원은 한산인 가운데 출신 및 전함(前銜)으로 차임한다.〈증〉

○**별부료 군관**(別付料軍官) **23** 80원이다.〈속〉〈증〉 **24** 교련관과 아울러 병조 판서에게 소속된다.〈보〉

제8호 **포도청**(捕盜廳) **1** 좌우 양청(兩廳)이다. **2** 도적과 각종 범법자를 수사, 체포하고 야간에 시간을 나누어 순찰하는 일을 관장한다.〈속〉 **3** 가설 부장(加設部將)은 삼강(三江)[27] 및 도성문 밖에 거주하는 금군으로 차임하며 삼강과 도성문 밖의 지역을 순찰하게 한다.〈속〉〈보〉 **4** 군관 – **1** 부장(部將)이다. – 은 구근(久勤)하면 천전(遷轉)시킨다.〈속〉 **5** 능행(陵幸)할 때 두 명의 포도대장이 수가(隨駕)하면 병조에서 임금의 뜻을 여쭈어 시원임 장신(時原任將臣) 중 1인으로 하여금 임시로 그 직무를 관장하게 하고, 한 명의 포도대장이 수가하면 서울에 남아 있는 포도대장으로 하여금 수가한 포도대장의 직임을 겸하여 살피게 한다.〈증〉〈보〉

○**대장**(大將) **6** 각 1원이며, 종2품이다.〈속〉 **7** 겸직이다.〈보〉

○**종사관**(從事官) **8** 각 3원이며, 종6품이다.〈속〉 **9** 각 1원은 선전관, 도총부, 훈련원 관원 중에서 겸임한다.〈속〉〈증〉

27 삼강(三江) : 한강, 용산강(龍山江), 서강(西江)이다. 한성(漢城)의 남쪽을 흐르는 강을 구간으로 나누어 각각 달리 부르는데, 남산 남쪽 일대 노량(鷺梁)까지를 한강, 그 이서(以西) 마포(麻浦)까지를 용산강, 그 이서 양화도(楊花渡) 일대를 서강이라 한다.

○**부장(部將)** ❿ 각 4원이다. ⓫ 또 무료 부장(無料部將) 각 26원과 가설 부장(加設部將) 각 12원을 둔다.〈속〉

제9호 관리영(管理營) ❶ 개성부(開城府)에 둔다.〈속〉 ❷ 사(使)는 종2품이며, 유수가 겸임한다. 중군(中軍)은 정3품이며, 대흥산성(大興山城)에 유진(留鎭)한다. 종사관(從事官)은 경력(經歷)이 겸임한다. 별장(別將) 2원, 천총(千摠) 3원, 백총(百摠) 4원, 파총(把摠) 6원, 초관(哨官) 32원, 교련관(敎鍊官) 8원, 기패관(旗牌官) 36원, 당상 군관(堂上軍官) 50원, 군관(軍官) 250원을 둔다.〈속〉〈증〉 ❸ 파총 이하는 구근(久勤)하면 천전(遷轉)시킨다.〈증〉

제10호 진무영(鎭撫營) ❶ 강화부(江華府)에 둔다.〈속〉 ❷ 사(使)는 종2품이며, 유수가 겸임한다. 중군(中軍)은 정3품이며, 수성장(守城將)을 겸임한다. 진영장(鎭營將)은 5원이며, 정3품이다. 전영장(前營將)은 부평 부사(富平府使), 좌영장(左營將)은 통진 부사(通津府使), 중영장(中營將)은 본부(本府) 중군(中軍), 우영장(右營將)은 풍덕 부사(豐德府使), 후영장(後營將)은 연안 부사(延安府使)가 겸임한다. 종사관(從事官)은 경력(經歷)이 겸임한다. 천총(千摠) 4원, 파총(把摠) 10원, 초관(哨官) 63원, 교련관(敎鍊官) 10원, 기패관(旗牌官) 71원, 군관(軍官) 15원을 둔다.〈속〉〈증〉

제11항 산직(散職)

제1호 별군직청(別軍職廳) ❶ 효종조에 잠저(潛邸) 시절 군관 신분으로 심양(瀋陽)에 모시고 갔던 자 8인을 처우하기 위해 청(廳)을 설치하였다. 그 뒤에 점차 증원되었는데 정원은 없고, 당상으로부터 9품에 이르기까지 보임한다.〈속〉 **2** 당상 이상은 지중추부사, 동지중추부사, 첨지중추부사를 가설(加設)하여 품계에 따라 으레 부직(付職)하되 중인과 서인(庶人)은 동지중추부사와 첨지중추부사를 넘지 못한다. 참상은 훈련원 주부 이상의 관직을 가설하여 품계에 따라 으레 부직하며, 참외는 부장(部將)을 가설하여 으레 부직하되 부장의 예에 따라 6품으로 올린다.〈속〉〈증〉〈보〉 **3** 과거에 급제하면 6품으로 올려 훈련원 주부에 부직한다. **4** 아장(亞將)을 지낸 사람은 감하한다.〈증〉 **5** 양전(兩銓)에서 구근(久勤)하면 천전(遷轉)시킨다.〈속〉

제2호 **내사복시(內司僕寺)** **1** 내구마(內廏馬)와 임금의 수레에 관한 일을 관장한다.〈속〉 **2** 내승(內乘) 3원을 둔다. 1원은 종2품에서 정3품까지, 1원은 정3품 당하에서 종9품까지의 관원을 동틀어 의망하되 모두 자벽(自辟)으로 하며, 1원은 사복시 정이 겸임한다.〈경〉〈속〉〈보〉 **3** 경희궁(慶熙宮)에 이어했을 때에는 1원을 증원한다.〈속〉 **4** 참외는 20개월의 사일(仕日)이 차면 6품으로 올린다.〈속〉〈보〉

제3호 **능마아청(能麽兒廳)**〈속〉 **1** 훈련원에 합쳐서 부직(付職)한다.〈증〉 **2** 여러 장관(將官)에 대한 병서(兵書)의 고강과 권장, 독려 등의 일을 관장한다.〈속〉 **3** 당상 3원이며, 삼군문(三軍門)의 중군(中軍)이 겸임한다. 낭청 4원이며, 2원은 중인과 서인(庶人)

으로 차임하되 각기(各岐)[28]로 6품으로 올리고, 2원은 습독관(習讀官)이 겸임하되 구근(久勤)하면 천전(遷轉)시킨다.〈속〉〈증〉

제4호 **충장위**(忠壯衛) ❶ 번(番)을 나누어 입직한다. ❷ 위장(衛長) 3원이며, 종2품 혹은 정3품의 관원으로 임명한다.〈속〉

제5호 **충익위**(忠翊衛) ❶ 번(番)을 나누어 입직한다. ❷ 위장(衛長) 3원이며, 종2품 혹은 정3품의 관원으로 임명한다.〈속〉

제6호 **공궐위**(空闕衛) ❶ 비어 있는 궁궐에 입직한다.〈속〉 ❷ 위장(衛長)은 경복궁(景福宮)과 경희궁(慶熙宮)에 각 3원을 두고, 경희궁으로 이어했을 때는 창덕궁(昌德宮)과 창경궁(昌慶宮)에 각 2원을 두되, 정3품에서 종1품까지의 관원을 임명한다.〈속〉〈증〉〈보〉 ❸ 체아직으로 하고, 역시 관상감, 사역원, 사자관(寫字官), 화원(畫員) 중에 당상 이상인 사람을 융통하여 차임한다.〈증〉

제7호 **의장고**(儀仗庫) ❶ 각 전(殿)의 의장(儀仗)을 관장한다. ❷ 낭청 2원이며, 부장(部將)이 겸임한다.〈속〉

제8호 **사산**(四山) ❶ 동서남북의 4도(道)로 나눈다.〈속〉 ❷ 도

28 각기(各岐) : 이문학관, 능마아낭청(能麼兒郞廳), 관상감 겸교수, 사역원 교수, 사자관, 훈장, 전의감 치종교수(治腫敎授), 화원, 금루관, 의정부·중추부의 이방 녹사이다. 이들은 1350일이 지나면 동반직으로 천전(遷轉)된다. 《典律通補 吏典 考課》

성 표내(標內) 내외 사산의 금송(禁松)을 나누어 관장한다.〈속〉〈증〉 3 서도(西道)는 훈련도감에, 동도(東道)는 어영청에, 남도(南道)는 금위영에 소속시켜 선천(宣薦)을 받은 출신(出身)으로 차임한다. 북도(北道)는 총융청에 소속시켜 본청(本廳)의 초관(哨官) 중에 선천을 받은 사람에게 겸임시키되 도성 외곽의 사산 지역은 북도에서 전담하게 한다. 모두 30개월의 사일(仕日)이 차면 6품으로 올린다.〈증〉

○**참군**(參軍) 4 각 1원이며, 정7품이다.〈증〉〈보〉

제3조 경관격식(京官格式)

■1 경관격식과 외관격식 가운데 예를 들면 칭행(稱行), 칭수(稱守), 천관(遷官), 가계(加階), 해유(解由), 인교(印交) 등 〈이전〉의 격식에 함께 들어가 있는 것과 서경(署經), 포폄(褒貶), 노직(老職), 추증(追贈), 급가(給暇), 상피(相避)에 관하여 다시 별도의 조목을 만들지 않은 것은 〈이전〉을 참고해야 한다. 천거(薦擧), 고과(考課), 과계(科階)도 별도의 조목을 만들지 않고 몇몇 조항을 격식 가운데에 붙인다. 품계를 올려 천전시키는 데 관한 법은 아문의 아래에 들어가 있지만 천거 가운데 곤수(閫帥)와 변장(邊將)의 천거, 고과 가운데 서반의 임기 만료 기한에 관한 것도 〈이전〉에 함께 들어가 있는 것을 아울러 참고해야 한다. 대체로 양전(兩銓)의 제도에 본래 뒤섞여 성문화(成文化)된 것이 없지 않기 때문에 이런 유가 가장 많다. 지금 일일이 다 열거할 수 없다.〈보〉

제1항 의정이 병조 판서를 겸임하면 비록 정사에 참여하지 않더라도 중요한 직임과 긴요한 자리의 경우는 의정에게 물어서 의논한다.〈속〉

제2항 병조의 정사는 반드시 이조가 정사를 열기를 기다려 열며 단독으로 정사를 행할 수 없다.〈보〉

제3항 봉군(封君)으로 서반직에 제수된 자는 봉군된 것과 아울러 하비(下批)한다.〈속〉

제4항 **훈련원 지사(訓鍊院知事)는 삼망(三望)을 갖추는데 사람이 부족하면 종2품으로 계품하여 아울러 의망한다.**[29] 〈증〉

제5항 **순장(巡將)은 지중추부사 이하 첨지중추부사 이상으로 초계(抄啓)한다.**[30] 〈경〉〈보〉 1 실직에 제수되면 체차한다. 2 각신(閣臣)은 비록 원임(原任)이라 하더라도 초계하지 않는다.

제6항 **훈련원의 참군, 봉사, 습독(習讀), 겸습독(兼習讀)은 본원(本院)이 자벽(自辟)한다.** 〈보〉

제7항 **초사인(初仕人)은 출신(出身)이나 한량(閑良)을 막론하고, 선전관천(宣傳官薦)의 경우는 금군을 거친 자, 부장천(部將薦)이나 수문장천(守門將薦)의 경우는 기사(騎士)를 거친 자로** 1 부장천이나 수문장천인 경우 별취재(別取才)로 입사(入仕)한 자는 구애받지 않는다. **삭수가 찬** 2 6개월이다. **뒤에 의망한다.**

제8항 **참상인 무신겸선전관이나 수문장은 6품 실직을 거치기 전에는 도사나 판관 등의 관직에 의망할 수 없다.** 1 차서(次序)에 관계없이 특별히 천거된 사람은 구애받지 않는다.

29 훈련원……의망한다 : 《대전통편》〈병전 경관직(京官職)〉 훈련원(訓鍊院) 조에 있다.

30 순장(巡將)은……초계(抄啓)한다 : 《경국대전》〈병전 행순(行巡)〉에 있다. '초계(抄啓)한다'는 조문이 《경국대전》에는 '의망하여 차출한다[望差]'고 되어 있다.

제9항 **훈련원 부정은 참상 선전관을 거치고서**〈증〉 ❶ 참하 선전관도 같다.〈보〉 **또 4품직을 거친 사람으로 통망하여 비의(備擬)한다.**〈증〉 ❷ 실직이 있은 뒤에 통망하여 비의한다. 비록 이미 통망하였더라도 실직이 없으면 비의할 수 없다.〈보〉

제10항 **훈련원 정은 내직과 외직 3품직을 거친 뒤에 통망하여 비의(備擬)한다.**[31]〈속〉 ❶ 차서(次序)에 관계없이 특별히 천거된 사람은 구애받지 않는다.〈증〉 ❷ 한산(閑散)이나 외임(外任)을 막론하고 통망하여 비의한다.〈보〉

제11항 **훈련원 정은 삭수(朔數)에 구애받지 않고 당상관으로 올려 의망하되 수령을 역임하지 않은 자는 먼저 수령을 제수한 뒤에 비로소 의망한다.**〈증〉 ❶ 비록 수령을 역임하지 않았더라도 우후를 역임하였으면 구애받지 않는다.〈증〉〈보〉

제12항 **명무(名武)는 3품직을 거친 뒤에 비로소 자급이 오르는 대상으로 의망한다.** 〈보〉

제13항 **장임(將任)은 총관(摠管)을 겸임할 수 없다.**[32]〈증〉 ❶ 포도대장이

31 훈련원……비의(備擬)한다 : 《대전통편》〈병전 경관직(京官職)〉 훈련원(訓鍊院) 조에 있다.

32 장임(將任)은……없다 : 《경국대전》〈병전 경관직(京官職)〉 오위도총부(五衛都摠府) 조에 있다.

총관을 겸임한 경우에는 총관을 체차한다.[33]〈속〉

제14항 **대관(臺官)은 문신겸선전관에 의망할 수 없다.**〈보〉 ❶ 문신겸선전관이 비록 삼사(三司)나 춘방(春坊)으로 옮겨 제수되더라도 문신겸선전관을 그대로 맡는다.[34]〈증〉〈보〉

제15항 **명무(名武)가 잡기(雜岐)로 가자(加資)된 경우에는** ❶ 예를 들면 사람을 살렸거나 호랑이를 잡은 것 따위이다. **내장(內將)과 외장(外將)을 허용하지 않는다.** ❷ 관무재(觀武才)나 별시사(別試射) 때에 활쏘기로 다시 자급이 오르면 말소되어 구애받지 않는다.〈증〉

제16항 **공명첩(空名帖)에** ❶ 이조에서는 납속(納粟)이라 하고, 병조에서는 가설(加設)이라고 한다.〈증〉〈보〉 **의한 가자(加資)에는 실직을 허락하지 않는다.**〈증〉 ❷ 위장(衛將)이니 순장(巡將)에게도 실직을 허락하지 않는다.〈보〉

제17항 **무과는 문과의 규례대로 제수하되**〈경〉 ❶ 갑과(甲科) 일등인 사람에게는 동반 6품직을 주고, 2등과 3등인 사람에게는 7품 군

33 포도대장이……체차한다 : 《속대전》〈병전 경관직(京官職)〉 포도청(捕盜廳) 조에 있다.

34 문신겸선전관이……맡는다 : 《대전통편》〈병전 경관직(京官職)〉 선전관청(宣傳官廳) 조에 있다. '삼사(三司)나 춘방(春坊)'이라는 조문이 《대전통편》에는 '다른 관직[他職]'이라고 되어 있다.

직 –❶ 사정(司正)이다. –을 준다. 가자(加資)하는 법도 문과와 같다.〈보〉 **훈련원 권지(權知)로 차임한다.**[35]〈경〉 ❷ 모든 출신(出身)은 본인이 원하는 대로 3보(保)를 받게 하고 권지청(權知廳)에 입속(入屬)하게 한다. 정수(定數)는 없고, 근사(勤仕)한 차례에 따라 권지나 봉사로 차임한다.〈보〉

제18항 **강변 7읍(江邊七邑)[36] 출신은 매년 세수(歲首)에 도신(道臣)이 3인을 택하여 천거한다.**〈증〉 ❶ 함경도는 남병사(南兵使) –❶ 소관(所管)하는 고을이다. –가 2인을 천거한다.〈보〉 ❷ 수천(首薦)은 내삼청(內三廳)의 실직으로 도목 정사를 하여 조용(調用)하고, 그 아래 2인은 금위영과 어영청에 초관으로 나누어 제수한다.〈증〉

제19항 **참외관이 승진시켜 서용될 자격을 받으면 곧바로 6품으로 올린다.**

제20항 **참외관이 6품으로 오르는 데는 일수를 계산하는 방법과 삭수(朔數)를 계산하는 방법이 있다.** ❶ 선전관, 무신겸선전관, 부장(部將), 수문장은 일수를 계산하여 6품으로 올린다. 내승(內乘), 참군, 비변사 낭청, 체부 권관(遞付權管)은 삭수를 계산하여

35 무과는……차임한다 : 《경국대전》 〈병전 무과(武科)〉에 있다.

36 강변 7읍(江邊七邑) : 관서의 압록강(鴨綠江) 가에 있는 강계(江界), 위원(渭源), 초산(楚山), 벽동(碧潼), 창성(昌城), 삭주(朔州), 의주(義州)이다. 본서 〈병전 외관직(外官職)〉 소주 ❶ 참조.

6품으로 올린다.〈보〉

제21항 비변사 낭청은 15개월이 차면 6품으로 올린다.[37]〈속〉

제22항 각 영문(營門)의 구근(久勤)은 45개월이 찬 뒤에야 비로소 근무한 사일(仕日)을 보고하여 ❶ 무신겸선전관, -❶ 경관직과 외관직에 의망한다.- 선천 금군(宣薦禁軍), -❷ 경관직에 의망한다.- 〈증〉 각 번(番) 금군은 이전 사일을 통틀어 계산하여 보고하되 각 도목(都目)마다 2인을 보고한다. 금위영과 어영청 두 영의 유천 기사(有薦騎士)는 각 1인을 보고한다.[38] -❸ 경관직에 의망한다.- 〈증〉〈보〉 ❷ 가전 별초(駕前別抄)와 가후 금군(駕後禁軍)은 3인을 차례로 돌아가며 보고한다.〈증〉 -❹ 한 도목에서 가전 별초 2인, 가후 금군 1인을 보고했으면 다른 한 도목에서는 가후 금군 2인, 가전 별초 1인을 보고한다.〈보〉- ❸ 별군직, 장용위, 내금위, 겸사복, 우림위 및 정령 금군(正領禁軍)은 각 도목마다 1인을 보고한다. 훈련도감의 초관은 2인을 보고한다.〈증〉〈보〉 -❺ 1인은 이조에서 천전(遷轉)시킨다.〈보〉- 금위영과 어영청 두 영(營)의 초관, 좌우 포도군관, 훈련원 습독관(習讀官), 권지(權知) 훈련원 봉사 및 참군, 거관 주부(去官主簿),〈증〉 -❻ 실직과 권지를 교대로 보고한다.〈보〉- 강화(江華) 진무영의 교련관과 초관은 차례로 돌아가며 보고하고, 의주 기발(義州騎撥), 서북 별부

37 비변사……올린다 : 《속대전》 〈이전 경관직(京官職)〉에 있다.

38 금위영과……보고한다 : 《대전통편》 〈병전 경관직(京官職)〉에 있다.

료 군관(西北別付料軍官), 훈련원 판관은 주부와 사일을 통산하여 보고하고, 부장(部將)은 수문장과 사일을 통산하여 보고하되, 각 도목마다 1인을 보고한다.〈증〉 4 병조의 교련관과 당상군관은 차례로 돌아가며 보고하고, 훈련도감의 지구관과 기패관은 차례로 돌아가며 보고하고, 금위영의 교련관과 기패관은 사일을 통산하여 보고하고, 어영청의 교련관과 기패관은 사일을 통산하여 보고하되, 각 한 도목에서 2인, 한 도목에서 1인을 보고한다. 5 수어청의 교련관과 군관은 사일을 통산하여 남한산성의 교련관과 차례로 돌아가며 보고하고, 삼군문(三軍門)의 도제조 군관은 사일을 통산하여 차례로 돌아가며 보고하고, 삼군문의 별군관은 차례로 돌아가며 보고하되, 각 도목마다 1인을 보고한다. 6 정령 금군은 이전의 사일을 통틀어 계산하여 보고하고, 권지 훈련원 참군, 수어청 초관과 남한산성 초관은 사일을 통산하여 보고하고, 총융청 군관은 북한산성 초관·교련관·기패관 및 일총(一摠)·이총(二摠)과 사일을 통산하여 보고하고, 초관·교련관·초상 금군(抄上禁軍),〈증〉〈보〉 – 7 서북지방은 사일을 통산하여 교대로 보고한다.〈증〉 – 광주(廣州) 방어영의 장교는 각각 한 도목 걸러 1인의 근무한 사일을 보고한다. 7 호위청 군관, 훈련원 겸습독관(兼習讀官), 개성(開城) 관리영(管理營)의 파총 이하, 수원(水原)의 파총 이하는 각각 두 도목 걸러 1인의 근무한 사일을 보고한다. 8 삼군문의 별무사 각 1인은 간간이 수용(收用)하고, 사지 금군(事知禁軍), 능마아겸낭청, 교동(喬桐) 통어영(統禦營)의 파총·교련관·초관은 차례로 돌아가며 간간이 수용하고, 경기 감영 및 남양(南陽)·양주(楊

州)·파주(坡州)·장단(長湍)의 장교 각 1인은 간간이 수용한다.〈증〉〈보〉 9 외방의 구근한 자를 연이어 3차례까지 보고하였으나 천전되지 못한 뒤에야 다른 구근한 자를 보고한다.〈보〉 10 금위영과 어영청 두 영(營)의 기사(騎士) 중 당상 이상은 도목마다 두 군영에서 각각 1인을 공궐 위장(空闕衛將)으로 차임한다.[39] **변장(邊將)에 차임한다.**〈증〉 11 천거가 없는 자는 의망하지 않는다.〈보〉

제23항 **체아 녹봉(遞兒祿俸)은 자급을 뛰어넘을 수 없고** 1 수직(守職)에 제수하지 않는다. **체아직은 낮은 자급의 관직에 제수한다.** 2 정9품의 관직에 제수되어야 할 사람이 자급이 종9품이면 강등하여 종9품을 제수하는 것과 같은 경우이다. **사일(仕日)이 차면 품계를 올려 주고 거관(去官)하여 산계(散階)가 되게 한다.**[40]〈경〉 3 실직은 없고 산계만 있다.〈해〉 4 도목(都目)에 올려서 체아직을 받을 사람은 각 관사이 당상 제조가 전월을 기한으로 하여 사일의 다소와 취재(取才) 점수를 계산하여 이조에 천장(薦狀)을 올리고,[41] 군사의 경우에는 관할하는 장수가 사일을 계산하여 병조에 천장을 올리며, 충의위의 경우에는 충훈

39 금위영과 어영청 두 영(營)의 기사(騎士)……차임한다 :《대전통편》〈병전 시취(試取)〉에 있다.

40 체아……한다 :《경국대전》〈이전 체아(遞兒)〉에 있다.

41 도목(都目)에……올리고 :《경국대전》〈이전 체아(遞兒)〉에 있다.《경국대전》에서는 사일의 다소와 취재 점수를 계산하는 기한은 전달 10일까지고, 천장은 15일에 올리는 것으로 되어 있다.

부에서 올린다.[42] 〈경〉 **5** 군사에게 근무 일수를 쳐 주는 경우에 금군에게 가자(加資)하거나 실직을 줄 때는 겸사복으로서 근무한 사일 이외에 다른 아문에서 근무한 사일은 통산하여 쓰지 않는다. **6** 지방의 군관이나 군사의 사일은 각기 소관하는 진장(鎭將)이 절도사에게 보고하면 절도사가 도목 때마다 전달 10일 안에 계문한다.[43] 〈속〉 **7** 녹도목 정사(祿都目政事)는 사계절의 마지막 달에 한다. 〈증〉 〈보〉 **8** 군직의 체아록은 1년을 4분기로 나누어서 사계절의 마지막 달에 녹을 높이거나 낮춘다.[44] 〈증〉 **9** 《경국대전》의 〈번차도목(番次都目)〉에 선전관 이하부터 군사 등 각색인(各色人)에 이르기까지 장번(長番)·체번(遞番)·원사(元仕)·별사(別仕)·양도목(兩都目)·사도목(四都目)·체아(遞兒)·가계(加階)·거관(去官) 등에 대한 법이 있으며, 사일이 차는 기한이 오래 걸리거나 가깝거나 한 것이 다른 데 대한 규정도 상세히 실려 있다. 《경국대전》에는 또 군사가 병이 있다고 고했을 때에 실상을 조사해서 휴가를 주는 법, 녹봉이 있는 군사와 녹봉이 없는 군사가 이유 없이 사진(仕進)하지 않은 날과 사정이 있어서 사진하지 않을 날에 대한 일수를 계산하고 이와 관련하여 사일을 깎는 법이 있다.[45] 〈보〉

42 군사의…올린다 : 《경국대전》 〈병전 번차도목(番次都目)〉에 있다.

43 군사에게……계문한다 : 《속대전》 〈병전 군사급사(軍士給仕)〉에 있다.

44 군직의……낮춘다 : 《대전통편》 〈병전 경관직(京官職)〉 오위(五衛) 조에 있다.

45 경국대전에는……있다 : 《경국대전》 〈병전 급가(給假)〉에 있다. 《경국대전》에 "녹봉이 있는 군사가 이유 없이 25일, 사정이 있어서 40일을 사진하지 않거나, 녹봉이 없는 군사가 이유 없이 30일, 사정이 있어서 50일을 사

제24항 **영원히 사과(司果)에 붙여 주는 것은 특별히 하교를 받은 경우 이외에는 여쭈어 청할 수 없다.** 〈증〉

제25항 **금군장(禁軍將), 충익장(忠翊將), 충장장(忠壯將), 오위장(五衛將), 영장(營將) 등의 직임에 임용할 때에는 해유(解由)에 구애받지 않는다.**[46] 〈증〉〈보〉

제26항 **군사의 고신(告身)은 기한을 정해서 옛것을 받고 새것을 내주며** ❶ 여러 도(道)에서는 1년을 기한으로 하는데 양계(兩界)는 3년을 기한으로 한다. **기한이 넘은 것은 사용하지 않는다.** ❷ 군사 및 잡직인(雜職人)의 가자(加資)를 하비(下批)할 때 고신을 받아 내지 않아서 이전의 자급으로 천장을 받은 자는 고신을 받아 내서 대조해서 살핀 다음에 그 본래의 자급에 의거하여 응당 주어야 될 자급을 준다.[47] 〈속〉

진하지 않는 경우는 모두 장 80을 치고 사일을 삭감한다."라고 하였다.

46 금군장(禁軍將)……않는다 : 《대전통편》〈병전 경관직(京官職)〉에 있다. 단, '영장(營將)'은 본서에서 추가되었다.

47 군사의……준다 : 《속대전》〈병전 고신(告身)〉에 있다.

제 4 조 외관직(外官職)

❶ 변지 수령은 관서 7읍인 강계(江界)·위원(渭原)·초산(楚山)·벽동(碧潼)·창성(昌城)·삭주(朔州)·의주(義州)와 북도 6진(鎭)인 부령(富寧)·회령(會寧)·종성(鍾城)·온성(穩城)·경원(慶源)·경흥(慶興)에 두며, 또 무산(茂山)·삼수(三水)·갑산(甲山)에 둔다. 변지 첨사는 만포(滿浦)·아이(阿耳)·성진(城津)·혜산(惠山)·고령(高嶺)·장진(長津)·훈융(訓戎)·백령(白翎)·고군산(古群山)·부산(釜山)·다대포(多大浦)이다. ❷ 이력 첨사(履歷僉使)[48]는 군산(群山)·법성포(法聖浦)·가덕(加德)·창주(昌洲)·갈파지(乫波知)에 둔다. ❸ 체부[49] 첨사(遞付僉使)는 고산리(高山里)·신광(神光)·별해(別害)에 둔다. 체부 만호(遞付萬戶)는 평남(平南)·욋괴(乻怪)·종포(從浦)·추파(楸坡)·벌등(伐登)·운총(雲寵)·진동(鎭東)·인차외(仁遮外)·신방구비(神方仇非)·나난(羅暖)·어면(魚面)에 둔다. 체부 권관(遞付權管)은 마마해리(馬馬海里)·소농보(小農堡)·자작구비(自作仇非)·묘파(廟坡)·동인(同仁)·구갈파지(舊乫波知)·강구(江口)에 둔다.〈보〉 ❹ 서북의 서반 토관직(土官職)은 절도사가 본도(本道) 사람 중에서 의망하여 아뢴다.〈경〉 ❺ 수군(水軍)이 있는 읍(邑)은 해당 수사(水使)에게 소속된다. 경기에서는 교동(喬桐)이 속하고, 충청도에서는 홍주(洪州)·서산(瑞山)·비인(庇仁)·결성(結城)·임천(林川)·한산(韓山)·태안(泰安)·면천(沔川)·당진(唐津)·

48 이력 첨사(履歷僉使) : 변지(邊地)가 아닌데도 변지에 근무한 이력으로 인정해 주는 지역의 첨사이다.

49 체부 : 현재 맡고 있는 관직을 체차(遞差)하여 다른 관직에 붙인다는 의미이다. 〈병전 외관직〉의 '체부 첨사', '체부 만호', '체부 권관' 자리는 해당 관직에서 체차할 때 주로 경관직(京官職)으로 옮겨 주는 자리인 듯하다.

서천(舒川)·해미(海美)·남포(藍浦)·보령(保寧)이 속하고, 전라좌도(全羅左道)에서는 순천(順天)·낙안(樂安)·보성(寶城)·장흥(長興)·흥양(興陽)·광양(光陽)이 속하고, 전라우도(全羅右道)에서는 영암(靈巖)·함평(咸平)·해남(海南)·나주(羅州)·영광(靈光)·무안(務安)·진도(珍島)가 속하고, 경상좌도(慶尙左道)에서는 울산(蔚山)·기장(機張)이 속하고, 경상우도(慶尙右道) –❶ 통제영(統制營)이 있다. –에서는 김해(金海)·창원(昌原)·진해(鎭海)·거제(巨濟)·고성(固城)·사천(泗川)·진주(晉州)·곤양(昆陽)·하동(河東)·남해(南海)·웅천(熊川)이 속하고, 황해도(黃海道)에서는 옹진(甕津)·해주(海州)·강령(康翎)·안악(安岳)·연안(延安)·풍천(豐川)·장연(長淵)·은율(殷栗)·장련(長連)·배천(白川)이 속한다.〈보〉

제1항 **병마절도사**(兵馬節度使) ❶ 종2품이다.〈경〉 ❷ 충청도는 1원이다. –❶ 청주(淸州)에 둔다.– 전라도는 1원이다. –❷ 강진(康津)에 둔다.– 경상도는 2원이며 좌도(左道) –❸ 울산(蔚山)에 둔다. –와 우도(右道) –❹ 진주(晉州)에 둔다. –에 있다. 황해도는 1원이다. –❺ 황주(黃州)에 둔다.– 평안도는 1원이다. –❻ 안주(安州)에 둔다.– 함경도는 2원이며 남도(南道) –❼ 북청(北靑)에 둔다. –와 북도(北道) –❽ 경성(鏡城)에 둔다. –에 있다.〈경〉〈속〉〈보〉 ❸ 팔도에 또 각각 1원이 있으며, 관찰사(觀察使)가 겸임한다.

제2항 **수군절도사**(水軍節度使) ❶ 정3품이다.〈경〉 ❷ 경기는 1원이다. –❶ 교동(喬桐)에 둔다.– 충청도는 1원이다. –❷ 보령(保寧)에 둔다.– 전라도는 2원이며 좌도(左道) –❸ 순천(順天)에 둔다. –와 우도(右道) –❹ 해남(海南)에 둔다. –에 있다. 경상도는 1원이며

좌도 – 5 동래(東萊)에 둔다. – 에 있다. 황해도는 1원이다. – 6 옹진(甕津)에 둔다. – 함경도는 1원이며, 북병사(北兵使)가 겸임한다.〈경〉〈속〉〈보〉 3 팔도에 또 각각 1원이 있으며, 관찰사가 겸임한다. 경상도는 또 1원 – 7 우도(右道)에 있다. – 이 있으며, 통제사가 겸임한다.〈경〉〈속〉

제3항 **수군통어사**(水軍統禦使) 1 종2품이다. 2 경기는 1원이며, 수군절도사가 겸임한다.[50] 3 경기, 충청도, 황해도의 수군을 거느린다.

제4항 **수군통제사**(水軍統制使) 1 종2품이다. 경상도에 1원이 있다.〈속〉 – 1 고성(固城)에 둔다.〈보〉 – 2 삼남(三南)의 수군을 거느린다.

제5항 **병마방어사**(兵馬防禦使) 1 종2품이다.〈속〉 2 경기는 3원이며, 광주 유수(廣州留守)·수원 유수(水原留守)·파주 목사(坡州牧使)가 겸임한다. 강원도는 1원이며, 철원 부사(鐵原府使)가 겸임한다. 평안도는 2원이며, 창성 부사(昌城府使)와 강계 부사(江界府使)가 겸임한다. 함경도는 1원이며, 길주 목사(吉州牧使)가 겸임한다.〈속〉〈증〉

제6항 **수군방어사**(水軍防禦使) 1 종2품이다.〈속〉 2 경기는 1원이며, 영

50 경기는……겸임한다 : 수군통어사는 《속대전》에서는 수군절도사가 겸임하는 자리였는데, 《대전통편》에 이르러서는 수군절도사의 겸임이 혁파되고 강화 유수(江華留守)가 겸임하는 자리가 되었다.

종 첨사(永宗僉使)가 겸임한다. 전라도는 1원이며, 제주 목사(濟州牧使)가 겸임한다. 평안도는 2원이며, 삼화 부사(三和府使)와 선천 부사(宣川府使)가 겸임한다.〈속〉〈증〉

제7항 **순영 중군(巡營中軍)** ❶ 정3품이다.〈속〉 ❷ 팔도에 각각 1원이 있다.[51]〈속〉〈증〉 ❸ 또 광주(廣州)와 수원(水原)에 각각 1원이 있다.[52]〈속〉〈보〉

제8항 **진영장(鎭營將)** ❶ 정3품이다. 토포사(討捕使)를 겸임한다.〈속〉 ❷ 경기는 6원이며, 전영장(前營將)은 광주 부윤(廣州府尹), 좌영장(左營將)은 남양 부사(南陽府使), 중영장(中營將)은 양주 목사(楊州牧使), 별중영장(別中營將)은 수원 부사(水原府使), 우영장(右營將)은 장단 부사(長湍府使), 후영장(後營將)은 죽산 부사(竹山府使)가 겸임한다. 충청도는 4원이며, 전영장은 홍주(洪州), 중영장은 청주(淸州), 우영장은 공주(公州), 후영장은 충주(忠州)에 둔다. 충청도는 또 1원이 있으며, 좌영장은 해미 현감(海美縣監)이 겸임한다. 전라도는 3원이며, 전영장은 순천(順天), 중영장은 전주(全州), 우영장은 나주(羅州)에 둔다. 전라도는 또 2원이 있으며, 좌영장은 운봉 현감(雲峯縣監), 후영장은 여산

51 팔도에……있다 : 함경도와 평안도 순영 중군에 관한 조문은 《속대전》에 있고, 경기·충청도·경상도·전라도·황해도·강원도 순영 중군에 관한 조문은 《대전통편》에 있다.

52 또……있다 : 광주 중군(廣州中軍)에 관한 조문은 《속대전》에 있고, 수원 중군(水原中軍)에 관한 조문은 《전율통보》에서 추가되었다.

부사(礪山府使)가 겸임한다. 경상도는 5원이며, 전영장은 안동(安東), 좌영장은 상주(尙州), 중영장은 대구(大邱), 우영장은 진주(晉州), 후영장은 경주(慶州)에 둔다. 경상도는 또 1원이 있으며, 별중영장은 김해 부사(金海府使)가 겸임한다. 강원도는 1원이며, 우영장은 삼척(三陟)에 둔다. 강원도는 또 2원이 있으며, 좌영장은 춘천 부사(春川府使), 중영장은 횡성 현감(橫城縣監)이 겸임한다.[53] 황해도는 5원이며, 전영장은 봉산 군수(鳳山郡守), 좌영장은 풍천 부사(豐川府使), 중영장은 안악 군수(安岳郡守), 우영장은 곡산 부사(谷山府使), 후영장은 평산 부사(平山府使)가 겸임한다. 평안도는 9원이며, 전영장은 숙천 부사(肅川府使), 좌영장은 덕천 군수(德川郡守), 중영장은 중화 부사(中和府使), 우영장은 순천 군수(順川郡守), 후영장은 함종 부사(咸從府使), 별전영장(別前營將)은 용천 부사(龍川府使), 별좌영장(別左營將)은 구성 부사(龜城府使), 별우영장(別右營將)은 가산 군수(嘉山郡守), 별후영장(別後營將)은 영변 부사(寧邊府使)가 겸임한다. 함경도는 6원이며, 전영장은 홍원 현감(洪原縣監), 좌영장은 갑산 부사(甲山府使), 중영장은 영흥 부사(永興府使), 별중영장은 단천 부사(端川府使), 우영장은 삼수 부사(三水府使), 후영장은 덕

53 강원도는 1원이며……겸임한다. 강원도의 진영장(鎭營將) 3원은 《속대전》에서 증치되었는데, 좌영장(左營將)은 철원 부사(鐵原府使)가 겸임하고 중영장(中營將)은 원주 목사(原州牧使)가 겸임하고 우영장(右營將)은 삼척(三陟)에 두었다. 이후 중영장과 좌영장을 둔 지역이 바뀌어 《대전통편》에서 중영장을 횡성 현감(橫城縣監)이 겸임하는 것으로, 《전율통보》와 《대전회통》에서 좌영장을 춘천 부사(春川府使)가 겸임하는 것으로 변경되었다.

원 부사(德源府使)가 겸임한다.〈속〉〈증〉〈보〉

제 9 항 **위장**(衛將) ❶ 정3품이다. ❷ 함경도에 10원이 있다. 함경남도의 전위장(前衛將)은 부령 부사(富寧府使), 좌위장(左衛將)은 경성 판관(鏡城判官), 중위장(中衛將)은 무산 부사(茂山府使), 우위장(右衛將)은 명천 부사(明川府使), 후위장(後衛將)은 길주 목사(吉州牧使)가 겸임한다. 함경북도의 전위장은 회령 부사(會寧府使), 좌위장은 종성 부사(鍾城府使), 중위장은 온성 부사(穩城府使), 우위장은 경원 부사(慶源府使), 후위장은 경흥 부사(慶興府使)가 겸임한다.

제10항 **통우후**(統虞候) ❶ 정3품이다. ❷ 경상도에 1원이 있다.〈속〉

제11항 **병마우후**(兵馬虞候) ❶ 종3품이다. 평안도와 함경도의 병마우후는 정3품이다.[54]〈경〉〈증〉 ❷ 충청도와 전라도는 각각 1원이다. 경상도는 2원이며 좌도(左道)와 우도(右道)에 있다. 평안도는 1원이다. 함경도는 2원이며 남도와 북도에 있다.[55]〈경〉〈속〉

제12항 **수군우후**(水軍虞候) ❶ 정4품이다. ❷ 충청도는 1원이다. 전라도

54 평안도와……정3품이다 : 《경국대전》에서는 평안도와 함경도의 병마우후도 종3품직이었는데, 《대전통편》에 와서 정3품 당상직이 되었다.

55 함경도는……있다 : 함경도 병마우후는 《경국대전》에서 함경북도에 1원이었고 《속대전》에 와서 함경남도에 1원을 더 두었다고 하면서 총 2원이 되었다.

는 2원이며 좌도(左道)와 우도(右道)에 있다. 경상도는 1원이며 좌도에 있다.〈경〉 ❸ 또 경상도 -❶ 우도에 있다. - 는 1원이 있으며, 통우후(統虞候)가 겸임한다.[56]〈속〉

제13항 **병마절제사(兵馬節制使)** ❶ 정3품이다.〈경〉 ❷ 경기는 1원이며 광주진(廣州鎭)에 둔다.〈증〉 -❶ 진(鎭)이라 부른다. 수군첨절제사(水軍僉節制使)까지 모두 같다.〈경〉 - 전라도는 1원이며 제주진(濟州鎭)에 둔다. 경상도는 1원이며 경주진(慶州鎭)에 둔다. 평안도는 1원이며 의주진(義州鎭)에 둔다.〈경〉〈속〉

제14항 **수군절제사(水軍節制使)** ❶ 정3품이다. ❷ 전라도는 1원이며 제주진(濟州鎭)에 둔다.

제15항 **병마첨절제사(兵馬僉節制使)**[57] ❶ 종3품이다.〈경〉 ❷ 경기는 7원이며 파주진(坡州鎭), 수원진(水原鎭), 양주진(楊州鎭), 장단진(長湍鎭), 교동진(喬桐鎭), 여현진(礪峴鎭), -❶ 여현진은 송도(松都) 소관(所管)이다. - 월곶진(月串鎭) -❷ 강화(江華) 소관이다. -에 둔다. 충청도는 3원이며 충주진(忠州鎭), 청주진(淸州鎭), 홍주진(洪州鎭)에 둔다. 전라도는 4원이며 나주진(羅州鎭), 장흥진(長興鎭), 남원진(南原鎭), 순천진(順天鎭)에 둔다. 경상도는 6원이

56 경상도는……겸임한다 : 경상도 수군우후는 《경국대전》에서 경상좌도와 경상우도에 2원이었는데, 《속대전》에 와서 경상도에 통우후(統虞候)를 증치하고 경상우도 수군우후를 통우후가 겸임하도록 하였다.

57 병마첨절제사(兵馬僉節制使) : 모두 수령이 맡는다. 《經國大典 兵典 外官職》

며 안동진(安東鎭), 동래진(東萊鎭), 상주진(尙州鎭), 진주진(晉州鎭), 김해진(金海鎭), 선산진(善山鎭)에 둔다. 강원도는 3원이며 강릉진(江陵鎭), 철원진(鐵原鎭), 춘천진(春川鎭)에 둔다. 황해도는 1원이며 황주진(黃州鎭)에 둔다. 평안도는 25원이며 정주진(定州鎭), 성천진(成川鎭), 강계진(江界鎭), 위원진(渭原鎭), 초산진(楚山鎭), 벽동진(碧潼鎭), 영원진(寧遠鎭), 안주진(安州鎭), 창성진(昌城鎭), 삭주진(朔州鎭), 구성진(龜城鎭), 영변진(寧邊鎭), 가산진(嘉山鎭), 만포진(滿浦鎭), 고산리진(高山里鎭), 신광진(神光鎭), -[3] 만포진부터 모두 강계(江界) 소관이다.- 인산진(麟山鎭), 청성진(淸城鎭), -[4] 모두 의주(義州) 소관이다.- 벽단진(碧團鎭), -[5] 벽동(碧潼) 소관이다.- 창주진(昌洲鎭), -[6] 창성(昌城) 소관이다.- 미곶진(彌串鎭), -[7] 용천(龍川) 소관이다.- 위곡진(委曲鎭), -[8] 운산(雲山) 소관이다.- 영성진(寧城鎭), -[9] 영원(寧遠) 소관이다.- 우현진(牛峴鎭), 아이진(阿耳鎭) -[10] 모두 초산(楚山) 소관이다.-에 둔다. 함경도는 24원이며 갑산진(甲山鎭), 안변진(安邊鎭), 삼수진(三水鎭), 영흥진(永興鎭), 북청진(北靑鎭), 단천진(端川鎭), 경원진(慶源鎭), 회령진(會寧鎭), 종성진(鍾城鎭), 온성진(穩城鎭), 경흥진(慶興鎭), 부령진(富寧鎭), 무산진(茂山鎭), 장진책진(長津柵鎭), 혜산진(惠山鎭), -[11] 혜산진은 갑산(甲山) 소관이다.- 별해진(別害鎭), -[12] 삼수(三水) 소관이다.- 훈융진(訓戎鎭), -[13] 경원(慶源) 소관이다.- 동관진(潼關鎭), -[14] 종성(鍾城) 소관이다.- 고령진(高嶺鎭), 볼하진(乶下鎭), -[15] 모두 회령(會寧) 소관이다.- 유원진(柔遠鎭), 미전진(美錢鎭), -[16] 모두 온성(穩城) 소관이다.- 어유간진(魚游澗鎭), -[17] 경성(鏡城) 소관이다.- 성진

진(城津鎭) – 18 길주(吉州) 소관이다. –에 둔다.〈경〉〈속〉〈증〉〈보〉

제16항 **수군첨절제사**(水軍僉節制使) 1 종3품이다.〈경〉 2 경기는 3원이며 영종진(永宗鎭), 덕적진(德積鎭), – 1 모두 인천(仁川) 소관(所管)이다. – 덕포진(德浦鎭) – 2 통진(通津) 소관이다. –에 둔다. 충청도는 3원이며 소근포진(所斤浦鎭), – 3 태안(泰安) 소관이다. – 마량진(馬梁鎭), – 4 비인(庇仁) 소관이다. – 평신진(平薪鎭) – 5 서산(瑞山) 소관이다. –에 둔다. 전라도는 4원이며 사도진(蛇渡鎭), – 6 흥양(興陽) 소관이다. – 임치도진(臨淄島鎭), – 7 함평(咸平) 소관이다. – 가리포진(加里浦鎭), – 8 강진(康津) 소관이다. – 고군산진(古群山鎭) – 9 만경(萬頃) 소관이다. –에 둔다. 경상도는 4원이며 부산포진(釜山浦鎭), 다대포진(多大浦鎭), – 10 모두 동래(東萊) 소관이다. – 가덕진(加德鎭), – 11 웅천(熊川) 소관이다. – 미조항진(彌助項鎭) – 12 남해(南海) 소관이다. –에 둔다. 강원도는 1원이며 삼척포 영장(三陟浦營將)이 겸임한다. 황해도는 1원이며 백령진(白翎鎭) – 13 장연(長淵) 소관이다. –에 둔다. 평안도는 5원이며 삼화진(三和鎭), 선천진(宣川鎭), 선사포진(宣沙浦鎭), – 14 선사포진은 철산(鐵山) 소관이다. – 노강진(老江鎭), – 15 안주(安州) 소관이다. – 광량진(廣梁鎭) – 16 삼화(三和) 소관이다. –에 둔다.〈경〉〈속〉〈증〉〈보〉

제17항 **병마동첨절제사**(兵馬同僉節制使) 1 종4품이다.〈경〉 2 경기는 18원이며 광주 진관(廣州鎭管)의 여주(驪州)·이천(利川)·양근(楊根)·죽산(竹山), 수원 진관(水原鎭管)의 부평(富平)·남양(南

陽)·인천(仁川)·안산(安山)·안성(安城)·통진(通津)·김포(金浦), 양주 진관(楊州鎭管)의 고양(高陽)·교하(交河)·가평(加平), 장단 진관(長湍鎭管)의 풍덕(豐德)·삭녕(朔寧)·마전(麻田), 월곶 진관(月串鎭管)의 초지량(草芝梁) –1 강화(江華) 소관(所管)이다. –에 둔다. 충청도는 13원이며 충주 진관(忠州鎭管)의 청풍(淸風)·단양(丹陽)·괴산(槐山), 청주 진관(淸州鎭管)의 천안(天安)·옥천(沃川), 공주 진관(公州鎭管)의 임천(林川)·한산(韓山), 홍주 진관(洪州鎭管)의 서천(舒川)·서산(瑞山)·태안(泰安)·면천(沔川)·온양(溫陽)·대흥(大興)에 둔다. 전라도는 17원이며 전주 진관(全州鎭管)의 익산(益山)·김제(金堤)·고부(古阜)·금산(錦山)·진산(珍山)·여산(礪山), 나주 진관(羅州鎭管)의 광주(光州)·영암(靈巖)·영광(靈光)·장성(長城), 남원 진관(南原鎭管)의 담양(潭陽)·순창(淳昌)·무주(茂朱), 순천 진관(順天鎭管)의 낙안(樂安)·보성(寶城)·능주(綾州), 장흥 진관(長興鎭管)의 진도(珍島)에 둔다. 경상도는 25원이며 경주 진관(慶州鎭管)의 울산(蔚山)·양산(梁山)·영천(永川)·흥해(興海), 안동 진관(安東鎭管)의 영해(寧海)·청송(靑松)·예천(醴泉)·영천(榮川)·풍기(豐基)·순흥(順興), 상주 진관(尙州鎭管)의 성주(星州)·금산(金山), 진주 진관(晉州鎭管)의 합천(陜川)·초계(草溪)·함양(咸陽)·곤양(昆陽)·거창(居昌)·하동(河東), 김해 진관(金海鎭管)의 창원(昌原)·함안(咸安)·거제(巨濟), 대구 진관(大邱鎭管)의 밀양(密陽)·청도(淸道)·인동(仁同)·칠곡(漆谷)에 둔다. 강원도는 11원이며 강릉 진관(江陵鎭管)의 삼척(三陟)·양양(襄陽)·평해(平海)·간성(杆城)·고성(高城)·통천(通川), 원주 진관(原州鎭管)의 영월(寧越)·정선(旌善)·평창(平昌),

철원 진관(鐵原鎭管)의 회양(淮陽)·이천(伊川)에 둔다. 황해도는 18원이며 황주 진관(黃州鎭管)의 평산(平山)·서흥(瑞興)·봉산(鳳山)·안악(安岳)·재령(載寧)·수안(遂安)·곡산(谷山)·신천(信川)·문성(文城)–2 문성은 곡산 소관이다.–·선적(善積)–3 서흥 소관이다.–·백치(白峙)–4 금천(金川) 소관이다.–·동리(東里)·산산(蒜山),–5 모두 봉산 소관이다.– 해주 진관(海州鎭管)의 연안(延安)·배천(白川)·풍천(豐川)·장연(長淵)·금천(金川)에 둔다. 평안도는 24원이며 평양진 병마동첨절제사(平壤鎭兵馬同僉節制使)는 평양 서윤(平壤庶尹)이 겸임하고 평양 진관(平壤鎭管)의 중화(中和)·함종(咸從), 영변 진관(寧邊鎭管)의 운산(雲山)·희천(熙川)·박천(博川), 안주 진관(安州鎭管)의 숙천(肅川)·고성(古城),–6 고성은 박천 소관이다.– 의주 진관(義州鎭管)의 철산(鐵山)·용천(龍川), 성천 진관(成川鎭管)의 덕천(德川)·개천(价川)·자산(慈山)·순천(順川)·상원(祥原)·토성(兎城),–7 토성은 양덕(陽德) 소관이다.– 구성 진관(龜城鎭管)의 곽산(郭山)·안의(安義)–8 안의는 구성 소관이다.–·서림(西林),–9 선천(宣川) 소관이다.– 강계 진관(江界鎭管)의 상토(上土)–10 강계 소관이다.–·유원(柔院),–11 희천(熙川) 소관이다.– 삭주 진관(朔州鎭管)의 천마(天摩),–12 삭주 소관이다.– 초산 진관(楚山鎭管)의 차령(車嶺),–13 초산 소관이다.– 창성 진관(昌城鎭管)의 시채(恃寨)–14 창성 소관이다.–에 둔다. 함경도는 7원이며 영흥 진관(永興鎭管)의 정평(定平)·고원(高原), 안변 진관(安邊鎭管)의 덕원(德源)·문천(文川), 삼수 진관(三水鎭管)의 갈파지(乫波知),–15 삼수 소관이다.– 길주 진관(吉州鎭管)의 서북(西北),–16 길주 소관

이다.- 경성 진관(鏡城鎭管)의 명천(明川)에 둔다.〈경〉〈속〉〈증〉〈보〉

제18항 **수군동첨절제사**(水軍同僉節制使) ❶ 종4품이다.〈속〉 ❷ 경기는 2원이며 덕포 진관(德浦鎭管)의 화량(花梁)-❶ 남양(南陽) 소관(所管)이다.-·주문도(注文島)-❷ 강화(江華) 소관이다.-에 둔다. 전라도는 6원이며 사도 진관(蛇渡鎭管)의 방답(防踏),-❸ 순천(順天) 소관이다.- 고군산 진관(古群山鎭管)의 법성포(法聖浦)-❹ 영광(靈光) 소관이다.-·위도(蝟島)-❺ 부안(扶安) 소관이다.-·군산포(群山浦),-❻ 옥구(沃溝) 소관이다.- 임치도 진관(臨淄島鎭管)의 임자도(荏子島),-❼ 영광(靈光) 소관이다.- 가리포 진관(加里浦鎭管)의 고금도(古今島)-❽ 강진(康津) 소관이다.-에 둔다. 경상도는 3원이며 부산포 진관(釜山浦鎭管)의 서생포(西生浦),-❾ 울산(蔚山) 소관이다.- 가덕 진관(加德鎭管)의 구산포(龜山浦),-❿ 칠원(漆原) 소관이다.- 미조항 진관(彌助項鎭官)의 적량(赤梁)-⓫ 진주(晋州) 소관이다.-에 둔다. 황해도는 5원이며 백령 진관(白翎鎭管)의 등산곶(登山串)-⓬ 강령(康翎) 소관이다.-·허사포(許沙浦)·초도(椒島)-⓭ 모두 풍천(豐川) 소관이다.-·오차포(吾叉浦)-⓮ 장연(長淵) 소관이다.-·용매량(龍媒梁)-⓯ 해주(海州) 소관이다.-에 둔다.〈경〉〈속〉〈증〉〈보〉

제19항 **병마절제도위**(兵馬節制都尉) ❶ 종6품이다.〈경〉 ❷ 경기는 13원이며 광주 진관(廣州鎭管)의 지평(砥平)·음죽(陰竹)·양지(陽智)·과천(果川), 양주 진관(楊州鎭管)의 영평(永平)·포천(抱川)·적성(積城), 수원 진관(水原鎭管)의 진위(振威)·양천(陽川)·용인(龍仁)·

금천(衿川)·양성(陽成), 장단 진관(長湍鎭管)의 연천(漣川)에 둔다. 충청도는 38원이며 충주 진관(忠州鎭管)의 연풍(延豐)·음성(陰城)·영춘(永春)·제천(堤川), 청주 진관(淸州鎭管)의 직산(稷山)·목천(木川)·문의(文義)·회인(懷仁)·청안(淸安)·진천(鎭川)·보은(報恩)·영동(永同)·황간(黃澗)·청산(靑山)에 두고, 공주진 병마절제도위(公州鎭兵馬節制都尉)는 공주 판관(公州判官)이 겸임하며, 공주 진관(公州鎭管)의 전의(全義)·정산(定山)·은율(恩律)·회덕(懷德)·진잠(鎭岑)·연산(連山)·이성(尼城)·부여(扶餘)·석성(石城)·연기(燕岐), 홍주 진관(洪州鎭管)의 평택(平澤)·홍산(鴻山)·덕산(德山)·청양(靑陽)·비인(庇仁)·결성(結城)·남포(藍浦)·보령(保寧)·아산(牙山)·신창(新昌)·예산(禮山)·해미(海美)·당진(唐津)에 둔다. 전라도는 35원이며 전주진 병마절제도위(全州鎭兵馬節制都尉)는 전주 판관(全州判官)이 겸임하고, 전주 진관(全州鎭管)의 정읍(井邑)·흥덕(興德)·부안(扶安)·만경(萬頃)·옥구(沃溝)·임피(臨陂)·금구(金溝)·용안(龍安)·함열(咸悅)·고산(高山)·태인(泰仁), 나주 진관(羅州鎭管)의 함평(咸平)·고창(高敞)·무장(茂長)·남평(南平)·무안(務安), 남원 진관(南原鎭管)의 임실(任實)·곡성(谷城)·진안(鎭安)·용담(龍潭)·옥과(玉果)·운봉(雲峯)·창평(昌平)·장수(長水), 장흥 진관(長興鎭管)의 강진(康津)·해남(海南), 순천 진관(順天鎭管)의 광양(光陽)·구례(求禮)·흥양(興陽)·동복(同福)·화순(和順)에 두며, 제주진 병마절제도위(濟州鎭兵馬節制都尉)는 제주 판관(濟州判官)이 겸임하고, 제주 진관(濟州鎭管)의 대정(大靜)·정의(旌義)에 둔다. 경상도는 39원이며 경주 진관(慶州鎭管)의 청하(淸河)·연일(延日)·장기(長鬐)·

기장(機張)·언양(彦陽), 안동 진관(安東鎭管)의 의성(義城)·봉화(奉化)·진보(眞寶)·군위(軍威)·비안(比安)·예안(禮安)·영덕(盈德)·용궁(龍宮)·영양(英陽), 상주 진관(尙州鎭管)의 개령(開寧)·지례(知禮)·고령(高靈)·문경(聞慶)·함창(咸昌), 진주 진관(晉州鎭管)의 사천(泗川)·남해(南海)·삼가(三嘉)·의령(宜寧)·산청(山淸)·안의(安義)·단성(丹城), 김해 진관(金海鎭管)의 칠원(漆原)·진해(鎭海)·고성(固城)·웅천(熊川)에 두며, 대구진 병마절제도위(大邱鎭兵馬節制都尉)는 대구 판관(大邱判官)이 겸임하고, 대구 진관(大邱鎭管)의 경산(慶山)·하양(河陽)·현풍(玄風)·의흥(義興)·신녕(新寧)·영산(靈山)·창녕(昌寧)·자인(慈仁)에 둔다. 강원도는 12원이며 강릉 진관(江陵鎭管)의 울진(蔚珍)·흡곡(歙谷)에 두고, 원주진 병마절제도위(原州鎭兵馬節制都尉)는 원주 판관(原州判官)이 겸임하며, 원주 진관(原州鎭管)의 인제(麟蹄)·횡성(橫城)·홍천(洪川), 철원 진관(鐵原鎭管)의 양구(楊口)·낭천(狼川)·금성(金城)·평강(平康)·김화(金化)·안협(安峽)에 둔다. 황해도는 8원이며 황주 진관(黃州鎭管)의 신계(新溪)·토산(兎山)·문화(文化)·장련(長連)에 두고, 해주진 병마절제도위(海州鎭兵馬節制都尉)는 해주 판관(海州判官)이 겸임하며, 해주 진관(海州鎭管)의 송화(松禾)·은율(殷栗)·강령(康翎)에 둔다. 평안도는 11원이며, 평양 진관(平壤鎭管)의 용강(龍岡)·증산(甑山)·순안(順安)·강서(江西), 영변 진관(寧邊鎭管)의 태천(泰川), 안주 진관(安州鎭管)의 영유(永柔), 성천 진관(成川鎭管)의 양덕(陽德)·맹산(孟山)·삼등(三登)·강동(江東)·은산(殷山)에 둔다. 함경도는 4원이며 북청 진관(北青鎭管)의 이성(利城)·홍원(洪原)에 두고, 경성진 병마절제도위(鏡城鎭兵馬節制都尉)는 경성 판관(鏡城判官)이 겸임하고, 함흥진 병마절제도위(咸興鎭兵馬節制都尉)는 함흥 판관(咸興判官)이 겸임한다.〈경〉〈속〉〈증〉

제20항 **병마만호**(兵馬萬戶) **1** 종4품이다.〈경〉 **2** 경기는 4원이며 월곶 진관(月串鎭管)의 제물량(濟物梁)·인화보(寅火堡)·용진(龍津)·덕진(德津) -1 모두 강화(江華) 소관(所管)이다.- 에 둔다. 황해도는 3원이며 황주 진관(黃州鎭管)의 문산(文山)·위라(位羅) -2 모두 수안(遂安) 소관이다.- ·소이(所已) -3 서흥(瑞興) 소관이다.- 에 둔다. 평안도는 15원이며 강계 진관(江界鎭管)의 추파(楸坡)·벌등(伐登)·욋괴(乻怪)·종포(從浦)·평남(平南), -4 모두 강계 소관이다.- 삭주 진관(朔州鎭管)의 구령(仇寧)·막령(幕嶺), -5 모두 삭주 소관이다.- 의주 진관(義州鎭管)의 옥강(玉江)·방산(方山)·청수(青水)·수구(水口)·양하(楊下), -6 모두 의주 소관이다.- 초산 진관(楚山鎭管)의 산양회(山羊會), -7 초산 소관이다.- 위원 진관(渭原鎭管)의 오로량(吾老梁), -8 위원 소관이다.- 구성 진관(龜城鎭管)의 식송(植松) -9 구성 소관이다.- 에 둔다. 함경도는 18원이며 경흥 진관(慶興鎭管)의 무이(撫夷)·아오지(阿吾地), -10 모두 경흥 소관이다.- 경원 진관(慶源鎭管)의 아산(阿山), -11 경원 소관이다.- 경성 진관(鏡城鎭管)의 주을온(朱乙溫)·삼삼파(森森坡) -12 모두 경성 소관이다.- ·재덕(在德), -13 명천(明川) 소관이다.- 회령 진관(會寧鎭管)의 풍산(豐山)·고풍산(古豐山), -14 모두 회령 소관이다.- 종성 진관(鍾城鎭管)의 방원(防垣), -15 종성 소관이다.- 온성 진관(穩城鎭管)의 영달(永

達), –16 온성 소관이다.– **부령 진관**(富寧鎭管)의 **폐무산**(廢茂山), –17 부령 소관이다.– **갑산 진관**(甲山鎭管)의 **운총**(雲寵)·**진동**(鎭東), –18 모두 갑산 소관이다.– **삼수 진관**(三水鎭管)의 **인차외**(仁遮外)·**신방구비**(神方仇非)·**나난**(羅暖)·**어면**(魚面), –19 모두 삼수 소관이다.– **단천 진관**(端川鎭管)의 **이동**(梨洞) –20 단천 소관이다.–에 둔다.〈경〉〈속〉〈증〉〈보〉

제21항 **수군만호**(水軍萬戶) 1 종4품이다.〈경〉 2 경기는 1원이며 **덕포 진관**(德浦鎭管)의 **장봉도**(長峯島) –1 교동(喬桐) 소관(所管)이다.–에 둔다. 충청도는 1원이며 **마량 진관**(馬梁鎭管)의 **서천포**(舒川浦) –2 서천 소관이다.–에 둔다. 전라도는 15원이며 **사도 진관**(蛇渡鎭管)의 **회령포**(會寧浦) –3 장흥(長興) 소관이다.–·**여도**(呂島)·**녹도**(鹿島)·**발포**(鉢浦), –4 모두 흥양(興陽) 소관이다.– **고군산 진관**(古群山鎭管)의 **검모포**(黔毛浦), –5 부안(扶安) 소관이다.– **임치도 진관**(臨淄島鎭管)의 **다경포**(多慶浦) –6 영암(靈巖) 소관이다.–·**목포**(木浦) –7 무안(務安) 소관이다.–·**지도**(智島) –8 나주(羅州) 소관이다.–·**남도포**(南桃浦), –9 진도(珍島) 소관이다.– **가리포 진관**(加里浦鎭管)의 **신지도**(薪智島) –10 강진(康津) 소관이다.–·**어란포**(於蘭浦)·**이진**(梨津) –11 모두 영암(靈巖) 소관이다.–·**마도**(馬島) –12 강진 소관이다.–·**금갑도**(金甲島), –13 진도 소관이다.– **제주 진관**(濟州鎭管)의 **명월포**(明月浦) –14 제주 소관이다.–에 둔다. 경상도는 15원이며 **부산포 진관**(釜山浦鎭管)의 **두모포**(豆毛浦)·**개운포**(開雲浦)·**포이포**(包伊浦)·**서평포**(西平浦), –15 모두 동래(東萊) 소관이다.– **가덕 진관**(加德鎭管)의

천성포(天城浦)·안골포(安骨浦)·제포(薺浦) –[16] 모두 웅천(熊川) 소관이다. –·조라포(助羅浦)·옥포(玉浦)·지세포(知世浦)·가배량(加背梁), –[17] 모두 거제(巨濟) 소관이다. – 미조항 진관(彌助項鎭管)의 평산포(平山浦) –[18] 남해(南海) 소관이다. –·사량(蛇梁)·당포(唐浦) –[19] 모두 고성(固城) 소관이다. –·영등포(永登浦) –[20] 거제 소관이다. –에 둔다. 강원도는 1원이며 삼척포 진관(三陟浦鎭管)의 월송포(越松浦) –[21] 평해(平海) 소관이다. –에 둔다. 황해도는 1원이며 백령 진관(白翎鎭管)의 조니포(助泥浦) –[22] 장연(張淵) 소관이다. –에 둔다. 함경도는 1원이며 경흥 진관(慶興鎭管)의 조산포(造山浦)[58] –[23] 경흥 소관이다. –에 둔다.〈경〉〈속〉〈증〉〈보〉

제22항 **병마평사(兵馬評事)** [1] 정6품이다. [2] 함경도에 1원이며 북도에 둔다.〈경〉

제23항 **감목관(監牧官)** [1] 종6품이다.〈속〉 [2] 경기는 2원이며 수원(水原), –[1] 양성(陽城)을 겸하여 관할한다. – 남양(南陽)에 둔다. 전라도는 4원이며 흥양(興陽), 순천(順天), 나주(羅州), 진도(珍島)에 둔다. 경상도는 2원이며 진주(晉州), –[2] 거제(巨濟)를 겸하여 관할한다. – 울산(蔚山) –[3] 장기(長鬐)를 겸하여 관할한다. –에 둔다. 함경도는 1원이며 함흥(咸興) –[4] 영흥(永興), 문천(文川), 홍원(洪

58 경흥 진관(慶興鎭管)의 조산포(造山浦) : 《경국대전》〈병전 외관직〉 영안도(永安道) 조, 《대전통편》〈병전 외관직〉 함경도(咸鏡道) 조, 《대전회통》〈병전 외관직〉 함경도 조에는 '북도 관할의 조산포[北道管造山浦]'로 되어 있다.

原)을 겸하여 관할한다.－에 둔다.〈속〉〈보〉 **3** 또 경기에는 3원이 있으며, 강화(江華)는 초지 첨사(草芝僉使)가, 인천(仁川)은 영종 첨사(永宗僉使)가, 장봉도(長峯島)는 본도(本島)의 만호가 겸임한다. 충청도에는 1원이 있으며 서산 감목관(瑞山監牧官)－**5** 태안(泰安), 면천(沔川)을 겸하여 관할한다.－은 평신 첨사(平薪僉使)가 겸임한다. 전라도에는 1원이 있으며 임자도 감목관(荏子島監牧官)은 본도(本島)의 첨사가 겸임한다. 경상도에는 1원이 있으며 동래 감목관(東萊監牧官)은 다대포 첨사(多大浦僉使)가 겸임한다. 황해도에는 3원이 있으며 해주 감목관(海州監牧官)－**6** 강령(康翎), 옹진(瓮津)을 겸하여 관할한다.－은 등산 첨사(登山僉使)가, 풍천 감목관(豐川監牧官)－**7** 은율(殷栗)을 겸하여 관할한다.－은 초도 첨사(椒島僉使)가, 장연 감목관(長淵監牧官)은 백령 첨사(白翎僉使)가 겸임한다. 평안도에는 1원이 있으며 철산 감목관(鐵山監牧官)－**8** 선천(宣川)을 겸하여 관할한다.－은 선사포 첨사(宣沙浦僉使)가 겸임한다. 한경도에는 2원이 있으며 단천 감목관(端川監牧官)과 온성 감목관(穩城監牧官)은 본부(本府)의 부사가 겸임한다. 또 전라도에는 2원이 있으며 별장(別將)이라고 일컫는 지도 만호(智島萬戶)와 신지도 만호(薪智島萬戶)가 겸임한다.[59] 〈경〉〈속〉〈증〉〈보〉

59 또 전라도에는……겸임한다 : 전라도 감목관은 《속대전》에서 흥양(興陽), 순천(順天), 나주(羅州), 진도(珍島), 임자도(荏子島)에 5원을 두고 그 지역의 첨사가 겸임하는 것으로 되어 있으며, 《대전통편》에서도 동일하였다. 《전율통보》에 와서 감목관의 정원이 2원 늘어나 7원이 되었으며 흥양, 순천, 나주, 진도는 종6품 감목관 실직으로 제수하고, 임자도는 《속대전》과 동

제24항 **권관**(權管) [1] 종9품이다.〈속〉 [2] 경상도는 2원이며 율포(栗浦), −[1] 거제(巨濟) 소관(所管)이다.− 삼천포(三千浦) −[2] 고성(固城) 소관이다.−에 둔다. 평안도는 14원이며 건천(乾川), −[3] 의주(義州) 소관이다.− 묘동(廟洞), 갑암(甲巖), 운두리(雲頭里), 어정탄(於汀灘), 대길호리(大吉號里), 소길호리(小吉號里), −[4] 모두 창성(昌城) 소관이다.− 갈헌동(乫軒洞), 짓동(㖌洞), −[5] 모두 위원(渭原) 소관이다.− 광평(廣坪), 대파아(大坡兒), 소파아(小坡兒), 추구비(楸仇非), −[6] 모두 벽동(碧潼) 소관이다.− 마마해리(馬馬海里) −[7] 강계(江界) 소관이다.−에 둔다. 함경도는 15원이며 소농보(小農堡), 묘파(廟坡), 동인(同仁), −[8] 모두 갑산(甲山) 소관이다.− 자작구비(自作仇非), 구갈파지(舊乫波知), 강구(江口), −[9] 모두 삼수(三水) 소관이다.− 쌍청(雙靑), 황토기이(黃土岐伊), −[10] 모두 단천(端川) 소관이다.− 오촌(吾村), 보화보(寶化堡), −[11] 모두 경성(鏡城) 소관이다.− 양영만동(梁永萬洞), −[12] 무산(茂山) 소관이다.− 건원(乾原), 안원(安原), −[13] 모두 경원(慶源) 소관이다.− 황척파(黃拓坡), −[14] 온성(穩城) 소관이다.− 서수라(西水羅) −[15] 경흥(慶興) 소관이다.−에 둔다.〈속〉〈보〉

제25항 **별장**(別將) [1] 종9품이다.〈속〉 [2] 경기는 7원이며 문수산성(文殊山城), −[1] 통진(通津) 소관(所管)이다.− 장산(長山), 임진도(臨津

일하게 임자도 첨사가 겸임하고, 지도(智島)와 신지도(薪智島) 2곳에 감목관이 더 설치되어 지도 만호와 신지도 만호가 겸임하는 것으로 바뀌었다. 이후 《대전회통》에 이르러서는 흥양, 순천, 나주, 진도, 제주(濟州)에 종6품 감목관 5원을 두었다고 하였다.

渡), –[2] 모두 파주(坡州) 소관이다. – 삼전도(三田渡), 양화도(楊花渡), 노량도(露梁渡), 한강도(漢江渡)에 둔다. 전라도는 6원이며 격포(格浦), –[3] 부안(扶安) 소관이다. – 흑산도(黑山島), –[4] 나주(羅州) 소관이다. – 고돌산(古突山), –[5] 순천(順天) 소관이다. – 위봉산성(威鳳山城), –[6] 전주(全州) 소관이다. – 입암산성(笠巖山城), –[7] 장성(長城) 소관이다. – 금성산성(金城山城) –[8] 담양(潭陽) 소관이다. –에 둔다. 경상도는 10원이며 장목포(長木浦), –[9] 거제(巨濟) 소관이다. – 신문(新門), 청천(晴川), –[10] 모두 웅천(熊川) 소관이다. – 남촌(南村), 구소비포(舊所非浦), 섬진(蟾津), –[11] 모두 고성(固城) 소관이다. – 금오산성(金烏山城), –[12] 선산(善山) 소관이다. – 독용산성(禿用山城), –[13] 성주(星州) 소관이다. – 조령산성(鳥嶺山城), –[14] 문경(聞慶) 소관이다. – 포항(浦項) –[15] 연일(延日) 소관이다. –에 둔다. 황해도는 6원이며 수양산성(首陽山城), –[16] 해주(海州) 소관이다. – 구월산성(九月山城), –[17] 은율(殷栗) 소관이다. – 장수산성(長壽山城), –[18] 재령(載寧) 소관이다. – 정방산성(正方山城), –[19] 황주(黃州) 소관이다. – 대현산성(大峴山城), –[20] 서흥(瑞興) 소관이다. – 옹진(瓮津) –[21] 옹진 소관이다. –에 둔다.[60] 평안도는 4원이며 임토(林土), –[22] 벽동(碧潼) 소관이다. – 자모산성(慈母山城), –[23] 자산(慈山) 소관이다. – 황룡산성(黃龍山城), –[24] 용강(龍岡) 소관이다. – 보산(保山) –[25] 평양(平壤)

60 황해도는……둔다 : 황해도의 별장은 《속대전》에서 정원 5원으로 수양산성(首陽山城), 구월산성(九月山城), 장수산성(長壽山城), 정방산성(正方山城), 대현산성(大峴山城)에 두었다고 하였으며, 《대전통편》과 《대전회통》 조문도 같다. 《전율통보》에서만 옹진(瓮津)을 추가하여 정원이 6원으로 되어 있다.

소관이다.-에 둔다. 함경도는 2원이며 중령(中嶺), 부전령(赴戰嶺)-26 모두 함흥(咸興) 소관이다.-에 둔다.〈속〉〈증〉〈보〉

제5조 외관격식(外官格式)

제1항 서북 이외의 병사(兵使)는 수사(水使)를 역임한 사람으로 의망하되, 남병사(南兵使)는 병사(兵使)를 역임한 사람으로 의망한다.[61] 〈증〉

제2항 수사(水使)는 변지 수령과 방어사를 역임한 사람으로 의망한다.[62] 〈속〉 **1** 승지를 역임하였으면 방어사를 역임하지 않았더라도 곧바로 수사에 통망하고, 변지 수령을 역임하지 않았으면 변지 수령의 이력으로 시행하여 곧바로 방어사에 의망한다.〈증〉

61 남병사(南兵使)는……의망한다 : 남도 병마절도사인 남병사는 함경남도 북청(北青)의 남병영(南兵營)에 주둔하였으며, 북병사(北兵使)는 국경 지역인 함경북도 경성(鏡城)의 북병영(北兵營)에 주둔하였다. 남병사 자리에는 빈번이 병사를 역임하지 않은 사람을 의망하곤 하였는데, 정조가 1776년(정조 즉위년) 변방의 요충을 지키는 중요한 자리는 남북의 차이가 없다고 하면서 이후부터 남병사에 병사를 역임한 사람을 의망하게 하였다.《承政院日記 正祖 卽位年 11月 13日》

62 수사(水使)는……의망한다 : 1739년(영조15) 절도사 자리의 통망 조건이 방어사를 역임하는 것에서 변지 수령을 역임하는 것으로 바뀌었다. 이로 인해 종2품 방어사를 역임한 무신은 절도사에 통망되지 못하는 반면 종4품 군수를 역임한 변지 수령은 절도사에 통망되는 경우가 생겼다. 이에 방어사를 역임한 무신 가운데 절도사에 등용될 만한 재주가 있는 사람으로서 어버이의 나이가 70세 이상인 사람에게는 통망을 허용하였고, 이후 1744년 변지 수령과 방어사를 모두 역임한 사람이어야 절도사 자리에 의망할 수 있도록 하였다. '수사(水使)'가 《속대전》〈병전 외관직(外官職)〉에는 '절도사(節度使)'라고 되어 있다.《承政院日記 英祖 15年 11月 5日, 20年 8月 19日》

제 3 항 **경기, 대흥(大興), 강화(江華), 평양(平壤), 함흥(咸興), 수원(水原)의 중군(中軍) 이력은 영장과 동일하게 시행한다.**[63] 〈증〉〈보〉

제 4 항 **강계(江界), 삼수(三水), 갑산(甲山)의 변장(邊將)은 선천(宣薦)된 사람으로 차출하고 정해진 삭수(朔數)가 차고 나서 경관직에 올려 천전(遷轉)시킨다.**[64]

제 5 항 **영장은 15개월이 되기 전에 천전(遷轉)할 수 없다.** 〈속〉 **1** 제수된 달부터 계산한다.[65] 〈증〉〈보〉 **2** 예전에 오른 당상관 자급으로 영

63 경기……시행한다 : 1765년(영조41) 영장은 무신으로서 당상관이 되는 자리인데 무신의 당상관 자리가 부족하다는 이유로 영장을 자주 교체할 수 없다 하여 서북의 순영과 양도(兩都)의 중군을 무신의 당상관 자리로 만들고 이곳 중군의 이력과 삭수(朔數)에 관해서는 영장의 예대로 시행하도록 거조(擧條)를 내었다. 《대전통편》 〈병전 외관직〉에서는 서북 지역인 함흥과 평양의 중군, 양도 지역인 개성부(開城府) 대흥산성(大興山城)의 중군과 강화 중군(江華中軍)에다가 경기 중군(京畿中軍)이 추가되었다. '수원 중군(水原中軍)'에 관한 조문은 《전율통보》에서 추가되었다. 《承政院日記 英祖 41年 12月 22日》

64 강계(江界)……천전(遷轉)시킨다 : 1694년(숙종20) 비변사의 계사로 인하여, 첨사는 도총부나 훈련원의 4품 이상을 차출하여 보내고 만호는 선전관으로 차출하여 보내며 권관은 선천(宣薦)의 취재(取才)에 입격한 자를 차출하여 보내고서 선전관의 사일(仕日)이 차는 규례에 따라 올려 경관직에 붙이게 하였다. 그리고 1699년 선전관으로 차출하는 만호의 경우 적합한 사람이 부족하다는 이유로 선전관에서 훈련원 주부가 된 자나 참하 무신겸선전관에서 6품으로 오른 자도 융통하여 보낸 다음 정해진 삭수(朔數)가 차고 나서 경관직에 올려 천전하게 하였다. 《承政院日記 肅宗 20年 11月 26日, 25年 9月 11日》

65 제수된 달부터 계산한다 : '제수된 달[除拜月]'이 《대전통편》 〈병전 외관직〉에는 '제수된 날짜[除拜日子]'라고 되어 있다.

장이 된 경우는 10개월이 되기 전에는 천전해 주지 않는다.〈증〉

제6항 **새로 당상관으로 자급이 올라 영장에 제수된 자가 임기가 끝나기 전에 직임을 제대로 수행하지 못해 체직(遞職)되면 근무한 달수를 따지지 않고 올린 자급을 환수한다.** ▮ 다른 죄로 파직된 경우에는 그렇게 하지 않는다. **10개월 이전이면 비록 병으로 체직되었더라도 올린 자급을 환수한다.**〈속〉

제7항 **변지의 수령이나 첨사 및 영장이 임기를 마치기 전에 체차되려고 꾀한 경우는 그 이력을 시행하지 않는다.**[66] ▮ 상을 당해 임기를 다 채우지 못한 경우는 논하지 않는다.〈증〉

제8항 **변지 첨사는 1년 내에 다른 직임에 의망하지 않는다.**[67]〈속〉

66 변지의……않는다 : 관원이 절도사가 되기 위해서는 방어사를 역임해야 하는데, 방어사는 먼저 변지 수령이나 변장(邊將) 자리를 거쳐야 했다. 이 때문에 이러한 자리를 절도사가 되는 과정에서 필요한 이력을 채우는 수단으로 여겨 부임한 지 얼마 안 되어 체차되기를 도모하는 자가 많아졌고, 자주 체차되는 변지 수령이나 변장을 영송(迎送)하느라 도리어 가난한 백성이 피해를 입게 되었다. 1758년(영조34) 이런 폐단을 염려한 유척기(俞拓基)가 변지 수령이나 변장으로서 임기가 차기 전에 지레 체차된 자는 병으로 파직되었거나 포폄 결과로 파직되었거나를 따지지 않고 이력을 시행하지 말도록 건의하여 이를 따라 시행된 것이다.《承政院日記 英祖 34年 8月 26日》

67 변지……않는다 : 1739년(영조15) 우의정 유척기(俞拓基)가 변지 수령이 부임했다가 바로 다른 관직으로 옮겨 가는 일로 인하여 수령을 영송(迎送)하는 백성이 피해를 입게 된다고 문제를 제기하여, 변지 수령은 부임한 지 1년 안에 다른 관직으로 옮겨 갈 수 없도록 하는 격식을 정하였다. 한편 조윤성(曺允成)이 1739년 10월 12일 백령 첨사(白翎僉使)에 제수되었다

제9항 변장(邊將) 자리를 피하려고 한 자는 그 지역에 충군(充軍)한다.[68] 〈속〉〈보〉

제10항 당상 우후는 가선대부로 오르더라도 체차하지 않는다.[69] 〈증〉

제11항 경강(京江)의 4진(津)과 임진(臨津)의 별장은 해당 군문(軍門)에서 자벽(自辟)한다.[70] **1** 옹진 별장(瓮津別將)은 훈련도감에서 자벽하고,[71] 장산 별장(長山別將)은 총융청에서 자벽한다.

가 1740년 2월 도목 정사에서 절도사 망(望)에 들어간 일이 있었다. 이 일이 있은 후 진(鎭)의 첨사가 자주 교체되면 영송하는 백성이 당하는 피해도 읍(邑)과 동일하다 하여 첨사 역시 변지 수령의 예에 따라 부임한 지 1년 안에는 다른 관직에 의망하지 말도록 하는 격식을 정하였다. 《전율통보》〈이전 고과(考課)〉 7항 참조. 《承政院日記 英祖 15年 11月 29日, 16年 2月 25日》

68 변장(邊將)……충군(充軍)한다 : 《속대전》〈병전 잡령(雜令)〉에 "변장 자리를 피하려고 한 자는 충군한다."라고 하였다. 《속대전》 조문은 1556년(명종11) 받든 승전(承傳)이다. 《受敎輯錄 兵典 官職》

69 당상……않는다 : 당상 우후(虞候) 자리는 정3품인 통우후(統虞候), 평안도 병마우후(平安道兵馬虞候), 함경도 병마우후(咸鏡道兵馬虞候)이다. 가선대부는 종2품이므로 규례로는 정3품 당상 우후 자리에 차출하여 보낼 수 없지만 현재 그 직임을 맡고 있을 경우에는 임기 동안 체차하지 않았다.

70 경강(京江)의……자벽(自辟)한다 : 경강의 4진(津)은 삼전도(三田渡), 양화도(楊花渡), 노량도(露梁渡), 한강도(漢江渡)를 말한다. 삼전도 별장은 수어청 소속이고, 양화도 별장은 어영청 소속이고, 노량도 별장은 금위영 소속이고, 한강도 별장은 훈련도감 소속이고, 임진 별장(臨津別將)은 총융청 소속이다. 《續大典 工典 舟車》

71 옹진……자벽하고 : 1735년(영조11) 땅의 경계가 가까운 옹진(瓮津)과 해주(海州) 2둔(屯)을 합하여 1둔으로 만들고 옹진 별장 자리는 훈련도감에서 자벽(自辟)하게 하였다. 《承政院日記 英祖 11年 10月 15日, 23日》

제12항 감목관(監牧官)은 사복시에서 자변한다.〈보〉

제13항 외방 군관(外方軍官)[72]을〈경〉 ❶ 관찰사, 절도사, 통제사, 통어사는 각각 9인, 개성 유수(開城留守)는 5인,[73] 방어사, 영장, 거진(巨鎭)[74]은 각가 3인이다.〈경〉〈속〉〈보〉 – ① 군사가 없는 진(鎭)에는 군관이 없다. ② 육진(六鎭), 갑산(甲山), 의주(義州), 강계(江界), 만포(滿浦), 인산(麟山), 제주(濟州)에는 각각 2인을 더한다.〈경〉 – 만호, 권관, 별장은 각각 2인이다. **원래의 인원수 외에 더 데려가는 경우에는 주장(主將)을 추고한다.** ❷ 곤수(閫帥)를 역임한 사람은 군관으로 계청할 수 없다.〈속〉 ❸ 부산 첨사(釜山僉使)를 역임한 사람은 통신사의 군관이 될 수 없다.[75]〈증〉 ❹ 양계(兩界)

72 외방 군관(外方軍官) : 《경국대전》〈병전 군관(軍官)〉, 《속대전》〈병전 군관〉, 《대전통편》〈병전 군관〉 참조.

73 개성 유수(開城留守)는 5인 : 《전율통보》에서 추가된 조문이다. 개성 유수가 네리고 가는 군관의 정원은 5원인데, 1727년(영조3) 개성부의 물력(物力)이 피폐하다는 이유를 들어 당시 유수 김상원(金相元)이 군관의 정원 2원을 줄일 것을 청하여 3원이 되었다가 1728년 다시 정원이 5원으로 복구되었다. 《英祖實錄 4年 2月 5日》

74 거진(巨鎭) : 절제사(節制使)나 첨절제사(僉節制使)를 둔 지역을 말한다. 《經國大典 兵典 外官職》

75 부산……없다 : 1763년(영조39) 통신사 서명응(徐命膺)의 군관으로 차출된 부산 첨사 이응혁(李應爀)이 통신사를 수행하려 하지 않았다. 이 일로 임금이 군관의 직임을 피하려고 한 이응혁을 죄주고, 왜인이 '부성대장(釜城大將)'이라고 하는 부산 첨사를 군관으로 보내면 왜인이 부산 첨사를 업신여기는 단서가 될까 염려하여 부산 첨사를 역임한 사람은 군관에 차출하지 말아서 변방을 중시하는 뜻을 보이도록 하였다. 《英祖實錄 39年 5月 27日》《承政院日記 英祖 39年 5月 26日》

와 제주 3읍은 본도(本道) 사람을 군관으로 차출할 수 없다.〈경〉 **5** 감영(監營), 병영(兵營), 통영(統營), 수영(水營)에는 사자관(寫字官)과 화원(畫員) 각 1원을 군관의 정원 내에서 차출하여 보낸다.〈증〉 **6**《경국대전》 법에는 동첨절제사, 절제도위, 평안도 우후, 함경도 우후에게도 모두 군관이 있다.〈보〉

제6조 제과(諸科)[76]

제1항 **식년(式年) 초시(初試)의 경우 원시(院試)는 훈련원에서 녹명(錄名)하고,**〈경〉 ❶ 단자(單子)에 사조(四祖)와 보거주(保擧主) 3인을 갖추어 기록한다.〈보〉 **향시(鄕試)는 병마절도사가 차사원(差使員)을 정하여 녹명하게 한다.** ❷ 복시(覆試)는 병조가 훈련원의 참외관과 함께 녹명한다.[77]〈경〉

제2항 **거자(擧子)의 보거주(保擧主)는 모두 관직이 있는 사람으로 현록(懸錄)한다.** ❶ 위반한 자는 입격자 명단에서 뺀다. **천인들이 과거에 함부로 응시하는 것을 허락하지 않는다.**[78] ❷ 나장(羅將), 조졸(漕卒), 일수(日守), 공사천(公私賤)으로서 함부로 응시한 자는 모두 수군(水軍)으로 충정(充定)하고 물간사전(勿揀赦前)한다.[79] ❸ 공사천으로서 속량(贖良)받은 자가 이미 양역(良役)에

76 제과(諸科) : 《경국대전》, 《속대전》, 《대전통편》에는 없는 항목이다. 주로 《경국대전》, 《속대전》, 《대전통편》의 〈병전 시취(試取)〉와 〈병전 무과(武科)〉 등에서 〈예전 제과〉에 수록된 내용에 준하는 것을 뽑아 구성하였다.

77 식년(式年)……녹명한다 : 《경국대전》 〈병전 시취(試取)〉에 있다. 식년 무과 초시는 원시에서 70인을 뽑고 향시에서 120인을 뽑으며, 복시에서는 28인을 뽑으며, 전시에서는 갑과(甲科) 3인, 을과(乙科) 5인, 병과(丙科) 20인을 뽑는다. 식년시의 개념은 본서 〈예전 제과〉 1항 소주 ❶에 보인다. 식년 무과 초시, 복시, 전시에 대한 규정과 시험에서 뽑는 인원수는 본조 12항에 자세히 보인다.

78 거자(擧子)의……않는다 : 《속대전》 〈병전 무과(武科)〉에 있다.

79 나장(羅將)……물간사전(勿揀赦前)한다 : 《속대전》 〈병전 무과(武科)〉에 있다. 과거에 함부로 응시한 나장, 조졸, 일수, 공사천에 대한 처벌은

충정되었더라도 보충대(補充隊)의 공문이 없으면 양인으로서 응시하도록 허락하지 않는다.[80] **4** 내시가 과거에 응시하면 내시는 과장에 함부로 들어간 율로 논하고 시관은 추고한다.[81] 〈속〉 **5** 식년 초시의 경우 향리(鄕吏)로서 무경칠서(武經七書)[82]를 강

1628년(인조6) "전가사변(全家徙邊)하고 물간사전하라."라는 승전(承傳)을 받들어 거행하다가 1684년(숙종10) '죄인과 전 가족을 변경으로 이주시키는 전가사변의 처벌'을 죄를 지은 당사자만 '수군(水軍)으로 충정하는 처벌'로 변경하고 '물간사전하라'는 처벌은 이전과 똑같이 적용하였다. 《增補典錄通考 兵典 試取》

80 공사천으로서……않는다 : 《속대전》 〈병전 무과(武科)〉에 있다. 1665년(현종6) 받든 승전(承傳)이다. 《增補典錄通考 兵典 試取》

81 내시가……추고한다 : 《속대전》 〈병전 무과(武科)〉에 있다. 1675년(숙종1) 내시부 생도 김윤문(金胤文) 등 3인이 무과에 응시하여 그 가운데 1인이 유엽전(柳葉箭)에 입격하였다. 이 일과 관련하여 "내시가 문과나 무과에 응시한 일은 나라에서 문과와 무과를 실시한 이후로 없던 일"이라고 병조에서 계사를 올려 과거에 응시한 사람은 모두 응시자 명단에서 이름을 빼 버리고 녹명관(錄名官)은 추고하게 하였다. 당시에 이 일을 주강에서 논의하여 내시가 과거에 응시한 경우에 내시는 과장에 함부로 들어간 율로 논하고 시관은 추고하게 하였다. 《承政院日記 肅宗 1年 11月 13日, 15日, 17日》 '과장에 함부로 들어간 율'은 조정의 관원·생원·진사는 변원(邊遠)에 충군(充軍)하고 물간사전(勿揀赦前)하며, 유학(幼學) 이하는 당사자만 수군(水軍)으로 충정(充定)하는 것이다. 《續大典 禮典 諸科》

82 무경칠서(武經七書) : 중국 송나라 원풍(元豐) 연간(1078~1085)에 병법에 관한 일곱 가지 책을 묶어서 만든 서책으로 무학칠서(武學七書), 칠서(七書)라고도 한다. 칠서는 주(周)나라 손무의 《손자》, 전국 시대 위(魏)나라 오기의 《오자》, 제나라 사마양저(司馬穰苴)의 《사마법(司馬法)》, 주(周)나라 위료(尉繚)의 《위료자(尉繚子)》, 당나라 이정(李靖)의 《이위공문대(李衛公問對)》, 한(漢)나라 황석공(黃石公)의 《삼략》, 주(周)나라 여망(呂望)의 《육도》를 일컫는다.

하여 조(粗) 이상을 받은 자는 응시를 허락한다.[83] 〈경〉 **6** 관서와 해서에 영구히 배정된 관군(館軍)의 자손으로서 결격 사유가 없는 자는 문과, 무과, 생원시, 진사시에 응시를 허락한다.[84] 〈속〉 **7** 영원히 서용하지 않는 처분을 받은 부류와 조신(朝臣)으로 재직 중인 자는 응시를 허락하지 않으며, 통훈대부 이하에게 응시를 허락하고, 아버지가 과거에 응시하면 아들이 응시를 피한다는 등의 조문은 〈예전〉의 〈제과〉 조에 보인다.[85] 〈보〉

제 3 항 군병이 상격(賞格)으로 회시(會試)에 곧바로 응시할 자격을 받은 경우에는 강경(講經)이 없는 과거에 응시하는 것을 허락한다.[86]

83 식년……허락한다 : 《경국대전》 〈병전 시취(試取)〉에 있다.

84 관서와……허락한다 : 《속대전》 〈병전 잡류(雜類)〉에 있다. 평안도는 그 지역에 원래부터 거주하는 역자(驛子)가 없으므로 관군(館軍) 자리를 두고 양민을 뽑아 정하여 그 일을 대대로 전하게 하였다. 이 때문에 양민이 영구히 역리(驛吏)에 속하게 되었으며, 함경도 지역도 평안도의 구례(舊例)를 따라 관군을 정하였다. 1508년(중종3) 이들 관군이 신분은 본래 양민인데도 영구히 관군으로 정해져 벼슬길에 통하지 못하는 것을 가엾게 여겨서 자손 가운데 재주가 있는 자에게 문과, 무과, 생원시, 진사시에 응시하는 것을 허락하였다. 《中宗實錄 3年 9月 14日, 24日》

85 영원히……보인다 : 영원히 서용하지 않는 처분을 받은 자는 대과와 소과에 응시하는 것을 허락하지 않으며,(본서 〈예전 제과〉 13항 참조.) 조신으로 재직 중인 자는 향시(鄕試)에 응시하는 것을 허락하지 않고,(본서 〈예전 제과〉 7항 참조.) 통훈대부 이하에게 문과와 무과의 응시를 허락하며,(본서 〈예전 제과〉 8항 참조.) 아버지가 복시에 응시하면 아들이 응시를 피한다.(본서 〈예전 제과〉 12항 참조.) 이상 모든 조문의 본래 출전은 《경국대전》 〈예전 제과〉이다.

86 군병이……허락한다 : 《속대전》 〈병전 무과(武科)〉에 있다. 1655년(효

제 4 항 시임 변장(時任邊將)이 전시에 응시해야 하는 경우에는 직임을 체차하여 응시하게 한다.[87]

제 5 항 제주(濟州)에서 식년 초시에 입격한 사람이 바람이 거세게 불어서 회시(會試)에 응시하지 못한 경우는 회시 다음에 있는 정시(庭試)에 응시하는 것을 허락한다.[88]

제 6 항 중시(重試)는 당하관부터 출신(出身)으로서 관직이 없는 사람까지 모두 응시한다.[89] ㊀속

제 7 항 시관(試官)은 초시와 회시(會試)에는 병조가 의망하여 들이고, 전시(殿試)와 친시(親試)에는 승정원이 의망하여 들인다.[90] ㊀증

1 주장관(主掌官)에 대해서는 〈예전〉의 〈제과〉 조에 보인다.[91] ㊀보

종6) 받든 승전(承傳)이다.《典錄通考 兵典 試取》

87 시임……한다 :《속대전》〈병전 무과(武科)〉에 있다.

88 제주(濟州)에서……허락한다 :《속대전》〈병전 잡령(雜令)〉에 있다. 제주는 육지와 멀리 떨어져 있는 섬 지역이라서 바람으로 인해 바다를 건너올 때 지체되어 식년 초시에 입격한 사람이 회시를 보지 못하는 경우가 있었는데 이때는 회시 이후에 바로 있는 정시 전시에 응시할 수 있도록 허락하였다.《승정원일기》영조 3년(1727) 9월 15일 병조의 계사에서 이러한 규정이 이미 정해져 있다고 언급한 것으로 보아 1727년 9월 이전부터 시행된 것으로 보인다.

89 중시(重試)는……응시한다 :《속대전》〈병전 시취(試取)〉에 있다.

90 시관(試官)은……들인다 :《대전통편》〈병전 시취(試取)〉에 있다.

91 주장관(主掌官)에……보인다 : 본서 〈예전 제과〉 32항 참조.

제8항 **초시는**〈증〉 **1** 별시, 정시, 알성시, 중시의 초시이다.〈보〉 **정원이 차지 않더라도 단지 입격한 수대로 출방(出榜)한다.**[92]

제9항 **전시에 곧바로 응시할 자격을 받아 응시한 사람이 전시에서 점수를 받지 못한 경우는 문과의 규례대로 다음 번 전시에 물려서 응시하게 한다.**[93]〈증〉

제10항 **과장에서 농간을 부린 자는 경중에 따라 논죄한다.** **1** 난입한 자는 수군(水軍)으로 충정(充定)하고, 보거주(保擧主)는 과장용정률(科場用情律)[94]로 논한다.[95]〈속〉 –**1** 곧 아래 나오는 과장용간율(科場用奸律)[96]이다.〈보〉 – **2** 한 시험장에 이중으로 단자를 제출

92 초시는……출방(出榜)한다 : 《대전통편》〈병전 무과(武科)〉에 있다. 1776년(정조 즉위년) 9월 실시한 무과 중시 초시에서 입격한 인원이 원래 선발하려던 정원에 미치지 못한 일이 있었다. 이런 경우 이전에는 선발 정원을 채우기 위해 규구(規矩) 이외에 한 가지 기예를 가지고 구차히 충원하기도 하고, 혹은 입격한 인원만 뽑기도 하였다. 이 일과 관련하여 정조가 정원을 채우기 위해 한 가지 기예로 구차히 충원하는 것은 인재를 선발하는 방도가 아니라고 하여, 이후로는 중시·별시·정시·증광시·식년시 등 모든 초시에서 규구에 따라 입격한 수만 선발하는 것을 정식으로 삼아 시행하도록 하였다.《承政院日記 正祖 卽位年 9月 12日》

93 전시에……한다 : 《대전통편》〈병전 무과(武科)〉에 있다. 본서 〈예전 제과〉 23항 참조.

94 과장용정률(科場用情律) : 과장에서 사사로운 정에 따른 것을 처벌하는 율로, 변원(邊遠)에 충군(充軍)한다. 본항 소주 **10** 참조.

95 과장에서……논한다 : 《속대전》〈병전 무과(武科)〉에 있다.

96 과장용간율(科場用奸律) : 과장에서 농간을 부린 데 대해 처벌하는 율로, 변원(邊遠)에 충군(充軍)한다. 본항 소주 **10** 참조.

한 자, 시험장 두 곳에 이중으로 단자를 제출한 자, 이름이 호적에 들어 있지 않은데 사사로운 정에 따라 허위로 기록한 자는 녹명관(錄名官)까지 과장용정률을 적용한다. 형제가 각각의 항렬자를 쓴 경우는 제서유위율(制書有違律)[97]을 적용한다. 형제가 각각 다른 시험장에 동시에 응시한 경우와 보거주의 이름을 허위로 올린 경우는 사불이실률(詐不以實律)[98]을 적용한다. **3** 거자(擧子)가 포(砲)를 쏘는 시험에서 한 발에 두 개의 탄환을 넣고 쏜 경우는 도(徒) 3년으로 정배(定配)한다.[99] 〈속〉 **4** 남을 시켜서 활쏘기 시험을 치른 자, 남을 시켜서 강서(講書) 시험을 치른 자, 남을 대신하여 강서 시험을 치른 자는 장(杖) 100이고 당사자는 수군으로 충정한다.[100] 남을 대신하여 활쏘기 시험을 치른 자는 2등급을 더하여 처벌한다.[101] 남을 시켜

97 제서유위율(制書有違律) : 《대명률》 〈이율 공식(公式)〉 제서유위(制書有違) 조의 율로, "제서(制書)를 받들어 시행할 때에 어기면 장 100이다."라고 하였다. 제서는 황제의 명을 적은 조서(詔書)와 칙서(勅書) 등이다.

98 사불이실률(詐不以實律) : 《대명률》 〈형률 사위(詐僞)〉 대제상서사불이실(對制上書詐不以實) 조의 율로, "대제(對制)나 주사(奏事), 상서(上書)를 할 때에 속이고 사실대로 하지 않으면 장 100 도 3년이다."라고 하였다.

99 과장에서……정배(定配)한다 : 《속대전》 〈병전 무과(武科)〉에 있다.

100 남을 시켜서 활쏘기……충정한다 : 《경국대전》 〈병전 시취(試取)〉에 있다. 《경국대전》에서는 '남을 시켜서 시험을 치른 자[借者]', '남을 대신하여 시험을 치른 자[代者]'라고 하였다. '활쏘기[射]'와 '강서[講]'에 대한 조문은 《전율통보》에서 추가된 것이다.

101 남을 대신하여 활쏘기……처벌한다 : 《대전통편》 〈병전 시취(試取)〉에 있다. '2등급을 더하여 처벌한다'는 것은 앞 조문의 처벌인 '장 100이고 당사자는 수군에 충정한다'는 것에 2등급을 더하는 것이다. 《경국대전》 〈형전 죄범준계(罪犯準計)〉에 "수군으로 충정하는 것은 도 3년에 준한다."라고 한

서 활쏘기나 강서 시험을 치르려다 이루지 못한 자, 남을 대신하여 활쏘기나 강서 시험을 치르려다 이루지 못한 자는 모두 간미성률(奸未成律)을 적용한다.[102] 〈경〉〈속〉〈증〉〈보〉 – **2** 아직 시행하지는 않은 데 대해 처벌하는 율을 적용하여 1등급을 줄인다. – 모든 시취에 동일하게 적용한다.〈보〉 **5** 이름을 바꿔 활쏘기 시험에 두 번 응시한 자는 차사율(借射律)[103]에 따른다. **6** 과거 급제를 도둑질한 자는 절도(絶島)에 보내 노비로 삼는다. **7** 홍패(紅牌)[104]를 매매한 경우는 주고받은 자 모두 적과율(賊科律)[105]을 적용한다.[106] **8** 함경도 과장에서 법을 어겨 수군으로 충정해야 하는 자는 도내(道內)의 극변(極邊)에 충군(充軍)한다.[107] 〈속〉

것에 근거할 때 2등급 더하면 장 100 유 2500리의 처벌을 받아야 한다. 그러나 《대전통편》이 간행된 이후 정조조와 순조조 《승정원일기》 사례를 살펴보면 '남을 대신하여 활쏘기 시험을 치른 자'에 대한 처벌은 대부분 "장 100을 치고 변원에 충군한다."라고 되어 있다.

102 남을 시켜서 활쏘기나……적용한다 : 《속대전》 〈병전 무과(武科)〉에 있다. 무과 활쏘기와 강서 시험에서 부정을 저지르려다 발각된 자에 대한 처벌은 과장에서 농간을 부렸을 때의 변원에 충군하는 처벌에서 1등급을 줄이는 것이다.

103 차사율(借射律) : 남을 시켜서 활쏘기 시험을 치른 자를 처벌하는 율로, 장 100이고 당사자는 수군에 충정한다. 본항 소주 **4** 참조.

104 홍패(紅牌) : 문과와 무과에 급제한 사람에게 내려 주는 교지이다. 《典律通補 別編 本朝文字式 紅牌式》

105 적과율(賊科律) : 과거 급제를 도둑질한 자를 처벌하는 율로, 절도(絶島)에 보내 노비로 삼는다. 본항 소주 **6** 참조.

106 이름을……적용한다 : 《속대전》 〈병전 무과(武科)〉에 있다.

107 함경도……충군(充軍)한다 : 《속대전》 〈병전 무과(武科)〉에 있다. 함경도에는 수군(水軍)이 없기 때문에 도내 극변에 충군한다. 이는 1628년(인조 6) 받든 승전(承傳)이다. 《受敎輯錄 兵典 諸科》

9 서얼인 무인(武人)이 업무(業武)라고 칭하지 않는 경우 그대로 정배해 둘 부류에 두며, 초시에 입격하면 군역을 면제한다는 등의 조문은 〈예전〉의 〈제과〉 조에 보인다.[108] ⟨보⟩ **중한 경우에는 거자(擧子)는 영구히 과거에 응시하지 못하게 하며 차비관(差備官)은 영구히 관직에 제수되지 못하게 한다.**[109] ⟨속⟩

10 과장에서 농간을 부린 자는 변원(邊遠)에 충군하며, 사사로운 정을 따른 차비관은 세 차례 엄히 형추(刑推)한 다음 종신토록 절도에 수군으로 충정하며, 감적소(監的所)의 척량(尺量)하는 서리(書吏)는 세 차례 엄히 형추한 다음 절도에 보내 종신토록 노비로 삼는다.[110] [111] ⟨증⟩

제11항 거자(擧子)의 과거 응시 자격을 정지시켜야 할 경우에는 훈련

108 서얼인……보인다 : 서얼인 무인은 업무(業武)라고 칭해야 하는데, 함부로 유학(幼學)이라고 칭하는 자는 군보(軍保)로 강정(降定)한다. 본서 〈예전 제과〉 29항 소주 1, 11 참조.

109 거자(擧子)는……한다 : 《속대전》 〈병전 무과(武科)〉에 있다. 무과에서 사사로운 정을 따르는 일이 많아서 세력이 없거나 뇌물을 쓰지 않는 자는 재주가 있더라도 낙방하게 되었다. 1719년(숙종45) 영의정 김창집(金昌集)이 이러한 폐단을 막고 이 일과 직접 관련된 거자와 차비관을 징계하는 방안으로 이 조문을 건의하여 시행된 것이다. 《肅宗實錄 45年 1月 29日, 4月 10日》

110 과장에서 농간을……삼는다 : 《대전통편》 〈병전 무과(武科)〉에 있다.

111 사사로운……삼는다 : 무과 시험에서 사사로운 정에 따라 급제자를 바꾸는 일이 많았는데, 이는 시책(試冊)을 담당하는 차비관(差備官)이나 사수가 쏜 화살의 도달한 거리를 재는 일을 맡은 서리 등의 부정행위가 그 원인으로 여겨졌다. 1763년(영조39) 이러한 폐단을 막기 위해서 부정행위를 저질렀을 때의 처벌 조항을 전교로 낸 것이다. 《承政院日記 英祖 39年 8月 22日》

원 참하관 3원이 회의해서 죄목을 명백히 기록하여 입문소(入門所)에 이송한다. ■1 개인적인 혐의로 인하여 죄를 날조한 자는 무인율(誣人律)[112]로 논한다.[113] 〈속〉

제12항 **식년시(式年試)[114]** ■1 초시(初試)의 경우 원시(院試)는 시소(試所) 두 곳에서 각각 2품 이상 1원, 당하관인 문관 1원과 무관 2원을 차출하여 시취하게 하되 감찰이 시험을 감독하며, 향시(鄕試)는 병마절도사가 차사원(差使員)을 정해서〈경〉〈속〉－■1 차사원은 무관이다. 또 문관 1원은 감사가 차출하여 보내어 시취하게 한다.〈보〉－ 시취하게 한다. 서울은 종루(鐘樓)를 기준으로 좌우로 나누어 왼쪽은 일소(一所), 오른쪽은 이소(二所)에 붙여 시취한다. 삼남(三南) 좌도(左道)는 일소, 우도(右道)는 이소에 붙여 시취한다. 해서·관북은 일소, 관동·관서는 이소에 붙여 시취한다. 정원은 원시에서 70인, 호서·호남에서 각 25인, 영남에서 30인, 관동·해서·관서·관북에서 각 10인이다. 무기(武技)는 목전(木箭)·철전(鐵箭)·편전(片箭)·기사(騎射)〈경〉〈속〉－■2 지금은 기

112 무인율(誣人律) : 남을 무고(誣告)한 자를 처벌하는 율로, 《대명률》〈형률 소송(訴訟)〉 무고(誣告) 조에 "남을 태죄(笞罪)로 무고하면 무고한 죄에 2등급을 더하고, 유죄(流罪)·도죄(徒罪)·장죄(杖罪)로 무고하면 무고한 죄에 3등급을 더한다. 각각 죄는 장 100 유 3000리에 그친다. 사죄(死罪)에 이르러서 무고당한 사람이 이미 처결되었으면 사죄로 반좌(反坐)한다. 아직 처결되지 않았으면 장 100 유 3000리이고, 역(役) 3년을 더한다."라고 하였다.

113 거자(擧子)의……논한다 : 《속대전》〈병전 무과(武科)〉에 있다. 1657년(효종8) 받든 승전(承傳)으로, 효종조에는 개인적인 혐의로 인하여 죄를 날조한 자를 중률(重律)로 논하였다.《受教輯錄 兵典 諸科》

114 식년시(式年試) : 본서 〈예전 제과〉 1항 소주 ■1 참조.

추(騎芻)로 한다. – ·기창(騎槍)·편추(鞭芻)·조총(鳥銃)으로 한다. 〈경〉〈속〉 **2** 복시(覆試)는 2품 이상 문관 1원과 무관 2원, 당하관인 문관 1원과 무관 2원을 차임하여 시취하게 하되 양사(兩司)의 관원 각 1원이 시험을 감독한다. 정원은 28인이다. 무기는 초시와 같다. 강서(講書) 시험은 사서오경 중에 1서(書), 무경칠서 중에 《오자》를 제외한 1서, 《자치통감》·《역대병요(歷代兵要)》[115]·《장감박의(將鑑博議)》[116]·《무경소학(武經小學)》[117] 중에 1서를 모두 스스로 원하는 대로 선택하게 하고 《대전통편》까지 모두 임문(臨文)으로 한다. 〈경〉〈속〉〈증〉 **3** 전시(殿試)는 대신(大臣) 1원, 〈경〉〈속〉 –**3** 대신 1원으로 명관(命官)을 삼되, 혹 1품 관원으로 대신하기도 한다. 〈속〉 – 2품 이상인 문관과 무관 각 1원, 3품 이하인 문관과 무관 각 2원이 시취한다. 갑과(甲科)는 3인, 을과(乙科)는 5인, 병과(丙科)는 20인이다. 목전·철전·편전·기추·관혁(貫革)·기창·격구(擊毬)·유엽전(柳葉箭)·편추·조총·강서 등 11가지의 기예를 죽 써서 낙점을 받되 혹은 한 가지 기예를 내기도 하고 혹은 두 가지 기예를 내기도 한다. 〈경〉〈속〉〈증〉

115 역대병요(歷代兵要) : 이석형(李石亨) 등이 1456년(세조2) 편집하여 13권 13책으로 간행되었다. 중국 상고 시대부터 명나라 초기까지, 거기에 조선 태조의 고사 등 역대의 뛰어난 병략(兵略) 이야기를 모아 엮은 책이다.

116 장감박의(將鑑博議) : 《역대장감박의(歷代將鑑博議)》라고도 한다. 송나라의 대계(戴溪)가 편찬한 책으로, 전국 시대의 손무로부터 오대(五代)의 곽숭도(郭崇韜)에 이르기까지 역대의 명장에 대하여 재주의 고하, 전략 및 지략의 장단 등을 논하였다. 우리나라에서 10권 5책으로 간행되었다.

117 무경소학(武經小學) : 명나라의 장해(張楷)가 편찬한 중국의 병서이다. 중국 고대부터 명나라까지 중국 지략가 44명의 행적을 담았다.

❹ 무기(武技)를 우선으로 하여 뽑고 강경(講經)을 나중으로 하여 뽑는다.[118] 〈속〉 ❺ 강서 시험에서 통(通)은 7분(分), 약(略)은 5분, 조(粗)는 3분을 준다.[119] 〈경〉 ❻ 무기에 관한 모든 규정과 분수(分數 점수)를 주는 것에 대해서는 《대전통편》에 실려 있다.[120] 〈보〉

제13항 **증광시(增廣試)** ❶ 무과 식년시와 같으나 강서(講書)는 사서오경 중에 1서(書)와 무경칠서 중에 1서를 모두 스스로 원하는 대로 선택하게 한다. ❷ 대증광시(大增廣試)는 초시와 복시 모두 배수(倍數)의 인원을 뽑는다.[121]

118 무기(武技)를……뽑는다 : 1697년(숙종23) 무과 초시 규구(規矩)를 강서(講書)에서 통(通)이나 약(略)을 받은 자는 무기(武技)에서 우등(優等)을 받은 자와 비교하고, 강서에서 조(粗)를 받은 자는 무기에서 입격한 자과 비교하며, 등수와 점수를 비교할 때에는 강서를 우선으로 하고 그다음에 무기에서 뽑도록 하였다. 이 때문에 서울에 사는 권세 있는 집안의 응시자들은 무기 실력이 부족하여 강경 시험을 과거에 입격하는 길로 여기는 반면 무기 실력이 뛰어난 지방의 무사들은 불이익을 받으므로 억울하게 여겼다. 1736년(영조12) 무기를 위주로 했던 무과의 옛날 법에 따라 등수와 점수를 비교할 때 무기를 우선으로 하고 강경을 뒤로 하여 뽑도록 거조(擧條)를 내었다. 《承政院日記 肅宗 23年 8月 23日, 英祖 9年 9月 2日·12年 4月 5日》

119 식년시(式年試)……준다 : 식년시 조의 소주 ❶, ❷, ❸, ❹, ❺는 《경국대전》 〈병전 시취(試取)〉, 《속대전》 〈병전 시취〉, 《대전통편》 〈병전 시취〉에 있다.

120 무기에……있다 : 《대전통편》 〈병전 시취(試取)〉에 있다. 목전(木箭), 철전(鐵箭), 편전(片箭), 기사(騎射), 관혁(貫革), 기창(騎槍), 격구(擊毬), 유엽전(柳葉箭), 조총(鳥銃), 편추(鞭芻), 강서(講書)의 시험 방법, 점수를 주는 기준 등의 내용이다.

121 증광시(增廣試)……뽑는다 : 《속대전》 〈병전 시취(試取)〉에 있다. 증광

제14항 별시(別試) **1** 초시는 양소(兩所)에 각각 2품 이상의 문관 1원과 무관 2원, 당하 문관 1원과 무관 2원을 차임하여 시취하게 하며, 양사(兩司)의 관원 각 1원이 시험을 감독하고, 정원은 임금의 뜻을 여쭈어 정한다. 11기(技)[122]로 낙점을 받되 혹은 2기로 뽑기도 하고 혹은 3기로 뽑기도 하며, 성적은 분수(分數 점수)를 적용하기도 하고 맞힌 수를 적용하기도 한다.[123] 〈속〉 **2** 전시에서 시관은 식년시와 같으며,[124] 정원은 입격한 사람의 다소에 따르고, 무기(武技)는 초시와 같다.[125] 〈속〉〈증〉

제15항 정시(庭試) **1** 초시와 전시는 별시와 같다.[126]

시는 본서 〈예전 제과〉 1항 소주 **2** 참조. 증광시와 대증광시는 《경국대전》, 《속대전》, 《대전통편》, 《대전회통》에서는 별도의 과거 항목으로 설정하지 않고 '무과 식년시(武科式年試)' 항목 안에서 설명하고 있다. 증광시 강서(講書)는 증광시 복시에서 실시하는 강서이다.

122 11기(技) : 목전(木箭), 철전(鐵箭), 유엽전(柳葉箭), 편전(片箭), 기추(騎芻), 관혁(貫革), 격구(擊毬), 기창(騎槍), 조총(鳥銃), 편추(鞭芻), 강서(講書)이다. 《續大典 兵典 試取》

123 별시(別試)……한다 : 《속대전》 〈병전 시취(試取)〉에 있다. 별시는 본서 〈예전 제과〉 1항 소주 **3** 참조.

124 시관은 식년시와 같으며 : 전시의 시관은 대신(大臣) 1원, 2품 이상인 문관과 무관 각 1원, 3품 이하인 문관과 무관 각 2원이다. 본조 12항 소주 **3** 참조.

125 전시에서……같다 : 《속대전》 〈병전 시취(試取)〉, 《대전통편》 〈병전 시취〉에 있다.

126 정시(庭試)……같다 : 《속대전》 〈병전 시취(試取)〉에 있다. 본서 〈예전 제과〉 1항 소주 **4** 참조.

제16항 **알성시(謁聖試)** **1** 별시와 같으나, 초시는 두 시소(試所)에서 각 50인을 뽑고 전시는 임금이 친림한다.[127] 〈속〉

제17항 **권무과(勸武科)** **1** 특교(特教)로 인하여 설행한다. 삼영(三營)의 권무 군관(勸武軍官)[128]이 응시한다. 시관은 대신(大臣) 1원, 2품 이상 문관과 무관 각 1원, 당상관인 문관과 무관 각 1원, 당하관인 문관과 무관 각 1원이다. 임금이 친림하는 경우에는 혹 군문(軍門)의 도제조, 대장, 천총, 파총, 무관 종사관을 차출하기도 한다. 무기(武技)는 별시와 같다. 입격한 사람은 전시에 곧바로 응시할 자격을 준다.[129] 〈증〉

제18항 **중시(重試)** **1** 별시와 같으나 초시의 정원은 알성시와 같다.[130] 〈속〉 **2** 수석은 준직(準職)을 거쳤거나 자궁(資窮)이면 모두 당상으로 자급을 올려 주고 출신(出身)이면 동반으로 보내 6품직에 붙인다. 지차(之次)는 자궁이면서 준직을 거쳤으면 자급을 올려 주고 참외관이면 6품으로 올려 준다. 〈보〉

127 알성시(謁聖試)……친림한다 : 《속대전》 〈병전 시취(試取)〉에 있다. 본서 〈예전 제과〉 1항 소주 **5** 참조.

128 삼영(三營)의 권무 군관(勸武軍官) : 훈련도감, 금위영, 어영청의 권무 군관을 가리킨다. 《承政院日記 肅宗 37年 3月 19日》

129 권무과(勸武科)……준다 : 《대전통편》 〈병전 시취(試取)〉에 있다. 권무과는 초시와 회시(會試)가 없다. 《大典通編 兵典 試取》

130 중시(重試)……같다 : 《속대전》 〈병전 시취(試取)〉에 있다. 중시는 10년마다 한 차례 설행하는 시험으로, 당하관부터 관직이 없는 출신(出身)까지 모두 응시한다. 《續大典 兵典 試取》

제19항 **외방별과**(外方別科) **1** 관서, 관북, 강화(江華), 제주(濟州)에서 특지(特旨)가 있어야 시행한다. 중신(重臣)을 보내는 경우는 바로 그 지역에서 방방(放榜)한다.[131] 무기(武技)는 별시와 같다. 〈속〉 **2** 강화, 광주(廣州), 수원(水原), 제주에 어사(御史)를 보내어 시취하게 하면 관무재(觀武才)라 칭하거나 별시재(別試才)라 칭한다. 한량(閑良), 출신(出身), 당하관, 당상관이 모두 응시한다. 무기는 철전(鐵箭), 편전(片箭), 기추(騎芻), 유엽전(柳葉箭), 편추(鞭芻), 조총(鳥銃) 6기(技) 중에서 낙점을 받는다. 전시에 곧바로 응시할 자격을 주거나 논상(論賞)한다.[132] 〈속〉〈증〉〈보〉

제20항 **관무재**(觀武才) 〈속〉 **1** 초시는 양소(兩所)에서 각각 2품 이상의 문관과 무관 각 1원을 차출하고 참시관(參試官)으로 당하 문관과 무관 각 1원을 차출하여 시취하게 하며, 감찰이 시험을 감독한다. 금군은 병조 판서가 시취하게 하고, 군병은 각각 그 군영이 시취한다. 조정의 관원, 출신(出身), 한량(閑良), 군병이 모두 응시한다. 철전(鐵箭), 편전(片箭), 기추(騎芻), 관혁(貫革), 격구(擊毬), 유엽전(柳葉箭), 편추(鞭芻), 조

131 중신(重臣)을……방방(放榜)한다 : 문과와 동일하게 초시를 설행하지 않는다. 문과 외방별과는 본서 〈예전 제과〉 48항 소주 **2** 참조. 《續大典 兵典 試取》

132 외방별과(外方別科)……논상(論賞)한다 : 《속대전》 〈병전 시취(試取)〉, 《대전통편》 〈병전 시취〉에 있다. 《속대전》과 《대전통편》에서는 외방별과를 설행하는 지역으로 평안도, 함경도, 강화, 제주 등의 지역을 언급하였는데, 《전율통보》에서는 어사를 보내어 설행하는 외방별과 지역을 강화, 광주(廣州), 수원, 제주로 특정하였다.

총(鳥銃), 입추(立芻), 기창교전(騎槍交戰), 모구(毛毬), 마상인월도(馬上偃月刀), 마상재(馬上才), 쌍마재(雙馬才), 용검(用劍), 쌍검(雙劍), 제독검(提督劍), 언월도(偃月刀), 왜검(倭劍), 교전(交戰), 본국검(本國劍), 예도(銳刀), 목장창(木長槍), 기창(旗槍), 당파(鏜鈀), 낭선(狼筅), 등패(藤牌), 권법(拳法), 보편곤(步鞭棍), 협도(挾刀), 봉(棒), 죽장창(竹長槍) 등 여러 기(技)에서 7기나 9기나 11기나 21기 〈속〉〈증〉〈보〉 –❶ 보군(步軍)의 무기는 용검 이하 18기에 조총·유엽전·편전을 더한다. ❷ 수어청과 총융청 두 군영은 단지 조총 1기만으로 시취한다.– 중에서 낙점을 받는다.[133] 〈증〉 ❷ 복시는 임금이 친림하며, 참시관으로 2품 이상의 문관 1원과 무관 2원을 차출한다. 또 궐외에서 설행하는 경우에는 의정을 명관(命官)으로 삼고[134] 참시관은 임금이 친림하는 때와 같다. 또 어좌(御座)의 좌우에 각각 2품 관원 2원씩을 차출하여 시취하게 한다.[135] 무신으로서 가선대부 이상, 금군 별장, 호위청 별장, 금군장, 오위장, 내승(內乘), 별군직, 병조 교련관, 병조 당상 군관, 오군문(五軍門)의 중

133 관무재(觀武才)……받는다 : 《속대전》 〈병전 시취(試取)〉, 《대전통편》 〈병전 시취〉에 있다.

134 궐외에서……삼고 : 《승정원일기》 인조조부터 정조조까지 관무재를 설행한 방법과 장소를 살펴보면, 임금이 친림하여 행할 때는 장소가 주로 창경궁 안에 있는 춘당대이고 명관이 행할 때는 장소가 주로 궐외에 있는 모화관이나 훈련원 등이었다. 간혹 모화관에서 설행하는 관무재에는 임금이 친림하는 경우도 있었다.

135 어좌(御座)의……한다 : 참시관(參試官) 이외에 2품인 시관 2원을 더 차출하여 검(劍)과 창(槍) 등의 기(技)로 살수(殺手)를 시취하게 한다. 《大典通編 兵典 試取 觀武才覆試》

군 이하 장교들, 선전관(宣傳官), 무신겸선전관, 도총부 낭청, 서북 부료 군관(西北付料軍官), 제주 부료 자제(濟州付料子弟), 〈속보〉 - ❸ 제주 3읍[136] 사람 중에서 제주 목사(濟州牧使)가 종사하기에 적합한 사람을 택하여 관찰사에게 보고하면 관찰사가 이를 임금께 아뢴다. 〈경〉 - 가전 별초, 가후 금군, 사지 겸사복(事知兼司僕), 습독관을 포함한 훈련원 관원, 마상 봉지인(馬上奉持人)은 초시를 면제하고 13기 중에서 낙점을 받는다. 초시에 입격한 사람은 초시에 입격했던 무기로 복시를 치른다. 한량으로서 입격한 사람은 전시에 곧바로 응시할 자격을 주되, 용호방(龍虎榜)[137]이 갖춰지면 당일에 방방(放榜)하며, 그다음 성적을 거둔 자는 논상(論賞)한다. 출신 이상으로 유엽전에서 3발을 맞혀 4분(分)의 점수를 얻은 사람은 수령이나 변장(邊將)에 제수하며, 우등으로 입격한 사람은 가자(加資)하며, 그다음 성적을 거둔 사람은 논상(論賞)한다. 편추 및 살수(殺手)의 기예로는 전시에 곧바로 응시하여 급제할 자격을 내려 주지 않는다.[138] 〈속보〉 ❸ 전시에는 참시관으로 2품 이상 문관과 무관 각 1원을 차

136 제주 3읍 : 제주도에 소재한 제주목(濟州牧), 정의현(旌義縣), 대정현(大靜縣)을 가리킨다. 《世宗實錄 16年 3月 9日》

137 용호방(龍虎榜) : 문과와 무과에 급제한 사람들의 명단을 게시하는 방(榜)이다. 용호방은 본래 당나라 덕종 연간에 육지(陸贄)가 진사시 시관이 되었을 때 한유(韓愈), 이강(李絳) 등 많은 명사가 뽑혔는데 그들이 모두 당시의 준걸이었으므로 당시 사람들이 이를 '용호방'이라고 치하한 데서 온 말이다. 우리나라에서는 이 고사를 따다가 문과를 용방(龍榜)이라 하고 무과를 호방(虎榜)이라 하였다. 《新唐書 文藝列傳下 歐陽詹》

138 복시는……않는다 : 《속대전》 〈병전 시취(試取)〉, 《경국대전》 〈병전 번차도목(番次都目)〉에 있다.

출하며, 참고관(參考官)으로 당상 무관 1원, 당하 문관 1원·무관 2원을 차출한다.[139] 〈증〉

제21항 **중일(中日)** 〈속〉 **1** 궐내에 입직한 장사(將士) 및 훈련도감의 포수(砲手)·살수(殺手) – **1** 사수(射手)는 살수 안에 포함된다. – 가 입직을 교대한 다음 날에 〈보〉 – **2** 바로 자일(子日), 오일(午日), 묘일(卯日), 유일(酉日)이다. 만일 전좌(殿座), 동가(動駕), 재계(齋戒), 감선(減膳), 직숙(直宿) 및 비나 눈이 내리는 날과 겹치면 사정이 생겨 행할 수 없다고 아뢴다. 〈증〉 〈보〉 – 도총부의 입직 당상관과 낭청, 병조의 입직 당상관이 표신(標信)을 내주기를 청하여 합좌(合坐)하여 시취한다. 선전관(宣傳官), 무신겸선전관, 부장(部將), 수문장, 금군, 호위군관(扈衛軍官), 충익위는 유엽전(柳葉箭)으로 시험한다. 몰기(沒技)한 사람은 한량(閑良)이면 전시에 곧바로 응시할 자격을 주고 출신(出身)이면 가자(加資)한다.[140] 무예포수(武藝砲手)는 조총(鳥銃)으로 시험한다. 양인 포수로서 3발을 맞힌 사람은 겸사복(兼司僕)에 붙여 급료를 주되 1년까지이며, 두 차례에 걸쳐 3발을 맞힌 사람은 겸사복에 붙여 급료를 주되 종신까지이며, 연달아 세 차례에 걸쳐 3발을 맞히거나 관(貫)에 3발을 맞힌 사람은 임금의 뜻을 여쭈어 전시에 곧바로 응시할 자격을 준다. 〈속〉 〈증〉 – **3** 전시에 곧바로 응시할 자격

139 전시에는……차출한다 : 《대전통편》 〈병전 시취(試取)〉에 있다.

140 몰기(沒技)한……가자(加資)한다 : 《속대전》 〈병전 시취(試取)〉, 《대전통편》 〈병전 시취〉에 있다. 선전관, 무신겸선전관, 부장, 수문장, 금군, 호위군관, 충익위에게 중일(中日)에 시험을 보이는 항목에 있는 내용이다.

을 주는 규정은 무예별감(武藝別監)도 같다.141 – 살수는 월도(月刀)와 평검(平劍) 등에서 1예(藝)를 시험하되 성적이 월등한 사람은 겸사복에 붙여 급료를 준다.142 〈속〉 **2** 궐외에서 행하는 외중일 시사(外中日試射)는 금위영과 어영청 두 군영의 중군이 시취한다. 기대장(旗隊長)은 유엽전과 편전(片箭)으로 시험하며, 포수는 조총으로 시험한다.143 상(賞)은 궐내에서 행하는 내중일 시사(內中日試射) 때와 같다.〈속〉〈보〉

제22항 **도시(都試)** 〈경〉 **1** 금군(禁軍) 도시(都試)이다. 매년 봄과 가을에 각 번(番)에서 활을 멀리 쏘는 자를 뽑아 훈련원에 보고하면 훈련원 당상이 시취한다. 철전(鐵箭)에서 3발이 모두 입격된 자는 병조에 보고하면 의정이 시취한다. 활을 멀리 쏜 자 이외의 금군은 병조 판서가 의정부의 서벽(西壁) 및 오조(五曹), 도총부, 훈련원 당상 각 1원과 함께 시취한다. 무기(武技)는 목전(木箭), 철전(鐵箭), 편전(片箭), 기추(騎芻), 관혁(貫革), 기창(騎槍), 격구(擊毬), 유엽전(柳葉箭), 편추(鞭芻), 조총(鳥銃)이다. 철전에서 3발이 정해진 거리에 미치지 못한 사람은 태거(汰去)한다. 시험을 마친 뒤 정해진 거리에 도달한 화살 수가 6발이 되

141 무예포수(武藝砲手)는……같다 : 《속대전》 〈병전 시취(試取)〉에 있다. 무예 포수에게 중일(中日)에 시험을 보이는 항목에 있는 내용이다.

142 살수는……준다 : 《속대전》 〈병전 시취(試取)〉에 있다. 살수(殺手)에게 중일(中日)에 시험을 보이는 항목에 있는 내용이다. 무예(武藝)는 언월도(偃月刀)와 평검 이외에 쌍검(雙劍), 제독검(提督劍), 권법(拳法)이다.

143 기대장(旗隊長)은……시험한다 : 《속대전》 〈병전 시취(試取)〉에 있다. 기대장과 포수(砲手)에게 중일(中日)에 시험을 보이는 항목에 있는 내용이다.

지 못한 사람은 조총을 추가로 시험하여 조총 1발을 맞힌 것을 철전 1발에 충당한다. 그래도 여전히 6발이 되지 못하는 사람은 원래 도시의 규례대로 다시 연재(鍊才)하고 또 6발이 되지 못한 사람은 태거한다. 한량(閑良)은 정로위(定虜衛)로 낮추어 소속시킨다.〈경〉〈속〉〈보〉-❶ 베 1필을 거둔다.〈보〉- 편추를 제외한 각 기(技) 중에 몰기(沒技)한 사람은 원획(元畫 얻은 점수)이 110분(分) 이상이 되면 한량은 전시에 곧바로 응시할 자격을 주고 출신(出身)은 변장(邊將)에 제수한다. 원획이 110분 이상이 되지 못한 사람은 각 기 중에 몰기를 했더라도 숙마(熟馬)만 사급한다.[144]〈속〉 ❷ 도시를 행하지 못하면 6월과 12월에 병조 판서가 녹시사(祿試射)를 대신 행한다. 유엽전, 기추로 시험한다. 몰기한 사람은 한량이면 전시에 곧바로 응시할 자격을 주고 출신이면 가자(加資)한다. 그 나머지는 차등 있게 부록(付祿)한다.〈보〉 ❸ 오도(五道) 도시이다.[145] 함경도와 평안도는 관찰사·병마절도사가 매년 4차례 시취하며, 황해도는 관찰사·병마절도사·수군절도사가 매년 4차례 시취하며, 강원도는 관찰사가 매년 2분기로 나누어 시취하며,[146] 경상도는 관찰사가

144 도시(都試) ……사급한다 : 《경국대전》〈병전 시취(試取)〉, 《속대전》〈병전 시취(試取)〉에 있다. '도시(都試)' 항목과 금군에게 취재(取才)를 행하는 항목에 있는 내용이다.

145 오도(五道) 도시이다 : 소주 ❸의 내용은 《속대전》〈병전 시취(試取)〉, 《대전통편》〈병전 시취〉에 있다.

146 강원도는……시취하며 : 《속대전》에서는 강원도 별무사(江原道別武士), 감영의 권무 군관과 선무 군관(選武軍官)에 대한 시취를 "관찰사가 평안도와 황해도의 예를 따라 시취하여 장계로 보고한다."라고 하였다. 평안도

매년 4분기로 나누어 시취한다. 무기(武技)는 철전, 편전, 기추, 유엽전, 편추, 조총이다. 관북은 철전을 제외하고, 해서·관서·영남은 편추를 제외한다. 함경도는 친기위(親騎衛)를 시취한다. 〈속〉〈증〉〈보〉-2 감영과 남병영(南兵營)에는 좌별(左別)과 우별(右別)에 친기위 각 1위(衛)를 두고, 북병영(北兵營)에는 부령(富寧) 이남과 무산(茂山) 이북에 친기위 각 1위를 둔다.〈보〉- 감영과 병영에서 각각 수석한 사람 2인[147] 및 몰기한 사람은 한량이면 전시에 곧바로 응시할 자격을 주고, 출신이면 병영 소속에게는 가자(加資)하고 감영 소속은 본도(本道) 별장 2자리에 자벽(自辟)하되 이미 변장(邊將)을 역임한 사람은 가자한다. 관노와 사노는 면천한다. 그다음 성적을 거둔 사람은 논상(論賞)한다. 평안도는 별무사를 시취한다. 감영과 병영에서 각각 수석한 사람 1인 및 몰기한 사람은 한량이면 전시에 곧바로 응시할 자격을 주며, 출신으로서 몰기한 사람은 가자하고 수석한 사람은 본도 별장에 윤차(輪差)한다. 4순(巡)을 통산하여 우수한 성적을 거둔 사람은 감영과 병영 두 영(營)에서 각각 2인을 군문(軍門)에서 조용(調用)한다. 의주(義州) 및 사방영(四防營)[148]은

와 황해도의 도시(都試)는 매년 4차례 시취하므로, 《속대전》 조문에서의 강원도 도시 횟수는 4차례이다. 《續大典 兵典 試取 江原道別武士》

147 감영과……2인 : 함경 감영 소속 좌별친기위(左別親騎衛)·우별친기위(右別親騎衛), 남병영(南兵營) 소속 좌별친기위·우별친기위, 북병영(北兵營) 소속 부령(富寧) 이남의 친기위 및 무산(茂山) 이북 친기위에서 수석한 사람으로 총 6인이다. 《萬機要覽 軍政篇2 兵曹各掌事例 一軍色 各道都試式》

148 사방영(四防營) : 평안도의 창성(昌城), 강계(江界), 선천(宣川), 삼화(三和) 네 곳에 설치한 방어영(防禦營)이다. 《承政院日記 英祖 3年 5月 25日》

병마절도사가 시취한다. 각각 수석한 사람 1인 및 몰기한 사람은 감영이나 병영에서의 경우와 같다. 황해도는 별무사, 금위영과 어영청 두 군영의 향기사(鄕騎士), 수영(水營)의 추포무사(追捕武士)를 시취한다. 각각 수석한 사람 1인 및 몰기한 사람은 한량이면 전시에 곧바로 응시할 자격을 준다. 출신으로 수석한 사람과 한량 및 출신으로 지차(之次)인 사람은 감영에서는 본영(本營)의 둔별장(屯別將)에 윤차하고, 병영과 수영에서는 변장에 제수한다. 강원도는 별무사, 감영의 권무 군관과 선무 군관(選武軍官)을 시취한다. 삼진(三鎭)[149]을 통합해서 수석한 사람은 전시에 곧바로 응시할 자격을 준다. 경상도는 별무사를 시취한다.〈속〉〈증〉〈보〉 – [3] 출신은 좌별무사(左別武士)에 속하고 한량은 우별무사(右別武士)에 속한다. – 4순(巡)의 도시를 실시한 점수를 통산하여 수석을 차지한 좌별무사와 우별무사에서 각각 1인은 한량이면 전시에 곧바로 응시할 자격을 주고 출신이면 삼군문(三軍門)의 초관으로 차임한다. 그다음 성적을 받은 사람은 논상한다.[150] 〈증〉 [4] 경기, 삼남(三南), 관동, 해서의 선무 군관〈증〉〈보〉 – [4] 균역청 소속이다.〈보〉 – 도시이다. 매년 해당 수령이 먼저 유엽전으로 시취한 다음 관찰사가 가을 순행 때 도회(都會)를 정해 다시 시취한다. 수석한 사람은 전시에 곧바로 응시할 자격을 주고, 지차는 회시(會試)에 곧바로 응시할 자격을

149 삼진(三鎭) : 강릉진(江陵鎭), 원주진(原州鎭), 철원진(鐵原鎭)이다.《承政院日記 英祖 27年 2月 21日》

150 그다음……논상한다 : 그다음 성적을 거둔 4인에게 경상도에서 활, 화살, 쌀, 베로 시상하였다.《大典通編 兵典 試取 慶尙道別武士》

주며, 또 그다음 지차 5인은 당년의 신포를 면제해 준다.[151] 〈증〉

제23항 **시재(試才)**[152] 〈속〉 **1** 강화(江華), 개성부(開城府), 남한산성, 수원(水原), 파주(坡州), 통영(統營), 동래(東萊) 및 여러 도(道)의 시재이다. 양도(兩都)는 유수가 매년 봄과 가을에, 남한산성은 수어사(守禦使)가 봄과 가을 순심(巡審)할 때에 시취한다. 수원과 파주는 본관(本官)이 매년 9월에 초초(初抄)를 설행한[153] 다음 총융사(摠戎使)가 경청(京廳)에서 다시 시취한다. 통영은 통제사가 수조(水操)한 다음 시취한다. 동래는 좌병사(左兵使)가 매년 시취한다. 여러 도(道)는 각각 그 고을의 수령이 매년 9월에 초초를 설행한다. 수어청과 총융청 두 군영은 경청이나 습조(習操)를 행한 곳에서 설행한다.[154] 충청우도는 감영에서, 충청

151 경기……준다 : 《대전통편》〈병전 시취(試取)〉에 있다. 경기, 충청도, 황해도, 전라도, 경상도의 선무 군관(選武軍官)에게 도시(都試)를 행하는 항목에 있는 내용이다. 1751년(영조27) 비변사에서 마련하여 써서 들인 '육도(六道) 선무군관절목(選武軍官節目)'에 자세히 보인다. 《備邊司謄錄 英祖 27年 2月 1日》

152 시재(試才) : 소주 **1**의 내용은 《속대전》〈병전 시취(試取)〉, 《대전통편》〈병전 시취〉에 있다.

153 수원과……설행한 : 《대전통편》에서는 수원과 파주의 별효기사(別驍騎士)에게 행하는 시재(試才)는 매년 2월과 8월에 두 고을에서 각각 초초를 설행하고서 총융청에 보고하였다고 되어 있다. 《大典通編 兵典 試取 水原坡州別驍騎士》

154 수어청과……설행한다 : 기내(畿內)에 있는 수어청과 총융청 소속 마병(馬兵)에 대한 시재(試才)는 수어청과 총융청이 경청(京廳)에서 설행하지만, 습조를 행할 때에는 습조를 행한 곳에서 한다. 《大典通編 兵典 試取 諸道馬兵》

좌도는 병영에서, 전라도 노령(蘆嶺) 이북은 감영에서, 전라도 노령 이남은 병영에서, 경상좌도와 경상우도는 병영에서, 강원도는 감영에서, 황해도는 병영에서, 평안도 청남(淸南 청천강 이남)은 감영에서, 평안도 청북(淸北 청천강 이북)은 병영에서, 함경도 남관(南關)과 함경도 북관(北關)은 병영에서 다시 시취한다. 무기(武技)는 철전(鐵箭), 편전(片箭), 기추(騎芻), 유엽전(柳葉箭), 편추(鞭芻), 조총(鳥銃)이다. 수원과 파주는 조총을 제외하고, 강화와 남한산성은 기추와 편추를 제외하고, 통영은 철전·기추·편추를 제외하고, 여러 도(道)는 철전·편추·조총을 제외한다. 강화는 장의려(壯義旅),[155] 별초(別抄), 무려(武旅), 주사(舟師), 교졸(校卒)을 시취한다. 수석한 사람과 몰기(沒技)한 사람은 전시에 곧바로 응시할 자격을 준다. 개성부는 선무 군관(選武軍官)을 시취한다. 수석한 사람과 몰기한 사람은 한량(閑良)이면 전시에 곧바로 응시할 자격을 주고 출신(出身)이면 가자(加資)한다. 남한산성은 군관을 시취한다. 수석한 사람과 몰기한 사람은 전시에 곧바로 응시할 자격을 준다. 수원과 파주는 별효기사(別驍騎士)를 시취한다. 수석한 사람은 한량이면 전시에 곧바로 응시할 자격을 주고 출신이면 가자한다. 지차(之次) 2인은 둔감(屯監)에 차임한다. 그 나머지는 논상(論賞)한다. 통영은 장사(將士)를 시취한다. 수석한 사람은 한량이면 전시

155 장의려(壯義旅) : 강화에 있는 군병으로, 장려(壯旅)와 의려(義旅)를 합칭한 것이다. 장려는 중인 군관들을 일컫고 의려는 교생(校生) 자손들을 일컫는다.《承政院日記 景宗 1年 6月 25日》

에 곧바로 응시할 자격을 주고 출신이면 변장(邊將)에 제수한다. 동래는 별기위(別騎衛)를 시취한다. 수석한 사람과 몰기한 사람은 전시에 곧바로 응시할 자격을 주고 지차는 회시(會試)에 곧바로 응시할 자격을 준다. 수어청과 총융청 두 청(廳)은 기내(畿內)의 해당 청 소속 마병(馬兵)을 시취하고, 여러 도(道)의 감영과 병영은 해당 영(營) 소속 마병을 시취한다. 마병 별장(馬兵別將), 초관, 기패관 중에 한량이 있으면 또한 응시를 허락한다. 수석한 사람은 전시에 곧바로 응시할 자격을 주며, 지차는 회시에 곧바로 응시할 자격을 준 다음 모두 상당(相當)의 군임(軍任)에 차임하며, 또 그다음 지차는 군임에 올려 차임한다. 만일 입격한 사람이 없으면 그중 1인을 군임에 올려 차임한다.〈속〉〈증〉〈보〉 ❷ 수어청과 총융청 두 청(廳)은 습조한 뒤에 시사(試射)한다. 몰기한 사람은 한량이면 전시에 곧바로 응시할 자격을 준다. 경상 좌수영(慶尙左水營)은 수조(水操)한 뒤에 시사한다. 몰기한 사람은 한량이면 전시에 곧바로 응시할 자격을 준다.〈보〉

제 7 조 시취(試取)

제 1 항 문신 당하, 무신 당상, 무신 당하의 시사(試射) 〈속〉 ❶ 문신으로서 나이 50세 이하인 관원을, 매달 20일에 2품 이상의 문관과 무관 각 1인을 시관으로 차출하여 관혁(貫革)으로 시취한다. 해가 길면 15순(巡)에서 35분(分) 이상을, 해가 짧으면 10순에서 25분 이상을 입격 점수로 한다. 입격 점수를 채우고서 수석을 차지한 사람에게는 아마(兒馬)와 활을 상으로 주고,[156] 점수를 얻지 못한 자는 추고한다. 연말에 점수를 통계하여 우등(優等)으로 500분 이상이 된 사람은 가자(加資)한다. 대간, 각신(閣臣), 초계 문신 및 궐내에서 입직하는 관원, 공무로 인하여 사명(使命)을 받들고 나간 관원, 말미를 받아 고향으로 내려간 관원, 아직 숙배(肅拜)하지 않은 사람 이외에는 현탈(懸頉)하는 것을 허락하지 않는다. 병을 핑계로 나오지 않은 사람은 의금부에 내려 추고한다. 〈속〉 〈보〉 ❷ 무신 당상으로서 직임 있는 사람과 한산인(閑散人)을, 매월 17일에 2품 이상 문관과 무관 각 1인을 시관으로 차출하여 편전(片箭), 기추(騎芻), 유엽전(柳葉箭)으로 시취한다. 네 계절의 마지막 달에 점수를 통계하여, 한산인이면 15발 이상을 맞힌 사람을 50자리에 한하여 부록(付祿)한다. 연이어 3차례 수석한 사람 및 기추나 편전에서 몰기(沒技)한 사람은 가자한다. 4발을 맞히지 못한 사람이나 병으

156 입격 점수를……주고 : 첫 번째에는 아마(兒馬)를, 두 번째나 세 번째에는 활을, 네 번째에는 아마를 상으로 준다.《續大典 兵典 試取 文臣堂下》

로 나오지 않은 사람은 모두 파직한다. 선전관(宣傳官)과 별군직의 경우 실직이 있거나 군문(軍門)의 관직을 겸임하고 있는 사람 이외에는 시사에 참여하지 않는다. 51세가 되면 탈면(頉免)을 허락해 준다.〈속〉〈증〉〈보〉 ❸ 무신 당하로서 실직에 있는 사람을 매월 – ❶ 6월과 12월에는 행하지 않는다.〈속〉 ❷ 15일부터 그믐날 사이에 날짜를 조정하여 설행한다.〈증〉 – 병조 판서가 시취한다. 병조 판서가 다른 사정이 있으면 참판이 시취하고, 참판이 또 다른 사정이 있으면 날짜를 뒤로 물려서 행한다. 철전(鐵箭), 편전, 기추, 유엽전으로 시험한다. 단순(單巡)으로 보이는 무기(武技)에서 몰기한 사람은 별단(別單)으로 써서 들이고, 여러 순(巡)을 시행한 무기에서 몰기한 사람은 논하지 않는다.[157] 4발을 맞히지 못한 사람은 태거(汰去)한다. 기추는 점수를 배로 주어 4발에 해당하는 기준에 맞춘다. 70세가 되면 면탈을 허락하여 준다.〈속〉〈보〉 ❹ 삼군문(三軍門)의 군병을 거느리는 장관(將官)들은 무신 당하의 삭시사(朔試射) 때 병조 판서가 아울러 시취한다. 25발을 맞힌 사람에게는 말을 하사하고, 26발 이상을 맞힌 사람은 변장에 제수하며, 연이어 3차례 수석한 사람은 입계하여 별도로 상을 주고, 4발을 맞히지 못한 사람은 태거한다. 각 군영의 거느리는 군병이 없는 장관은 해당 군영에

157 단순(單巡)으로……않는다 : 1734년(영조10) 각 군문 장관(將官)의 삭시사(朔試射)를 행할 때 무기 가운데 여러 순(巡)으로 시험하는 유엽전(柳葉箭)은 몰기했더라도 논상(論賞)하는 일이 없고 단순(單巡)으로 시험하는 기추(騎芻)나 편전(片箭)은 시상하는 경우가 많다고 한 윤유(尹游)의 건의로 시행된 조문이다.《承政院日記 英祖 10年 3月 26日》

서 시사하되, 상벌과 시험 보이는 무기(武技), 기추에 대해서는 점수를 배로 주는 것 등은 모두 무신 당하의 삭시사 규식과 같다.〈속〉

제2항 **무신 당하의 시강**(試講)〈보〉 **1** 전경 전강(專經殿講)은 동반과 서반의 정직(正職) 및 현재 군문(軍門)의 직임을 맡고 있는 자로서 40세 이하인 자를 나열하여 적어 입계해서 20원을 낙점받는다. -**1** 하교가 내리기를 기다려 거행하는 경우에는 시강하는 관원에 정원이 없고 낙점하여 내리는 데 따른다.- 네 계절의 첫 달 18일에 대신(大臣) 1원, 2품 이상 문관과 무관 각 1원, 당상 문관과 무관 각 1원, 당하 문관 2원을 차출하여 무경칠서 중에 《오자》를 제외하고 -**2** 아래도 같다.- 스스로 원하는 한 가지 서책을 임문(臨文)하여 강하게 한다. 연이어 3차례 수석한 사람은 자궁(資窮)이면 가자(加資)하고 참외면 6품으로 올려 주며, 1차례 수석한 사람에게는 아마(兒馬)를 사급하며, 불통을 받은 사람은 의금부에 내려 추고한다.〈증〉 **2** 빈청강(賓廳講)은 50세 이하인 관원을 나열해 적어 입계해서 10원 혹은 20원이나 30원을 낙점받는다. 승지, 도총부 당상, 병조의 입직 당상과 낭청이 한 달 걸러 빈청에 모여 시강한다. 임금이 친림하는 경우에는 시관이 전경 전강 때와 같다. 《통감》과 《장감(將鑑)》을 임문하여 강하게 한다. 연이어 5차례 순통(純通)을 받은 사람은 가자하며 불통을 받은 사람은 추고한다.〈속〉〈증〉〈보〉 **3** 무경강(武經講)은 빈청강의 규정과 같이 하되, 네 계절의 첫 달 11일에 시강한다. 무경칠서 중에 스스로 원하는 한 가지 서책으로

한다. **4** 능마아강(能麽兒講)은 50세 이하의 관원에 대해 매달 6차례〈속〉 –**3** 2일과 7일이 들어간 날이다.[158]〈보〉 – 능마아청(能麽兒廳)의 당상 1원과 낭청 4원이 시강한다. 임금이 친림하는 경우에는 시관이 전경 전강 때와 같으며 능마아청의 당상이 모두 참석한다. 《병학지남(兵學指南)》을 임문하여 강하게 한다. 네 계절의 마지막 달에 병조에 보고한다. 1차례에서 3차례까지 불통을 받은 사람은 엄하게 추고하고, 5차례 불통을 받은 사람은 월봉(越俸)하며, 6차례 불통을 받은 사람은 태거(汰去)한다. 병을 이유로 나오지 않은 사람은 불통을 받은 사람과 똑같이 처리한다. 선전관(宣傳官)은 참석하지 않는다.〈속〉〈증〉 **5** 시사(試射)와 시강(試講)에는 당상과 당하가 모두 참석한다. 당상은 50세가 되면 강(講)을 면제하고 60세가 되면 사(射)를 면제한다. 오군문(五軍門)에서 매달 2차례 설행한다. –**4** 11월부터 1월까지, 5월부터 7월까지는 1차례만 설행한다.[159] – 중군이 시험을 감독하게 하되, 중군이 다른 사정이 있으면 당상 장관(將官) 중에서 겸중군(兼中軍)을 차출하여 대행하게 하고 혹 대장(大將)이 시험을 감독하기도 한다. 편전(片箭), 기추(騎芻), 유엽전(柳葉箭)으로 시험한다. 《병학지남》을 임문하여 강하게 하고, 진도(陣圖)는 배강(背講)하게 한다.〈증〉 –**5** 아래에도 같다.〈보〉 – 훈련도감, 금위영, 어영청 세 군영은 2월부터 4월까지, 8월부

158 2일과……날이다 : 2일, 7일, 12일, 17일, 22일, 27일이다.

159 11월부터……설행한다 : 겨울에는 혹독한 추위로, 여름에는 심한 더위로 인하여 한 차례만 설행한다. 《大典通編 兵典 試取 射講》

터 10월까지 편전-6 2순(巡)이다.-을 줄이고 기추로 대신한다. 수어청과 총융청 두 군영은 기추 시험이 없다. 강서(講書)·진도에서 연이어 5차례 모두 통(通)을 받거나, 유엽전에서 5순을 전포(全布)하거나, 편전에서 연이어 3차례 1순을 전포한 사람은 별단(別單)으로 써서 들인다. 각 군영에서는 시사와 시강의 점수를 계산하여 1년을 통틀어 수석을 차지한 사람은 연말에 별단으로 서계(書啓)한다. 그 나머지에 대한 상벌은 절목(節目)이 있다.〈증〉

제 3 항 내삼청(內三廳 선전관청·부장청·수문장청)의 천거를 받은 사람 및 금군, 각 군영의 장관(將官)으로 입속(入屬)하는 사람에 대한 취재(取才) 〈속〉〈보〉 **1** 내삼청 출신천(內三廳出身薦)[160]에 대한 취재는〈속〉-**1** 속칭 장귀천(將鬼薦)이다. 선전관천의 경우는 지금 내금위로 뽑는 취재만 있다.〈보〉- 병조 판서, 도총부와 훈련원의 당상이 합좌(合坐)하여 철전(鐵箭)으로 시험하고《통감》·《장감박의(將鑑博議)》·《송감(宋鑑)》과 무경칠서 중에서 스스로 원하는 한 가지 서책을 강하게 한 다음 2기(技) 모두 입격한 사람을 뽑는다. 남행 부장(南行部將)에 대한 취재도 이와 같은데, 철전·편전(片箭)·기추(騎芻)에서 5발 이상을 맞힌 뒤에야 강(講)을 볼 수 있도록 허락해 주고 입격한 사람을 뽑는다.〈속〉 **2** 선

160 내삼청 출신천(內三廳出身薦) : 무과 출신으로서 선전관천(宣傳官薦), 부장천(部將薦), 수문장천(守門將薦)을 받은 사람들을 말한다.

천 내금위(宣薦內禁衛)[161]를 뽑는 취재는 병조 판서가 도총부와 훈련원의 당상과 함께 철전·편전·기추·유엽전(柳葉箭)으로 시험하고 무경칠서 중에서 자기가 원하는 한 가지 책을 임문(臨文)하여 강하게 한 다음 5기 중에서 3기 이상 입격한 사람을 뽑는다.〈증〉 **3** 금군을 뽑는 취재는 병조 판서가 도총부와 훈련원의 당상과 함께 키가 8척(尺) 이상인 자를 시험하여 뽑는다. 그러나 목전(木箭)을 원표적에서 벗어나 100보를 넘어가게 쏠 수 있거나 육량전(六兩箭)을 130보를 넘어가게 쏠 수 있는 사람[162]은 키가 기준에 미달하더라도 뽑는다. 평안도와 함경도에서는 청북(淸北 청천강 이북)과 북관(北關 마천령 이북)에서 각각 3인, 청남(淸南 청천강 이남)과 남관(南關 마천령 이남)에서 각각 2인을 관찰사나 절도사로 하여금 시재(試才)하여 뽑아 올리게 하고 철전으로 시험한다. 보수(步數)는 한량(閑良), 출신(出身), 변장(邊將)으로 있다가 체차되어 온 사람, 서북인, 전사자의 자손 및 승전(承傳), 중금(中禁), 상제(喪制)를 마친 사람에 대해 차등을 두며, 말을 바치면 각각 보수를 줄여 준다. 시수(矢數)는 한량, 상제를 마친 사람, 서북인, 전사자의 자손, 승전, 중금, 변장으로 있다가 체차되어 온 사람, 출신에 대해 차등을 둔다.

161 선천 내금위(宣薦內禁衛) : 1777년(정조1) 선천 내금위에 관한 법을 제정하였다.《正祖實錄 1年 7月 25日》

162 목전(木箭)을……사람 : 목전은 무과 시취에서 원표적 거리가 240보(步)이므로 100보를 더해 340보 이상을 쏠 수 있는 사람을 말한다. 육량전은 무게가 6량(兩)인 화살로 철전(鐵箭)을 가리키며, 육량 철전(六兩鐵箭)이라고도 한다. 철전의 원표적 거리는 80보인데, 여기서는 130보 이상을 쏠 수 있는 사람을 말한다.《經國大典 兵典 試取》

〈속〉 **4** 금위영과 어영청 두 군영의 기사(騎士)를 뽑는 취재는 해당 군영에서 시험을 보인다. 1번(番)은 철전, 편전, 기추, 유엽전으로 시험하고 무경칠서 중 자기가 원하는 한 가지 서책을 임문하여 강하게 하되, 5기 중에서 3기 이상 입격한 사람을 뽑이 채워 차임한다. 2번과 3번은 단지 말을 바친 차례에 따라서 채워 차임하되, 출신의 경우에는 본영(本營)의 초관 세 자리에 취재하여 올려 차임한다. 무기(武技)는 기추, 유엽전으로 시험하고 《병학지남》을 임문하여 강하게 하며 진도(陣圖)를 배송(背誦)하게 한다.〈증〉〈보〉 **5** 당상 군관을 뽑는 취재는 병조 판서가 시취하되, 병조 판서가 다른 사정이 있으면 금군 별장이 대행한다. 편전, 기추, 유엽전으로 시험한다. **6** 초관을 뽑는 취재는 해당 군영의 대장이 시취하되, 해당 군영의 대장이 다른 사정이 있으면 중군과 별장이 한데 모여 설행한다. 철전, 기추, 유엽전으로 시험한다. **7** 교련관을 뽑는 취재는 초관을 뽑는 것과 같은데, 유엽전으로 시험하고 《병학지남》을 배강하며 진도를 배송하게 하는 3기(技)를 시험 보인다.〈속〉 **8** 장용위를 뽑는 취재는 병방(兵房)과 별군직이 시험을 보인다. 목전, 유엽전, 주(走),[163] 역(力)[164]으로 시험하고 《병학지남》을 임문하여 강

163 주(走) : 달리기로 물시계 동호(銅壺)의 물이 모두 흘러나오는 동안 270보를 달려가면 1주(走)이고, 260보를 달려가면 2주이며, 250보를 달려가면 3주이다. 《經國大典 兵典 試取》

164 역(力) : 힘쓰기로 두 손에 각각 50근을 들고 160보를 갈 수 있으면 1력(力)이고, 130보를 갈 수 있으면 2력이며, 100보를 갈 수 있으면 3력이다. 《經國大典 兵典 試取》

하게 하며 진도를 배송하게 한다.〈경〉〈증〉〈보〉 9 가전 별초는 6개월 동안 시사(試射)한 시수(矢數)를 합계하여 금군의 예대로 1년을 두 분기로 나누어 체아록을 받게 한다.[165]〈증〉 10 평안 병영(平安兵營)의 난후사(攔後士)는 봄가을로 취재하여 수석한 사람을 도목 정사 때마다 변장(邊將)으로 수용(收用)한다.[166]〈증〉〈보〉 11《경국대전》에 실린 시재에 관한 모든 규정이 거의 다 바뀌었는데, 정병(正兵)의 여수(旅帥)와 대정(隊正)[167]을 서울은 병조에서, 지방은 병마절도사가 – 2 제주(濟州)는 절제사이다. – 취재하여 차정하는 법, 당번(當番)인 정병(正兵)과 수군(水軍)을 각각 진장(鎭將)과 수군절도사가 연재(鍊才)하는 법, 취라치(吹螺赤)에게 취각(吹角)과 취소(吹簫)를 시험하는 법, 마의(馬醫)에게 본업(本業)의 서책을 강하게 하는 법은 이미 폐기되었다고 말해서는 안 된다. 그 내용은《경국대전》에 실려 있다.

제 4 항 서울과 지방의 부천(副薦 부장천)·말천(末薦 수문장천) 출신(出身)에 대한 별취재(別取才) 1 도목 정사 때마다 부장천(部將薦)

165 가전……한다 :《대전통편》〈병전 경관직(京官職)〉 어영청(御營廳) 조에 있다. 1745년(영조21) 박문수(朴文秀)의 건의로 시행되었다.《承政院日記 英祖 21年 8月 30日》

166 평안……수용(收用)한다 :《대전통편》〈병전 경관직(京官職)〉에 있다. 난후사는 1747년(영조23) 전 평안 병사 이일제(李日躋)의 건의로 병영이 있었던 안주(安州) 일대 장정 2700인을 모아 편성하였다.《承政院日記 英祖 23年 10月 3日》

167 여수(旅帥)와 대정(隊正) : 군대 조직의 단위인 1여(旅)는 125인인데 여수가 우두머리이고, 1대(隊)는 25인인데 대정이 우두머리이다.《經國大典註解 後集下 兵典》《文宗實錄 1年 6月 19日》

이나 수문장천(守門將薦)으로서 취재해야 할 사람들을 따로 취재하는데, 내금위, 선천 초관(宣薦哨官), 유천 기사(有薦騎士)도 응시한다. 병조 판서가 편전(片箭)과 유엽전(柳葉箭)으로 시험하고 무경칠서 중에서 자기가 원하는 한 가지 서책을 강하게 한다. 내금위와 선천 초관에게는 철전(鐵箭)과 기추(騎芻)를 더 시험하고, 유천 기사는 편전 대신 기추로 시험한다. 우등(優等)인 자는 초사(初仕)에 의망한다.

제5항 **각 영문(營門)에는 중순(中旬),** ■1 오군문(五軍門)의 대장이 설행한다. 중군 이하의 장교와 군병에게 각 기예를 시험하여 시상한다. 몰기(沒技)한 사람은 별단(別單)으로 아뢴다. **상중일(賞中日),** ■2 금위영과 어영청의 군사가 번(番)을 설 때 마지막 달 25일에 대장이 설행한다. 군사를 거느리는 장관(將官) 및 시험을 감독하는 교련관, 입직한 별파진(別破陣)도 응시한다. 각 기예를 시험하여 시상한다. 몰기한 사람은 별단으로 아뢴다. 다른 사정이 있어 설행하지 못하면 번을 드는 군사 3명당 무명 1필을 지급한다. **상시사(賞試射),** ■3 매년 봄가을에 병조 판서가 별장, 각 번장(番將), 해당 색낭청(色郎廳)과 함께 금군 및 표하군(標下軍)에게 각 기예를 시험하여 시상한다. 몰기한 사람에게는 전시에 곧바로 응시할 자격을 주되, 출신(出身)은 가자(加資)한다. **별시사(別試射),** ■4 매년 호위 별장(扈衛別將)이 군관을 유엽전(柳葉箭)으로 시험한다. 대장이 다시 시험한다. 30발 이상 맞힌 사람 – ■1 30발 이상을 맞힌 사람이 없으면 우등(優等)인 자를 뽑는다. – 에게는 전시에 곧바로 응시할 자격을 주되, 출신은

가자한다. 20발 이상을 맞힌 사람은 변장(邊將)에 제수하고 혹은 말을 하사하고 혹은 회시(會試)에 곧바로 응시할 자격을 준다. **요사(料射)가 있다.** 5 훈련도감·금위영·어영청 세 군영의 요사 군관(料射軍官)은 매월 해당 청(廳)의 병방(兵房) 및 장무 군관(掌務軍官), 소임 군관, 해당 군영의 교련관이 시험한다. 훈련도감과 금위영은 각각 10인을 뽑고, 어영청은 12인을 뽑는다. 6 수어청의 남한산성 부료 군관(付料軍官)과 기패관은 매월 유영 별장(留營別將)이 38인을 시험하여 뽑고, 승군(僧軍)은 매월 도총섭(都摠攝)이 15인을 시험하여 뽑으며, 송파진 군관(松坡津軍官)은 매월 별장이 3인을 시험하여 뽑는다. – 2 남한산성의 군사로 뽑힌 장정 및 별파진은 봄가을로 유영 별장이 시험하여 등급을 나누어 시상한다. – 7 총융청의 연융대(鍊戎臺) 및 북한산성 주변에 거주하는 사람 중에 군관에 입속(入屬)된 자에 대해서는 매월 경군관(京軍官) 및 북한산성 군관이 27인을 시험하여 뽑는다. 8 호위청 군관은 매월 별장이 소임 군관·당상 군관과 함께 98인을 시험하여 뽑아서 급료를 준다. 급료를 준 근무 일수를 계산하여 호위청의 소임 군관 및 금위영·어영청·수어청·총융청의 초관으로 옮겨 준다.〈보〉

제6항 국휼(國恤) 때 인산(因山)을 치른 뒤에는 시취를 규례대로 행한다.[168]〈속〉〈보〉

168 국휼(國恤)……행한다 : 《속대전》〈예전 취재(取才)〉에 있다. 본서〈예전 장권(奬勸)〉10항 참조.

제8조 명부(名簿)

제1항 **군사가 탈(頉)이 있으면 각 읍(邑)이나 진(鎭)에서 세초(歲抄)[169] 때에 다른 군사로 바꾸어 정하고 군적(軍籍)을 만들어 절도사에게 보낸다.**[170] 〈속〉 〈보〉 ❶ 육군은 병사(兵使)에게 보내고 수군(水軍)은 수사(水使)에게 보낸다. ❷ 경기의 경우에는 육군은 감영에 보내고 수군은 통어영에 보낸다. 관동은 모두 감영에 보낸다.[171] 〈보〉 **절도사는 마감(磨勘)하여 계문한다.**[172] 〈속〉 ❸ 순영에서도 계문한다. ❹ 군역과 관련하여 각 명색(名色)의 다과(多寡)는 《양역실총(良役實摠)》[173]에 있다. 〈보〉 ❺ 수어청과 총융청 두 군영의 군병은 각각 해당 읍(邑)에 궐원이 생

169 세초(歲抄) : 각 읍(邑)과 진(鎭)에서는 사망하거나 도망간 군병, 연로하여 군역을 면제해 줄 군병 등이 있으면 이들의 명단을 작성하고 다른 군병으로 대신 충원하였는데, 이처럼 탈이 있는 군병을 뽑아 명단을 작성하는 것이다.

170 군사가……보낸다 : 《속대전》 〈병전 성적(成籍)〉에 있다.

171 관동은……보낸다 : 강원도는 관찰사가 병마절도사와 수군절도사를 겸하므로 관찰사가 있는 감영에 보낸다. 《大典通編 兵典 外官職 江原道》

172 절도사는 마감(磨勘)하여 계문한다 : 《속대전》 〈병전 성적(成籍)〉에 있다.

173 양역실총(良役實摠) : 1743년(영조19) 조현명(趙顯命)이 올린 양역사정안(良役查定案)을 '양역실총'이라 이름하고 당시 예문관에 명하여 간행하게 하였으나 간행되지 못하고 1748년 6월에 이르러 10책(冊)으로 간행 반포되었다. 대상 지역별로 경안부(京案付)와 외안부(外案付)를 구분하여 각 명색(名色)에 따라 액수를 규정하고 끝에 경외양역수(京外良役數)를 밝혔다. 《英祖實錄 19年 7月 5日, 24年 6月 20日》《良役實摠(古5127-4)·良役總數(奎12211) 해제, 규장각한국학연구원》

기는 대로 바꾸어 정한다. 궐원이 있는데도 감추어 둔 경우에는 기대장(旗隊長)은 엄히 형장(刑杖)을 치고 정배(定配)하며 수령은 감추어 둔 인원수에 따라 논죄한다.[174] 〈증〉 **6** 각 아문에서 베를 거두는 색목(色目)으로 충청(充定)할 때에는 반드시 본도(本道)와 본고을에 보고한다. 각 아문에서 직접 충정한 경우에는 논죄한다.[175] **7** 납속(納粟)으로 가자(加資)를 받아 역(役)이 없는 자도 군역에 충정한다.[176] 〈속〉 **8** 공천이나 사천의 신분에서 양인으로 속량된 사람으로서, 보충대(補充隊)에서 나오기 전에 정군(正軍)에 편입된 경우는 먼저 충정된 것을 따르고, 아직 정군에 편입되지 않은 경우는 여정(餘丁)에 소속시킨다. –**1** 베 1필을 거둔다. –[177] 〈속〉 〈보〉 **9** 속오군(束伍軍)은 공천이나 사천을 따지지 않고 충정한다. **10** 다른 고을에서 옮겨 온 사람으로 공문(公文)이 없는 사람은 군역이 있건 없건 따지지 않고 양인이면 해당하는 역에 충정하고 사천이면 속오군에 충정한다.[178] 〈속〉 **11** 수군(水軍)에 궐원이 생겼는데 한정(閑丁)이 부족하면 정병(正兵)으로 충정한다. 〈보〉 **12** 궐원이 생긴 사복시 제원(諸員)의 후임은 동거하는 아

174 수어청과……논죄한다 : 《대전통편》 〈병전 성적(成籍)〉에 있다.

175 각 아문에서 베를……논죄한다 : 《속대전》 〈병전 잡령(雜令)〉에 있다. 이 조문은 1676년(숙종2) 받든 승전(承傳)이다. 《受教輯錄 兵典 軍制》《承政院日記 肅宗 2年 5月 25日》

176 납속(納粟)으로……충정한다 : 《속대전》 〈병전 면역(免役)〉에 있다.

177 공천이나……거둔다 : 《속대전》 〈병전 성적(成籍)〉에 있다.

178 속오군(束伍軍)은……충정한다 : 《속대전》 〈병전 성적(成籍)〉에 있다.

들, 사위, 동생, 조카로 충정한다.[179] ⓭ 정군(正軍) 호수(戶首)로서 죽어 궐원이 된 사람의 보인(保人)은 보인이 없는 호수에게 옮겨 준다. 위반한 경우에 수령은 논죄하여 파직한다.[180] 〈속〉 ⓮ 내취(內吹)의 보인, 의정부와 중추부의 차비 서리(差備書吏), 이조의 유조 서리(留曹書吏), 각사의 제원과 장인(匠人) 등의 보인 중에 궐원이 생겼을 경우에는 그 보인이 근무하는 관사에서 본역(本役)에 종사하는 자손으로 바꾸어 정한다. 〈보〉 ⓯ 악공의 봉족(奉足)은 그 악공이 거주하는 고을에서 그 악공이 원하는 대로 정해 준다. 그 봉족이 도망하였거나 고칠 수 없는 병에 걸렸거나 나이가 찬 경우를 제외하고는 바꿀 수 없다.[181] 〈속〉 ⓰ 황구(黃口) – ❷ 5세 이하이다. – 를 충정한 것이 10명 이상이면 수령은 5년 금고(禁錮)하고 감관과 색리는 형장을 치고 정배하며, 20명 이상이면 수령은 10년 금고하고 감관과 색리는 엄히 형장을 치고 섬에 정배한다. 아약(兒弱) – ❸ 14세 이하이다. – 을 충정한 것이 10명 이상이면 수령은 제서유위율(制書有違律)[182]을 적용하고 감관과 색리는 장(杖) 80 도(徒) 2년이며, 20명 이상이면 수령은 도형(徒刑)으로 정배하고 감관과 색리는 형장을 치고 정배한다. ⓱ 세초를 정해진 기한까지

179 궐원이 생긴……충정한다 : 《속대전》 〈병전 잡류(雜類)〉에 있다.

180 정군(正軍)……파직한다 : 《속대전》 〈병전 급보(給保)〉에 있다.

181 악공의……없다 : 《속대전》 〈예전 잡령(雜令)〉에 있다.

182 제서유위율(制書有違律) : 《대명률》 〈이율 공식(公式)〉 제서유위(制書有違) 조의 율로, "제서(制書)를 받들어 시행할 때에 어기면 장 100이다."라고 하였다. 제서는 황제의 명을 적은 조서(詔書)와 칙서(勅書) 등이다.

하지 못하면, 수령은 추고하고 자급을 강등하며 향소(鄕所)는 도 1년이며 색리는 도 2년으로 정배한다.[183] 〈증〉

제 2 항 **서울과 지방의 군정(軍丁)은 10년마다 군적을 작성하여** 〈경〉 〈보〉 ❶ 속오(束伍), 주사(舟師), 봉군(烽軍), 능군(陵軍)은 식년마다 한다. 〈보〉 ❷ 서울과 지방은 절도사가 군적을 작성하고, 제주 3읍은 절제사가 군적을 작성한다. **병조에 보내어 보관해 두고 병조에서는 군정의 총수를 계문한다.** ❸ 순영과 주진(主鎭), -❶ 절도사가 관할하는 진이다.- 거진(巨鎭), -❷ 절제사와 첨절제사가 관할하는 진이다.- 제진(諸鎭) -❸ 동첨절제사, 절제도위, 만호가 관할하는 진이다.-에도 1건(件)을 보관해 둔다.[184] 〈경〉 ❹ 오군문(五軍門)에서 관할하는 외읍(外邑)의 군정과 각 관사의 제색인(諸色人)은 식년마다 군적을 작성하여 각각 그 아문에 보내고, 수어청의 경우에 경군(京軍)도 식년마다 군적을 고친다. 〈보〉

제 3 항 **진군(鎭軍)과 모군(募軍)은 각 변장(邊將)이 세초(歲抄) 때에 군적을 작성하여 순영과 병영에 보낸다.** ❶ 모군이 나이가 찼는데도 보충하지 않았거나 진군의 궐원을 양민으로 바꾸어 정하였을 경우에는 해당 변장을 순영과 병영에서 논죄한다.[185]

183 황구(黃口)를……정배한다 : 《대전통편》 〈병전 성적(成籍)〉에 있다.

184 서울과 지방의……둔다 : 《경국대전》 〈병전 성적(成籍)〉에 있다. 《경국대전》에서는 서울과 지방의 군정은 6년마다 작성한다고 하였다.

185 진군(鎭軍)과……논죄한다 : 《속대전》 〈병전 성적(成籍)〉에 있다.

제 4 항 **관군(館軍)이 낳은 자손은 각 찰방이 식년마다 군적을 만들어 병조와 본도(本道)에 각각 보낸다.**[186] ❶ 역(驛)의 일수(日守)로서 다른 역에 투속(投屬)한 사람은 본래의 역(役)으로 돌려보낸다. 궐원이 생겼을 경우에는 수령이 역리(驛吏)의 장고(狀告 서면 보고)를 받아 가까운 역에 속해 있는 가산이 넉넉한 한정(閑丁)으로 채워 주되, 한정이 없으면 비록 본고을의 일수나 군사라 하더라도 뽑아 정한다.[187] 〈속〉

제 5 항 **3년마다 목장의 목자(牧子)는 절도사가,** 〈경〉 ❶ 목자로서 일이 수월한 곳에 투속(投屬)한 사람은 본래의 역(役)으로 돌려보낸다. 이를 거행하지 않은 감목관(監牧官)은 파출하고 색리는 형추(刑推)하되 모두 물간사전(勿揀赦前)한다. 〈속〉 **읍리(邑吏)와 역리(驛吏)는 관찰사가 군적을 만들어 보관해 둔다.** ❷ 청파(靑坡)와 노원(蘆原) 두 역은 병조에서 군적을 작성한다.[188] 〈경〉

제 6 항 **제색인(諸色人)에게 보인(保人)을 준다.** 〈속〉 ❶ 2정(丁)이 1보(保)가 된다. 〈경〉 ❷ 각색 군병(各色軍兵), 경역졸(京驛卒), 조군(漕軍),

186 관군(館軍)이……보낸다 : 《속대전》 〈병전 성적(成籍)〉에 있다. 1565년(명종20) 받든 승전(承傳)이다. 《受敎輯錄 兵典 驛路》

187 역(驛)의……정한다 : 《속대전》 〈병전 잡류(雜類)〉에 있다.

188 3년마다……작성한다 : 대문(大文)과 소주 ❷는 《경국대전》 〈병전 성적(成籍)〉에 있고, 소주 ❶은 《속대전》 〈병전 구목(廐牧)〉에 있다. 노원역(蘆原驛)은 흥인문 밖 4리에 있고 청파역(靑坡驛)은 숭례문 밖 3리에 있다. 이 두 역은 병조에 직속되어 있으므로 병조에서 직접 군적을 작성하는 것이다. 《新增東國輿地勝覽 漢城府》《承政院日記 英祖 23年 11月 5日》

수부(水夫), 내취(內吹), 호련대(扈輦隊), 악생(樂生), 악공, 각 관사의 제원(諸員), 서리(書吏), 장인(匠人), 창준(唱準) 등에게 주는 보인의 숫자는 《양역실총(良役實摠)》에 기록되어 있다. 내시, 외역졸(外驛卒), 의녀(醫女), 침선비(針線婢)에게도 보인이 있다.〈속〉〈보〉 ❸ 경역졸에게는 보인 이외에 조역(助役) 2명을 동거하는 족친으로 정해 준다. ❹ 관령(管領)[189]은 원래 보인이 있으면 그대로 보인을 주고, 보인이 없으면 솔정(率丁) 1인은 다른 역에 정하지 않는다. 솔정이 없으면 호별(戶別)로 1인을 준다. ❺ 한학(漢學)·청학(淸學)[190]·몽학(蒙學)·왜학(倭學)을 하는 사람, –❶ 외읍(外邑)에 있는 사람이다.– 충의위, 족친위, 충찬위, 충순위, 각 능(陵)의 수호군(守護軍)은 동거하는 족친 중에 2인을, 각 관사에서 매우 힘든 일을 담당하는 장인은 동거하는 족친 중에 1인을 다른 역에 정하지 않는다.〈속〉 ❻ 보인에게 잡물을 지나치게 많이 거둔 자[191]와 법을 위반하여 보인을 부린 자는 강등시켜 보인으로 삼고, 가까운 이웃에 사는 사람까지 함께 군령(軍令)으로 논죄한다.〈경〉 ❼ 《경국대전》 법에 "군사 및 조졸(漕卒)의 동거하는 아들, 사위, 아우는 다른 역에 정하지 않는다. 사역원·전의감·관상감의 관원과 생도, 혜민서의 관원,

189 관령(管領) : 조선 초기 오가작통법의 시행으로 서울 오부(五部)의 하부 단위인 각 방(坊)에 두었던 직역(職役)이다. 《전율통보》 〈호전 호적(戶籍)〉 3항 소주 ❸ 참조.

190 청학(淸學) : 《속대전》에는 '여진학(女眞學)'으로 되어 있다. 《전율통보》 〈범례〉 2항 소주 ❷ 참조.

191 보인에게……자 : 보인 1인에게 매달 면포(綿布) 1필을 초과하여 거두지 못한다. 《經國大典 兵典 給保》

주원(籌員)·율원(律員)의 생도, 궁인(弓人), 시인(矢人), 화원(畫員)의 생도, 제원(諸員), 마의(馬醫), 조례(皁隷), 나장(羅將), 의생(醫生), 율생(律生), 서원(書員), 일수(日守), 목자(牧子), 진부(津夫), 빙부(氷夫), 진헌석장(進獻席匠)은 동거하는 족친 중 1인을 다른 역에 정하지 않는다. 서리, 악생, 양인 악공, 수부는 2인을 다른 역에 정하지 않는다. 원주(院主)는 3인을 다른 역에 정하지 않는다. 서리, 악생, 사복시의 제원, 수부는 동거하는 사람이 없으면 호별로 1인을 정해 준다."라고 하였다. 또 "보인이 취재(取才)에 입격하면 군사에 소속되는 것을 허락한다."라는 법이 있다.[192] 〈보〉

제7항 **군사의 명부에 탈루가 있거나 나이를 가감하거나 다른 역(役)에 옮겨 정하거나 착오가 있는 경우에는 논죄한다.** **1** 세초(歲抄) 때 탈루된 인원이 10인 이상이면 수령은 파직하고, 3인 이상이면 자급을 강등하고, 2인 이하면 장(杖) 80이다. 감관과 색리는 탈루된 인원이 1인 이상이면 장 100 도(徒) 3년이다. 초안(草案)에는 기재되어 있는데 연제(連梯)에 탈루되거나 연제에는 기재되어 있는데 초안에 누락된 인원이 3인 이상이면 수령은 장 70이고 감관과 색리는 장 100이며, 2인 이하면 수령은 장 60이고 감관과 색리는 장 80이다. **2** 나이를 늘린 인원이 20인 이상이거나 나이를 줄인 인원이 25인 이상이면 수령은 파직하

192 제색인(諸色人)에게……있다 : 《경국대전》 〈병전 급보(給保)〉, 《속대전》 〈병전 급보〉에 있다.

고, 감관과 색리는 장 100 도 3년이다. 나이를 늘린 인원이 10인 이상이거나 나이를 줄인 인원이 15인 이상이면 수령은 자급을 강등하고, 감관과 색리는 장 80 도 2년이다. 나이를 늘린 인원이 9인 이하이거나 나이를 줄인 인원이 14인 이하면 수령은 장 80이고, 감관과 색리[193]는 장 100이다. ❸ 마음대로 다른 역(役)으로 옮겨 정한 인원이 15인 이상, 산관(散官)이 된 군사(軍士)·보인(保人)·잡류(雜類)를 다른 역으로 옮겨 정한 인원 및 조군(漕軍)이나 수군(水軍)의 자손을 육군이나 관속(官屬)으로 옮겨 정한 인원이 20인 이상이면 수령은 파직하고, 10인 이상이면 자급을 강등하고, 9인 이하면 장 80이다. 이러한 경우 감관과 색리는 5인 이상이면 장 100 도 3년이다. 군적을 작성할 시기가 아닌데 마음대로 다른 역으로 옮겨 정한 경우 수령은 3인 이상이면 파직하고, 2인이면 자급을 강등하고, 1인이면 추고한다. 이러한 경우 감관과 색리는 장 100 도 3년이다. ❹ 부유한 군정(軍丁)을 아전으로 바꾸어 정한 경우 군안(軍案)에 등록된 군정을 향리(鄕吏)나 고공(雇工)으로 시행한 경우는 법을 어기고 군역을 면제시켜 준 데 대한 형률에 따라 논죄한다.[194] ❺ 성명이나 주소의 글자를 잘못 기록한 경우 및

193 감관과 색리 : 《속대전》에는 '색리(色吏)'라고 되어 있지만, 《전율통보》를 편찬하기 전에 구윤명(具允明)이 정조에게 《속대전》의 기록이 오자(誤字)라고 아뢰어 '감색(監色)'으로 수정하도록 하였다. 《전율통보》 이후의 법전인 《대전회통》에는 반영되지 않았다. 《承政院日記 正祖 11年 2月 20日》 《日省錄 正祖 11年 2月 20日》

194 부유한……논죄한다 : 《속대전》 〈병전 면역(免役)〉에 있다.

동일한 인물을 두 군데에 중복 기록한 것이 5인 이상이면 수령·감관·색리는 장 80이고, 3인 이상이면 장 60이고, 2인 이하면 태(笞) 50이다. 6 정군(正軍) 및 보인 등은 수부(水夫)나 어부로 옮겨 정하지 못한다. 7 관서와 해서에 영구히 배정된 관군(館軍)은 다른 역에 정하지 못한다.[195] 8 목자(牧子)의 자손은 다른 역에 정하지 못한다. 다른 역에 배정된 경우에는 그 역을 탈하(頉下)하고 감관과 색리는 추문(推問)하여 죄를 다스린다.[196] 〈속〉 9 관리가 고의로 죄 없는 사람으로 다른 사람의 군역을 대체하면 장 100 유(流) 3000리이다.[197] 〈율〉

제 8 항 **삼군문(三軍門)은 중군 이하 장교와 군병의 총수를 관안(官案)으로 작성하여 사계절의 마지막 달에 계청하여 부표(付標)한다.** 〈속〉 1 수어청·총융청 두 군영과 용호영도 같다. 〈증〉 2 군사의 명부는 각각 군영의 대장이 날마다 착압(着押)하고 관인을 찍어 2건(件)을 작성하고 번(番)이 끝날 때마다 -1 장번(長番)은 사계절의 마지막 달에 보관한다.- 병조에 나누어 보관한다. 〈경〉

제 9 항 **양군(良軍) 및 제색인(諸色人)의 모든 보인(保人)에게는 베를 거두어들인다.** 〈보〉 1 속오군(束伍軍)과 조군(漕軍) 등 모든 천

195 정군(正軍)……못한다 : 《속대전》 〈병전 잡류(雜類)〉에 있다.
196 목자(牧子)의……다스린다 : 《속대전》 〈병전 구목(廐牧)〉에 있다.
197 관리가……3000리이다 : 《대명률》 〈형률 소송(訴訟)〉 무고충군급천사(誣告充軍及遷徙) 조에 있다.

역 이외에는 모두 양군에 속하는데, 수어청과 총융청 두 군영의 군사에는 간혹 양인과 천인이 섞여 있다. 서울의 각 군문(軍門)과 각 아문에 소속된 지방의 제색인 및 각색(各色)의 보인이 납부하는 포의 경우 모두 1명당 무명[木]은 1필, 쌀은 6말로 하되 수어청과 총융청의 사천군(私賤軍)은 3말로 한다.〈속〉〈증〉〈보〉 **2** 무명은 6새의 베 40자를 기준으로 삼는다.[198]〈속〉 **3** 서북 지역의 보인이 납부하는 베는 그 지역 번곤(藩閫)과 읍진(邑鎭)에 소속시킨다.〈보〉 **4** 군포는 전(錢)이거나 무명이거나 간에 백성이 원하는 대로 한다. 1필은 전으로 대신 환산할 경우 2냥(兩)이다. 혹 전으로 거두어 이익을 취하고서 베로 바꾸어 상납할 경우에는 수령은 전세율(田稅律)에 따른다.[199] **5** 거두지 못한 군포는 세말(歲末)에 뽑아 계산하고 거두지 못한 군포가 많은 수령은 의금부로 잡아다 신문하여 논죄한다.[200]〈속〉 **6** 군포는 모두 무명으로만 거두거나 무명과 전을 절반씩 거둔다. 이는 〈호전 잡세(雜稅)〉에 보인다.[201]〈보〉

제10항 **유음인(有蔭人)은 역(役)을 면제한다.**〈속〉 **1** 종성(宗姓)인 족친위와 공신의 자손으로 충의위, 충익위, 충찬위, 충장위에 소속

198 6새의……삼는다 : 《속대전》 〈호전 요부(徭賦)〉에 있다.

199 군포는……따른다 : 《속대전》 〈호전 요부(徭賦)〉에 있다. 전세율(田稅律)을 적용하면 수령은 탐오율(貪汚律)로 논죄하고 종신토록 금고(禁錮)하게 된다. 《전율통보》 〈호전 조전(漕轉)〉 7항 **14** 참조.

200 거두지……논죄한다 : 《속대전》 〈호전 요부(徭賦)〉에 있다.

201 군포는……보인다 : 《전율통보》 〈호전 잡세(雜稅)〉 8항 **6** 참조. 원출전은 《대전통편》 〈호전 요부(徭賦)〉이다.

된 사람은 대수(代數)에 의거하여 역을 면제한다.〈속〉〈보〉 - ❶ 대수에 대해서는 아래 〈속위(屬衛)〉 조에 보인다.〈보〉 - ❷ 사왕손(四王孫)[202] 및 선현〈속〉 - ❷ 기자(箕子), 안 문성공(安文城公 안향), 설 홍유후(薛弘儒侯 설총), 우 좨주(禹祭酒 우탁), 문 강성군(文江城君 문익점), 신 장절공(申壯節公 신숭겸)의 경우이다.〈보〉 - 의 후손은 신분에 걸맞은 양역 이외에는 칠반천역(七般賤役) - ❸ 조례(皁隸), 나장(羅將), 일수(日守), 조군(漕軍), 수군(水軍), 봉군(烽軍), 역보(驛保)이다. - 에 정하지 않는다. ❸ 귀화한 사람이 군적에 들어간 경우는 역을 면제한다.[203]〈속〉

제11항 **군사로서 독질(篤疾)이나** ❶ 악질(惡疾), 전광(癲狂), 양쪽 눈이 먼 경우, 팔다리 가운데 두 군데가 절단된 경우이다. **폐질(廢疾)에 걸린 사람은** ❷ 지능 장애, 언어 장애, 소인증, 척추 장애, 팔다리 가운데 한 군데를 못 쓰는 경우이다. - ❶ 지능 장애〔痴〕는 병적인 행동을 하는 모습이다. - **역(役)을 면제한다.** ❸ 역이 있는 사람도 마찬가지이다.[204]

제12항 **독질(篤疾)이나 폐질(廢疾)에 걸린 어버이가 있는 경우 혹은 70세 이상의 어버이가 있는 경우에는 한 명의 아들을 역(役)에서 면제하고, 90세 이상의 어버이가 있는 경우에는 모든 아**

202 사왕손(四王孫) : 조선 시대 태조의 4조(祖)인 목조(穆祖), 익조(翼祖), 도조(度祖), 환조(桓祖)의 자손을 가리킨다.

203 유음인(有蔭人)은……면제한다 : 《속대전》 〈병전 면역(免役)〉에 있다.

204 군사로서……마찬가지이다 : 《경국대전》 〈병전 면역(免役)〉에 있다.

들을 역에서 면제한다. ■1 아들이 죽은 경우에는 손자 한 사람을 역에서 면제하되 친손자가 없는 경우에는 외손자를 역에서 면제한다. 서울에 거주하는 군사, 유방군(留防軍), 충순위, 정병(正兵)은 독자 이외에는 역을 면제하지 않는다.[205] 〈경〉

제13항 **죽은 자, 나이 60이 되고 45년간 역(役)에 응한 자,**〈속〉 ■1 16세에 군역에 충정(充定)되어 60세에 군역에서 면제된다.〈보〉 **도망간 지 10년이 지난 자는 모두 바꾸어 정한다.** ■2 죽은 자나 60세가 되어 군역에서 면제된 경우는 연초와 연말을 막론하고 즉시 바꾸어 정한다. 죽은 자에 대한 입안(立案)을 석 달이 지나도록 발급해 주지 않을 경우에 수령은 파직하고 색리(色吏)는 엄히 형추(刑推)한다. ■3 도망가서 기한이 지났으나 일족(一族)이 있는 경우는 일족으로 하여금 스스로 다른 사람으로 바꾸어 정하도록 하되 바꾸어 정하기 전에는 탈(頉)로 처리하여 역을 면제해 주지 않는다. ■4 죽은 뒤 해가 지났거나 도망가서 기한이 지났는데도 다른 사람으로 바꾸어 정하지 않은 경우, 바꾸어 정하였으나 가명으로 허위 기록한 경우에는 5명 이상이면 수령은 파직하고 감관과 색리는 형추하며, 10명 이상이면 수령은 삭직(削職)하고 감관과 색리는 도형(徒刑)으로 정배(定配)하며, 20명 이상이면 수령은 도형으로 정배하고 감관과 색리는 장(杖)을 치고 유배(流配)한다.[206]

205 독질(篤疾)이나……않는다 : 《경국대전》 〈병전 면역(免役)〉에 있다.
206 죽은 자……유배(流配)한다 : 대문(大文)과 소주 ■2~■4는 《속대전》 〈병

제14항 **한집안에 많은 사람이 역(役)에 응하는 경우와 한 사람이 역을 중첩해서 진 경우에는 덜어 준다.** ❶ 속오군(束伍軍)에 삼부자(三父子)가 있는 경우는 아버지의 역을 면제해 주고, 사 형제가 있는 경우는 형의 역을 면제해 주며, 관(官)에서 대신할 사람을 정한다. 양역에 사 부자 이상이 복무할 경우에는 동거 여부를 막론하고 자신들이 원하는 대로 1인의 역을 덜어 준 다음 스스로 대신할 사람을 바꾸어 정하도록 한다. ❷ 역을 중첩해서 진 경우에는 나중에 지게 된 역을 덜어 준다.[207]

제15항 **이미 군역에 들어간 자가 유청군(有廳軍)으로 올라 소속될 경우에는**〈속〉 ❶ 충찬위, 충장위, 충순위이다.〈보〉 **바꾸어 정하게 한다.** ❷ 스스로 대신할 사람을 바꾸어 정하게 하되, 그렇게 하지 않으면 이전의 역에 그대로 소속하게 한다.[208]〈속〉 ❸ 유청군에게는 베 1필을 거둔다. -❶ 전(錢)으로 대신 바친다. -〈증〉 충익위, 족친위도 마찬가지이다.〈보〉

제16항 **불법으로 탈이 난 체 하는 모든 사람은 면제를 허락하지 않는다.**[209] ❶ 군보(軍保)의 자손으로서 교생(校生), 원생(院生) 및 무청(武廳)에 뒤섞여 편입된 자는 조사해 내어 태거(汰去)하고 역

전 면역(免役)〉에 있다.

207 한집안에……준다 : 《속대전》〈병전 면역(免役)〉에 있다.

208 이미……한다 : 대문(大文)과 소주 ❷는 《속대전》〈병전 군사환속(軍士還屬)〉에 있다.

209 불법으로……않는다 : 《속대전》〈병전 면역(免役)〉에 있다.

(役)에 충정(充定)한다.[210] 충의(忠義)에 불법으로 소속된 자, 영직(影職)의 첩문(帖文)을 받은 자, 향교·향소임(鄕所任)·교생·아전 등에 불법으로 소속된 자는 수포안(收布案)에 탈(頉)로 기록하지 못한다.[211] **2** 원종공신의 자손이라 함부로 사칭한 자를 조사하여 군역에 충정한 뒤에 충훈부가 다시 충의(忠義)라고 하면서 침해하여 탈을 잡으면, 해당 서리는 엄히 장을 친다.[212] **3** 양민으로서 불법으로 진군(鎭軍)에 편입된 자는 태거하여 양역에 충정한다.[213] **4** 양민으로서 목안(牧案)에 투속(投屬)된 자는 그 역을 그만두게 하고 가장 힘든 역에 충정하며 감목관(監牧官)은 파직한다.[214] **5** 군사나 보인(保人)이 역을 싫어하고 꺼려서 다른 호(戶)로 도피한 경우에는 본래의 역에 도로 소속시킨다. 도피한 사람을 숨어 살도록 해 준 사람은 장(杖) 100 도(徒) 3년이고, 실정을 알면서도 고하지 않은 경우에는 가까운 이웃·관령(管領)·이정(里正)을 제서유위율(制書有違律)[215]로 논한다. **6** 나이를 속여 군역에서 면제된 사람은 나이를 물려 도로 군역에 소속시키되, 대신 출두한 경우는 당사자와 대신한

210 군보(軍保)의……충정(充定)한다 : 《속대전》 〈병전 성적(成籍)〉에 있다.
211 충의(忠義)에……못한다 : 《속대전》 〈병전 면역(免役)〉에 있다.
212 원종공신의……친다 : 《속대전》 〈병전 군사환속(軍士還屬)〉에 있다.
213 양민으로서……충정한다 : 《속대전》 〈병전 성적(成籍)〉에 있다.
214 양민으로서 목안(牧案)에……파직한다 : 《속대전》 〈병전 구목(廐牧)〉에 있다.
215 제서유위율(制書有違律) : 《대명률》 〈이율 공식(公式)〉 제서유위(制書有違) 조의 율로, "제서(制書)를 받들어 시행할 때에 어기면 장 100이다."라고 하였다. 제서는 황제의 명을 적은 조서(詔書)와 칙서(勅書) 등이다.

자는 모두 장 100 도 3년이다.[216] **7** 살아 있는데 죽었다고 하거나, 있는데 도망갔다고 하거나, 거짓으로 독질(篤疾)이나 폐질(廢疾)에 걸렸다고 하여 불법으로 공문을 발급하여 한정(閑丁)을 숨겨 준 경우는 비록 1명이라 하더라도 수령은 파직하고, 감관과 색리는 장 100을 치고 충군(充軍)한다.[217] **8** 납속(納粟)하여 가자(加資)된 사람은 탈로 처리하지 않는다.[218] **9** 법을 어기고 군역에서 뺀 경우에는 7인 이상이면 수령은 파직하고, 5인 이상이면 자급을 강등하고, 4인 이하면 장 80이며, 1인 이상이면 색리는 장 100 도 3년이다.[219] 〈속〉

216 군사나……3년이다 : 《속대전》 〈병전 군사환속(軍士還屬)〉에 있다.

217 살아……충군(充軍)한다 : 《속대전》 〈병전 면역(免役)〉에 있다.

218 납속(納粟)하여……않는다 : 《속대전》 〈병전 면역(免役)〉에 있다. 납속하여 당상으로 가자되고서 군역이 있는 사람은 군역을 탈로 처리하지 않는다. 《續大典 兵典 免役》

219 법을……3년이다 : 《속대전》 〈병전 면역(免役)〉에 있다.

제 9 조 속위(屬衛)[220]

제 1 항 **공신의 자손은 충의위(忠義衛)에 소속된다.**[221] 〈경〉 **1** 적장자는 대수(代數)를 한정하지 않는다. 첩의 자손으로 승중(承重)한 사람도 마찬가지이다.[222] 중자(衆子)의 자손은 9대까지로 한정한다.[223] 〈경〉 〈속〉 〈보〉 **2** 충의청 충의(忠義廳忠義)에 20인이 돌아가며 입번(入番)하고 전좌(殿座)와 거둥(擧動) 때 산선(繖扇) 등의 봉지 차비(奉持差備)에 차출된다. 〈보〉

제 2 항 **원종공신의 장파(長派)는 충익위(忠翊衛)에 소속되고** 〈경〉 〈보〉 **1** 5대까지로 한정한다. 〈보〉 **중파(衆派)는 충찬위(忠贊衛)에 소속된다.**[224] 〈경〉 〈보〉 **1** 3대까지로 한정한다. 〈보〉

제 3 항 **전사한 사람이나 군공이 있는 사람의 자손은 지자(支子)와 적장자 구분 없이 충장위(忠壯衛)에 소속된다.** **1** 3대까지로 한정한다.[225] 〈속〉 〈보〉

220 속위(屬衛) : 충의위(忠義衛), 충익위(忠翊衛), 충찬위(忠贊衛), 충장위(忠壯衛), 족친위(族親衛), 충순위(忠順衛)에 배속하는 규정이다.

221 공신의……소속된다 : 《경국대전》 〈병전 번차도목(番次都目)〉에 있다.

222 첩의……마찬가지이다 : 《경국대전》 〈병전 번차도목(番次都目)〉에 있다.

223 9대까지로 한정한다 : 《속대전》 〈병전 면역(免役)〉에 있다.

224 원종공신의……소속된다 : 《경국대전》 〈병전 번차도목(番次都目)〉에 있다.

225 전사한……한정한다 : 《속대전》 〈병전 면역(免役)〉에 있다.

제 4 항 **종성(宗姓)은 대수(代數)가 다 된 뒤에 족친위(族親衛)에 소속된다.**[226] 〈경〉〈보〉 ❶ 대왕(大王)의 자손은 대수를 한정하지 않도록 새로 정식을 삼았다. 족친위는 9대까지로 한정한다.[227]

제 5 항 **상민 출신의 자손은**〈속〉 ❶ 아들, 사위, 동생, 조카, 손자이다.〈보〉 **충순위(忠順衛)에 소속된다.**〈경〉〈속〉 ❷ 삼부자(三父子) 외에는 충순위에 정하지 못한다.〈속〉 ❸ 충의위와 충익위는 충훈부에서, 종성인 족친위는 종부시에서, 충찬위·충장위·충순위는 병조에서 구전으로 차출한다.[228] 〈경〉〈보〉 ❹ 《경국대전》에 보이는 여러 위(衛)에 소속되는 명색(名色)은 요즘 제도와 다른 부분이 많다. 족친위에 이성친(異姓親)도 소속되었는데 어느 때 폐지되었는지 알 수 없다. 이 밖에 별시위(別侍衛), 파적위(破敵衛), 장용위(壯勇衛) 등은 소속되는 명색이 언급되어 있지 않다. 다만 친군위(親軍衛)에는 관북 사람이 소속된다고 하였고, 겸사복(兼司僕)은 서북의 자제 중에 절도사가 재주와 행실이 있는 사람을 뽑아서 임금에게 계문한다고 하였다.[229] 〈보〉

226 종성(宗姓)은……소속된다 : 《경국대전》 〈병전 번차도목(番次都目)〉에 있다. 대수가 다 된 종성이란 상을 당했을 때 상복을 입지 않는 먼 친척 중에 오대조(五代祖)를 함께하는 본종(本宗)의 친족인 단문(袒免)을 뜻한다. 《經國大典 兵典 番次都目 族親衛》

227 대왕(大王)의……한정한다 : 《속대전》 〈병전 면역(免役)〉에 있다.

228 종성인……차출한다 : 《경국대전》 〈병전 번차도목(番次都目)〉에 있다.

229 친군위(親軍衛)에는……하였다 : 《경국대전》 〈병전 번차도목(番次都目)〉에 있다.

제6항 충의위로 속여 등록한 자는 장(杖)을 치고 정배(定配)한다.[230]

〈증〉

230 충의위로……정배(定配)한다 : 《대전통편》〈병전 군사환속(軍士還屬)〉에 있다.

제10조 교열(敎閱)

제1항 임금이 친림하여 군대를 사열할 때에는 병조 판서가 중군이 되고 오군문(五軍門)의 대장이 영장이 된다.〈보〉 ❶ 선전관(宣傳官)과 교련관도 모두 참알(參謁)한다.〈속〉

제2항 매월 본병(本兵 병조)과 삼군문(三軍門)이 교외에서 습진(習陣)한다. ❶ 본병은 18일, 훈련도감은 9일·19일,〈속〉〈보〉 -❶ 29일에 하던 것은 근래에는 으레 하지 않는다.- 금위영은 10일·20일·30일, 어영청은 1일·11일·21일에 습진한다. 다만 신번(新番)과 구번(舊番)이 교체하는 달에 합동 습조(習操)를 하면 어영청은 전월 28일로 앞당겨 행한다. ❷ 합동 습조 이외에는 만약 지독한 추위나 심한 더위를 만나게 되면 탈품(頉稟)한다.〈속〉 -❷ 6월, 7월과 11월, 12월이다.〈증〉- ❸ 대장에게 사정이 있으면 도제조가 대신 행한다.〈속〉〈증〉 ❹ 본병(本兵)[231]과 훈련도감의 습조 때에는 출번(出番)하는 선진관(宣傳官)도 참여한다. ❺ 본병의 습조에는[232] 6번(番) 금군을 내어 쓰고 입직하는 1번 금군은 내어 쓰지 않는다.〈속〉〈보〉 ❻ 해당 영(營)의 습진에는 궐 안팎을 숙위(宿衛)하는 군병을 내어 쓸 수 없다.〈증〉 ❼ 《경국대전》에 "병조에서 낙점을 받은 제장(諸將)이 장교와 군사를 집결시켜 습

231 본병(本兵) : 《속대전》 〈병전 교열(敎閱)〉에는 '금위영(禁衛營)'으로 되어 있다.

232 본병의 습조에는 : 《속대전》 〈병전 교열(敎閱)〉에는 '금위영의 습진(習陣) 때에'라고 되어 있다.

진한다. 제장의 재능 여부를 기록하여 계문하고 세초(歲抄) 때에 점수를 통틀어 계산하여 승급시키기도 하고 강등시키기도 한다."라는 법이 있다. ❽ 금군의 병기에 대한 점고는 아래 〈군기(軍器)〉 조에 보인다.〈보〉

제3항 **수어청의 3영(營)**〈속〉〈보〉 ❶ 광주(廣州), 양주(楊州), 죽산(竹山)이다.〈보〉 **및 좌부(左部)·우부(右部),**〈속〉 ❷ 경청(京廳)의 좌부와 우부이다. 별장이 지휘한다.〈보〉 **총융청(摠戎廳)의 4영은** ❸ 수원(水原), 남양(南陽) 및 파주(坡州), 장단(長湍)을 남북으로 나누어 각 2영이 차례로 돌아가며 습조한다.〈증〉 **봄과 가을에 돌아가며 습조(習操)한다.**〈속〉 ❹ 수어청의 경우는 남한산성의 3영에서 각각 한 차례 차례로 돌아가며 성상(城上) 습조를 하게 하며, 좌부와 우부에서 합하여 한 차례 돌아가며 성상 습조를 하게 한다. 또 남한산성의 3영과 좌부·우부를 합하여 대대적인 습조를 행한다. 총융청의 경우는 해당 읍(邑)에서 남북으로 나누어 각각 한 차례 차례로 돌아가며 순행 때의 습조를 하게 한다.〈속〉〈보〉

제4항 **각 도(道)는 봄과 가을에 수상(水上) 습조(習操)나 육상(陸上) 습조를 행한다.** ❶ 각 도의 병사(兵使), 영장, 성장(城將)이 봄과 가을에 순행 때의 습조를 행한다. 관서 및 남병영(南兵營)은 봄에는 남쪽에서, 가을에는 북쪽에서 습조한다. 북병영(北兵營)은 가을에는 남쪽에서, 봄에는 북쪽에서 습조한다. 송도(松都) 및 관동은 유수, 감사(監司)가 습조한다. 통제사, 통어사는 봄과

가을에 수상 습조를 행하되, 봄에는 양남(兩南)의 주사(舟師)가 통영에서 합동 습조를 하고, 경기와 해서는 강화(江華)에서 합동 습조를 한다. 수사(水使)가 각각 영(營)에서 가을에 수상 습조를 하되, 호서는 봄에 하는 습조도 해당 영에서 행한다.〈보〉

제5항 **각 읍(邑), 각 진(鎭)과 보(堡)에 성이 있는 곳에서는 봄과 가을에 성상(城上) 습조를 행한다.**〈속〉

제6항 **병마절도사가 순행하여 돌 때 각 읍(邑)의 속오군(束伍軍)과 세초군(歲抄軍)[233]을 함께 점열(點閱)한 다음 시사(試射)하여 논상(論賞)하고 탈이 있는지 없는지를 조사하여 계본으로 보고한다.**〈속〉〈보〉 ❶ 점열에 빠지거나 다른 사람에게 받게 한 사람이 100명 이상이면 수령은 고신(告身) 3등(等)을 추탈하고, 50명 이상이면 삭직하고, 20명 이상이면 파직하고, 10명 이상이면 엄하게 추고한다.〈속〉 ❷ 각 읍의 이속(吏屬), 관노, 보인(保人)으로 대(隊)를 만들어 매년 함께 점열한 다음 시재(試才)하여 논상한다. 관동은 해당 읍에서 거행한다.〈속〉〈보〉 **병마절도사에게 다른 사정이 있으면 영장이 대신 순행한다.** ❸ 점열하고 시사하는 등의 일은 규례대로 행한다. ❹ 속읍(屬邑)의 군병을 사사로이 점열한 사람은 참작하여 충군(充軍)한다. ❺ 순찰사,

233 세초군(歲抄軍) : 각 읍(邑)과 진(鎭)에서 사망하거나 도망간 군병, 연로하여 군역을 면제해 주는 군병 등으로 생기는 결원을 보충하기 위하여 매년 6월과 12월에 뽑아 바꾸어 정하는 군사를 말한다. 본서 〈병전 명부(名簿)〉 1항 참조.

병마절도사, 영장이 습조할 때, 색리가 군병을 침탈한 경우에는 일률(一律)을 적용하고, 순찰사·병마절도사는 파직하고, 영장은 잡아다 신문하여 죄목을 정한다.〈속〉

제7항 **흉년이 되어 습조(習操)를 정지할 때에는 각 읍(邑)과 각 진(鎭)의 군병을 관문(官門)에 모아 놓고 차례로 돌아가며 연습시킨다.**〈속〉〈증〉 ❶ 봄과 가을에 3일을 기한으로 설행한다.〈속〉 ❷ 관문에 모아 놓고 점고한 뒤에 즉시 병영에 탈에 있는지 없는지를 보고한다. 수어청과 총융청 두 군영의 윤회(輪回) 습조와 순점(巡點)을 모두 정지하면 또한 본읍(本邑)에서 모아 놓고 점고한 뒤 논보(論報)한다.〈증〉 ❸ 관문의 습조 때에 군병에게 물품을 거두도록 관(官)에서 성첩(成貼)해 주면 수령은 도년(徒年)으로 정배하고 물품을 낸 군병은 엄하게 곤(棍)을 친다. ❹ 북도의 수령으로 오가군(五家軍)의 점고를 엄중하게 신칙하지 못한 자는 의금부로 잡아다 처리한다.〈속〉 ❺ 제진(諸鎭)의 습진(習陣)은 농사철에는 정지한다.〈경〉

제8항 **신번(新番) 군병과 구번(舊番) 군병을 점고하고 상시사(賞試射)할 때 내영(內營)과 외영(外營)의 입직하는 군병은 표신(標信)을 내주기를 청하여 거행한다.**

제9항 **훈련도감 군병은 초(哨)마다 3인을 뽑아 화포를 가르쳐 익히게 한다.**〈증〉

제11조 번상(番上)

제 1 항 **각 도(道)에**〈속〉 ❶ 서북은 해당되지 않는다.〈보〉 **보내는 상번군(上番軍)을 징집하는 관문(關文)은 각 군문(軍門)의 장교가 순영에 전하여 순영의 비장(裨將)으로 하여금 병영에 직접 전하게 한다.**

제 2 항 **상번(上番)하는 기병(騎兵)은**〈속〉 ❶ 정군(正軍)이 호(戶)가 되고, 호에는 각각 보인(保人) 3명을 둔다. 2개월에 한 번 당번이 된다. 당번 때마다 정군 250명이 상번하는데, 정군은 보인 1명마다 베 1필을 거두어 자장(資裝)으로 삼는다.〈속〉〈증〉〈보〉 **당번 때마다 순영이나 병영에서 점열(點閱)한 다음 색리를 정하여 거느리고 가서 넘겨주게 한다.**〈경〉〈속〉〈보〉 ❷ 유청군(有廳軍), 여수(旅帥), 등패(等牌)는 그렇게 하지 않는다.〈속〉 ❸ 상번하기 전달 25일에 점고를 받게 한다. 금위영과 어영청 두 군영의 상번군도 마찬가지이다.〈속〉〈보〉 ❹ 2명 이상을 현탈(懸頉)하면 거느리고 가서 넘겨준 색리를 형추(刑推)한다. ❺ 당번이 상중에 있으면 '모년 모월 모일에 모 친의 상중에 있다.[某年月日某親在喪]'로 소명 단자(小名單子)를 작성하여 계문한다. 100일이 지난 뒤에 올려 보내어 번을 서게 하되, 100일 지난 뒤에 번을 설 기한까지 수십 일밖에 남지 않았으면 지방의 군병은 올려보내지 않는다.〈속〉 **병조가 도총부와 함께 점고한 다음 위소(衛所)에 넘겨 각처에 나누어 번을 서게 한다.**〈경〉〈보〉 ❻ 매달 병조에서 각각 쌀 6말을 지급하고, 동절기 두 당번에게는 유의(襦衣) 1령

(領)을 지급한다.〈보〉

제3항 **상번(上番)하지 않는 기병(騎兵)과 보병의 경우**〈속〉 ❶ 보병은 상번하지 않는다.〈보〉 **호(戶)와 보인(保人) 모두에게 가포(價布)를 거둔다. 이를 관찰사가 차원(差員)을 정하여 당번 때마다 일체 받아 납부하게 하고, 병조에서 방민(坊民)을 고용하여 번을 대신 서게 한다.**〈속〉 ❷ 당번이 정해진 기한에 도착하지 않은 경우나 거두지 못한 포가 1동(同)이 되는 경우에는 수령까지 아울러 잡아다 신문한다.〈속〉〈증〉

제4항 **금위영과 어영청의 군사는 번차(番次)를 정하여 돌아가며 상번(上番)하게 하고,**〈속〉 ❶ 금위영은 1만 6300명, 어영청은 1만 6750명인데, 각각 25번으로 나누어 2개월씩 상번하게 한다.〈보〉 **보인에게 신미(身米)와 신포(身布)를 거둔다.**〈속〉 ❷ 두 군영의 상번군은 자보(資保) 1정(丁)이고 복마군(卜馬軍)은 자보 2정인데 이들에게 각각 베 1필을 거두어 자장(資裝)을 갖추게 한다. 관보(官保) 2정에게서 각각 쌀 6말을 거두어 해당 영(營)에 비축해 두고 상번군의 요미(料米)로 공급한다. 또 여수전(旅需錢)〈속〉〈증〉〈보〉 −❶ 균역(均役)으로 줄인 1필을 대신하기 위한 것으로, 해당 영에서 내려 준다.〈보〉− 을 번마다 정군(正軍)에게는 1냥(兩)을, 복마군에게는 2냥을 지급한다.〈증〉〈보〉

제5항 **당번을 대신 세운 사람은 1년을 기한으로 변원(邊遠)에 충군(充軍)한다.** ❶ 대신 번을 선 사람도 마찬가지이다. ❷ 병조의 아

전이 원래 당번에게 대가를 받고 다른 사람을 시켜 대신 번을 서게 한 경우는 명수를 구분하지 않고 장(杖) 100 도(徒) 3년이며, 원래 번을 서야 할 당사자는 제주(濟州)에 도 3년으로 충군한다.

제 6 항 **식년마다 각 읍(邑)에서 승호포수(陞戶砲手)를**〈속〉 ❶ 195명이다.〈보〉 **뽑아 훈련도감에 올려보낸다.**〈속〉〈보〉 ❷ 불법으로 포수 자리를 차지한 경우와 도망한 경우에는 관찰사는 추고하고, 수령은 파직하고, 감관과 색리는 정배(定配)한다. ❸ 점고를 받고 나누어 뽑은 뒤 10년 안에 도망쳤는데도 적발하여 붙잡지 못한 경우에는 해당 읍으로 하여금 다른 사람으로 바꾸어 정하여 올려보내게 한다.〈속〉 ❹ 뽑아서 올려보낼 때 이름을 바꾸어 올려보내 신수(身手)가 합치되지 않은 경우에는 도신(道臣)은 파직하고, 수령은 먼저 파직한 다음 잡아다 처리하고, 감관과 색리는 형장(刑杖)을 치고 정배한다.〈증〉 ❺ 승호군(陞戶軍)은 죄를 범한 것이 있더라도 군안(軍案)에서 삭제하지 않고 정배하지 않으며 엄하게 곤(棍)을 친다.[234]〈속〉

제 7 항 **의승(義僧)이** ❶ 남한산성에 356명이고, 북한산성에 351명이다. **상번(上番)하던 것을 폐지하고서 방번전(防番錢)을 거두고** ❷ 호남의 198명, 영남의 249명에게 1명마다 22냥을 거둔다. 호서의 114명, 해서의 66명, 관동의 60명에게 1명마다 18냥을

234 승호군(陞戶軍)은……친다 : 《속대전》〈병전 잡령(雜令)〉에 있다.

거둔다. 경기의 20명에게 1명마다 10냥을 거둔다. **이것으로써 중을 고용하여 대신 번을 서게 한다.** ❸ 혹 재차 징수하면 수령은 왕법장(枉法贓)[235] 으로 논하고, 감관과 색리는 엄히 형추(刑推)하고 극변(極邊)에 무기한으로 정배한다.〈보〉

235 왕법장(枉法贓) : 이미 뇌물을 받고 또 왕법(枉法)한 것이다. 법에 기대어 간사함을 행하였으므로 그 죄가 무겁다.《대명률직해3》〈형률(刑律) 소송(訴訟) 367 관리수재(官吏受財)〉 주12 왕법장 참조.(한국고전번역원, 2018)

제12조 유방(留防)

제 1 항 **무과 출신은**〈속〉 ❶ 양반의 자손이다.〈증〉 **서북 변읍(邊邑)에 부방(赴防)하게 한다.**〈속〉 ❷ 서도(西道) 강변 7읍(江邊七邑)과 북변(北邊) 6진(鎭)이다. ❸ 부방 기한은 12개월로 하되, 스스로 군량을 마련하면 6개월로 한다.〈보〉 ❹ 갑과(甲科) 1인, 금군 기사(禁軍騎士), 가전 별초·별군직 및 당상관에 오른 사람, 60세가 지난 사람, 남한산성과 북한산성 내에 거주하는 사람, 독성산성(禿城山城) 내에 거주하는 사람, 별효사(別驍士) 및 중인과 서인(庶人)은 모두 부방하는 임무와 쌀을 바치는 것을 면제한다.〈속〉〈보〉 ❺ 어버이가 80세인 자는 부방하는 임무를 면제한다. ❻ 부방하는 임무에서 면제된 자는 쌀을 바친다. ❼ 광주(廣州), 강화(江華), 동래(東萊) 출신이 쌀을 바치도록 허락받으면 본진(本鎭)에 바친다. ❽ 기한 내에 즉시 출발하지 않은 자는 바로 그 지역에 충군(充軍)한다.〈속〉

제 2 항 **각 도(道)의 긴요한 제진(諸鎭)에는 유방병(留防兵)을 두어 예기치 못한 사태에 대비한다.**〈경〉 ❶ 경기와 호서에는 기병 보인(騎兵保人)을 제급(除給)한다.〈보〉 ❷ 북관의 토병(土兵)은 공부(貢賦) 이외에 잡역을 정하지 않고 오로지 방수(防戍)만 맡긴다. 변장(邊將)이 유방병을 침탈하여 이로 인해 도망가 흩어지게 한 경우에는 관찰사가 계문하여 의금부로 잡아다 처리하게 한다.

제 3 항 **통영(統營)과 수영(水營) 각 진(鎭)의 수군은 번차(番次)를 나**

누어 입방(入防)하게 한다.〈속〉

제4항 **관동의 산봉우리에 위치한 요충지에는 방수(防守)하는 곳을 더 설치한다.** ❶ 회양 부사((淮陽府使)는 방수사(防守使)를 겸하고, 이천(伊川)·평강(平康)·통천(通川)·고성(高城)·흡곡(歙谷)의 수령을 방수장(防守將)으로 삼는다. 방수사로 하여금 통솔하게 하되, 경계할 일이 있으면 속오군(束伍軍), 마군(馬軍), 보군(步軍)을 영솔하여 신지(信地 관할 구역)에서 방수하게 한다. 평상시에는 철원 방어영(鐵原防禦營)에 소속시켜 해마다 각각 신지에서 연습하게 한다.〈증〉 ❷ 입방(入防) 군사가 1년 중 30일을 방수를 빼먹거나 40일을 다른 사람에게 대신하게 한 경우에는 1년 동안 충군(充軍)하고, 60일을 방수를 빼먹거나 70일을 다른 사람에게 대신하게 한 경우에는 2년 동안 충군하고, 90일을 방수를 빼먹거나 100일을 다른 사람에게 대신하게 한 경우에는 3년 동안 충군한다. 이를 단속하지 않은 관리에 대해서는 두 번째일 때는 엄하게 논죄하고, 세 번째일 때는 수령은 파출하고 색리는 장(杖) 100 유(流) 3000리이다. 정병(正兵) 여(旅) 내에 대체한 사람이 있는데도 고하지 않은 여수(旅帥)는 논죄한 후에 1년 동안 계속 방수하게 하고, 대체시킨 사람과 대신한 사람은 3년 동안 계속 방수하게 한다.〈속〉 ❸ 방군(防軍) 중에 탈이 있다고 속이거나 군안(軍案)에서 누락된 사람이 3명 이상이면[236] 수령을 잡아다 신문한다.〈속〉〈증〉

236 방군(防軍)……이상이면 : 《속대전》〈형전 공천(公賤)〉에 있다. 《속대

제13조 부신(符信)

제1항 **군국(軍國)에 관계되는 긴급한 일에는 선전 표신(宣傳標信)을 사용한다.**〈경〉 ❶ 모양은 원형이다. 한 면에는 '선전(宣傳)'이라 쓰고 그 면의 오른편에는 전서(篆書)로 '소신(昭信)'이라 쓰고 그 면의 왼편에는 '몇 천[幾天]'이나 '몇 지[幾地]'라고 쓰며, 다른 한 면에는 어압(御押)을 새긴다.〈경〉〈보〉 ❷ 사람을 형벌할 때는 사용하지 않는다.〈경〉 ❸ 부신에는 나무를 사용하기도 하고 상아를 사용하기도 하며, 전서로 쓰기도 하고 해서(楷書)로 쓰기도 하는데 모두 새긴다. 전서나 해서에 낙인을 가하기도 하고 직접 전서나 해서를 주물한 정철(正鐵)로 낙인하기도 한다.〈보〉

제2항 **문을 열고 닫을 때에는 개문 표신(開門標信)과 폐문 표신(閉門標信)**〈경〉 ❶ 개문 표신의 모양은 방형(方形)이다. 한 면에는 '개문(開門)'이라 쓰고 그 면의 오른편에는 전서(篆書)로 '소신(昭信)'이라 쓰며, 다른 한 면에는 어압(御押)을 새긴다. 폐문 표신도 같지만 한 면에는 '폐문(閉門)'이라 쓴다. 각각 5부(部)이다.〈경〉〈보〉 **및 부험(符驗)을 사용한다.** ❷ 모양은 원형이다. 한 면에는 전서로 '부험(符驗)'이라 쓰며, 다른 한 면에는 문의 이름과 경수(更數)를 쓴다. 문마다 각각 5부인데, 초경부터 5경까지이

전》에서는 수령에 대해 '영문에서 장을 치는[決杖於營門]' 것으로 처벌하였다. 《속대전》 조문은 1719년(숙종45) 받든 승전(承傳)이다. 《新補受敎輯錄 刑典 推斷》《承政院日記 肅宗 45年 4月 23日》

다. 가운데를 나누어서 좌부(左符)는 대내(大內)에 보관하고, 우부(右符)는 호군에게 준다.[237] 〈경〉〈증〉〈보〉

제3항 **각 전(殿)과 궁(宮)을 문안할 때는 문안 표신(問安標信)을 사용한다.** ❶ 모양은 원형이다. 한 면에는 '문안(問安)'이라 쓰며, 다른 한 면에는 '아무 궁[某宮]'이라 쓴다.

제4항 **각처(各處)를 척간(擲奸)할 때에는 척간 표신(擲奸標信)을 사용한다.** ❶ 모양은 원형이다. 한 면에는 '척간(擲奸)'이라 쓰며, 다른 한 면에는 어압(御押)을 새긴다.〈증〉

제5항 **각 전(殿)과 궁(宮)에는 목마패(木馬牌)가 있다.** 〈증〉〈보〉 ❶ 사복시의 짐말을 쓸 때에 사용한다. 모양은 원형이다. 한 면에는 전서(篆書)로 '마(馬)' 자를 쓰며, 다른 한 면에는 말 한 마리부터 다섯 마리까지 그려져 있다.〈증〉

제6항 **임금이 행재소로 거둥하였을 때에 왕세자는 휘지 표신(徽旨標信)을 사용하고,** ❶ 모양은 직형(直形)이다. 한 면에는 '휘지(徽旨)'라 쓰며, 다른 한 면에는 어압(御押)을 새긴다.〈경〉 **왕세손은 의지 표신(懿旨標信)을 사용하고,** ❷ 모양은 직형이다. 한 면에는 '의지(懿旨)'라 쓰며, 다른 한 면에는 어압을 새긴다. **왕대비**

237 문을……준다 : 《경국대전》〈병전 문개폐(門開閉)〉, 《대전통편》〈병전 문개폐〉에 있다.

는 자지 표신(慈旨標信)을 사용하고, ❸ 모양은 예형(銳形)이다. 한 면에는 '자지(慈旨)'라 쓰며, 다른 한 면에는 어압을 새긴다. ㉠ **왕비는 내지 표신(內旨標信)을 사용하고,** ❹ 모양은 예형이다. 한 면에는 '내지(內旨)'라 쓰며, 다른 한 면에는 어압을 새긴다. ㉡ **빈궁은 내령 표신(內令標信)을 사용한다.** ❺ 모양은 방형(方形)이다. 한 면에는 '내령(內令)'이라 쓰며, 다른 한 면에는 어압을 새긴다. ❻ 임금이 궐 밖으로 행행(行幸)하였을 때에 군국(軍國)에 중대한 일이 있는데 미처 임금이 있는 행재소로 품달(稟達)하지 못하는 경우에는 먼저 왕세자의 휘지(徽旨)를 받아서 거행하고, 동궁이 수가(隨駕)하는 경우에는 왕비의 내지(內旨)로 거행한다. 자지(慈旨) 이하는 그때그때의 상황에 따라 어떻게 할지를 여쭌다.

제 7 항 **동가(動駕) 때에는 어전(御前)의 신전(信箭)으로 각 영(營)에 명을 내린다.**[238] ㉠ ❶ 신전은 5개이다. 오색의 비단으로 만든 소표기(小標旗)를 매달고 기면(旗面)에 '신(信)' 자를 쓴다.[239] 오군문(五軍門)에 분부할 때에는 각각 해당 방위의 색으로 하는데, 좌(左) 금위영은 청색이고, 우(右) 어영청은 백색이고, 앞 수어청은 홍색이고, 뒤 총융청은 흑색이고, 중앙 훈련도감은 황색이다. 나머지는 모두 황색을 사용한다. ㉠ ㉤

238 동가(動駕)……내린다 : 《대전통편》 〈병전 군기(軍器)〉에 있다.

239 비단으로……쓴다 : 《대전통편》 〈병전 군기(軍器)〉에 있다.

제8항 **발병부**(發兵符)**의** ❶ 모양은 원형이다. 한 면에는 '발병(發兵)'이라 쓰며, 다른 한 면에는 '아무 도 관찰사[某道觀察使]', '아무 도 절도사[某道節度使]'라고 쓴다. 제진(諸鎭)은 진호(鎭號)를 쓴다. **좌부**(左符)**는 대내**(大內)**에 보관하고,**㉢ ❷ 관찰사와 절도사의 발병부는 3척(隻)으로 나누어 좌부 2척은 대내에 보관한다. 제진의 발병부는 5척으로 나누어 좌부 2척은 대내에 보관하고 또 좌부 2척은 해당 관찰사와 절도사에게 나누어 준다. ㉢㉥ **우부**(右符)**는 관찰사와 절도사 및 제진에 나누어 준다.** ㉢ ❸ 수어사, 총융사 및 수어청과 총융청 두 청(廳)에 속한 경기 각 읍도 같다.㉧㉥ **만약 병사를 징발할 일이 발생하면 좌부와 교서를 내려보내 우부와 맞추어 증명이 된 다음에 징발에 응하도록 한다.** ❹ 관찰사와 절도사가 교서를 받으면 제진에 좌부를 보내서 군병을 징발한다.㉢

제9항 **명소**(命召)**는** ❶ 모양은 원형이다. 한 면에는 '명소 아무 관직[命召某職]'이라 쓰고 그 면의 오른편에는 연월일을 쓰며, 다른 한 면에는 어압(御押)을 새긴다. **3척**(隻)**으로 나누어 좌**(左) **2척은 대내**(大內)**에 보관하고, 우**(右) **1척은 세 대신**(大臣)**, 병조 판서, 겸 병조 판서, 삼군문**(三軍門) **대장, 좌변포도대장, 우변포도대장에게 나누어 준다. 만약 기밀에 해당하는 중요한 일이 발생하여 한밤중에 명소하면 받은 사람은 명소부**(命召符)**를 맞추어 보고 거행한다.**

제10항 **밀부**(密符)**는** ❶ 모양은 원형이다. 한 면에는 '제몇 부[第幾符]'

라 쓰며, 다른 한 면에는 어압(御押)을 새긴다. **3척(隻)으로 나누어 좌(左) 2척은 대내(大內)에 보관하고, 우(右) 1척은 관찰사·통제사·수어사·총융사·유수·절도사·방어사(防禦使)에게 나누어 준다. 군병을 동원할 일이나 기밀에 응할 일 등이 있으면 밀부를 맞추어 보고 거행한다.**〈증〉

제11항 **수령의 병부(兵符)는 수령이 파직되면 즉시 겸관(兼官)에게 전해 준다.** ❶ 직접 대면하여 교대하는 고을에서는 그렇게 하지 않는다.〈속〉 ❷《경국대전》에 "제진장(諸鎭將)이 3일 정도 거리가 되는 곳에 사명(使命)을 받들고 나가거나 상을 당하였거나 본인이 죽었으면 판관이나 구전 군관(口傳軍官)이 병부를 가지고 거진(巨鎭)에 가서 교부(交付)한다. 거진장(巨鎭將)이 절도사에게 보고하고 절도사가 계문한 다음 제진장에게 도로 돌려준다. 절도사가 사정이 있으면 우후에게 교부하고, 우후가 사정이 있으면 구전 군관에게 교부한다. 평사(評事)가 있는 곳에서는 평사에게 교부한다."라는 법이 있다.〈보〉

제12항 **장신(將臣), 번신(藩臣), 수신(帥臣)이 체직(遞職)되면 명소(命召)와 밀부(密符)를 직접 승정원에 반납한다.** ❶ 관직이 없거나 사정이 있는 경우에는 직접 궐 밖에서 반납한다. 명을 어길 경우에 경재(卿宰)는 엄하게 추고하고, 통정대부는 의금부에 내려 추고하고, 수직(守職)인 사람은 본래의 자급으로 논죄한다.

제13항 **장임(將任)은 명소(命召)를 차든지 밀부(密符)를 차든지를 막**

론하고 성 밖에 거처하지 못한다. ❶ 말미를 받아 고향으로 내려가는 사람은 특교(特敎)가 있지 않으면 그대로 밀부를 차고서 왕래하지 못한다.〈속〉 ❷ 장신(將臣)이 해당 영(營)의 일로 성 밖으로 나가 그날 안에 돌아올 경우에는 명소를 와서 반납하지 않고 승정원에 말을 전하여 계품한다. ❸ 수어사가 남한산성에 가거나 총융사가 연융대(鍊戎臺)에 갈 때에는 계청하지 않고 그대로 차고 왕래한다. ❹ 장신이 제관(祭官)에 차임되어 능소에 가게 되었을 때 도제조가 장임을 겸찰하고 명소는 장신이 그대로 차고 왕래한다.

제14항 **장신(將臣)의 명소(命召)와 밀부(密符)는 대명(待命)하는 때라 해도 체직(遞職)되어 밀부를 빼앗기기 전까지는 감히 임의대로 밀부를 반납하지 못한다.**〈증〉

제15항 **습진(習陣)할 때는 발병부(發兵符)를 기다리지 않고 군병을 징발한다.**

제16항 **변란에 대응하거나 도적을 체포해야 하는 경우 및 사나운 짐승이 사람이나 가축을 해치는 경우에는 발병부(發兵符)를 기다리지 않고 먼저 군병을 징발한 뒤에 보고한다.** ❶ 사신을 맞이하거나 전송할 때에도 발병부를 기다리지 않는다. 부경 사신(赴京使臣)의 경우도 마찬가지이다. ❷ 사냥하거나, 조선(漕船)을 수호하거나, 얼음을 저장하거나, 영선(營繕)하는 등의 일에는 병조에서 전교를 받아 공문을 보낸 뒤에 군병을 징발한다.〈경〉

제17항 **선원록(璿源錄)과 실록을 봉안하러 가거나 포쇄(曝曬)하러 갈 때 앞뒤 사대(射隊)와 의위군(儀衛軍)은 병부(兵符)와 표신(標信)이 나오기를 기다렸다가 차출해 쓴다.**

제18항 **여러 패(牌)는 여러 장신(將臣)에게 나누어 주되, 순검패(巡檢牌)와 통부(通符)240는 여러 관사에 준다.** 〈보〉 **1** 대장패(大將牌)는 모양이 원형이다. 한 면에는 '좌변포도대장(左邊捕盜大將)'이라 쓰며, –**1** 우변포도대장도 같다.– 다른 한 면에는 어압(御押)을 새긴다. 전령패(傳令牌)는 모양이 직형(直形)이다. 한 면에는 '좌변포도대장(左邊捕盜大將)'이라 쓰며, –**2** 우변포도대장도 같다.– 〈증〉 다른 한 면에는 '전령(傳令)'이라 쓴다. 위장패(衛將牌)는 모양이 원형이다. 한 면에는 '위장(衛將)'이라 쓰며, 다른 한 면에는 위장의 낙인(烙印)을 찍는다. 순장패(巡將牌)는 모양이 원형이다. 한 면에는 '순장(巡將)'이라 쓰며, 다른 한 면에는 '신(信)' 자를 쓴다. 관패패(管牌牌)도 같다. 감군패(監軍牌)는 모양이 원형이다. 한 면에는 '감군(監軍)'이라 쓰며, 다른 한 면에는 감군의 낙인을 찍는다.〈증〉〈보〉 **2** 척간패(擲奸牌)는 또 순검패(巡檢牌)라고 이름하며, 모양은 원형이다. 한 면에는 '척간

240 통부(通符) : 병조, 형조, 의금부, 한성부, 수성금화사(修城禁火司), 오부(五部)의 직숙(直宿)하는 관원은 야간에 통행할 때나 진중(陣中)에서 통행 표신(通行標信)을 사용하였다. 그런데 1493년(성종24) 통행 표신을 잃어버리는 일이 발생하자 당시에 '통부(通符)'로 개조하여 두루 사용하게 하였다. 통행 표신은 모양이 원형이며, 한 면에는 '통행(通行)'이라 쓰고 다른 한 면에는 전자(篆字)로 통행(通行)의 낙인을 찍는다. 《經國大典 兵典 行巡》《成宗實錄 24年 4月 7日》

(擲奸)'이라 쓰며, 다른 한 면에는 어압을 새긴다.㉠ ㉡ **3** 통부(通符)는 모양이 원형이다. 한 면에는 '통부(通符)'라 쓰고 그 면의 왼편에는 연호(年號)·월·일을 쓰며, 다른 한 면에는 '몇 천[幾天]'이나 '몇 지[幾地]'라 쓴다.㉠ ㉢ **4** 적간패와 통부를 받는 여러 관사는 아래 〈행순(行巡)〉 조에 보인다.㉡

제19항 **궐 안으로 들어갈 때는 신부(信符)와 한부(漢符)를 쓴다.**㉠ ㉣ **1** 사모(紗帽)와 각대(角帶)를 착용한 사람은 차지 않는다.㉠ –**1** 《경국대전》에 "녹사는 각(角)이 있는 평정건(平頂巾)를 착용하고, 서리는 각이 없는 건(巾)를 착용하고, 제학(諸學)의 생도는 치포건(緇布巾)을 착용한다."[241]라고 하였다.– **2** 신부는 남자, 한부는 여자가 찬다.㉡ **매년 초에 병조의 입직 당상이 직접 감독하여 낙인을 찍어서 대내(大內)로 들이고 외부에 나누어 준다.**㉣ **3** 신부는 모양이 직형(直形)이며 한부는 방형(方形)·원형·곡형(曲形)·직형인데 해마다 바꾼다.㉠ ㉣ –**2** 인(寅)·오(午)·술(戌)인 든 해는 방형, 해(亥)·묘(卯)·미(未)가 든 해는 원형, 신(申)·자(子)·진(辰)이 든 해는 곡형, 사(巳)·유(酉)·축(丑)이 든 해는 직형으로 바꾼다.㉡– 신부는 한 면에는 '신부(信符)'라는 글자와 연지(年支)를 쓰며, 다른 한 면에는 '병조(兵曹)' 및 각 해당 관사명과 역명(役名)을 쓴다. 한부도 같되, '한부(漢符)'라고 쓰고 관사명과 역명이 없다.㉠ ㉣ ㉢ ㉡ **4** 글자를 새겨 넣지 않은 신부를 차거나 예전 신부를 그대로 차는 경우, 서로 빌려서 차

241 경국대전에……착용한다 : 《경국대전》 〈예전 의장(儀章)〉에 있다.

는 경우에는 엄히 다스리고, 신칙하지 않은 관원은 논죄한다. 〈증〉 **5** 대내로 들이는 신부와 한부, 각 전(殿)의 차비(差備), 각 색장(各色掌), 각 전(殿)의 조라치(照羅赤), 각색(各色) 방지기(房直), 여러 궁(宮)과 묘(廟) 및 공상하고 진배(進排)하는 각 관사, 궐 안에 출입하는 각 관사의 차비, 내농포(內農圃), 생선 등을 바치는 공물 주인(貢物主人)에게 주는 신부와 한부는 정해진 수량이 있다. 모두 《대전통편》에 실려 있다.〈보〉

제14조 입직(入直)

제 1 항 **오위장과 부장**(部將)**은** ❶ 각 4원이다. **동소**(東所), **서소**(西所), **남소**(南所), **북소**(北所) **네 곳에 나뉘어 입직한다.**〈속〉 ❷ 입직하기 전날 저녁에 병조에서 입직할 소(所)를 나누고 담당할 경(更)을 나누는 것을 어떻게 할지 임금의 뜻을 여쭌다. 오위장은 낙점을 받아 정하고 부장을 나누어 영솔한다.〈경〉〈보〉 ❸ 남소에는 충순위와 충찬위 각 1원이 따라 입직한다.〈속〉〈증〉 ❹ 위장패(衛將牌)는 입직을 교대하는 날에 제장(諸將)이 숙배하고 정전(正殿) 뜰에서 받고 반납한다.〈경〉〈보〉

제 2 항 **병조의 당상과 낭청,** ❶ 각 1원이다. **도총부의 당상과 낭청은** ❷ 각 2원이다. **중소**(中所)**에 입직한다.** ❸ 병조의 근장군(近仗軍) 10인이 따라 입직한다.

제 3 항 **선전관**(宣傳官), ❶ 4원이다. **무신겸선전관은** ❷ 6원이다. **대내**(大內)**의 아주 가까운 곳에 입직한다.**〈속〉 ❸ 취라치(吹螺赤) 12인이 따라 입직한다.〈속〉〈증〉

제 4 항 **금군장,** ❶ 낙점을 받으며 금군 100인과 화포수(火砲手) 2인을 거느린다. **호위청 별장,** ❷ 군관 30인을 거느린다. **충장위장,** ❸ 위군(衛軍) 3인을 거느린다. **충익위장,**〈속〉 ❹ 위군 4인을 거느린다.〈속〉〈증〉 **별군직**(別軍職)**은** ❺ 3원이다. **각각 본소**(本所)**에 입직한다.**

제5항 **수문장은** ❶ 9원이다. ❷ 낙점을 받는다. **각 궐문에 나뉘어 입직한다.**〈속〉 ❸ 돈화문(敦化門)의 좌협문(左挾門)과 우협문(右挾門), 단봉문(丹鳳門), 금호문(金虎門), 경추문(景秋門), 요금문(曜金門), 홍화문(弘化門), 선인문(宣仁門), 통화문(通化門)이다.〈보〉 ❹ 임금이 이어했을 때에는 궐문의 수에 따라 가감한다.〈속〉

제6항 **훈련도감의 파총과** ❶ 1원이다.〈속〉〈증〉 **초관(哨官),** ❷ 2원이다. ❸ 낙점을 받으며, 포수 200인을 거느린다.〈속〉 **금위영의 파총과 초관,**〈속〉〈증〉 ❹ 낙점을 받으며, 군사 114인을 거느린다. **국별장은** ❺ 낙점을 받으며, 국출신(局出身) 45인을 거느린다. **각 소(所)에 나뉘어 입직한다.**〈속〉

제7항 **장용위 12인은 명정전의 서쪽 월랑(月廊)에서 입직하고,** 2인은 ❶ 동룡문(銅龍門) 안에 입직한 군병 중에서 5인을 덜어 내어 거느린다. **밤낮을 막론하고 건양문(建陽門)을 파수한다.**〈증〉 ❷ 숙위(宿衛)하는 사람은 병장기를 몸에서 떼어 놓아서는 안 된다. 이를 어기면 태(笞) 40이며, 숙위하는 처소를 벗어나면 태 50이며, 다른 곳에서 자면 장(杖) 60이다. 백호(百戶) 이상은 각각 1등급을 더한다. 직접 관할하는 두목(頭目)이 알고서도 적발하지 않으면 범인과 같은 죄로 처벌하고, 제대로 살피지 못하면 3등급을 줄인다.[242] ❸ 극형을 받은 집에 동거하는 사람

242 숙위(宿衛)하는 사람은……줄인다 : 《대명률》 〈병률 궁위(宮衛)〉 숙위인병장(宿衛人兵仗) 조에 있다. 백호는 통솔하는 병사의 수가 100명인 군관

이나 그 집과 친속인 사람은 근시(近侍) 및 숙위(宿衛), 파수(把守)에 충원할 수 없다. 모호하게 맡은 자는 참형에 처한다. 관사가 맡도록 용인한 경우도 죄가 같다.[243]〈율〉

제8항 **도성문(都城門)에는 금군이 나뉘어 입직한다.** ❶ 정문(正門)에는 2인씩 입직하는데 1인은 호군(護軍)이고, 1인은 부장(部將)이라 칭한다. 간문(間門)에는 2인씩 입직하는데 모두 부장(部將)이라 칭한다. ❷ 오간수문(五間水門)에는 금군 1명이 입직한다.〈보〉 ❸ 호군은 교대할 때에 병조에서 부험(符驗)을 받고 반납한다.〈경〉 ❹ 궐내 여러 곳 및 성문은 금위영과 어영청 및 금군청(禁軍廳)의 원군(元軍)이 나뉘어 파수한다. 각처의 파정군(把定軍)은 방민(坊民)을 고용하여 파수하게 한다.〈속〉

제9항 **임금이 궐내에 거둥하여 하룻밤 이상을 보낼 때에는, 입직하는 병조와 도총부의 당상 및 낭청, 선전관(宣傳官), 무신겸선전관 각 1원이 수가(隨駕)하지 않고 그대로 본소(本所)에서 입직한다.**

제10항 **임금이 도성 밖으로 거둥하여 하룻밤 이상을 보낼 때에는, 수궁 대장(守宮大將)이 궐내에서 직숙하고 종사관이 궁장(宮墻)**

이다.《明史 兵志2 衛所》

243 극형을……같다 :《대명률》〈병률 궁위(宮衛)〉 금경단인충숙위(禁經斷人充宿衛) 조에 있다.

안을 순찰한다.〈증〉

제11항 **궁궐 안에서 입직하다가 제멋대로 지레 나간 경우에는 통정대부는 파직하고, 당하관은 의금부에 내려 추고한다.**〈속〉 ❶ 병조와 도총부의 입직하는 사람은 관직을 옮기거나 죄를 입었거나를 막론하고 제멋대로 지레 나가지 못하고 직접 대면하여 교대한다. 어긴 자는 군법으로 처리한다.〈증〉

제12항 **숙위(宿衛)하거나 수위(守衛)하는 사람이 입직하는 중에 도망간 경우에는 장(杖) 100이다.** ❶ 초관 이상은 1등급을 더하여 장 60 도(徒) 1년이다.

제13항 **성문의 수직(守直)을 빼먹은 사람은 논죄한다.** ❶ 금군 2명이 모두 수직을 빼먹은 경우에는 장(杖) 60 도(徒) 1년이고, 1명이 수직을 빼먹은 경우에는 장 80이다. ❷ 부험(符驗)을 받은 호군이 야직(夜直)을 빼먹은 경우도 2명 모두 수직을 빼먹은 죄와 똑같다.〈속〉 ❸ 궁금(宮禁)을 숙위(宿衛)하거나 황성문(皇城門)을 수위(守衛)하는 사람이 입직해야 하는데 입직하지 않은 경우는 태(笞) 40이며, 다른 사람으로 대체한 사람과 대체된 사람은 장 60이며, 숙위나 수위하는 사람에 속하지 않는데 다른 사람의 이름을 사칭하면 대체한 사람과 대체된 사람은 장 100이다. 백호(百戶) 이상은 각각 1등급을 더한다. 직접 관할하는 두목(頭目)이 알고서도 고의로 놓아주면 범인과 같은 죄로 처벌

한다. 알아차려 살피지 못하면 3등급을 줄인다.[244]〈율〉

제14항 **궐내 각사(各司)의 입직하는 사람과 숙위(宿衛)하고 행순(行巡)하는 사람, 각 문의 파수하는 사람, 경수소(警守所)의 직숙하는 사람에 대해서는 생기(省記)를 들인다.** ❶ 병조의 입직 당상이 서명하고 봉하여 신시(申時)에 낭관을 시켜 군호(軍號)까지 포함하여 승정원에 바친다. ❷ 궐외 각사의 생기는 이조 낭청이 서명하고 봉하여 신시에 직접 승정원에 바친다.〈경〉〈보〉 ❸ 각 관사에 관원 한 사람만 있는 곳은 가관(假官)으로 교체하여 생기를 들이도록 허락하되, 한 달에 20일을 넘지 않게 한다.[245]〈증〉 ❹ 관직에 있으면서 입직해야 하는데 입직하지 않거나 직숙해야 하는데 직숙하지 않으면 태(笞) 20이다. 창고와 옥수(獄囚)를 주관하여 지키는 부류가 입직해야 하는데 입직하지 않거나 직숙해야 하는데 직숙하지 않으면 태 40이다.[246]〈율〉

제15항 **과거를 설행할 때의 시관 인원, 직숙할 때의 내의원 인원, 월식 때의 구식소(救食所) 인원에 대해서는 모두 별생기(別省記)를 들인다.**[247]〈속〉〈보〉

244 궁금(宮禁)을……줄인다 : 《대명률》 〈병률 궁위(宮衛)〉 숙위수위인사자대체(宿衛守衛人私自代替) 조에 있다.

245 궐내……한다 : 《경국대전》 〈병전 계생기(啓省記)〉, 《대전통편》 〈병전 계생기〉에 있다.

246 관직에……40이다 : 《대명률》 〈이율 직제(職制)〉 천이직역(擅離職役) 조에 있다.

247 과거를……들인다 : 《속대전》 〈병전 계생기(啓省記)〉에 있다.

제16항 생기(省記)는 임금이 교외에 동가한 때에는 동궁에 아뢰고, 동궁이 수가(隨駕)한 때에는 자전(慈殿)이나 내전(內殿)에 아뢴다.[248] 〈속〉 1 행재소의 내진(內陣) 군사는 도총관이, 외진(外陣) 군사는 대장이 각각 서명하여 봉진(封進)한다.[249] 〈경〉

248 생기(省記)는……아뢴다 : 《속대전》 〈병전 계생기(啓省記)〉에 있다.

249 행재소의……봉진(封進)한다 : 《경국대전》 〈병전 계생기(啓省記)〉에 있다.

제15조 **문개폐(門開閉)**

제1항 **궁성문**(宮城門)**은 초저녁에 닫고 해가 뜰 때에 연다. 도성문**(都城門)**은 인정**(人定) **때에 닫고 파루**(罷漏) **때에 연다.** ❶ 궁성문은 주서, 도총부 낭청과 사약(司鑰)이 열고 닫으며, 승지에게 열쇠를 받고 반납한다. 도성문은 호군이 열고 닫으며, 교대할 때에 병조에서 받고 반납한다. ❷ 임금이 행재소에 있을 때에는 수문장이 열쇠를 간수하고 명령을 기다린다.〈경〉 ❸ 황성문(皇城門)을 착오로 자물쇠를 채우지 않으면 장(杖) 100을 치고 변원(邊遠)에 충군(充軍)하며, 함부로 열거나 닫으면 교형이다. 경성문(京城門)을 착오로 자물쇠를 채우지 않으면 장 90이며, 함부로 열거나 닫으면 장 60 도(徒) 1년이다. 각처의 성문은 각각 1등급을 줄인다.[250] 〈율〉 **제때에 계달해야 할 일에 대한 문서가 도착하면 호군이 문틈으로 받아서 급히 궐문에 나아가 아뢴다.**

제2항 **궁성문**(宮城門)**을 제때가 아닌데 열거나 닫을 때에는 표신**(標信)**을 사용한다.** ❶ 개문 표신(開門標信)과 폐문 표신(閉門標信)을 사용한다. ❷ 긴급할 때에는 도성문(都城門)에도 통용한다.〈경〉

제3항 **궐문을 그대로 유문**(留門)**할 때에는 표신**(標信)**이 내려지기를**

250 황성문(皇城門)을……줄인다 : 《대명률》 〈병률 궁위(宮衛)〉 문금쇄약(門禁鎖鑰) 조에 "각처의 성문을 착오로 자물쇠를 채우지 않으면 장 80이며, 함부로 열거나 닫으면 장 100이다."라고 하였다.

기다렸다가 비로소 출입을 허락한다. ❶ 승정원이 표신을 계청한다. 표신이 내려지기 전에는 문을 닫기만 하고 자물쇠를 채우지 않으며, 임금의 하교가 있더라도 출입하지 못하게 한다.

제4항 **도성문(都城門)을 제때가 아닌데 열거나 닫을 때에는 표신(標信)과 부험(符驗)을 사용한다.** ❶ 사대문(四大門)의 경우에는 선전관(宣傳官)이 선전 표신(宣傳標信)을 가지고 가고, 금군이 해당 문의 해당 경(更)의 부험을 가지고 간다. 또 선전관이 개문 표신(開門標信)을 가지고 가서 먼저 궐문을 열고 그 뒤에 선전 표신 및 부험을 가지고 간 자가 함께 도성문에 이르러 자물쇠를 연다. –❶ 간문(間門)은 개문 표신만 사용한다. – 도성문을 유문(留門)할 경우에는 선전 표신으로 거행한다. –❷ 간문도 같다. – **선전관이 표신을 가지고 머물러 대령하였다가 부장(部將)과 함께 도로 닫은 뒤에 복명한다.** ❷ 영제(禜祭) 때에는 성문을 닫되, 어쩔 수 없어 성문을 열고 닫아야 할 경우에는 승정원이 임금의 뜻을 여쭈어 열고 닫으며,[251] 또한 표신을 기다린다.〈증〉

제5항 **임금이 도성 안에 동가(動駕)하였을 때, 궐문을 열거나 닫을 경우에는 휘지 표신(徽旨標信)을 청하고,** ❶ 동궁이 수가(隨駕)한 경우에는 자지 표신(慈旨標信)이나 내지 표신(內旨標信)을 청하기도 한다. **도성문(都城門)을 열거나 닫을 경우에는 표신**

251 영제(禜祭)……닫으며 : 《대전통편》〈예전 제례(祭禮)〉에 있다.

을 행재소에 청한다. 임금이 교외에 동가하였을 때, 궐문과 성문을 열거나 닫을 경우에는 모두 휘지 표신을 청한다.〈속〉 **2** 자지 표신이나 내지 표신을 청하는 것도 마찬가지이다. 임금이 능행(陵幸)했을 때에 도성문을 유문(留門)하는 경우에도 마찬가지이다.〈속〉〈보〉 **3** 임금이 동가하였을 때, 궐문을 여는 경우에는 선전관(宣傳官)이 표신을 가지고 대궐문 밖에 이르면 병조나 도총부의 수궁 당상(守宮堂上)이 문틈으로 직접 받아서 승정원에 통지하고, 승정원에 남아 있는 승지가 휘지 표신을 청한다. 임금이 능행했을 때에는 수궁 대장(守宮大將)이 역시 종사관으로 하여금 문틈으로 공손히 수령하게 한다. **4** 하룻밤 이상을 보내게 되는 능행 때에는 도성문의 유문은 반드시 신전(信箭)과 표신이 모두 도착하기를 기다려서 거행한다.〈증〉

제 6 항 궁성(宮城)의 사문(四門)과 도성의 모든 문에서는 표신을 살피고서 출입시킨다. **1** 대열(大閱)할 때이다. **2** 대가(大駕)가 문을 나가는 경우에는 살피지 않는다.[252]〈경〉

252 궁성(宮城)의……않는다 : 《경국대전》 〈병전 첩종(疊鍾)〉에 있다.

제16조 행순(行巡)

제 1 항 **궐내는 위장(衛將)과 부장(部將)이** ❶ 군사 10인을 거느린다. **밤 시간을 나누어 순찰한 뒤에 무사한지를 임금에게 직접 아뢴다.**〈경〉

제 2 항 **도총부의 낭관과** ❶ 2원이다. **병조의 궐내 입직 낭관이 일정한 때가 없이 야간 순검(巡檢)을 행하되 계품한 뒤에 행하며, 간간이 주간 순검도 행한다. 궐외 입직 낭관이** ❷ 입번(入番)한 소속 군사를 거느린다. **일정한 때가 없이 야간 순검을 행한다.** 〈속〉 ❸ 병조와 도총부는 항상 척간패(擲奸牌)를 받아[253] 순검하고 척간한다. ❹ 의금부, 이조, 외병조(外兵曹), 형조, 한성부, 오부, 포도청은 입직패(入直牌)가 있으니,[254]〈경〉〈보〉 - ❶ 곧 통부(通符)[255]이다.〈증〉 - 야간에 통행할 때나 진중(陣中)에서 사용한다. 이조와 병조는 항상 통부를 받는다. 그 나머지 관사는 순검을 행하는 일이 없고, 번(番)을 교대할 때에 통부를 승정원에서 받고 승정원에 반납한다.[256]〈경〉〈보〉 ❺ 여러 관사의 직숙하는 관

253 병조와……받아 : 《경국대전》〈병전 입직(入直)〉에 있다.

254 의금부……있으니 : 《경국대전》에 "병조, 형조, 의금부, 한성부, 수성금화사(修城禁火司), 오부의 직숙하는 관원은 승정원에서 통행 표신(通行標信)을 받는다."라고 하였다. 입직패는 직숙하러 들어올 때 받는 패로, 《경국대전》 조문의 '통행 표신', 《대전통편》 조문의 '통부(通符)'를 가리킨다. 《經國大典 兵典 行巡》《大典通編 兵典 行巡》

255 통부(通符) : 본서 〈병전 부신(符信)〉 18항 소주 ❸ 참조.

256 이조와……반납한다 : 이조와 병조는 통부(通符)를 영구히 보관하여

원에 대해서는 이조의 직숙하는 낭관이 순검한다. 직숙을 빼먹은 관원은 파출한다.[257] ⟨경⟩ ❻ 입직하는 장사(將士)에 대한 척간은 아래 〈군기(軍器)〉 조에 보인다. ⟨보⟩

제3항 **순장(巡將)과 감군(監軍)은** ❶ 선전관(宣傳官), 병조와 도총부의 낭청[258]으로 의망하여 차출하고, 모두 낙점을 받는다. **숙배하고, 패를** ⟨경⟩ ❷ 순장패(巡將牌), 감군패(監軍牌)이다. ❸ 관패(管牌)[259]도 패를 받는다. ⟨보⟩ **대궐 뜰에서 받는다.** ❹ 그다음 날 아침에 패를 반납할 때에도 같다. ⟨경⟩ ⟨보⟩ ❺ 임금이 행재소에 있을 때에는 패를 승정원에서 받고 승정원에 반납한다. ⟨경⟩ **순장은 2소(所)로 나누어 직숙한다.** ⟨경⟩ ⟨보⟩ ❻ 좌순청(左巡廳)과 우순청(右巡廳)이다. ❼ 감군도 나누어 직숙한다. ❽ 임금이 교외로 거둥하여 하룻밤 이상을 보낼 때에는 순장과 감군이 그대로 직숙하며 임금이 환궁하기를 기다렸다가 패를 반납한다. ⟨보⟩ **도성 안을 순찰하는 군사는 초혼(初昏)에 이름을 대조해 가며 점**

본조(本曹)에서 전해 가면서 사용한다. 의금부, 형조, 한성부, 오부는 낭관이 직숙하러 들어올 때 통부를 승정원에서 직접 받고 직숙을 마치고 나갈 때 통부를 승정원에 직접 반납한다. 《銀臺便攷 兵房攷 通符》

257 여러……파출한다 : 《경국대전》 〈이전 고과(考課)〉에 있다. '이조의 직숙하는 낭관'에서 '낭관'이 《경국대전》에는 '당하관(堂下官)'으로 되어 있는데, 《전율통보》에서 '낭관'으로 대상을 구체화하였다.

258 병조와 도총부의 낭청 : 《경국대전》에서는 '당하관(堂下官)'으로 되어 있는데, 《전율통보》에서 '낭청'으로 대상을 구체화하였다.

259 관패(管牌) : 좌순청(左巡廳)과 우순청(右巡廳)에 3명씩 소속되어 야간 순검을 행하는 유청군(有廳軍)으로, 주로 순라(巡邏)나 금화(禁火) 등을 담당하였다. 《萬機要覽 軍政編2 兵曹各掌事例 有廳色》

고한 뒤에 나누어서 보낸다.⟨경⟩⟨보⟩ ❾ 파루(罷漏) 뒤에 점고하고 파하여 돌려보낸다. ❿ 군사들이 순검을 빼먹은 일과 각 경(更)에 무사한지를 순장이 병조에 보고하고 순장이 보고한 내용을 병조가 임금에게 아뢴다.⟨경⟩

제 4 항 **도성 안팎은**⟨속⟩ ❶ 도성 밖은 오부(五部)의 안으로 한정한다.⟨보⟩ **좌포도청과 우포도청이 각각 패장**(牌將)**과** ❷ 8원이다. **군사를** ❸ 64인이다. **정하여 밤마다 순찰하고, 삼군문**(三軍門)**은 패장과**⟨속⟩ ❹ 각 9원이다. **군사를** ❺ 훈련도감은 83인, 금위영은 84인, 어영청은 67인이다.⟨속⟩⟨증⟩ ❻ 해당 대장이 점고하여 파견한다.⟨보⟩ **정하여 날짜를 나누어 야간 순찰을 돈다.**⟨속⟩ ❼ 훈련도감은 인(寅)·신(申)·사(巳)·해(亥)가 드는 날인 초일(初日)이고, 금위영은 자(子)·오(午)·묘(卯)·유(酉)가 드는 날인 중일(中日)이고, 어영청은 진(辰)·술(戌)·축(丑)·미(未)가 드는 날인 종일(終日)이다.[260]⟨속⟩⟨보⟩ **궁성**(宮城)⟨속⟩ ❽ 통칭 궁장(宮墻)이라고 한다.⟨보⟩ **바깥은 삼군문 외영**(外營)**의**⟨속⟩ ❾ 훈련도감의 남영(南營)과 광지영(廣智營), 금위영의 서영(西營), 어영청의 집춘영(集春營)과 동영(東營)이 이에 해당한다.⟨보⟩ **입직 장관**(將官)**이** ❿ 각 1원이다. ⓫ 입직 군사⟨속⟩ –❶ 남영(南營)은 마군(馬軍)이다.– 20인을 거느린다. 동영은 30인이다.⟨보⟩ **경**(更)**을 나누어 야간 순찰을 돈다.**⟨속⟩ ⓬ 훈련도감은 초경과 3경, 금위영은

260 훈련도감은 인(寅)……종일(終日)이다 : 한 달을 12지지의 순서에 따라 초일·중일·종일 셋으로 나눈 것이다.

2경, 어영청은 4경과 5경에 순찰을 돈다.〈속〉〈증〉 **또 삼군문은 별도로 장교를 정하여** ⑬ 1원이다. ⑭ 입직 군사 5인을 거느린다.〈속〉 **밤마다 각각 해당 군영의 자내(字內)에 있는 궁성을 순찰하되**〈속〉〈보〉 ⑮ 훈련도감은 집춘문(集春門)에서부터 대보단(大報壇)의 서쪽 궁장 모퉁이까지이고, 금위영은 대보단의 서쪽 궁장 모퉁이에서부터 종묘의 대문(大門)까지이고, 어영청은 종묘의 대문에서부터 집춘문까지이다.〈보〉 **해질 무렵부터 그다음 날 날이 밝을 때까지 한다.** ⑯ 별순라패(別巡邏牌)를 만들어서 지급한다.〈속〉

제5항 **매일 파루(罷漏) 뒤에 외삼영(外三營)인 북영(北營) 및 신영(新營)과 동영(東營)에 입직한 군사 중에서 원래의 순라 이외의 장관(將官)을 보내어 날이 밝을 때까지 각각 해당 군영의 자내(字內)에 있는 궁성을 자세히 살피게 한다.**〈증〉

제6항 **도성 내외에**〈경〉 ① 궁성 밖은 군보(軍堡)가 경계하여 지키는 일을 담당한다.〈보〉 **경수소(警守所)[261]를 설치하여**〈경〉 ② 속칭 졸경

261 경수소(警守所) : 복처(伏處)라고 한다. 도성 내외의 경수소는 16곳에 있었다. 우순청(右巡廳) 1패(牌)는 의정부 앞, 2패는 공조 앞, 3패는 송파교(松把橋), 4패는 소의문(昭義門) 안, 5패는 경영고(京營庫) 앞, 6패는 소의문 밖, 7패는 숭례문(崇禮門) 밖 연못가, 8패는 도저동(桃楮洞)에 있었으며, 좌순청(左巡廳) 1패는 회현동(會賢洞)의 병문(屛門), 상2패(上二牌)는 남산동(南山洞), 하2패(下二牌)는 필동(筆洞), 3패는 청교(淸橋), 4패는 의동(義洞)의 병문, 5패는 재동(齋洞), 6패는 수표교(水標橋), 7패는 흥인문(興仁門) 밖에 있었다.《萬機要覽 軍政編 巡邏 總例》

(卒吏)이라 한다.〈보〉 ❸ 창고 근처에도 경수소를 설치한다.[262] **방리(坊里)에 거주하는 사람으로 하여금 직숙하게 한다.**〈경〉 ❹ 군보(軍堡)는 군사에게 직숙하도록 한다.〈보〉 ❺ 성문, 궐문, 종묘, 사직, 궁(宮), 전(殿) 및 군보는 군사들이 각각 병조에서 5개 경첨(更籤)[263]을 받아 직소(直所)에 둔다. 매 경(更)에 관패(管牌)가 군사를 인솔하여 순검(巡檢)하며, 해당 경첨을 찾아서 순청(巡廳)에 바치고 순청은 모두 거두어서 병조에 바친다. 종묘와 사직을 비롯한 여러 곳은 포졸이 해당 경첨을 찾아서 순청에 바친다. 군보는 궁장(宮墻) 밖의 원순라(元巡邏)가 해당 경첨을 찾아서 병조에 바친다. 궐내는 궐내의 순군(巡軍)이 해당 경첨을 액정서에서 받고 액정서에 바친다.〈경〉〈보〉 ❻ 순장(巡將)이 아무 때나 직접 가서 경첨을 조사한다.〈경〉 ❼ 첨(籤)은 나무를 깎아 만든다. 한 면에 '아무 경[某更]'이라 쓰고 낙인을 하며, 다른 한 면에는 연월일을 쓴다.〈경〉〈보〉 ❽ 경점(更點)은 초경(初更) 3전(點) 인정(人定) 때에 시자하여 5경 3전 파루(罷漏) 때에 끝난다. 매 경은 5점으로 되어 있다. 초경은 3점부터 시작하고 5경은 3점에서 그친다.〈보〉 ❾ 행재소의 내진(內陣)은 총관(摠管) 이하 제장(諸將) 중에서 병조가 계문하여 낙점을 받고 군사 5인을 인솔하여 아무 때나 순찰한 뒤에 순장이 임금에게 직접 아뢴다. 외진(外陣)은 대장이 위장(衛將)과 부장(部將)을 정하고

262 창고……설치한다 : 《경국대전》〈호전 창고(倉庫)〉에 있다.
263 5개 경첨(更籤) : 초경(初更), 이경(二更), 삼경(三更), 사경(四更), 오경(五更)의 5개 경첨을 말한다.

군사 10인을 인솔하여 순찰과 특별 순찰을 행하게 한다.〈경〉

제7항 **순찰하는 사람은 모두 군호(軍號)를 받는다.**〈속〉 ❶ 속칭 언적(言的)이라 한다.〈경〉 ❷ 병조의 입직 당상이 직접 쓰고 서압(署押)하여 봉(封)한다. 공무를 행하는 당상이 없으면 도총부의 수당상(首堂上)이 거행하고, 도총부가 모두 비어 있으면 병방 승지가 거행한다. ❸ 임금이 교외에 동가(動駕)하였을 때에는 동궁에게 아뢴다. 동궁이 수가(隨駕)하면 날짜를 분배하여 미리 계하를 받아 병조에 둔다. **궐내와 궁장(宮墻) 밖을 순찰하는 사람이 다른 군인을 신지(信地)에서 만나면 군호로 서로 응답한 다음 순찰을 계속 돌되 파루(罷漏)에 이르러서야 그친다.** ❹ 도성 안팎을 순찰하는 패장(牌將)이나 군사가 혹 서로 만나면 군호를 묻되, 만약 군호가 통하지 않으면 야간 통행금지를 범한 예(例)로 다스린다. ❺ 같은 대오(隊伍)의 군사에게 사사로이 군호를 전한 사람은 병조에서 곤(棍)을 친다.

제8항 **야간 통행금지를 어기고 다니는 사람은 붙잡아서 인근의 경수소(警守所)에 넘기고 다음 날 각 군영에서 곤(棍)을 친다.** ❶ 야간 통행금지를 초경(初更)에 어기면 10도(度), 2경에 어기면 20도, 3경에 어기면 30도, 4경에 어기면 20도, 5경에 어기면 10도이다. ❷ 공궐(空闕)에서 야간 통행금지를 어긴 사람은 장(杖) 100 도(徒) 3년이다.[264]〈속〉 ❸ 액례(掖隷)가 홍의(紅衣)를

264 공궐(空闕)에서……3년이다 : 《속대전》 〈병전 척간(擲奸)〉에 있다.

입지 않고 야간 통행금지를 어기면 곤장 곤으로 다스린다.〈증〉 ❹ 야간 통행금지를 1경·5경에 어기면 태(笞) 30이고, 2경·3경·4경에 어기면 태 50이다. 지방 군(郡)의 성(城)이나 진(鎭)은 각각 1등급을 줄인다.[265]〈율〉 ❺ 거짓으로 야간 통행금지를 어겼다고 한 자나 혹은 야간 통행금지를 어긴 사람을 일부러 놓아준 자는 군령(軍令)으로 논한다.〈경〉 ❻ 야간 통행금지를 어기고도 체포되는 것을 거부하거나 폭력을 사용하여 야간 통행금지를 어긴 자를 빼앗아 가면 장 100이다. 이로 인하여 다른 사람을 구타하여 절상(折傷) 이상으로 상해를 입히게 되면 교형이고, 죽이게 되면 참형이다.[266]〈율〉 ❼《경국대전》 법에 "시급한 공무, 질병, 사상(死喪), 자녀 출산 등 부득이한 일 때문에 야간에 통행해야 하는 경우에는 순관(巡官)이나 경수소에 직접 알린다. 순관이나 경수소에서는 사람을 시켜 경첨(更籤)을 지니고서 데리고 가 그 사람이 도착한 집에서 보증을 받고 넘겨주게 한다."라고 하였다. 또 "3품 이하의 관원이 야간 통행금지를 어기면 당사자를 직접 가두고, 당상관과 양사(兩司)의 관원이 야간 통행금지를 어기면 그의 근수(跟隨)를 가둔다."라고 하였다.〈보〉

265 야간 통행금지를 1경……줄인다 :《대명률》〈병률 군정(軍政)〉 야금(夜禁) 조에 있다.

266 야간 통행금지를 어기고도……참형이다 :《대명률》〈병률 군정(軍政)〉 야금(夜禁) 조에 있다.

제17조 시위(侍衛)

제1항 인정전(仁政殿)의 전좌(殿座) 및 조회 때에 군무(軍務)의 직임을 맡고 있는 사람은 시위(侍衛)하고 군병은 늘어선다. 〈보〉

❶ 보검(寶劍) -1 총관(摠管) 중에서 낙점을 받는다.- 2원, 별운검(別雲劍) -2 종2품 이상의 관원 중에서 의망하여 차임한다.- 〈속례〉 〈보〉 4원, 병조·도총부의 당상과 낭청, 오위장, 별군직은 전내(殿內)에서 시위한다. 선전관(宣傳官), 무겸 및 운검 차비(雲劍差備)는 전외(殿外)에서 시위한다. 내취(內吹)는 중계(中階) 위에 늘어서고, 입직 금군과 〈오례〉 〈속례〉 〈보〉 -3 별장과 번장(番將)이 거느린다. 편전에는 별장이 없다. 〈보〉 - 호위군관(扈衛軍官)은 전정(殿庭)에 늘어서고, 입직 군병은 전문(殿門)에 늘어선다. 편전에서도 이와 같지만 입직한 사람만으로 거행하고 병조는 당상과 낭청 각각 2인이 행한다. 〈속례〉 〈보〉 ❷ 대조회(大朝會) 때에도 -4 조참(朝參), 진하(陳賀), 서계(誓戒)를 하는 때이다.- 이와 같지만, 사금(司禁) 〈오례〉 〈보〉 -5 훈련원 습독이다. 〈보〉 - 16인, 금군 7번(番), 가전(駕前) 50인, 〈오례〉 〈속례〉 〈보〉 -6 사금, 금군, 호위군관, 별초(別抄)는 모두 갑주를 착용한다. 〈오례〉 〈보〉 - 창검군(槍劍軍) 60인은 전정에 늘어선다. 갑사(甲士) 〈속례〉 -7 훈련도감의 마병(馬兵), 금위영과 어영청의 기사(騎士)이다. 〈보〉 -는 전문에 각 12인이 늘어선다. -8 숭범문(崇範門), 광범문(光範門)에는 각각 8인이 늘어선다.[267] - 〈증〉 협련(挾輦)하는 포수(砲手)와 살수(殺手)

267 숭범문(崇範門)……늘어선다 : 《대전통편》 〈병전 첩고(疊鼓)〉에 있다.

100인, 별파진(別破陣) 20인, 추패군(椎牌軍) 8인은 전문 밖에 늘어선다. 입직 포수 60인은 진선문(進善門)과 숙장문(肅章門)에 늘어선다.〈속례〉〈보〉 **3** 먼저 전정에 들어가고 환궁한 뒤에 나간다.〈경〉 **4** 상참 때 계사관(啓事官)이 전(殿)에 올라가면 산선(繖扇)과 시위는 나간다.〈오례〉

제2항 **병조 판서가 노부사(鹵簿使)가 되어** **1** 이조에서 단망(單望)으로 계하받는다. 참판이 예차(預差)가 된다. **전(殿) 안팎의 노부 대장(鹵簿大仗)과 시위 군병의 진열 등에 관한 일을 관장한다.** **2** 조의(朝儀)를 잘못하면 논죄한다.〈보〉

제3항 **문신겸선전관은 비록 실직이 있더라도 시위로 참여한다.**〈증〉

제4항 **동가(動駕)할 때에는 협련 포수(挾輦砲手)와 왜창수(倭槍手)**〈속〉〈보〉 **1** 모두 훈련도감에 소속된다.〈보〉 **각각 100인과 창검군(槍劍軍)**〈증〉〈보〉 **2** 금위영에 소속된다.〈증〉 **60인이 호위하여 따른다.** **3** 교외에서도 같다.〈속〉〈보〉 **4** 능행(陵幸)할 때에 협련군(挾輦軍)의 수효에 대해서는 임금의 뜻을 여쭌다.〈보〉

제5항 **가전 별초는 동가(動駕)할 때에, 도성 안에서는 연(輦)을 호위하여 시위하고 교외에서는 가후 금군(駕後禁軍)과 전후를 나누어서 시위한다.**

제6항 **난후 별대(攔後別隊)는** **1** 마병(馬兵) 중에서 1개 초(哨)를 선발

한다. **그 장령(將領)으로 행렬의 전후를 나누어서 영솔하여 시위하게 한다.**

제7항 **겸내취(兼內吹)와 원내취(元內吹)는 동가(動駕)할 때나 전좌(殿座)할 때나 똑같이 시위한다.** ❶ 황내취(黃內吹)와 흑내취(黑內吹)의 구례(舊例)를 적용한다. ❷ 창검군(槍劍軍)은 금위영의 파총과 초관 각 1명이 나누어서 영솔하여 시위한다. ❸ 연여군(輦輿軍)은 사노(私奴)로 충정(充定)해서는 안 된다.〈증〉 ❹ 임금이 능행(陵幸)하거나 교외로 거둥하여 하룻밤 이상을 보낼 때에 일산 차비(日傘差備)는 경기의 역졸로 하여금 받들게 한다.〈속〉

제8항 **임금이 친히 제사를 거행하는 경우에 형명(形名)은 단소(壇所) 밖에서 머문다.** ❶ 묘(廟)와 능(陵)에서는 형명이 문밖에서 머문다.〈경〉

제18조 성보(城堡)

제1항 **공궐(空闕)의 궁성은 수직(守直)하는 부장(部將)이 왕복하여 돌면서 적간하고 날마다 일이 있었는지 없었는지를 병조에 보고한다.**[268]

제2항 **궁성과 도성은 매년 봄과 가을에 병조, 공조, 한성부의 당상과 낭관이 순심(巡審)하여 적간한 다음 탈이 있는 곳은 계문한다.**[269] 〈속〉 **1** 도성은 삼군문(三軍門)의 대장이 또한 봄과 가을에 간심(看審)하고 매달 장교를 정하여 적간하게 한다.[270] 〈증〉

제3항 **궁성과 도성은 삼군문(三軍門)이 나누어 맡아서 훼손되는 대로 수축(修築)하며,**[271] 〈속〉〈증〉 **1** 도성은 숙정문(肅靖門) 동쪽 편의 무사석(舞砂石)에서부터 돈의문(敦義門) 북쪽 편까지의 4850보(步)는 훈련도감에서 맡고, 돈의문 북쪽 편의 무사석에서부터 광희문(光熙門) 남쪽 편의 남촌(南村) 집 뒤까지의 5042보 반(半)은 금위영에서 맡고, 광희문 남쪽 편의 남촌 집 뒤에서부터 숙정문 동쪽 편까지의 5042보 반은 어영청에서 맡는다.

268 공궐(空闕)의……보고한다 : 《속대전》 〈병전 척간(擲奸)〉에 있다. 1605년(선조38) 받든 승전이다. 《受敎輯錄 兵典 軍律》

269 궁성과……계문한다 : 《속대전》 〈병전 척간(擲奸)〉에 있다.

270 도성은 삼군문(三軍門)의……한다 : 《대전통편》 〈병전 척간(擲奸)〉에 있다.

271 궁성과……수축(修築)하며 : 궁성에 관한 내용은 《대전통편》 〈병전 척간(擲奸)〉에 있고, 도성에 관한 내용은 《속대전》 〈공전 잡령(雜令)〉에 있다.

근방에 거주하는 사람들에게 구역을 나누어 주어 살피고 지키게 한다. ❷ 인가와 멀리 떨어진 곳은 산지기에게 나누어 맡게 한다.[272]〈속〉 ❸ 성 위에는 자갈을 모아 쌓아 둔다.〈증〉

제 4 항 **도성 안팎도 삼군문(三軍門)이 나누어 맡는다.** ❶ 중부(中部) 징청방(澄淸坊)·수진방(壽進坊)·견평방(堅平坊), 서부(西部) 여경방(餘慶坊)·적선방(積善坊)·인달방(仁達坊)·반송방(盤松坊)·용산방(龍山坊)·서강방(西江坊), 북부(北部) 순화방(順化坊)·의통방(義通坊)·준수방(俊秀坊)·관광방(觀光坊)·진장방(鎭長坊)·광화방(廣化坊)·양덕방(陽德坊)·가회방(嘉會坊)·안국방(安國坊)·합정리(合亭里)·망원정(望遠亭)·여의도(汝矣島)·세교리(細橋里)·아현(阿峴)·연희궁(延禧宮)·성산리(城山里)·가좌동(加佐洞)·증산리(甑山里)·신사동(新寺洞)·갈고개(葛古介)·불광리(佛光里)·수암리(水巖里)·수생리(水生里)·조지서(造紙署)·경리청(經理廳)·선혜청(宣惠廳)·양철리(梁哲里)·구리(舊里)·말흘산(末屹山)·홍제원(洪濟院)·역계(驛契)·사계(私契)는 훈련도감에 소속된다. 중부 장통방(長通坊)·서린방(瑞麟防), 서부 반송방·용산방·양생방(養生坊)·반석방(盤石坊)·황화방(皇華坊)·여경방(餘慶坊), 남부(南部) 낙선방(樂善坊)·성명방(誠明坊)·훈도방(薰陶坊)·태평방(太平坊)·광통방(廣通坊)·명례방(明禮坊)·호현방(好賢坊)·둔지방(屯之坊)은 금위영에 소속된다. 중부 관인방(寬仁坊)·경행

272 도성은 숙정문(肅靖門)……한다 : 《속대전》〈공전 잡령(雜令)〉에 있다.

방(慶幸坊)·정선방(貞善坊)·견평방(堅平坊), 남부 낙선방·성명방·명철방(明哲坊)·두모방(豆毛坊)·한강방(漢江坊), 동부(東部) 숭교방(崇敎坊)·연화방(蓮花坊)·경모궁방(景慕宮坊)·창선방(彰善坊)·숭신방(崇信坊)·인창방(仁昌坊)·제기리(祭基里)·전농리(典農里)·벌리(伐里)·중량포(中梁浦)·능동(陵洞)·가오리(加五里)·장위리(長位里)·안암(安巖)·우이(牛耳)·사아리(沙阿里)·청량리(淸涼里)·수유촌(水踰村)·신설(新設)·답십리(踏十里)·마장리(馬場里)·왕십리(往十里)·역계·사계는 어영청에 소속된다.〈보〉 ❷ 성 옆에는 안팎으로 도랑을 파고 풀과 나무를 베어 버린다. 소나 말을 고의로 풀어 놓아 잔디를 밟아서 손상시키거나 성가퀴의 활 쏘는 곳을 들이받아서 파손하게 하는 자, 벽돌을 훔쳐 가는 자를 살핀다.〈경〉 ❸ 도성 안과 밖에 소나무가 울창하고 빽빽하여 성첩(城堞)에 방해가 되는 곳이 있으면 성안은 5보(步)까지, 성 밖은 10보까지 베어 버린다.〈증〉 ❹ 궁성 안과 밖도 삼군문에 나누어 소속시킨다.〈보〉

제 5 항 **제진(諸鎭)의 읍성(邑城), 산성(山城), 행성(行城)은 병마절도사가 순시(巡視)하여 살핀다.** ❶ 수축(修築)한 곳을 세초(歲抄) 때마다 장계로 보고한다. 만약 무너졌는데도 즉시 수축하지 않았거나 수축하였는데도 견고하지 않으면 해당 관원은 파출한다.〈경〉

제 6 항 **성을 넘어 들어간 자는 논죄한다.**〈보〉 ❶ 황성(皇城)을 넘어 들어가면 교형이다. 경성(京城)을 넘어 들어가면 장(杖) 100 유

(流) 300리이다. 부(府), 주(州), 현(縣), 진(鎭)의 성을 넘어 들어가면 장 100이다. 관부(官府) 공해(公廨)의 담장을 넘어 들어가면 장 80이다. 넘었으나 경계를 넘어 들어가지 않으면 각각 1등급을 줄인다. 회피할 일이 있어 넘어 들어가면 무거운 쪽으로 논한다.[273] 〈율〉 **2** 숙위(宿衛)하는 군병이 성을 넘어 출입하면 군율(軍律)을 적용한다.[274] 〈속〉

273 황성(皇城)을……논한다 : 《대명률》 〈병률 궁위(宮衛)〉 월성(越城) 조에 있다.

274 숙위(宿衛)하는……적용한다 : 《속대전》 〈병전 용형(用刑)〉에 있다.

제19조 봉수(烽燧)

제1항 **여러 곳의 연대(煙臺)에 봉수군(烽燧軍)을 두어 멀리 살펴보며 경계하게 한다.** ❶ 품관(品官)으로 별도로 감고(監考)를 정하여 번(番)을 나누어 밤낮으로 살피하게 한다.〈속〉 ❷ 목멱산(木覓山)의 봉수장(烽燧將)은 금군 가운데 녹봉이 후한 자로 하여금 돌아가며 수직(守直)하게 한다.[275]〈증〉 –❶ 무악산(毋岳山)의 봉수장은 유청군사(有廳軍士)와 관패장(管牌將)이 맡는다.〈보〉 – ❸ 봉수군은 근처에 거주하는 사람으로 차출한다.〈경〉 ❹ 목멱산과 무악산〈증〉 –❷ 안현(鞍峴)이다.〈보〉 – 두 산의 봉군(烽軍)과 각 호(戶)의 보인(保人)은 120명이고 24번(番)으로 나눈다.[276]〈증〉 ❺ 점고에 빠진 경우에 군관, 감고, 봉군은 엄하게 곤(棍)을 친다. ❻ 봉화를 끈 곳이 있으면 수령은 장(杖) 80이며, 감고는 장 100이며, 색리와 봉군은 장 100을 치고 극변(極邊)에 충군(充軍)하되 모두 속전(贖錢)을 받지 않고 장을 친다. ❼ 적이 이른 곳에서 봉화로 알리지 아니한 봉졸(烽卒)은 참형에 처한 뒤에 임금에게 보고한다.〈속〉 ❽ 거짓으로 봉화를 올린 자는 법으로 정한 시기를 기다리지 않고 참형에 처하며, 봉수대 근처에서 방화한 자

275 목멱산(木覓山)의……한다 : 목멱산의 봉수장은 충순위가 맡았는데 충순위가 혁파된 다음에는 금군이 맡게 하였다.《大典通編 兵典 烽燧》

276 목멱산과……나눈다 : 목멱산(木覓山)과 무악산(毋岳山)의 봉군은 근처에 거주하는 사람 가운데 각각 30호(戶)에서 차출하고 각 호마다 보인(保人) 3명을 주므로 봉군과 봉군에 딸린 보인의 수를 합하면 120명이다. 봉군 30명이 번(番)마다 5명씩 번을 서고 6일마다 교대한다.《大典通編 兵典 烽燧》

는 법으로 정한 시기를 기다려 참형에 처한다. **9** 목멱산의 봉수대에는 표(標)를 설치하여 경계를 정하고, 거짓으로 봉화를 올리거나 방화한 것 등을 막론하고 일이 100보 이내에서 생겼을 경우에는 병조에서 맡아서 다스리고, 일이 100보 이외에서 생겼을 경우에는 해당 영(營)에서 담당한다. **10** 봉수대 근처에서는 음사(淫祀)나 기도(祈禱)를 금지한다. 이를 위반한 자는 지방관이 제서유위율(制書有違律)277로 시행한다.〈증〉

제2항 **목멱산(木覓山)의 봉화는 동쪽부터 서쪽까지 올린다.** **1** 제1봉화는 함경도·강원도·경기로부터 온 양주(楊州) 아차산(峨嵯山)의 봉화에 준해서 올리고, 제2봉화는 경상도·충청도·경기로부터 온 광주(廣州) 천림산(天臨山)278의 봉화에 준해서 올리고, 제3봉화는 평안도·황해도·경기 육로(陸路)로부터 온 고양(高陽) 염포(鹽浦)와 무악산(毋岳山) 동쪽 제1봉화에 준해서 올리고, 제4봉화는 평안도·황해도·경기 수로(水路)로부터 온 고양 고봉(高峰)과 무악산 서쪽 제2봉화에 준해서 올리고, 제5봉화는 전라도·충청도·경기로부터 온 양천(陽川) 개화산(開花山)의 봉화에 준해서 올린다.〈경〉〈보〉 **평시에는 하나의 봉화, 적의 모습이 나타나면 두 개의 봉화, 국경에 근접하면 세 개의 봉화,**

277 제서유위율(制書有違律) : 《대명률》〈이율 공식(公式)〉 제서유위(制書有違) 조의 율로, "제서(制書)를 받들어 시행할 때에 어기면 장 100이다."라고 하였다. 제서는 황제의 명을 적은 조서(詔書)와 칙서(勅書) 등이다.

278 천림산(天臨山) : 《경국대전》에는 '천천령(穿川嶺)'으로 되어 있다. 《經國大典 兵典 烽燧》

국경을 넘으면 네 개의 봉화, 접전(接戰)하면 다섯 개의 봉화를 올린다.〈경〉 **2** 연일 접전하면 땔나무를 쌓아 두고 이리의 똥을 써서 밤에는 불을 밝히고 낮에는 연기를 피운다.〈보〉 **3** 구름이 짙게 끼거나 바람이 심하게 불어서 연기나 불로 신호를 통하지 못할 때에는 봉군(烽軍)이 차례차례 날려와 보고한다.〈경〉

제 3 항 **서울에서는 남소(南所)의 부장(部將)이 일이 있었는지 없었는지를 병조에 보고하고, 병조가 다음 날 새벽에 입계한다.** **1** 변고가 있으면 밤이라도 즉시 입계한다. **지방에서는 봉수장(烽燧將)이 주진(主鎭)에 보고한다.**〈경〉〈보〉

제20조 군기(軍器)

제 1 항 **서울은 군기시에서, 지방은 각 진(鎭)에서 군기(軍器)를 정밀하게 제조하고 이전에 제조한 군기도 평상시에 수리하고 정비한다.** ❶ 주(州)나 진(鎭)의 이름을 전자(篆字)로 낙인한다.〈경〉

제 2 항 **궐 안에 입직하는 금군이 머무는 곳에 군기를 만들어 비치한다.**〈속〉 ❶ 가전 별초와 별군직에게는 편(鞭)과 곤(棍)을, 금군에게는 갑주(甲冑), 요구금(要鉤金)도 만들어 지급한다.〈속〉〈보〉

제 3 항 **삼남(三南)과 해서에서 쓸 총, 화약, 탄환은 군기시와 수어청, 총융청이 나누어 보낸다.**〈속〉〈증〉 ❶ 선혜청에서 구관(句管)하는 월과계(月課契)를 설립하였다. 군기시는 매년, -❶ 다음 해는 받는 액수를 줄인다.- 공인(貢人)은 매년 2차례 값을 받는다. 총융청은 총은 매년, 화약은 2년마다 값을 받는다. 수어청은 2년마다 값을 받는다. 군기시와 총융청은 총과 화약을 만들고, 수어청은 화약을 만들고, 공인은 총, 화약, 탄환을 만든다. 총융청은 공인이 만든 것과 아울러 삼남과 해서에 나누어 보내고, 수어청은 양남(兩南)에 나누어 보내고, 군기시는 삼남에 -❷ 화약은 양남에 나누어 보낸다.- 나누어 보낸다.〈속〉〈보〉 ❷ 경기와 관동 및 서북에서는 경공인(京貢人)에게 사서 쓰거나 -❸ 양도계(兩道契)라 부른다.- 해당 도(道)에서 만든다. ❸ 《경국대전》에

"매년 삼남과 관동에서 양계(兩界)에 전죽(箭竹)을 보낸다.[279] 절도사가 소속 진(鎭)에 전죽을 나누어 주고, 제조한 화살의 수량 및 장교와 군사에게 지급한 수량을 빠짐없이 기록해서 임금에게 아뢴다."[280]라는 법이 있다.

제 4 항 **수군(水軍)과 육군의 기치(旗幟) 등의 물건은 10년에 한 번 개수한다.** ❶ 대동미를 떼어 준다.〈보〉

제 5 항 **입직하는 장교와 병사는 병조와 도총부가 적간하고 병기까지 아울러 점고한다.** ❶ 야간에는 먼저 임금에게 아뢰고 나서 행한다.[281]

제 6 항 **금군의 병기에 대한 점고는 매년 2차례** ❶ 2월 20일과 9월 20일이다.[282]〈경〉 **임금에게 여쭈어 모화관(慕華館)에서 행한다.**〈보〉 ❷ 병조가 도총부 당상과 함께 전마(戰馬)와 복마(卜馬)까지 아울러 점고하되,[283] 사정이 있으면 별장이 모두 점고한다.〈경〉〈보〉

279 매년 삼남과……보낸다. : 함경도에는 경상도에서 2만 5000개, 강원도에서 1만 1500개를 보내고, 평안도에는 전라도에서 1만 5000개, 충청도에서 5000개를 보낸다.《經國大典 兵典 軍器》

280 제조한……아뢴다 : 원문은 '造箭及給將士'이다.《경국대전》의 '具錄所造箭數及將士所給數以啓'에 근거하여 보충 번역하였다.《經國大典 兵典 軍器》

281 입직하는……행한다 :《경국대전》〈병전 적간(擲奸)〉에 있다.

282 금군의……20일이다 :《경국대전》〈병전 교열(敎閱)〉에 있다.

283 병조가……점고하되 :《경국대전》〈병전 교열(敎閱)〉에 있다.《경국대전》에는 "번상 군사(番上軍士)의 기마(騎馬)와 태마(馱馬)를 점고한다."라고 하였다.

❸ 궐 안에 입직하는 금군의 무기는 네 계절의 첫 달에 승지가 전정(殿庭)의 월대(月臺)에 나아가 점고하고 이어 위로한다.〈보〉

제 7 항 **입직 군사로서 군장(軍裝)이나 잡물(雜物)이 색이 바랬거나 파손되어 탈이 잡힌 자는 논죄한다.** ❶ 4건을 채우면 태(笞) 50이고, 중한 경우는 장(杖) 80이다.

제 8 항 **각 읍(邑)의 군기는 절도사가 불시에 찌를 뽑아 적간하고, 탈이 잡힌 고을의 수령은 논죄한다.** ❶ 순행하여 점고할 때에 탈이 잡힌 건수의 많고 적음에 근거하여 수령은 그 경중에 따라 곤(棍)을 치고 임금에게 장계로 보고한다. ❷ 총과 화약을 관가의 창고에 보관하지 않아 농간을 부리는 폐단이 있게 된 경우에는 절도사와 수령은 국경을 넘어간 예에 따른다.[284]〈속〉

제 9 항 **군인이 나라에서 지급한 일체의 군기를 사사로이 팔면 장(杖) 100을 치고 변원(邊遠)에 충군(充軍)한다.** ❶ 군관이 팔면 장

284 총과……따른다 : 함경도 사람들이 쉽사리 국경을 넘어가 수렵하다가 청나라 사람에게 발각되면 총을 쏘아 살해하고 도망치는 일이 많았다. 이것이 국가적인 문제가 되자 무기를 모두 창고에 보관하고 쓰지 못하게 하였는데, 1731년(영조7) 북병사(北兵使)에 임명된 한범석(韓範錫)이 조총이 있어도 총 쏘는 법을 몰라 위급한 일이 생기면 염려스러우므로 때때로 총 쏘는 연습을 하게 해 달라고 건의하였다. 1732년 묘당(廟堂)에서 이 일을 의논하여 1달에 1, 2차례 시방(試放)하도록 결정하였다. 이에 영조가 시방한 뒤 총과 화약 단속을 잘하여 이전과 같은 문제가 발생하지 않게 하고자 이와 같은 처벌 조항을 만들게 하였다.《承政院日記 英祖 7年 9月 21日, 8年 3月 25日》

100을 치고 충군한다. 산 자는 태(笞) 40이다. 금하도록 되어 있는 군기를 사면 사사로이 소유한 죄로 논한다. 군기의 값으로 치른 돈은 관에 귀속시킨다. 군인이 사면 논하지 않는다.[285] **2** 민간에서 금하도록 되어 있는 군기를 사사로이 소유하면 1건(件)에 장 80이고, 1건마다 1등급을 더한다. 사사로이 제조하면 군기를 사사로이 소유한 죄에서 1등급을 더한다. 죄는 장 100 유(流) 3000리에 그친다. 온전한 상태가 아니면 죄를 논하지 않으며 관에 들이도록 허락한다.[286] 〈율〉 **3** 군기를 훔친 경우에 대해서는 〈형전〉의 〈적도(賊盜)〉 조에 보인다. 〈보〉

제10항 활과 화살을 진상할 때 지궁품 당상(知弓品堂上)을 차출한다.

1 궁방 내관(弓房內官)이 승정원에 수본(手本)을 올리면 병조에서 계하를 받는다. 상의원에서 활과 화살을 별도로 만들 때에는 상의원에서 병조에 공문을 보내면 병조에서 지궁품 당상을 차출한다. 〈증〉

285 군인이 나라에서……않는다 : 《대명률》 〈병률 군정(軍政)〉 사매군기(私賣軍器) 조에 있다. '사사로이 소유한 죄'는 본항 소주 **2** 참조.

286 민간에서……허락한다 : 《대명률》 〈병률 군정(軍政)〉 사장응금군기(私藏應禁軍器) 조에 있다. '장 100 유 3000리'의 처벌은 군기를 사사로이 소유한 경우와 군기를 사사로이 제조한 경우 모두에 해당된다. 《[明]張楷 撰, 1467, 律條疏議(下), 楊一凡 整理, 中國律學文獻 第1輯 第2冊 第3冊, 黑龍江人民出版社, 2004. 79쪽》 '온전한 상태가 아니다'라는 것은 사사로이 소유한 군기의 형체가 파손된 경우와 군기를 사사로이 제조하였으나 완성하지 못한 경우 등을 가리킨다. 《[淸]沈之奇 註, 1715, 大淸律輯註(上), 懷效鋒 李俊 點校, 中國律學叢刊, 法律出版社, 2000. 469쪽》《[明]舒化 撰, 未詳(1585 이후), 大明律附例(下), 서울대학교 규장각, 2001, 36쪽》

제21조 병선(兵船)

제 1 항 **병선(兵船)과 집물(什物)은 수군절도사가 세초(歲抄)에 수효를 갖추어 병조에 보고하면 병조가 임금에게 보고한다.**〈경〉 ❶ 또 한 순영에 보고한다.〈보〉

제 2 항 **전선과 병선의 연한이 차면 부식되었는지 그렇지 않은지를 각 도(道)의 수군절도사가 직접 살펴 임금에게 보고한다.**

제 3 항 **영남의 전선과 병선의 경우 좌도(左道)는 80개월에, 우도(右道)는 100개월에 개조(改造)한다.**〈속〉 ❶ 개조하는 데 들어가는 가미(價米)는 전선이 150섬, 병선이 25섬이다. 전병선 저치미(戰兵船儲置米)[287]로 지급한다. 아래도 같다.〈보〉 ❷ 모두 철정(鐵釘)을 사용하기 때문에 개소(改槊)하는 일이 없다.〈속〉 **호남의 전선·방선(防船)·병선의 경우 좌도는 84개월에 개조하고 우도는 36개월에 개소하고 72개월에 두 번째 개소한다.**[288]〈속〉

287 전병선 저치미(戰兵船儲置米) : 《전율통보》〈호전 조적(糶糴)〉 1항 소주 ❶ 참조.

288 호남의……개소한다 : 《속대전》에서는 "전라도의 전선(戰船)·방선(防船)·병선(兵船)은 조선(造船)한 지 3년 뒤에 처음으로 개소하고, 또 3년이 되면 두 번째 개소하며, 또 3년이 되면 개조(改造)한다."라고 하였다. 《전율통보》에서는 경상도와 마찬가지로 전라도를 좌도(左道)와 우도(右道)로 나누고 개조하고 개소하는 기한을 달수로 표현하였다. 《속대전》과 비교하면 개소하는 기한은 같지만 개조하는 기한이 《속대전》보다 24개월 당겨진 84개월이다. 《續大典 兵典 兵船》

〈보〉 ❸ 좌도는 영남과 마찬가지로 개소하는 일이 없고, 우도는 개조하는 일이 없다. ❹ 개조하는 데 들어가는 가미는 전선이 150섬, 병선이 20섬이다. 개소하는 데 들어가는 가미는 전선이 40섬, 병선이 5섬이다. 두 번째 개소하는 데 들어가는 가미는 전선이 120섬, 병선이 15섬이다. 〈보〉 **호서의 전선은 30개월에 개소하고 60개월에 두 번째 개소하고 90개월에 개조하며, 방선은 36개월에 개소하고 72개월에 두 번째 개소하고 108개월에 개조하며, 병선은 108개월에 세 번째 개소하고 144개월에 개조한다.** 〈속〉 ❺ 개조하는 데 들어가는 가미는 전선이 50섬, 방선이 25섬, 병선이 15섬이다. 개소하는 데 들어가는 가미는 전선이 30섬, 방선이 15섬, 병선이 5섬이다. 〈보〉 **해서의 크고 작은 배는 3년마다 개소하고 12년에 개조한다.** 〈속〉 ❻ 개조하는 데 들어가는 가미는 50섬, 개소하는 데 들어가는 가미는 16섬 남짓인데, 상정미로 지급한다. 〈보〉 **관서의 크고 작은 배는 3년마다 개소하고 10년에 개조한다.** 〈속〉 ❼ 개소하고 개조하는 데 들어가는 가미는 해당 읍(邑)에서 지급하되, 재목을 나르는 이들의 역량(役糧)은 군향미(軍餉米)로 회감(會減)한다. **경기의 전선·귀선(龜船)·방선은 6년에 개소하고 12년에 두 번째 개소하며 18년에 개조한다.** ❽ 나머지 배는 6년마다 개소하고 새로 건조하지 않는다. ❾ 새로 건조하는 데 드는 비용은 전선과 귀선은 무명 3동(同) 45필, 쌀 40섬이고, 병선과 방선은 무명 1동 5필, 쌀 30섬이며, 사후선(伺候船)은 무명 4필 20자, 쌀 1섬이다. 해당 읍과 진(鎭)의 상진곡(常賑穀)[289] 및 서울과 지방의 적당한 명색(名色)의 무명을 청하여 허락을 얻는다.〈보〉 **10** 호남과 호서의 배가 연한 전에 부식되어 개소하거나 개조하지 않을 수 없는 경우 수군절도사가 직접 살펴보고서 비변사에 보고하면 비변사는 요청한 대로 허락한다. 연한이 지났더라도 선체가 견고하면 목재만 덧대어 개소한다. **11** 수령이나 변장(邊將)이 조선(造船)의 감독을 철저히 하지 않아 연한이 차기도 전에 부식되어 연결된 곳이 벌어져 물러나면 장(杖) 100이다.〈속〉

제 4 항 **훈련도감의 대변선(待變船)은** **1** 강화(江華)에 항상 정박해 두며 세곡도 실어 나른다. **5년에 개소(改槊)하고 10년에 개조(改造)한다.** **2** 통영(統營)과 수영(水營)이 거행하고 훈련도감이 가미(價米)를 약간 지급한다.〈보〉

제 5 항 **병선은 외양(外洋)으로 내보낼 수 없다.** **1** 어긴 자는 장 100을 치고 충군(充軍)한다. **2** 몰래 내보냈다가 물에 떠내려가 잃어버리게 한 자는 사형(死刑)으로 논한다.

제 6 항 **병선은 다른 용도로 사용하는 것을 허락하지 않는다.**〈속〉

제 7 항 **병선에는 한 달 치의 군량을 항상 실어 두고**[290]〈경〉 **1** 3년이 경

289 상진곡(常賑穀) : 《전율통보》〈호전 조적(糶糴)〉 1항 소주 **2** 참조.
290 병선에는……두고 : 《경국대전》〈호전 병선재량(兵船載糧)〉에 있다.

과한 뒤에 3등분으로 나누어 매년 3분의 1을 부근의 백성에게 나누어 주어서 개색(改色)한다. **관찰사가 순행할 때에 엄격하게 살핀다.**[291] 〈속〉

291 3년이……살핀다 : 《속대전》 〈호전 병선재량(兵船載糧)〉에 있다.

제22조 구목(廐牧)

제 1 항 **제주(濟州), 정의(旌義), 대정(大靜)의 목장[292]에서는 몸집이 크고 길이 잘 들었으며 영리하고 털빛이 고운 말을 거세하여 잘 기르고 조련해서 체차되어 돌아오는 관원이 진상한다.** ❶ 목사, 판관은 각 3필, 현감은 2필을 진상한다. 진상한 말이 임금이 타기에 적합하지 않으면 제서유위율(制書有違律)[293]로 논한다.〈속〉

제 2 항 **제주는 매년 공마(貢馬)를 올려보낸다.** ❶ 연례마(年例馬) 8필, 세공마(歲貢馬) 200필, 삼명일 진상마(三名日進上馬) 60필, 흉구마(凶咎馬)와 노태마(駑駘馬) 20필을 올려보낸다. 식년에는 차비 진상마(差備進上馬) 80필, 별어승마(別御乘馬) 20필, 병조에서 별도로 계청한 산둔마(山屯馬) 200필을 올려보낸다.〈보〉 ❷ 공마가 도중에 병들어 체류하고 있는데 해당 고을 수령이 치료를 제대로 하지 않아 지레 죽게 된 경우는 죽은 말 값으로 무명 10필을 내게 한다. 공마를 해가 지나도록 즉시 올려보내지 않은 경우는 논죄한다.〈속〉〈보〉 ❸ 각 목장은 매년 봉진마(封進馬)

292 제주(濟州)……목장 : 제주목에 6곳, 대정에 3곳, 정의에 2곳, 그리고 산둔(山屯), 우둔(牛屯), 을병별둔(乙丙別屯), 청마별둔(淸馬別屯) 목장이 있다.《增補文獻備考 125 兵考 馬政》

293 제서유위율(制書有違律) :《대명률》〈이율 공식(公式)〉 제서유위(制書有違) 조의 율로, "제서(制書)를 받들어 시행할 때에 어기면 장 100이다."라고 하였다. 제서는 황제의 명을 적은 조서(詔書)와 칙서(勅書) 등이다.

2필 혹은 1필을 올려보낸다.

제3항 **각 목장은 말을 암말 3마리당 1마리를 번식시켜** ❶ 소는 암소 2마리당 1마리를 번식시킨다. **으레 봄가을로 나누어 바친다.** ❷ 수효를 채우지 못하면 사복시에서 포폄할 때 논벌(論罰)한다. 〈보〉 ❸ 각 목장은 암말 100필, 수말 15필을 1군(群)으로 삼고 –❶ 소의 경우도 같다.– 1군마다 군두(群頭), 군부(群副), –❷ 모두 목자(牧子) 중에서 양인을 택하여 정한다.– 목자를 정하여 보살펴 기르게 한다. 〈경〉 ❹ 관 소유의 말, 노새 등을 기르다가 새끼를 낳았는데 숨기고 보고하지 않으면 절도(竊盜)[294]에 준하여 논한다. 이로 인하여 훔쳐 팔거나 이를 다른 물건과 맞바꾼 자는 감수자도(監守自盜)[295]로 논한다.[296] 〈율〉 ❺ 《경국대전》에 "번식시킨 수효가 많으면 감목관(監牧官)은 논상(論賞)하고 군두는

294 절도(竊盜) : 《대명률》 〈형률 도적(盜賊)〉 절도(竊盜) 조에 있다. 훔친 재물의 규모에 따라 처벌해서 최고 장 100 유 3000리까지 처할 수 있고, 3범(三犯)이 되면 교형에 처하는 규정이다.

295 감수자도(監守自盜) : 《대명률》 〈형률 도적(盜賊)〉 감수자도창고전량(監守自盜倉庫錢粮) 조에 "감림(監臨)이나 주수(主守) 자신이 창고의 돈이나 식량이나 그 밖의 물건을 훔치면, 수범과 종범을 구분하지 않고 병장(倂贓)으로 죄를 논한다.……1관 이하는 장 80, 1관을 넘어 2관 500문에 이르면 장 90, 5관이면 장 100, 7관 500문이면 장 60 도 1년, 10관이면 장 70 도 1년 반, 12관 500문이면 장 80 도 2년, 15관이면 장 90 도 2년 반, 17관 500문이면 장 100 도 3년, 20관이면 장 100 유 2000리, 22관 500문이면 장 100 유 2500리, 25관이면 장 100 유 3000, 40관이면 참형이다."라고 하였다.

296 관 소유의……논한다 : 《대명률》 〈병률 구목(廏牧)〉 은닉자생관축산(隱匿孶生官畜産) 조에 있다.

자급을 올려 준다."[297]라는 법이 있다.〈보〉

제4항 **목장의 말은 낙인을 깊게 찍어 농간을 부리지 못하게 한다.** ❶ 농간을 부린 정황이 있으면 감목관(監牧官)은 파출하고 군두(群頭)와 목자(牧子)는 장(杖) 100 도(徒) 3년이다.

제5항 **여러 도(道)의 말을 점고하는 일에는 문관을 뽑아 차출한다.** ❶ 경상좌도에는 사복시 정을 자벽(自辟)한다. **말을 점고하여 위반되거나 잘못된 경우에는 감목관(監牧官)은** ❷ 겸감목관(兼監牧官)도 같다. **파출하고 목자(牧子) 등은 엄히 형장(刑杖)을 치고 공개적으로 추문(推問)한다.** ❸ 잃어버린 말이 10필 이상이면 감목관은 파출하고, 5필 이상이면 자급을 내리고, 4필이면 추고한다.〈속〉 ❹ 잃어버린 말 값은 매 필당 상목(常木) 15필이고 돈으로 바꾸어 내면 필마다 5전(錢)이다. 제주(濟州)의 각 목장은 마필(馬匹)의 수로 징수하여 규례가 각각 같지 않다. ❺ 죽은 말 고기의 값은 아마(兒馬)와 나이 많은 말 이외에는 필마다 전(錢) 1냥이다. 제주의 각 목장은 베로 징수하여 규례가 각각 같지 않다. 호랑이에게 물려 죽은 경우에는 징수하지 않는다. ❻ 잃어버린 소는 소로 바치고, 죽은 소는 송아지로 대신 바친다. ❼ 《경국대전》에 "말이나 소를 잃어버리면 군두배(群頭輩)

297 번식시킨……준다 : 해마다 85마리 이상을 번식시키면 군두(群頭)는 자급을 올려 주되 특별히 뛰어난 사람은 자급을 올려 주고서 관직을 준다. 감목관은 번식시킨 수가 3년을 통계하여 평균 50필 이상이 되면 논상한다. 《經國大典 兵典 廐牧》

를 논죄하며 잃어버린 수에 준하여 추징한다."[298]라는 법이 있고, 또 "1세와 15세의 말은 추징하지 않는다."라고 하였다.〈보〉

제 6 항 **분양마(分養馬)를 죽게 하였거나, 야위게 하였거나 병들게 만들었거나,[299] 길들이지 않은 경우에 수령은 논죄한다.**〈속〉 **1** 분양마는 8월 안에 받아 가고 그다음 해 3월 안에 와서 바치며, 6개월이 지나면 추고한다.〈보〉 **2** 죽게 한 말이 1필이면 엄하게 추고하며, 2필이면 당상관은 자급을 내리고 당하관은 월봉(越俸) 2등(等)에 처하며, 3필이면 당상관은 두 자급을 내리고 당하관은 월봉 3등에 처하며, 4필이면 당상관이나 당하관을 막론하고 파직한다. 야위게 두었거나 다치고 병들게 한 경우도 같다. 길들이지 않은 경우는 매 필마다 추고한다.〈속〉〈보〉 **3** 죽게 하면 필마다 말 값이 무명 30필이고 속목(贖木)이 4필이다. 경기는 같되, 15필은 선혜청이 쌀로 지급한다. 북도는 속포(贖布)가 2필이다. 관동은 속목이 없다. 분양마를 길들이지 않은 경우는 모두 필마다 속목이 4필이다.〈보〉 **4** 해당 고을의 수령

298 말이나……추징한다 : 군두(群頭), 군부(群副), 목자(牧子)가 말이나 소 1필을 잃어버리면 태 50이고 감목관(監牧官)은 1등급을 줄인다. 1필마다 1등급을 더하고 죄는 장 100에 그치며, 잃어버린 수대로 추징한다. 사람이 없는 해도(海島)의 목장에서 말이나 소를 잃어버린 경우에는 1등급을 줄여 죄를 주고 3필마다 1필을 추징한다.《經國大典 兵典 廏牧》

299 야위게……만들었거나 : 원문 '瘦病'에 대한 번역은, 출전(出典)인《속대전》에서 '瘦瘠'이라 한 것에 근거하면 '야위게 하다'로 표현해야 하지만 본항 소주 **2**에서 '瘦瘠病傷'이라 한 것에 근거하면 '야위게 하다'와 '병들게 하다'로 표현해야 한다. 여기서는 본항에 근거하여 번역하였다.

과 겸관(兼官)이 모두 사정이 있어서 유향소(留鄕所)에서 담당하면 죽은 말 값을 유향소에서 징수하며,[300] 야위게 둔 경우에는 다른 고을로 옮기고 형추(刑推)한다.〈속〉 ❺ 상납할 때 필마다 작지목(作紙木) 반 필, 마장목(馬裝木) 2필, 삼비목(三肥木) 1필을 바친다. 경기와 삼남(三南)은 작지목과 마장목을 선혜청이 쌀과 무명으로 지급한다. 경기는 마장목이 1필 반이다. 관동은 삼비목이 없다.〈보〉 ❻ 말을 바꾸어 바친 수령은 의금부로 잡아다 처리한다.

제 7 항 **국마(國馬)를 감수(監守)하는 자가 스스로 그 말을 훔친 경우에는 율(律)에 따라 논한다.** ❶ 초범은 장(杖) 100을 치고 절도(絶島)에 정배(定配)하고, 재범은 절도의 노비로 삼고, 3범(三犯)은 참형이다. 상인(常人)의 경우는 초범은 장 100을 치고 정배하고, 재범은 장 100을 치고 절도에 정배하고, 3범은 참형이다. ❷ 도살(屠殺)한 사람은 훔친 자와 똑같이 처벌한다.〈속〉

제 8 항 **내사복시에서 매달 관조마(官調馬)와 사조마(私調馬)를 설행한다.** ❶ 1일·11일·21일에는 관조마를 설행하고, 5일·10일·15일·20일·25일·30일에는 후원(後苑)에서 조마(調馬)를 설행하고,

300 해당……징수하며 : 유향소의 임원은 향품관(鄕品官)으로서 실직이 없는 사람이다. 이 때문에 유향소에서 해당 고을의 국마(國馬)를 담당하다가 죽게 한 경우에는 시행할 만한 처벌은 없었고 죽은 말 값만 징수하도록 하였다. 이 조문은 1712년(숙종38) 받든 승전(承傳)이다. 《新補受教輯錄 兵典 廐牧》

7일·17일·27일에는 사조마를 설행한다. 사정이 생기면 날짜를 물려 설행하되, 한 달에 12차례 설행하는 것을 놓치지 않는다.[301] ❷ 외사복시의 관조마를 설행하는 날짜는 내사복시와 같으며, 5일·15일·25일에는 사조마를 설행한다.〈증〉 ❸ 말을 기르는 관원이 말을 길들이지 못하면 1마리에 태(笞) 20이고, 5마리마다 1등급을 더하되 장(杖) 80에 그친다.[302]〈율〉 ❹《경국대전》에 "사복시의 관원과 양마(養馬) 등이 말이나 소를 힘써 기르지 못하여 병이 나거나 죽은 경우에는 '희생(犧牲)을 주관하는 관사가 법대로 기르지 않은 율'[303]에 견주어 1등급을 더한다. 소나 말을 잃어버리면 그 수효대로 추징한다."라는 법이 있다.〈보〉

제 9 항 **임금이 동가(動駕)할 때와 왕명을 받들고 나갈 때에는 각신(閣臣)에게 내구마(內廏馬)를 타도록 허용한다.**〈증〉 ❶ 시임 별군직(時任別軍職), 협시 내관(挾侍內官), 승전색 내관(承傳色內官), 계자 내관(啓字內官)에게도 내구마를 타도록 허용한다. 그 밖에는 대내(大內)에서 내린 마패(馬牌)대로 거행한다.〈보〉

301 1일……않는다 : 이 조문은 1782년(정조6) 정식(定式)으로 삼은 것이다.《正祖實錄 6年 4月 13日》

302 말을 기르는……그친다 :《대명률》〈병률 구목(廏牧)〉 관마불조습(官馬不調習) 조에 있다.

303 희생(犧牲)을……율 :《대명률》〈예율 제사(祭祀)〉 제향(祭享) 조에 "대사(大祀)에 바치는 희생을 주관하는 관사가 법대로 기르지 않아 마르거나 다치게 하면 희생 한 마리는 태 40이고, 한 마리마다 1등급을 더하되 죄는 장 80에 그친다. 이로 인하여 죽게 하면 1등급을 더한다."라고 하였다.

제10항 **삼명일(三名日)에**〈속〉 ❶ 대전(大殿)의 탄일, 정월 초하루, 동지이다.〈보〉 **진상하는 말은 개인이 스스로 방납(防納)하면 장률(贓律)[304]로 논한다.** ❷ 서울과 지방의 해당 관원으로서 방납하도록 허락한 자는 1등급을 줄인다. ❸ 역마도 같다.[305]

제11항 **사마(私馬)가 임금이 타는 말로 적합한 경우 징발되는 것을 꺼려 귀를 찢고 갈기를 잘라 고의로 흉하게 만든 자는 장(杖) 100이다.** ❶ 말은 관에 귀속시킨다.

제12항 **목장 안에서 개인 소유의 소나 말, 배를 타고 왕래하는 것을 엄히 금한다.** ❶ 범한 자는 장(杖) 100 도(徒) 3년이다. 소나 말, 배는 관에 귀속시킨다. 감목관(監牧官) –❶ 겸감목관(兼監牧官)도 같다.– 은 파직하고 색리는 형추(刑推)한다. ❷ 토호(土豪)가 전지(田地)나 장사 지낼 산지(山地)를 불법으로 점유하면 장 100 도 3년이다. 무덤은 파서 옮긴다.〈속〉 ❸ 목장 안에 범이나 표범이 있는데도 즉시 잡지 않아서 소나 말이 5필 이상 죽게 되면 감목관은 장 100이고, 병마절도사는 장 90이다.〈경〉

304 장률(贓律) : 《대명률》 〈형률 수장(受贓)〉 좌장치죄(坐贓致罪) 조에 "관리나 일반인이 일과 관련 없이 재물을 받으면 좌장(坐贓)으로 죄를 지은 것이다. 각 관련자로부터 받은 재물을 통틀어 계산하여 절반으로 과죄한다. 재물을 준 사람은 5등급을 줄인다. 받은 재물이 1관 이하이면 태 20이고, 차차 증가하여 500관 이상이면 장 100 도 3년이다."라고 하였다.

305 삼명일(三名日)에……같다 : 《속대전》 〈호전 잡령(雜令)〉에 있다. 대문(大文)인 "삼명일에……논한다."라는 조문은 1631년(인조9) 받든 승전(承傳)이다. 《受敎輯錄 刑典 禁制》

제23조 **역마(驛馬)** 관마(官馬) 항목을 붙임

제1항 **사명(使命)을 받들고 나가는 사람에게는 병조에서 첩문(帖文)을 발급하고 상서원에서 마패(馬牌)를 발급한다.** ❶ 구리로 주조한다. 모양은 원형이며, 한 면에는 품계의 차례에 따라 해당 숫자의 말을 그리고, 다른 한 면에는 자호(字號)·연·월을 쓰고 또 전서(篆書)로 '상서원인(尙瑞院印)'이라 새긴다. ⟨경⟩ ❷ 마패가 없는 경우는 함부로 말을 탄 것과 죄가 같다. ❸ 사명을 받들고 나간 사람 및 관찰사, 절도사가 복명하거나 체차되어 돌아올 때에는 즉시 반납한다. 지방으로 말을 주어 보낸 사람이 임소(任所)에 도착하면 관찰사와 절도사가 마패를 감봉(監封)하여 올려보낸다. 기한 안에 올려보내지 않으면 마패를 받아 간 사람은 엄히 추고한다. 마패를 잃어버린 사람은 기한 안에 올려 보내지 않은 죄 이외에 가중 처벌한다. ⟨속⟩ ❹ 병조에서 노문(路文)을 발급하고, - ❶ 각판(刻板)에서 인출(印出)한 서식에 종인(從人)의 명색(名色)과 수효를 써넣는다.306 ⟨증⟩ ⟨보⟩ ❷ 각 도(道)의 도내 별성(別星)이 공무로 다닐 때에는 해당 영문에서 노문의 예를 대략 본떠 참작해서 만들어 발급한다. ⟨보⟩ - 또 공노문(空路文)을 발급하여 돌아올 때 빈칸에 써서 채워 넣도록 한다. 암행어사에게도 공노문을 발급하고, 지방에 있는 삼사(三司)의 관원에게 하유(下諭)하여 올라오게 할 때에도 노문을 보낸다. 백문(白文)과 선문(先文)을 엄히 금하고, 이를 어기면 역마를 함부

306 병조에서……써넣는다 : 《대전통편》 〈병전 초료(草料)〉에 있다.

로 탄 데 대한 율로 논하고,[307] 요구에 응하여 백문과 선문을 내어 준 역(驛)과 읍(邑)은 무거운 쪽으로 감처(勘處)한다.〈증보〉 **5** 역관은 역마를 이용한 관원의 직명(職名)과 일시(日時)를 열거해 적어서 사계절의 마지막 달마다 병조에 보고한다.〈경〉 **6** 정1품과 종1품이 왕명을 받들고 나가는 경우는 말 5필, 말미를 받아 나가는 경우는 -**3** 승전(承傳)을 받든 경우에 한한다.[308] 이하도 같다.- 4필이고, 정2품이 왕명을 받들고 나가는 경우는 4필, 말미를 받아 나가는 경우는 3필이고, 종2품과 당상 정3품이 왕명을 받들고 나가는 경우는 3필, 말미를 받아 나가는 경우는 2필이고, 당하 정3품이 왕명을 받들고 나가는 경우는 2필이다. 어사, 관찰사, 절도사, 방어사, -**4** 겸관(兼官)은 2필이다.- 유수(留守),[309] 의주 부윤(義州府尹)은 3필이다. 광주 부윤(廣州府尹),[310] 동래 부사(東萊府使), 제주 목사(濟州牧使), 부산 첨사(釜山僉使), 다대포 첨사(多大浦僉使)는 2필이다. 서북도의 변지 수령과 변장(邊將)이 당상관이면 2필, 당하관이면 -**5**

307 백문(白文)과……논하고 : 《대전통편》 〈병전 초료(草料)〉에 있다.

308 승전(承傳)을……한한다 : 말미를 받고 나가는 사람은 급마(給馬)하라는 전교가 내려야 말을 지급받는데, 그러한 경우를 가리킨다.

309 유수(留守) : '광주(廣州)'는 바로 뒤의 내용에서 따로 언급되는 것으로 보아 여기서 유수는 개성(開城), 강화(江華) 두 곳의 유수를 말하는 듯하다. 수원(水原)에 유수를 둔 것은 1793년(정조17)의 일이므로 《전율통보》가 편찬된 시기에는 수원 역시 해당되지 않는다.

310 광주 부윤(廣州府尹) : 광주는 고려조 이래로 목사, 부윤, 유수로 치폐(置廢)가 거듭되었는데, 1759년(영조35) 부윤을 두었다가 1795년(정조19) 유수로 승격하였다. 따라서 《전율통보》가 편찬된 시기에는 부윤인 상태였다. 《廣州府邑誌》

별장과 권관도 같다.－ 1필이다. 제주 판관(濟州判官), 대정 현감(大靜縣監), 정의 현감(旌義縣監)은 1필이다. 영장,－**6** 겸영장(兼營將)은 해당되지 않는다.－ 우후, 대흥 현감(大興縣監), 서북의 중군과 도사, 북평사(北評事), 기우제를 지내기 위해 하룻밤을 보내는 곳으로 나아가는 사헌부 감찰, 먼 도(道)에 있는 능(陵)이나 전(殿)에서 향축을 받으러 오는 능관(陵官)이나 전관(殿官), 충의(忠義)[311]는 2필이다. 강화(江華)의 사고(史庫)에 포쇄(曝曬)하러 가는 중사(中使)는 3필이다. 금루관(禁漏官)과 상지관(相地官)은 2필이다. **7** 연행사(燕行使), 통신사 일행 및 접위관(接慰官) 일행의 제원(諸員)에게 지급하는 역마의 숫자는 사역원의 수본(手本)에 따른다. 재자관(齎咨官) 일행도 같다.〈보〉 **8** 시원임각신(時原任閣臣)이 말미를 받아 갈 때에 말을 지급하는데, 시임인 제학과 직제학은 중재(重宰)의 행차에 견주고 직각과 대교는 본래의 품계에 견주며, 원임인 직각과 대교로서 중재에 이른 자는 원임 제학과 직제학의 예에 따른다. 초계 문신이 말미를 받아 갈 때는 1필이다.〈증〉 **9** 제주의 교양관(敎養官), 양도(兩都)의 군관, 북병영(北兵營)의 심약(審藥)과 별차(別差), 함흥(咸興)·영흥(永興)·동래(東萊)의 별차, 평양(平壤)·강계(江界)·동래의 계사(計士), 비변사와 괴원(槐院 승문원)의 공사(公事)를

311 먼……충의(忠義) : 먼 도의 능관과 전관은 영월(寧越)에 있는 장릉(莊陵)의 능관과 전주(全州)에 있는 경기전(慶基殿)과 조경묘(肇慶廟)의 전관과 묘관을 아울러 말한다. 이들은 절제(節祭)를 앞두고 15일 전에 향축을 받으러 온다. 충의는 북도에 있는 6개 능(陵)에 절제를 앞두고 30일 전에 향축을 내려보낼 때 배왕(陪往)한다.《六典條例 吏典 承政院 祭享》

회람(回覽)시키는 낭청, 각 군병을 징소(徵召)하는 관문(關文)을 가지고 가는 장교, 유의(襦衣) 일습을 가지고 가는 금군, 어제(御製)를 가지고 가는 내각의 이례(吏隷), 유서(諭書)를 가지고 가는 승정원의 이례, 향축을 모시고 가는 서리, 공사(公事)를 가지고 가는 역리(驛吏), 공무로 인하여 사행을 나가는 관원의 이례에게도 말을 준다.[312] 〈속〉〈보〉 **10** 왕명을 받들고 적간하러 가는 중사(中使)나 승지에게 말을 줄 때에는 별감(別監)이나 서리에게만 말을 주는 것을 허락한다.〈증〉 **11** 제주의 자제(子弟)와 공물을 가지고 온 사람이 돌아갈 때에는 2인마다 태마(駄馬 짐말) 1필을 준다.〈경〉 **12** 절도사나 관찰사를 급히 출발시켜 보낼 때에는 정해진 숫자 이외에 추가로 준다. 급할 때 사명(使命)을 받들고 나간 사람은 군영의 말로 입파(入把)하되 경기 역(驛)의 첫 번째 참(站)에 이르러 교체하여 입파한다.〈속〉 **13** 도성 밖으로 동가(動駕)할 때에 승지와 사관(史官)에게 말을 준다.〈증〉 **14** 행행(行幸)할 때 향온(香醞)을 싣고 갈 말은 짐의 수량에 따라 제급(題給)한다.〈속〉 **15** 공무로 인하여 가는 것이 아닌 경우, 대군이나 대신(大臣)이더라도 말을 주라는 명이 없으면 주지 않는다.〈증〉 **16** 말은 기마(騎馬)와 태마가 있고 종인(從人)은 명색(名色)이 있는데 정해진 숫자는 품계에 따라 차등이 있다. 이는 병조의 절목(節目)에 실려 있다.〈보〉 **17** 말을 내어 준 사람에게는 모두 초료(草料)를 준다. 말을 내어 준 사람 이외에

312 제주의……준다 : '비변사와……장교'라는 조문은 《속대전》〈병전 역마(驛馬)〉에 있고, '향축을 모시고 가는 서리'라는 조문은 《속대전》〈이전 차정(差定)〉에 있다. 나머지 조문은 《전율통보》에서 추가된 내용이다.

변장(邊將), 중군, 군관, 역학(譯學), 심약(審藥), 검률(檢律), 부방(赴防)하는 출신(出身), 환관, 고향으로 돌아가는 자제(子弟), ⟨경⟩ ⟨보⟩ –7 서북에서 과거에 응시하러 온 사람이다. ⟨보⟩ – 공물을 압령(押領)해 온 사람, 제주의 자제(子弟) 및 공물을 압령해 온 사람, 전선(戰船)·봉수(烽燧)·송전(松田)을 적간하러 가는 사람, 진상할 물품을 가지고 가는 사람, 포폄을 위해 통의(通議)하러 가는 사람, 장계를 가지고 가는 장교, 각 영문에서 사명을 받들고 서울에 도달한 사람에게도 초료를 준다.[313] ⟨경⟩ ⟨속⟩ 18 말을 내어 준 사람에게 지급하는 마필(馬匹)·종인(從人) 및 말을 내어 준 사람 이외의 사람이 사적으로 데리고 가는 말과 종인을 정해진 숫자대로 모두 각판(刻板)에서 인출(印出)한 서식에 써넣어 병조에서 만들어 주고 경기 감영에서 번첩(反貼)한다.[314] ⟨속⟩ ⟨보⟩ 19 출정(出征)하거나 진수(鎭守)하러 가는 군마(軍馬)가 지나가는 곳에서는 요구에 응하여 초료를 즉시 지급하고 상사(上司)에 갖추어 보고한다. 어기면 장(杖) 60이다.[315] ⟨율⟩ 20 노문(路文)은 사계절의 마지막 달에 최종 도착지에서 받아 선혜청으로 보낸다. 그러면 선혜청에서 대조해 보고 회감(會減)한다. 초료에 대한 비용은 병조는 아문의 모곡(耗穀)으로, 순영·

313 변장(邊將)……준다 : '변장, 중군, 역학, 심약, 검률, 부방하는 출신'을 제외한 조문은 《경국대전》 〈병전 초료(草料)〉와 《속대전》 〈병전 초료〉에 있다.

314 병조에서 만들어……번첩(反貼)한다 : 《속대전》 〈병전 초료(草料)〉에 있다.

315 출정(出征)하거나……60이다 : 《대명률》 〈호율 창고(倉庫)〉 나이출납(那移出納) 조에 있다.

병영·수영(水營)은 영문의 모곡으로 회감한다. **21** 《경국대전》에 "군사가 휴가를 청해 얻어서 고향으로 돌아갈 때는 병조에서 노인(路引)을 발급한다.[316]"라는 법이 있다.〈보〉

제 2 항 마패가 깨지거나 손상되면 장(杖) 80 도(徒) 2년이다.[317]〈증〉

제 3 항 관찰사와 절도사는 발마패(發馬牌)를 받아서, 장계로 보고할 일이 있거나 진상할 일이 있으면 말을 징발한다.

제 4 항 군정(軍情)이 긴급할 때에는 쌍마(雙馬)를 사용한다.

제 5 항 짐을 싣는 무게는 1태(駄)마다 100근이다.

제 6 항 역마를 함부로 탄 자, 사적으로 내준 자는 장(杖) 100 유(流) 3000리이다. 정해진 수량보다 더한 자, 길을 돌아서 간 자, 역을 지나치면서 말을 갈아타지 않은 자는 장 100 도(徒) 3년이다.[318]〈경〉 **1** 왕명을 받들고 병조의 역마를 타고 나간 자가 첫 번째 역참으로 가지 않고 곧장 고마청(雇馬廳)에 이르러서 요구하여 입파(入把)하거나 혹 첫 번째 역참에 이르러 역마를 갈아타지 않고 세가(貰價)를 요구하여 받아 낸 경우는 역마

316 군사가……발급한다 : 《경국대전》 〈병전 노인(路引)〉에 있다.
317 마패가……2년이다 : 《대전통편》 〈형전 잡령(雜令)〉에 있다.
318 역마를……3년이다 : 《경국대전》 〈형전 금제(禁制)〉에 있다.

를 함부로 탄 데 대한 율로 시행하고, 하례(下隷)는 엄히 형문(刑問)하여 조율(照律)한다.〈보〉 **2** 역마를 함부로 탄 자는 직질(職秩)의 고하를 막론하고 찰방이 곧장 장계로 보고하되, 참외인 찰방이면 관찰사에게 보고한다. **3** 능행(陵幸)할 때 조사(朝士)로서 말을 빌려 탄 자와 군관으로서 마패도 없이 본도(本道)의 초료장(草料狀)을 이용하여 역마를 탄 자는 함부로 탄 데 대한 율로 논한다. **4** 마패를 살펴보지 않고 말을 내준 역관은 사적으로 내준 데 대한 율로 논한다.〈속〉 **5** 능(陵)에 제사하는 제물을 싣고 가는 말을 봉상시가 정해진 수량보다 더하여 지나치게 보고한 경우에는 역마를 함부로 탄 데 대한 율로 시행한다. **6** 사성(使星)의 하속(下屬)이 역인(驛人)에게 뇌물을 받은 경우에는 대군 이하는 모두 역마를 함부로 탄 데 대한 율을 적용한다.〈증〉 **7** 역마를 탈 때 평상시에 입고 있는 의복과 휴대하는 병장기를 제외하고 개인 물품을 휴대하는 경우 10근에 장 60이고, 10근마다 1등급을 더하되 장 100에 그친다.[319] **8** 역마를 타고 갈 때 기한을 어긴 경우 1일에 태(笞) 20이고, 3일마다 1등급을 더하되 장 60에 그친다. 군정(軍情)에 관한 중대한 일이면 3등급을 더한다. 이로 인하여 군사 기밀과 관련된 일을 그르치면 참형이다. 역관이 좋은 말을 숨겨 두고 즉시 지급하지 않아 기한을 어기게 되었을 경우에는 역관을 처벌한다. 물이 도로에 넘쳐서 통행하지 못하였으면 처벌하지 않는다. 공

319 역마를 탈……그친다 : 《대명률》 〈병률 우역(郵驛)〉 승역마재사물(乘驛馬齎私物) 조에 있다.

문(公文)에 쓰인 행선지대로 가지 않고 다른 곳으로 잘못 가서 기한을 어기게 되었을 경우에는 2등급을 줄인다. 일이 군무(軍務)와 관계되면 줄이지 않는다. 공문을 잘못 쓴 경우에는 공문을 쓴 사람을 처벌한다.[320] **9** 위급한 군무나 군정을 보고하는 문서에 대해 역마를 지급하지 않으면 장 100이다. 이로 인하여 군사 기밀과 관련된 일을 그르치면 참형이다. 진하(進賀)하는 표전(表箋)이나 진휼이나 재이(災異)나 군수품 따위와 같은 중대한 일에 대해 역마를 지급하지 않으면 장 80이다. 통상적인 일이어서 역마를 지급하지 않아야 하는데도 역마를 지급하면 태 40이다.[321] 〈율〉

제 7 항 **군영에** **1** 역마영(驛馬營)은 궐문 밖에 있다. **대기하는 청파역(靑坡驛)과 노원역(蘆原驛)의 말은 병조의 입직 낭청이 매일 점고한다.** **2** 상등마(上等馬) 7필은 기차비(旗差備)가 쓰는 말로 대기한다. 중등마(中等馬) 33필과 하등마(下等馬) 120필 중에 중등마 20필과 하등마 30필이 날마다 교대로 대기한다.

제 8 항 **삼남(三南)과 관동의 여러 역(驛)은 경기 감영에 입거목(入居木)을 바친다.** **1** 경기 감영은 경기 6역[322]에 나누어 주어 말을

320 역마를 타고……처벌한다 : 《대명률》 〈병률 우역(郵驛)〉 역사계정(驛使稽程) 조에 있다.

321 위급한……40이다 : 《대명률》 〈병률 우역(郵驛)〉 문서응급역이불급(文書應給驛而不給) 조에 있다.

322 경기 6역 : 양주(楊州)의 영서(迎曙), 과천(果川)의 양재(良才), 양주(楊

구입하는 비용과 공용(公用)에 대비한다. ❷ 역마의 방납(防納)은 위의 〈구목(廐牧)〉 조에 보인다.[323] 〈보〉

제9항 **관마를 탔다가 말을 다치게 하거나 병들게 만든 자는 장(杖) 70이고, 죽게 한 자는 장 80이다.** ❶ 추징한다. ❷ 낙마한 자는 논하지 않는다. ❸ 역마도 같다. 〈경〉 ❹ 공무로 차정되어 관에 소속된 말, 소, 노새, 나귀를 탈 때 평상시에 입고 있는 의복과 휴대하는 병장기를 제외하고 사적으로 싣는 물건은 10근을 넘을 수 없다. 이를 어기는 경우 5근에 태(笞) 10이고, 10근마다 1등급을 더하되 장 60에 그친다.[324] ❺ 감림(監臨)이나 주수(主守)가 관에 소속된 말·소·노새·나귀를 빌려 쓰거나, 다른 사람에게 빌려주거나, 다른 사람이 그것을 빌리면 태(笞) 50이다. 일수를 따져서 빌려 쓴 값을 추징하여 관에 귀속시킨다. 죄가 무거우면 좌장(坐贓)[325]으로 논하되 1등급을 더한다.[326] 〈율〉

州)의 평구(平丘), 광주(廣州)의 경안(慶安), 인천(仁川)의 중림(重林), 장단(長湍)의 도원(桃源)이다.《典律通補 吏典 外官職 察訪》

323 역마의……보인다 : 본서 〈병전 구목(廐牧)〉 10항 소주 ❸ 참조.

324 공무로……그친다 : 《대명률》 〈병률 우역(郵驛)〉 승관축산거선부사물(乘官畜産車船附私物) 조에 있다.

325 좌장(坐贓) : 《대명률》 〈형률 수장(受贓)〉 좌장치죄(坐贓致罪) 조에 "관리나 일반인이 일과 관련 없이 재물을 받으면 좌장(坐贓)으로 죄를 지은 것이다. 각 관련자로부터 받은 재물을 통틀어 계산하여 절반으로 과죄한다. 재물을 준 사람은 5등급을 줄인다. 받은 재물이 1관 이하이면 태 20이고 차차 증가하여 500관 이상이면 장 100 도 3년이다."라고 하였다.

326 감림(監臨)이나……더한다 : 《대명률》 〈병률 구목(廐牧)〉 사차관축산(私借官畜産) 조에 있다.

제24조 역로(驛路)

제 1 항 30리에 역(驛)을 둔다.〈경〉

제 2 항 역로(驛路)는 대로(大路), 중로(中路), 소로(小路)로 나눈다.

1 대로는 경기의 양재(良才), 낙생(樂生), 구흥(駒興), 영서(迎曙), 벽제(碧蹄), 마산(馬山), 동파(東坡), 청교(靑郊), 산예(狻猊), 녹양(綠楊), 안기(安奇), 양문(梁文)이다. 중로는 경기의 금령(金嶺)·좌찬(佐贊)·분행(分行)·무극(無極)·가천(加川)·청호(菁好)·평구(平丘)·봉안(奉安)·오빈(娛賓), 충청도의 장양(長楊)·태랑(台郞)·율봉(栗峯)·쌍수(雙樹)·덕류(德留)·증약(增若)·가화(嘉和)·토파(土坡)·회동(會洞)·신흥(新興)·성환(成歡)·신은(新恩)·금제(金蹄)·광정(廣程)·일신(日新)·경천(敬天)·평천(平川)·연원(連原)·용안(用安)·단월(丹月)·황강(黃江)·수산(水山)·장림(長林)·안부(安富), 경상도의 요성(聊城)·유곡(幽谷)·덕통(德通)·낙양(洛陽)·낙원(洛源), 전라도의 삼례(參禮)·반석(半石)·앵곡(鶯谷)·양재(良才), 강원도의 풍전(豐田)·생창(生昌)·직목(直木)·창도(昌道)·신안(新安)·은계(銀溪), 황해도의 금교(金郊)·흥의(興義)·금암(金巖)·보산(寶山)·안성(安城)·용천(龍泉)·검수(劍水)·동선(洞仙)·소곶(所串)·경천(敬天)·단림(丹林), 평안도의 생양(生陽)·대동(大同)·안정(安定)·숙녕(肅寧)·안흥(安興)·가평(嘉平)·신안(新安)·운흥(雲興)·임반(林畔)·거련(車輦)·양책(良策)·소곶(所串)·의순(義順), 함경도의 고산(高山)·남산(南山)·봉룡(奉龍)·삭안(朔安)·철관(鐵關)·양기(良驥)·통달(通達)·화원(和

原)·초원(草原)·봉대(蓬臺)·평원(平原)·덕산(德山)·함원(咸原)·신은(新恩)·평포(平浦)·오천(五川)·거산(居山)·시리(施利)·곡구(谷口)·기원(基原)·마곡(麻谷)·영동(嶺東)·임명(臨溟)·웅평(雄平)·고참(古站)·명원(明原)·수성(輸城)·주촌(朱村)·요참(要站)·오촌(吾村)·석보(石堡)·회유(懷綏)·풍산(豐山)·역산(櫟山)·무안(撫安)·녹야(鹿野)·덕명(德明)이다. 나머지는 소로이다.

제 3 항 **사객(使客) 이하는 길을 나누어 왕래한다.** 〈속〉 ❶ 충청좌도는 광주(廣州)·이천(利川)을 경유하고, 충청우도는 금천(衿川)·수원(水原)을 경유하고, 전라좌도는 과천(果川)·수원을 경유하고, 전라우도는 금천·수원을 경유하고, 경상좌도는 광주·이천을 경유하고, 경상우도는 과천·용인(龍仁)을 경유한다. 〈속〉 〈보〉 **이를 어기면 관찰사가 규찰해서 장계로 보고한다.**

제 4 항 **서로(西路)에는 기발(騎撥)을 두고** ❶ 서울에서 의주(義州)까지는 45참(站)이다.[327] 〈속〉 ❷ 기발은 –❶ 배지(陪持)이다. – 실차(實差)가 10인, 가차(假差)가 20인이고, 구근(久勤)하면 천전(遷轉)시킨다.[328] 〈증〉 〈보〉 **남로(南路)와 북로(北路)에는 보발(步撥)을 둔다.** ❸ 서울에서 동래(東萊)까지는 35참이고, 서울에서 경성(鏡城)까지는 59참이다.[329] 〈속〉 **참마다 발장(撥將)은 1인이다.**

327 서로(西路)에는……45참(站)이다 : 《속대전》 〈공전 교로(橋路)〉에 있다.
328 기발은……천전(遷轉)시킨다 : '구근하면 천전시킨다'는 조문은 《대전통편》 〈병전 경관직(京官職)〉에 있다.
329 남로(南路)와……59참이다 : 《속대전》 〈공전 교로(橋路)〉에 있다.

4 발군(撥軍)과 발마(撥馬)가 있다. 보발은 발군만 있다.〈보〉

5 포(鋪)의 건물을 수리하지 않거나 집물(什物)을 완비하지 않거나 포병(鋪兵)을 보충하지 않으면 포장(鋪長)은 태(笞) 50이고, 관원과 아전은 각각 태 40이다.[330] **6** 포병이 공문을 전하여 보낼 때는 밤낮으로 300리를 가야 한다. 지체하는 경우 3각(刻)에 태 20이고, 3각마다 1등급을 더하되 태 50에 그친다. 겉봉이 닳거나 파손된 경우 1통에 태 20이고, 3통마다 1등급을 더하되 장(杖) 60에 그친다. 공문을 훼손한 경우 1통에 태 40이고, 2통마다 1등급을 더하되 장 80에 그친다. 공문을 숨기거나 원봉(原封)을 뜯은 경우 1통에 장 60이고, 1통마다 1등급을 더하되 장 100에 그친다. 일이 군정(軍情) 기밀에 관련된 문서이면 문서의 통 수에 구애받지 않고 장 100이다. 규피(規避)하는 바가 있으면 각각 무거운 쪽으로 논한다. 포사(鋪司)가 적발하여 고발하지 않으면 범인과 같은 죄이다. 포사가 적발하여 고발하였는데도 관사에서 수리(受理)하지 않으면 범인의 죄에서 2등급을 줄인다.[331] **7** 각 아문의 공무로 차정된 사람이 포병을 차출하여 관(官)의 물건이나 개인의 물건을 메고 가게 하면 태 40이다.[332]〈율〉

330 포(鋪)의……40이다 : 《대명률》〈병률 우역(郵驛)〉 포사손괴(鋪舍損壞) 조에 있다.

331 포병이……줄인다 : 《대명률》〈병률 우역(郵驛)〉 체송공문(遞送公文) 조에 있다.

332 각……40이다 : 《대명률》〈병률 우역(郵驛)〉 사역포병(私役鋪兵) 조에 있다.

제25조 금화(禁火)

제 1 항 **병조, 의금부, 형조, 한성부, 오부에 직숙하는 관원은 순찰하여 금화(禁火)한다.**

제 2 항 **공사(公私)의 각처에 물을 저장하는 웅덩이를 파고 불을 끄는 기구를 둔다.**〈경〉

제 3 항 **대궐 안에 화재가 나면 소라를 분다.**〈경〉〈증〉 **1**《경국대전》에서는 모일 일이 생기면 "대내(大內)에서 대고(大鼓)와 대종(大鐘)을 거듭 친다."[333]라고 하였다. 지금은 소라를 부는 것으로 거듭 종을 치는 것을 대신하고, 엄고(嚴鼓)로써 거듭 북을 치는 것을 대신한다.〈증〉〈보〉 **대궐에 있는 자는 달려가서 불을 끄되, 장졸은 직소(直所)를 떠나지 않는다. 출번(出番)한 장졸은 각각 그 소속 위(衛)에 모이고, 모든 관사의 관원은 각각 그 조방(朝房)에 모인다.** **2** 모든 관사의 여러 인원, 장인, 오부(五部)의 방리(坊里) 사람, 출번한 별감(別監), 각 차비인(差備人)은 모두 궐문 밖에 나아온다.〈경〉

제 4 항 **궁전(宮殿)이나 창고를 지키는 사람, 죄수를 관장하는 사람은 불이 난 것을 보고서 지키는 곳을 떠나서는 안 된다.** **1** 이를

333 대내(大內)에서……친다 :《경국대전》〈병전 첩고(疊鼓)〉와《경국대전》〈병전 첩종(疊鍾)〉에 있다.

어기면 장(杖) 100이다.[334] 〈율〉

제5항 **모든 관사를 오부(五部)에 나누어 소속시키고서 구화패(救火牌)를 발급하되, 오부 내에서 화재가 일어났을 경우에는 병조·의금부·형조·한성부의 관원이 부(部)에 소속된 사람들을 인솔하고 달려가서 불을 끈다.** ❶ 방리(坊里) 사람에게는 1통(統)마다 금화판(禁火板)을 주어 통인(統人)을 인솔하고 달려가서 불을 끄게 한다.

제6항 **불이 나면 순관(巡官)은 달려가서 불을 끄고 도적을 살핀다.**[335] 〈경〉

제7항 **기와집 3칸, 초가집 5칸 이상에 불이 나면 인정(人定)에서 파루(罷漏)까지는 즉시 서계(書啓)한다.** ❶ 사람이 다쳤으면 비록 1칸이라도 서계한다.〈속〉

제8항 **궁성(宮城) 100자** ❶ 포백척(布帛尺)이다. **안에는 백성이 집을 짓는 것을 금한다.** ❷ 창고는 30자로 제한한다.〈경〉

제9항 **고장(庫藏)이나 창오(倉廒) 안에서 불을 붙이면 장(杖) 80이**

334 궁전(宮殿)이나 ……100이다 : 《대명률》 〈형률 잡범(雜犯)〉 실화(失火) 조에 있다.

335 불이……살핀다 : 《경국대전》 〈병전 행순(行巡)〉에 있다.

다.[336] 〈율〉 **1** 《경국대전》에 "의금부는 화재가 있는지 망보는 사람[337]을 정하여 항상 종루(鍾樓)에 올라가 망을 보게 한다. 이궁(離宮 별궁)이나 공해(公廨)에서 불이 나면 종을 치고 사가(私家)가 잇달아 불에 타는 경우에도 종을 친다."라는 법이 있다. 〈보〉

336 고장(庫藏)이나……80이다 : 《대명률》 〈형률 잡범(雜犯)〉 실화(失火) 조에 있다.

337 화재가……사람 : 의금부의 나장(羅將), 사복시 노비, 군기시 노비 각 1명이다. 《經國大典 兵典 禁火》

제26조 잡령(雜令)

제 1 항 **일이 군사 기밀에 관련된 경우는 논죄한다.** 〈보〉 ❶ 수어관(守禦官)이 기율(紀律)을 지키지 않거나, 군사를 조련(操鍊)하지 않거나, 성지(城池)를 완비하지 않거나, 갑옷과 병장기를 정비하지 않으면 장(杖) 80이다. 재범은 장 100이다. 방비가 엄하지 않거나 위무하여 다스리는 데 법도가 없어서 부하 군인들이 모반(謀反)이나 모반(謀叛)을 일으키게 되면 직접 관할하는 지휘사(指揮使), 천호(千戶), 백호(百戶)는 각각 장 100을 치고 변원(邊遠)에 충군(充軍)한다. 만약 성(城)을 버리고 도망하면 참형이다.[338] 〈율〉 ❷ 사사로이 속오군(束伍軍)을 조발(調發)하면 효시한다.[339] 〈속〉 ❸ 장수가 적이 발생했을 적에 긴급한 일이 없어서 상급 관사에 보고하지 않거나, 상급 관사에 보고했더라도 회보(回報)를 기다리지 않고 멋대로 소속 부대에서 군사와 말을 함부로 동원하거나, 소속 부대가 함부로 군사와 말을 동원하여 제공하면 모두 장 100을 치고 변원에 충군한다.[340] ❹ 갑자기 일어난 적병이 불시에 들이닥쳐 적도(賊盜)가 점점 늘어나면 인근의 위(衛)는 비록 소속이 아니더라도 군사와 말을 동원하여 책응(策應)하고 조정에 전달한다. 즉시 보고하지 않거

338 수어관(守禦官)이……참형이다 : 《대명률》 〈병률 군정(軍政)〉 부조련군사(不操練軍士) 조에 있다.

339 사사로이……효시한다 : 《속대전》 〈병전 용형(用刑)〉에 있다.

340 장수가……충군한다 : 《대명률》 〈병률 군정(軍政)〉 천조관군(擅調官軍) 조에 있다.

나 즉시 책응하지 않으면 모두 관군을 함부로 동원한 죄와 같다.[341] **5** 군정(軍情)을 비보(飛報)할 때 신속히 주문(奏聞)하지 않으면 장 100이다. 이로 인해 군사 기밀과 관련된 일을 그르치면 참형이다.[342] **6** 변방을 지키는 장수가 군기(軍器)나 전량(錢糧) 등의 물품을 징발할 때 지체하여 즉시 주문(奏聞)하지 않으면 장 100이다. 이로 인해 군사 기밀과 관련된 일을 그르치면 참형이다.[343] **7** 군대가 정벌에 임할 때 군기, 군량(軍糧), 초료(草料) 등을 공급해야 하는데 기한을 어기고 완비하지 못하면 장 100이다. 적과 대치하고 있을 때 군수(軍需)가 결핍되거나, 차정된 사람이 군사상의 기일(期日)을 보고했는데도 그 기한을 어겨 이로 인해 군사 기밀과 관련된 일을 그르치면 모두 참형이다.[344] **8** 정벌에 임할 때에 출발 기일을 지연시키면서 나아가지 않은 경우 지연시킨 기일 1일에 장 70이고, 3일마다 1등급을 더한다. 일부러 스스로 몸을 상하게 하거나 거짓으로 질병을 꾸며 대는 따위로 정벌에 나가는 역을 피하면 각각 1등급을 더하되 장 100에 그친다. 적과 대치하고 있는데 기한을 어겨서 1일 안에 오지 않으면 장 100이고, 3일 안에 오지

341 갑자기……같다 : 《대명률》 〈병률 군정(軍政)〉 천조관군(擅調官軍) 조에 있다.

342 군정(軍情)을……참형이다 : 《대명률》 〈병률 군정(軍政)〉 비보군정(飛報軍情) 조에 있다.

343 변방을……참형이다 : 《대명률》 〈병률 군정(軍政)〉 변경신색군수(邊境申索軍需) 조에 있다.

344 군대가……참형이다 : 《대명률》 〈병률 군정(軍政)〉 실오군사(失誤軍事) 조에 있다.

않으면 참형이다.[345] 〈율〉 ❾ 연해의 변경 백성으로 중국 선박과 교통한 자, 변경의 정세(情勢)를 거짓으로 보고한 자, 입번(入番)하는 군병에게 뇌물을 받은 자에게는 - ❶ 뇌물을 준 자도 같다. - 군율(軍律)을 적용한다.[346] 〈속〉 ❿ 조정이나 총병장군(總兵將軍)에 관한 기밀에 관계되는 중대한 일을 알고서 적에게 누설하면 참형이다. 변방의 장수가 군사상 중대한 일을 조정에 보고하였는데 이를 누설하면 장 100 도(徒) 3년이다. 먼저 말을 전한 자를 수범(首犯)으로 삼고, 그 말을 전하여 적에게 이르도록 한 자를 종범(從犯)으로 삼아 1등급을 줄인다.[347] ⓫ 경내(境內)의 첩자가 외부인에게 정보를 누설하거나 경외(境外)의 첩자가 경내에 들어와서 사정을 정탐하면 첩자를 맞아 인도한 사람 및 음모를 꾸민 사람은 모두 참형이다. 그들이 지나간 곳을 파수한 사람이 고의로 놓아주거나 고발하지 않았으면 범인과 더불어 같은 죄이다. 검문을 제대로 하지 못하였으면 장 100이다. 군병은 장 90이다.[348] 〈율〉 ⓬ 군병이 도망하면 곤(棍) 50이고, 재범은 곤 80이고, 3범은 효시한다.[349] 〈속〉 ⓭ 무예별감(武藝別監)이 도망한 경우에는 습진(習陣)하는 날에 백사장

345 정벌에……참형이다 : 《대명률》 〈병률 군정(軍政)〉 종정위기(從征違期) 조에 있다.

346 연해의……적용한다 : 《속대전》 〈병전 용형(用刑)〉에 있다.

347 조정이나……줄인다 : 《대명률》 〈이율 공식(公式)〉 누설군정대사(漏泄軍情大事) 조에 있다.

348 경내(境內)의……90이다 : 《대명률》 〈병률 관진(關津)〉 반힐간세(盤詰姦細) 조에 있다.

349 군병이……효시한다 : 《속대전》 〈병전 용형(用刑)〉에 있다

에서 회시(回示)한 다음 곤 50을 치고 절도(絶島)에 충군한다. 싫어하여 기피한 자는 엄히 형추(刑推)하고 해도(海島)에 충군한다.[350] 〈증〉 **14** 군관이나 군인이 출정하였다가 도망하여 집으로 돌아가면 장 100이고 재범은 교형이다. 몰래 숨겨 주면 장 100을 치고 충군한다. 이장(里長)이 고발하지 않으면 장 100이다. 군대가 돌아올 때 먼저 돌아오면 5등급을 줄인다. 이로 인하여 도망하면 장 80이다. 서울에 있는 각 위(衛)의 군인이 도망하면 장 90을 치고 충군한다. 각처의 수어군(守禦軍)이 도망하면 장 80이고, 재범은 장 100을 치고 변원에 충군하고, 3범은 교형이다. 몰래 숨겨 주면 범인과 같은 죄로 처벌하되 장 100에 그치고 충군한다. 이장이 고발하지 않으면 각각 2등급을 줄인다. 관할하는 두목(頭目)이 실정을 알면서도 고의로 놓아주면 같은 죄로 처벌하되 장 100에 그치고 충군한다. 도망 중인 군인이 100일 이내에 자수하면 죄를 면해 준다. 정해진 기한이 지나서 자수하면 2등급을 줄인다. 각 위(衛)의 군인이 다른 위로 옮겨 투속(投屬)하면 도망한 군인과 같게 논한다.[351] **15** 군인이 출정하지 않고 이름을 사칭해서 대체하면 장 100이고, 대체된 사람은 장 80을 치고 충군한다. 수어군이 이름을 사칭해서 대체하면 각각 2등급을 줄인다. 의공(醫工)이 차정되어 군대를 따라 출정하게 되었는데 용렬한 의원으로 대체하

350 무예별감(武藝別監)이……충군한다 : 《대전통편》 〈병전 용형(用刑)〉에 있다.

351 군관이나……논한다 : 《대명률》 〈병률 군정(軍政)〉 종정수어관군도(從征守禦官軍逃) 조에 있다.

면 각각 장 80이다.[352] 〈율〉 16 변장(邊將)이 다른 나라 사람에게 구타당할 때 군관이 버려두고 돌보지 않으면 군율을 적용한다.[353] 17 군문(軍門)의 장교와 군졸이 면신례를 핑계로 돈이나 물품을 거두면 엄하게 곤을 친다. 적발하지 못한 장령(將領)은 중죄(重罪)로 논한다. 장령 자신이 범하면 군율에 따라 처벌한다. 지방도 같다.[354] 〈속〉

제2항 **직임으로 군무(軍務)를 맡고 있는 자는 장(杖) 이하를 직접 판결한다.** 1 직임으로 군무를 맡고 있는 도총관 이하의 일체 관원이 죄를 저지르면 병조가 계문하여 탄핵하되, 임금이 행재소에 있을 때에는 당상관, 의친(議親), 공신 및 군사 이외에 장 80 이하는 직접 판결한다. 2 도총부 대장도 관할 관원에 대해 계문하여 탄핵하되, 임금이 행재소에 있을 때에는 도총부의 대장, 위장, 부장(部將)이 각각 관할 장병에 대해 태(笞) 이하는 직접 판결하고 장(杖) 이상은 계문한다. 3 명을 받아 지방에 가 있는 장수는 당상관, 의친, 공신 이외에 장(杖) 이하는 직접 판결한다. 제진(諸鎭)의 진장(鎭將)은 태(笞) 이하는 직접 판결하고 장(杖) 이상은 주진장(主鎭將)에게 보고한다. 적과 교전 중에는 이 제한을 적용하지 않는다. 4 임금이 행재소에 있을 때 이외에 평상시에 사죄(死罪)에 해당하는 군령(軍令)을 범하면

352 군인이 출정하지……80이다 : 《대명률》 〈병률 군정(軍政)〉 군인체역(軍人替役) 조에 있다.

353 변장(邊將)이……적용한다 : 《속대전》 〈병전 용형(用刑)〉에 있다.

354 군문(軍門)의……같다 : 《속대전》 〈형전 금제(禁制)〉에 있다.

제장(諸將)은 장 60이고, 군사는 장 90이다. 야간 숙직을 빼먹는 자 이외에는 잡범(雜犯)으로 율을 적용한다.[355] 〈경〉

제 3 항 **군무(軍務)에 관계되는 일이나 궐문에 난입한 사람 이외에는 곤(棍)을 사용하지 못한다.** ❶ 중곤(重棍)은 병조 판서, 군문(軍門)의 대장, 유수, 감사, 통제사, 병마절도사, 수군절도사가 사용하되 사죄(死罪)가 아니면 사용하지 못한다. 대곤(大棍)은 군문의 도제조, 병조 판서, 군문의 대장, 중군, 금군 별장, 포도청, 유수, 감사, 통제사, 병마절도사, 수군절도사, 토포사(討捕使), 군무를 맡은 사신(使臣) 중에 2품 이상이 사용한다. 중곤(中棍)은 내병조(內兵曹), 도총부, 군문의 종사관·별장·천총, 금군장(禁軍將), 좌순청(左巡廳), 우순청(右巡廳), 영장, 겸영장(兼營將), 우후, 중군, 변지 수령, 변장(邊將), 사산참군(四山參軍), 군무를 맡은 사신 중에 3품 이하가 사용한다. 소곤(小棍)은 군문의 파총·초관, 첨사, 만호, 권관, 별장이 사용한다. 치도곤(治盜棍)은 포도청, 유수, 감사, 통제사, 병마절도사, 수군절도사, 토포사, 겸토포사(兼討捕使), 변지 수령, 변장이 도적을 다스리거나 변정(邊政)·송정(松政)에 관계된 경우 이외에는 사용하지 못한다.[356] 〈증〉 ❷ 중곤(重棍)은 길이가 5자 8치, –❶ 영조척(營造尺)이다.– 너비가 5치, 등마루의 두께가 8푼이다. 대곤은 길이가

355 직임으로 군무(軍務)를……적용한다 : 《경국대전》〈병전 용형(用刑)〉에 있다.

356 군무(軍務)에……못한다 : 《대전통편》〈병전 용형(用刑)〉에 있다.

5자 6치, 너비가 4치 4푼, 등마루의 두께가 6푼이다. 중곤(中棍)은 길이가 5자 4치, 너비가 4치 1푼, 등마루의 두께가 5푼이다. 소곤은 길이가 5자 1치, 너비가 4치, 등마루의 두께가 4푼이다. 치도곤은 길이가 5자 7치, 너비가 5치 3푼, 등마루의 두께가 1치이다. 모두 버드나무로 만든다. 길이, 너비, 등마루의 두께를 윗면에 새겨 기록한다.[357] 〈흠휼〉

제 4 항 **장신(將臣)은 감히 영전(令箭)[358]으로 궐내 군병을 지휘하지 못한다.**[359]

제 5 항 **소라를** ❶ 또 천아성(天鵝聲)이 있다. 모두 위급한 일이 있을 때 사용한다. **불면 백관은 각각 조방(朝房)에 모이고,**[360] 〈증〉 ❷ 1원

357 중곤(重棍)은……기록한다 : 《흠휼전칙》 〈군문곤제지도(軍門棍制之圖)〉에 있다

358 영전(令箭) : 군영에서 군중(軍中)에 명령을 전달하거나 비밀 명령을 내리는 데 사용하는 화살이다. 영전은 화살촉이 넓으며, 한 면에는 '아무 영 대장[某營大將]'이라 쓰고 다른 한 면에는 '영(令)'이라 쓴다. 《萬機要覽 軍政 形名制度》

359 장신(將臣)은……못한다 : 《대전통편》 〈병전 시위(侍衛)〉에 있다. 대궐을 숙위(宿衛)하는 일을 중요하게 여겨 숙위소(宿衛所) 군병을 살필 때에는 각 군영에서 사용하는 영전과는 다른 '숙위(宿衛)' 자 영전을 사용하게 하였다. 그런데 1778년(정조2) 대궐 안에서 문을 지키는 갑사(甲士)에게 용호영의 영전을 사용하여 명령을 내렸는데도 갑사가 명령을 따르는 일이 발생하였다. 이후 이 일이 장신의 영전을 대궐 안에서 사용한 전례가 될까 염려하여 대궐 안에서는 장신의 영전을 사용하여 군병을 지휘하지 못하도록 각 군문과 숙위소에 통지하게 하였다. 《承政院日記 正祖 2年 4月 19日》

360 소라를……모이고 : 《대전통편》 〈병전 취라(吹螺)〉에 있다.

은 본사(本司)에 머무른다. 종묘와 사직서의 관원은 모두 본사를 지키고, 객관(客館)의 원인(員人)은 그 관(館)을 떠나지 못한다. 궐내의 여러 관사와 도성 밖의 여러 관사는 각각 본사에서 명을 기다린다.-**1** 미처 문을 나가지 못한 자는 조방에 모이고, 미처 문으로 들어오지 못한 자는 문밖에 모인다. 시신(侍臣)은 건춘문(建春門)과 영추문(迎秋門) 밖에 모이고, 출직(出直)하는 병조, 도총부, 위장, 부장(部將), 선전관(宣傳官), 겸사복(兼司僕), 내금위, 훈련원, 군기시 관원은 광화문(光化門) 앞에 모인다.[361] 〈경〉 **각 영(營)의 군병은 신지(信地)에서 호위한다.**[362] 〈증〉 **3** 삼군문(三軍門)의 대장, 수어사와 총융사는 중군 이하를 인솔하고, 호위 별장(扈衛別將)은 군관을 인솔하고, 용호장(龍虎將)은 금군, 가후 금군, 가전 별초를 인솔한다. 파수하고 결진(結陣)하는 것은 모두 《대전통편》에 실려 있다.[363] 〈보〉

361 1원은……모인다 : 《경국대전》 〈병진 첩종(疊鐘)〉에 있다.

362 각……호위한다 : 《대전통편》 〈병전 취라(吹螺)〉에 있다.

363 파수하고……있다 : 훈련대장은 돈화문(敦化門)을 파수하되 보군(步軍)은 금호문(金虎門) 남변(南邊)에서 동영(東營)의 서변(西邊)까지 결진하고, 마병(馬兵)은 파자교(把子橋) 앞길에서 결진한다. 금위대장은 금호문을 파수하되 보군은 금호문 북변(北邊)에서 광지영(廣智營) 서변까지 결진하고, 기사(騎士)는 요금문(曜金門)에서 공북문(拱北門)까지 결진한다. 어영대장은 홍화문(弘化門)을 파수하되 보군은 동영의 북변에서 광지영의 동변(東邊)까지 결진하고, 기사는 관현(館峴)에서 결진한다. 수어사는 비변사의 서문 밖에서 결진한다. 총융사는 금위영의 동문 밖에서 결진한다. 호위 별장은 금호문 북변에서 공북문 바깥까지 결진한다. 용호장(龍虎將)은 금려(禁旅)를 인솔하되 가후 금군은 돈녕부 앞길에서 결진하고, 가전 별초는 선인문(宣仁門) 밖에서 결진한다. 《大典通編 兵典 吹螺》

제6항 수군(水軍)과 봉수군(烽燧軍)은 상시로 징집하는 대상에 포함되지 않는다.[364] 〈경〉

제7항 의주(義州)의 마군(馬軍)과 보군(步軍)은 병영에 소속되어 있지만 긴급한 일이 있으면 병영에 소속시키지 말고 모아서 의주부(義州府)를 지키게 한다.[365]

제8항 전좌(殿座)하거나 동가(動駕)할 때에 엄고(嚴鼓)를 치면 백관은 자리에 나아가고 장사(將士)와 군병은 신지(信地)에서 대기한다. ❶ 전좌할 때 초엄(初嚴)에는 백관이 문밖 정해진 자리에 나아가고 시위하는 장사가 신지에 나열해 서고 갑사(甲士)가 각 문을 파수한다.[366] 2엄에는 백관이 전정(殿庭)에 들어가 자리에 나아간다. 3엄에는 대가(大駕)가 정전(正殿)에 나아간다. ❷ 동가할 때에 초엄에는 수가(隨駕)하는 군병이 신지에 모여 대기하고, 2엄에는 결진(結陣)하고, 3엄에는 행군한다.[367] 〈증〉

364 수군(水軍)과……않는다 : 《경국대전》 〈병전 속위(屬衛)〉에 있다.

365 의주(義州)의……한다 : 《대전통편》 〈병전 유방(留防)〉에 있다. 의주는 변경의 중요한 지역인데도 의주에 소속된 군사가 본래 적어서 위급한 상황에 방어하기에 부족하였다. 1753년(영조29) 우의정 김상로(金尙魯)가 이러한 이유를 들어 조문의 내용을 건의하여 시행된 것이다. 《承政院日記 英祖 29年 2月 21日》

366 갑사(甲士)가……파수한다 : 정문(正門)은 훈련도감 갑사 12인, 좌협문(左挾門)은 금위영 갑사 12인, 우협문(右挾門)은 어영청 갑사 12인, 광범문(光範門)과 숭범문(崇範門)은 훈련도감 갑사 각 8인이 파수한다. 《大典通編 兵典 嚴鼓》

367 전좌(殿座)하거나……행군한다 : 《대전통편》 〈병전 엄고(嚴鼓)〉에 있다.

제9항 군병은 종군하여 실제 복무한 햇수가 45년이 되고 나이 80이 되면 가자(加資)한다.

제10항 도적을 붙잡거나, 호랑이를 잡거나, 사람을 구해 살리거나, 공해(公廨)나 군기(軍器)를 보수한 사람은 논상(論賞)한다. 〈보〉 **1** 사형에 해당하는 도적 5명을 동시에 붙잡으면 지시한 자와 붙잡은 자 각각 1인을 가자(加資)하되, 본토(本土) 사람이 아니면 허락하지 않는다.[368] 〈속〉 **2** 호랑이를 잡은 경우 두골(頭骨)이 붙어 있는 상태로 5두(頭) 이상이면 가자하고, 수령과 변장(邊將)은 논하지 않는다.[369] 병마절도사가 순영에 보고하고 순영이 장계로 보고하되 3인을 넘을 수 없다. 3, 4두 이하는 쌀이나 베를 헤아려 지급한다. 〈속〉 〈보〉 **3** 능침 내에 호환(虎患)이 있을 때 군문(軍門)이 한 번에 3두(頭)를 잡으면 초기(草記)하여 가자한다. 〈보〉 **4** 사람을 구해 살린 것이 15명 이상이면 가자하되, 그 일의 상황이 명백하지 않은 경우에는 임금에게 보고하지 않는다.[370] 〈속〉 **5** 공해를 보수한 것이 100칸이 되면 논상하되 새로 건축하거나 다시 건축한 것 이외에 다시 손보기 위해 보수한 것은 거론 대상이 아니며, 담장 또한 논하지 않는다. 군기를 별도로 마련한 것이 1000개가 되면 수령과 변장은 논상

368 사형에……않는다 : 《속대전》 〈병전 군사급사(軍士給仕)〉에 있다.

369 호랑이를 잡은……않는다 : 《속대전》 〈병전 군사급사(軍士給仕)〉에 있다.

370 사람을 구해 살린……않는다 : 《속대전》 〈병전 군사급사(軍士給仕)〉에 있다.

하되, 총은 탄환까지, 활은 화살까지 아울러 갖추어야 한다. 예전 군기까지도 개수하여 탈이 없은 뒤에야 거론한다. 예전 물건을 보수하지 않고 단지 새로 마련하기만 하면 건수가 많더라도 상(賞)으로 말을 내린다.[371] 〈속〉〈증〉〈보〉 **6** 가자를 청하는 장계는 해당 조에서 묘당에 문의한 뒤에 회계(回啓)한다. 승진시켜 서용하는 것 이하의 경우는 그렇게 하지 않는다. **7** 도적을 붙잡은 자에 대한 논상은 〈형전〉의 〈적도(賊盜)〉 조와 함께 참고해야 한다.〈보〉

제11항 여러 고을에서는 항상 함정과 기계(機械)를 널리 설치하여 사람이나 가축을 해치는 나쁜 짐승을 잡는다.[372]〈경〉

제12항 시사(試射) 때에 마첩(馬帖)을 상으로 주되 스스로 원하는 바에 따라 무명과 베를 대신 지급한다. **1** 아마(兒馬)는 무명 1필과 베 2필로 대신 지급하고, 반숙마(半熟馬)는 무명 2필과 베 1필로 대신 지급하고, 숙마(熟馬)는 무명 3필로 대신 지급한다. 대신 지급하는 것은 친림한 시사에서 상을 나누어 줄 때 이외에는 논하지 않는다. **2** 대신 지급하는 무명과 베는 각각 그 상을 받은 사람이 소속된 아문에서 그 10분의 9를 사복시에 보내고 사복시에서는 그 부족한 수량을 보충한다.[373]〈증〉

371 군기를 별도로……내린다 : 《속대전》〈병전 군기(軍器)〉, 《대전통편》〈병전 군기〉에 있다.

372 여러……잡는다 : 《경국대전》〈병전 부신(符信)〉에 있다.

373 시사(試射)……보충한다 : 《대전통편》〈병전 구목(廏牧)〉에 있다.

제13항 **강도(江都 강화)와 산성(山城)이 있는 곳에 군향(軍餉)을 비축해 둔다.**[374]〈속〉

제14항 **여러 고을에서는 해마다 말꼴을 저축하여 위급할 때를 대비하도록 한다.** ❶ 큰 고을에서는 10만 속(束), 중간 고을에서는 8만 속, 작은 고을에서는 6만 속을 저축하되 연로(沿路)의 고을에서는 각각 1만 속을 더 저축하도록 한다.[375]〈경〉 ❷ 민결(民結)에서 말꼴을 거두어 모으는 것을 허용하지 않으며 환곡을 분급한 뒤에 생기는 빈 가마니를 가지고 그 다소에 따라 해마다 말꼴을 저축한다. 이 법령을 어기고 백성에게 거두어들이면 수령은 논죄한다.[376]

제15항 **동가(動駕)할 때 노상(路上)에서는 표신(標信)이 없으면 위내(衛內)를 출입하지 못한다.** ❶ 병방 승지와 병조 판서 및 각신(閣臣)의 아패(牙牌)를 가진 전도자(前導者)는 출입을 금지하지 않는다. 도중(道中)의 행막(行幕)〈증〉 –❶ 어군막(御軍幕)이다.〈보〉– 및 연(輦)에서 내릴 때에는 승지와 사관(史官)만 들어오도록 허가하고, 연이 머물 때에는 표신을 기다려 들어오도록 허가한다.[377]〈증〉

374 강도(江都)와……둔다 : 《속대전》〈호전 창고(倉庫)〉에 있다.
375 여러……한다 : 《경국대전》〈병전 적추(積芻)〉에 있다.
376 민결(民結)에서……논죄한다 : 《대전통편》〈병전 적추(積芻)〉에 있다.
377 동가(動駕)할……허가한다 : 《대전통편》〈병전 시위(侍衛)〉에 있다.

제16항 행행(行幸)할 때 궐내에서 시위(侍衛)하는 신하들의 근수(跟隨)가 정해진 수효〈속〉 ❶ 대군은 4명, 왕자와 대신(大臣)은 3명, 당상관은 2명, 당하관은 1명이다.〈경〉〈보〉 **이외에 더 들어왔을 때에는 관원을 엄하게 추고하고 근수는 난입(闌入)한 예에 따른다.**[378] ❷ 궐문에 난입한 하인은 아문의 고하를 막론하고 병조에서 곤(棍)을 쳐서 다스린다.[379]〈속〉 ❸ 어가를 호위하는 관군 이외에 의장(儀仗) 안으로 뚫고 들어간 자는 교형이다. 백관이 이유 없이 의장 안으로 들어간 경우에는 장(杖) 100이다. 의장을 맡은 호위 관군이 일부러 놓아준 경우에는 범인과 더불어 같은 죄이고, 알지 못한 경우에는 3등급을 줄인다.[380] ❹ 행궁(行宮)의 외영문(外營門)과 차영문(次營門)에 난입한 자는 장 100이고, 내영(內營) 아장문(牙帳門)에 난입한 자는 장 60 도(徒) 1년이다.[381]〈율〉

제17항 능행(陵幸)한 뒤에 수가(隨駕)한 군병들에게 호궤(犒饋)한다. ❶ 중군 이하 장관(將官)에게도 호궤한다.〈보〉

378 행행(行幸)할……따른다 : 대문(大文)은 《속대전》 〈병전 시위(侍衛)〉에 있으며, 소주 ❶은 《경국대전》 〈형전 근수(根隨)〉에 있다. 소주 ❶의 조문에서 '대신(大臣)'은 《전율통보》에서 추가된 내용이며, '당하관(堂下官)'은 《경국대전》에 '3품 이하(三品以下)'로 되어 있다.

379 궐문에……다스린다 : 《속대전》 〈병전 용형(用刑)〉에 있다.

380 어가를……줄인다 : 《대명률》 〈병률 궁위(宮衛)〉 충돌의장(衝突儀仗) 조에 있다.

381 행궁(行宮)의……1년이다 : 《대명률》 〈병률 궁위(宮衛)〉 행궁영문(行宮營門) 조에 있다.

제18항 **궁전문(宮殿門)은 비록 문적(門籍)에 이름이 있다 하더라도 밤이 되면 출입할 수 없다.** ❶ 들어간 자는 장(杖) 100이고 나간 자는 장 80이다. 문적에 이름이 없는 자가 들어가면 2등급을 더한다. 만약 무기를 지니고 들어가면 교형이다.[382] ❷ 황성문(皇城門)이나 금원(禁苑)에 난입하면 장 100이고, 궁선문에 난입하면 장 60 도(徒) 1년이고, 어선소(御膳所)나 어재소(御在所)에 난입하면 교형이다. 문의 경계를 넘지 않으면 각각 1등급을 줄인다. 이름이 문적에 없는데 이름을 속이고 들어가면 그 죄가 같다. ❸ 병기를 지녀서는 안 되는 사람이 단지 소도(小刀)라 하더라도 지니고 궁전문 안에 들어가면 교형이고, 황성문 안에 들어가면 장 100을 치고 변원(邊遠)에 충군(充軍)한다. 문을 지키는 관원과 숙위(宿衛)하는 관군이 일부러 놓아주면 범인과 더불어 같은 죄이고, 발견하지 못하면 3등급을 줄이되 장 100에 그친다. 군인은 또 1등급을 줄인다.[383] ❹ 내사(內使)가 어지(御旨)를 받들지 않고 사사로이 병기를 지니고 황성문 안에 들어가면 장 100을 치고 변원에 충군하고, 궁전문 안에 들어가면 교형이다. 문을 지키는 관원과 수위(守衛)하는 관원이 제대로 찾아내고 검열하지 못하면 범인과 더불어 같은 죄이다.[384] ❺ 문관, 무관 및 내관이 패(牌)가 있는데도 차지 않거나

382 궁전문(宮殿門)은……교형이다 : 《대명률》 〈병률 궁위(宮衛)〉 첩출입궁전문(輒出入宮殿門) 조에 있다.

383 황성문(皇城門)이나……줄인다 : 《대명률》 〈병률 궁위(宮衛)〉 궁전문천입(宮殿門擅入) 조에 있다.

384 내사(內使)가……죄이다 : 《대명률》 〈병률 궁위(宮衛)〉 관방내사출입

패가 없는데도 제멋대로 들어가면 장 80이다. 패를 빌린 자와 패를 빌려준 자는 장 100이다. 패를 습득하고서 숨기면 장 100 도 3년이다. 패를 속여 차고 조회에 참석하거나 외방(外方)에서 관원의 명호(名號)를 사칭하여 요구하는 것이 있으면 교형이다. 패를 위조하면 참형이다.[385] **6** 공장(工匠)이나 행인(行人)이 내부(內府)에 들어가 공역(工役)에 응하지 않고 이름을 속여 다른 사람으로 공역을 바꾸거나 바꿔 준 사람은 장 100이다.[386]

제19항 **수위(守衛)하는 일이 갖추어지지 않아 가축이 의장(儀仗)에 충돌하면 장(杖) 80이고, 황성문(皇城門) 안으로 뚫고 들어가면 장 100이다.** **1** 가축을 풀어놓은 집은 장 80이다.[387]

제20항 **궁전 안에서 어도(御道)를 직행한 자는 장 100이다.** **1** 수위(守衛)하는 관원이 일부러 놓아주면 범인과 죄가 같다. 발견하지 못한 자는 3등급을 줄인다.[388] 〈율〉

(關防內使出入) 조에 있다.

385 문관……참형이다. : 《대명률》 〈병률 궁위(宮衛)〉 현대관방패면(懸帶關防牌面) 조에 있다.

386 공장(工匠)이나……100이다 : 《대명률》 〈병률 궁위(宮衛)〉 내부공작인장체역(內府工作人匠替役) 조에 있다.

387 수위(守衛)하는……80이다 : 《대명률》 〈병률 궁위(宮衛)〉 충돌의장(衝突儀仗) 조에 있다.

388 궁전……줄인다 : 《대명률》 〈병률 궁위(宮衛)〉 직행어도(直行御道) 조에 있다.

제21항 **임금이 도성(都城) 밖으로 거둥하여 하룻밤 이상을 보낼 때에는 수궁 대장(守宮大將),** ⟨증⟩ ❶ 문신 정2품 이상을 병조에서 계청하여 차출한다.⟨증⟩ ⟨보⟩ **종사관 각 1원을 차출한다.** ❷ 문신 시종(侍從)을 대장이 계청하여 차출한다. **또 대신(大臣),** ❸ 시임대신(時任大臣)이나 원임 대신(原任大臣)이다. **대장** ❹ 삼군문(三軍門)이다. **각 1원이 도성에 남는다.** ❺ 대신은 호위군관(扈衛軍官)을 거느리고 진(陣)을 친다. 수어청과 총융청 두 군영이 홍화문(弘化門) 밖에서 돌아가면서 유진(留陣)한다.[389] ⟨증⟩ ❻ 계문할 일이 있으면 도성에 머무르는 장상(將相) 및 수궁 대장, 종사관이 모두 아뢴다.⟨보⟩

제22항 **통부(通符)를 찬 자에 대해서는 해당 대장 이외에는 마음대로 곤(棍)을 쳐서 다스리지 못한다.**[390] ⟨증⟩

제23항 **군문(軍門)의 군사를 사사로이 사역시키면 대장과 제조는 파직하고, 중군 이하는 실률(失律)로 논한다.**[391] ❶ 군문의 장령(將領)이 군병을 멋대로 사용하여 교외에서 자게 한 경우에는

389 임금이……유진(留陣)한다 : 《대전통편》〈병전 입직(入直)〉에 있다. 소주 ❶의 조문에서 '문신 정2품 이상'은 《전율통보》에서 추가된 내용이다.

390 통부(通符)를……못한다 : 《대전통편》〈병전 부신(符信)〉에 있다.

391 군문(軍門)의……논한다 : 1571년(선조4) 받든 승전(承傳)이다. 《수교집록》에는 '군문(軍門)'이 '도감(都監)'이라고 되어 있다. 승전을 받든 당시에는 '훈련도감 군사'에 해당하던 것이 《속대전》에 추가될 때에는 다른 군영까지도 확대되어 '군문'이 된 듯하다.

엄하게 곤(棍)을 치고 변원(邊遠)에 충군(充軍)한다.[392] 〈속〉 **2** 백호(百戶)와 군리(軍吏)가 군인을 놓아주어 100리 밖에 나가서 매매(賣買)하게 하거나 혹은 사사로이 전토를 경작하게 하거나 혹은 몰래 자기 집에 두고 부려서 군역을 비게 하는 경우 1명에 장(杖) 80이고, 3명마다 1등급을 더하되 장 100에 그치고 충군한다. 재물을 받고 사사로이 놓아주면 왕법(枉法)으로 보되, 무거운 쪽으로 논한다. 뇌물을 주고 숨은 군인은 장 80이다. 사사로이 변경 밖으로 나가게 하였다가 이로 인하여 죽거나 도적에게 사로잡히면 장 100을 치고 변원에 충군한다. 3명에 이르면 교형이다. 관할하는 관리가 실정을 알면서도 적발하지 않거나 도망하였다고 거짓으로 기록하는 등 한통속이 되어 관에 보고하면 범인과 더불어 같은 죄이다. **3** 군관이 사사로이 군인을 사역시켰지만 몰래 데리고 있으면서 군역을 비게 하지는 않은 경우 1명에 태(笞) 40이고, 5명마다 1등급을 더하되 장 80에 그친다. 길사나 흉사가 있어서 군인을 빌려다가 부리는 경우는 논하지 않는다.[393] 〈율〉

제24항 **서울의 관사에서 순영과 병영을 거치지 않고 지방 고을에 곧바로 관문(關文)을 보내면 2품 이상은 엄하게 추고하고 3품 이하는 파직한다.**[394] 〈속〉 **1** 삼군문(三軍門)의 도망한 군인을 추

392 군문의……충군(充軍)한다 : 《속대전》 〈병전 용형(用刑)〉에 있다.

393 백호(百戶)와……않는다 : 《대명률》 〈병률 군정(軍政)〉 종방군인헐역(縱放軍人歇役) 조에 있다.

394 서울의……파직한다 : 《속대전》 〈형전 잡령(雜令)〉에 있다.

적하여 체포하는 일, 상번군(上番軍)에게 이중 삼중의 역(役)을 부담시키지 못하게 하는 일, 친상(親喪) 중에 있거나 죽은 군인을 대신할 자를 정하여 번(番)을 서게 하는 일, 휴가를 받아 지방에 있는 장교와 군병에게 돌아올 것을 재촉하는 일, 수어청과 총융청 두 군영이 관할하는 고을 및 군병이 경작하는 둔전이 있는 고을에 신칙하여 명령을 통지하는 일, 포도청에서 도적의 정황을 기찰하여 체포하는 일, 호조가 의주(義州)와 동래(東萊) 두 곳에서 사대·교린하는 것과 관련하여 시급히 거행해야 하는 일, 사옹원의 분원(分院) 및 위어소(葦魚所)와 소어소(蘇魚所)에서 시급히 거행해야 하는 일, 사복시에서 능행(陵幸)할 때 각 역에 말을 추가로 보충해 줄 것을 통지하는 일과 겸감목관(兼監牧官)을 둔 읍(邑)과 진(鎭)에 신칙하여 통지하는 일은 모두 직접 관문(關文)을 보낼 수 있다. **2** 내수사의 공사(公事)는 비록 임금의 계하를 받았더라도 비변사의 번첩(反貼)을 거치지 않았으면 도신(道臣)과 수신(帥臣)은 이를 임금에게 계품하여 시행하지 않는다.[395] 〈증〉

제25항 **육진(六鎭)이나 삼수(三水), 갑산(甲山)에 사는 사람이 서울에 올라온 경우 무사(武士)는 병조에 이름을 등재하고 시재(試才)를 거쳐 급료를 준다.** 〈속〉

제26항 **병조와 각 군문의 포백안(布帛案)은** 〈증〉 **1** 쌀, 전(錢), 베에 대한

395 내수사의……않는다 : 《대전통편》 〈호전 잡령(雜令)〉에 있다.

회계(會計)이다.〈보〉 **매년 초에 문서로 작성하여 아뢴다.**[396]

제27항 **삼군문(三軍門)의 마군(馬軍)으로서 관마(官馬)를 받은 자는**〈증〉 ❶ 금군이 270필, 마병(馬兵)이 470필, 가전 별초가 50필, 금위영 별무사가 30필이다. ❷ 공로나 기예가 있으면 그 나머지 바친 말을 지급한다.〈보〉 **말에 탈이 생긴 경우 사복시에 보고하면 분양마(分養馬)를 대신 준다.** ❸ 8년 안에 말이 죽게 되면 스스로 마련하여 다시 세우고, 8년 이후에 말이 죽게 되면 다시 준다.[397]〈증〉

제28항 **병조에서는 매년 사시(四時)의 입절일(入節日)[398]과 계하(季夏)의 토왕일(土旺日)에 나무를 마찰하여 새 불씨를 만들어 헌 불씨와 바꾼다.** ❶ 봄에는 느릅나무나 버드나무, 여름에는 대추나무나 살구나무, 계하에는 뽕나무나 산뽕나무, 가을에는 떡갈나무나 졸참나무, 겨울에는 홰나무나 박달나무를 쓴다. 여러 고을도 같다.[399]〈경〉 ❷ 각 전(殿)에는 단자를 갖추어 입계하고, 조

396 병조와……아뢴다 : 《대전통편》〈호전 회계(會計)〉에 있다.

397 삼군문(三軍門)의……준다 : 《대전통편》〈병전 구목(廏牧)〉에 있다.

398 입절일(入節日) : 네 계절의 첫 절일(節日)인 입춘(立春), 입하(立夏), 입추(立秋), 입동(立冬)을 가리킨다.

399 병조에서는……같다 : 《경국대전》〈병전 개화(改火)〉에 있다. 느릅나무와 버드나무는 푸르고, 대추나무와 은행나무는 붉고, 뽕나무와 산뽕나무는 누렇고, 떡갈나무와 졸참나무는 하얗고, 홰나무와 박달나무는 검으니, 각각 그 철의 다섯 방위의 색깔을 따라 취한다. 《經國大典註解 後集 兵典 夏官司馬 改火》

신(朝臣)에게 반사(頒賜)한다.[400] 〈증〉

제29항 **대사례(大射禮) 때 집사관(執事官)은 2원,** ❶ 병조의 판서와 낭청이다. **시사관(侍射官)은 30원이다.** ❷ 종신(宗臣), 의빈(儀賓)으로서 종2품 이상이 10원, 문신으로서 정1품 이하가 10원, 무신으로서 정3품 이상이 10원이다.[401] 〈속례〉

제30항 **경아전(京衙前)인 각 아문의 조례(皁隸),** 〈경〉 ❶ 《경국대전》에는 외방에서 선발하여 올리는 것으로 되어 있는데, 지금은 각사에서 일반적으로 사령(使令)이라고 일컬으며 서울에서 고립(雇立)한다. 쌀이나 베가 없는 아문은 선혜청이나 호조에서 급료를 지급하고,[402] 쌀이나 베가 있는 아문은 해당 아문에서 급료를 지급한다. 〈속〉 **나장(羅將),** 〈경〉 ❷ 지금은 의금부에서만 나장이라고 한다. 사헌부에서는 소유(所由)라고 하고, 사간원에서는 갈도(喝導)라고 하고, 병조·형조·도총부·평시서·전옥서에서는 사령(使令)이라고 한다. 모두 병조에서 급료를 지급한다. 〈속〉 〈보〉 **제원(諸員)은** 〈경〉 ❸ 지금은 해당 아문에서 당번(當番)인 자에게 베를 거두고 대신 숫자를 줄여 서리(書吏)나 서원(書員)을 세운다. ❹ 내명부에 배정하는 오장 차비(烏杖差備), 교자배(轎子陪),

400 각……반사(頒賜)한다 : 《대전통편》 〈병전 개화(改火)〉에 있다.

401 대사례(大射禮)……10원이다 : 《국조속오례의서례(國朝續五禮儀序例)》 〈군례(軍禮)〉 집사관(執事官) 조에 있다.

402 쌀이나……지급하고 : 쌀과 베가 없는 아문은 1년에 8개월은 선혜청에서, 4개월은 호조에서 급료를 지급하였다. 《續大典 兵典 京衙前》

인로(引路)에는 충찬위와 제원을 쓴다.[403] 〈속〉 **모두 정원이 있고,[404] 외아전(外衙前)인 부(府)[405]·목(牧)·부(府)[406]·군(郡)·현(縣)·역(驛)·진(鎭)의 서원(書員)·일수(日守)·나장·차비군(差備軍)도 정원이 있다.[407]** 〈경〉 〈보〉 **5** 인원수는 모두 《경국대전》과 《속대전》에 기록되어 있다. **6** 《경국대전》 법에 종친, 공신, 당상관 이상에게 주는 반당(伴倘)은 정원이 있다.[408] 반당은 병조

403 내명부에……쓴다 : 내명부에 배정하는 오장 차비는 충찬위가 맡고, 교자배와 인로는 제원(諸員)이 맡았다. 충찬위와 제원이 내명부를 출입할 때는 푸른 옷과 푸른 두건을 착용하였다. 《經國大典 兵典 京衙前》《續大典 兵典 京衙前》

404 경아전(京衙前)인……있고 : 대문(大文)은 《경국대전》 〈병전 경아전(京衙前)〉에 있다. 소주 **1**~**4**는 《속대전》 〈병전 경아전〉에 있다.

405 부(府) : 종2품 부윤(府尹)이 다스리는 부(府)와 당하 정3품 대도호부사(大都護府使)가 다스리는 대도호부(大都護府)를 가리킨다. 《經國大典 兵典 外衙前》《典律通補 吏典 外官職》

406 부(府) : 종3품 도호부사(都護府使)가 다스리는 도호부(都護府)를 가리킨다. 《經國大典 兵典 外衙前》《典律通補 吏典 外官職》

407 외아전(外衙前)인……있다 : 《경국대전》 〈병전 외아전(外衙前)〉에 있다. 서원은 부(府)·대도호부(大都護府)·목(牧)·도호부(都護府)·군(郡)·현(縣)에 있으며, 일수는 부(府)·대도호부·목·도호부·군·현·역(驛)에 있으며, 나장(羅將)과 차비군은 주진(主鎭)·거진(巨鎭)·제진(諸鎭)에 있다.

408 종친……있다 : 조선 시대의 반당은 고려 때 폐단이 심한 사병을 혁파하고 사병 대신 부릴 사람으로 국가에서 종친, 공신, 당상관 이상의 관원에게 내려 준 무리를 가리킨다. 《경국대전》에서 규정한 반당의 인원은 대군이 15명, 왕자군이 12명, 1품관이 9명, 2품관이 6명, 3품 당상관이 3명, 1등 공신이 10명, 2등 공신이 8명, 3등 공신이 6명이다. 1515년(중종10) 군역을 담당하는 인원이 줄어든 원인 가운데 하나가 반당이 많아졌기 때문이라 하여 반당의 정원을 3분의 2로 줄이도록 하였다. 이것이 《속대전》에서 법제화되어 대군이 10명, 왕자군이 8명, 1품관이 6명, 2품관이 4명, 3품 당상관이 2명, 1등 공신이 7명, 2등 공신이 5명, 3등 공신이 4명으로 정원이 줄었고 4등 공신에

에서 계청하여 차출한다.[409] 반당을 받은 당사자가 죽으면 3년 뒤에 다른 역을 정해 준다. 종친, 공신, 위(尉), 부위(副尉)의 경우는 그들의 처가 살아 있으면 그대로 주되, 반당이 죽으면 충원하지 않는다.[410] 〈보〉

게 반당 1명을 주는 내용이 추가되었다. 《經國大典註解 後集 吏典 六曹條》《經國大典 兵典 伴倘》《續大典 兵典 伴倘》《中宗實錄 10年 10月 3日》

409 반당은 병조에서……차출한다 : 황해도, 평안도, 함경도에 거주하는 사람은 반당으로 차출하지 않는다. 《經國大典 兵典 伴倘》

410 경국대전 법에……않는다 : 《경국대전》 〈병전 반당(伴倘)〉에 있다.

典律通補

전율통보 부록

병전 관계官階

품계		서반西班	잡직雜織	토관직土官職	
정1품		대광보국숭록대부 大匡輔國崇祿大夫			당상堂上
		보국숭록대부 輔國崇祿大夫			
종1품		숭록대부崇祿大夫			
		숭정대부崇政大夫			
정2품		정헌대부正憲大夫			
		자헌대부資憲大夫			
종2품		가의대부嘉義大夫			
		가선대부嘉善大夫			
정3품	당상	절충장군折衝將軍			
	당하	어모장군禦侮將軍			당하堂下
종3품		건공장군建功將軍			
		보공장군保功將軍			
정4품		진위장군振威將軍			
		소위장군昭威將軍			
종4품		정략장군定略將軍			
		선략장군宣略將軍			
정5품		과의교위果毅校尉		건충대위健忠隊尉	참상參上
		충의교위忠毅校尉			
종5품		현신교위顯信校尉		여충대위勵忠隊尉	
		창신교위彰信校尉			
정6품		돈용교위敦勇校尉	봉임교위奉任校尉	건신대위健信隊尉	
		진용교위進勇校尉	수임교위修任校尉		
종6품		여절교위勵節校尉	현공교위顯功校尉	여신대위勵信隊尉	
		병절교위秉節校尉	적공교위迪功校尉		
정7품		적순부위迪順副尉	등용부위騰勇副尉	돈의도위敦義徒尉	참하參下
종7품		분순부위奮順副尉	선용부위宣勇副尉	수의도위守義徒尉	
정8품		승의부위承義副尉	맹건부위猛健副尉	분용도위奮勇徒尉	
종8품		수의부위修義副尉	장건부위壯健副尉	효용도위效勇徒尉	
정9품		효력부위效力副尉	치력부위致力副尉	여력도위勵力徒尉	
종9품		전력부위展力副尉	근력부위勤力副尉	탄력도위彈力徒尉	

병전 경관직京官職

품계	중추부 中樞府	오위도총부 五衛都摠府	오위 五衛	훈련원 訓鍊院
정1품	영사領事			
종1품	판사判事 2			
정2품	지사知事 6	도총관都摠管 (겸직)		지사知事 (겸직)
종2품	동지사同知事 8	부총관副摠管 (겸직)		
정3품 당상	첨지사僉知事 8		장將 12 (겸직)	도정都正 2 (1:겸직)
정3품 당하			상호군上護軍 8	정正
종3품			대호군大護軍 12	부정副正 2
정4품			호군護軍 4	
종4품	경력經歷	경력經歷 6	부호군副護軍 76	첨정僉正 4
정5품			사직司直 11	
종5품	도사都事	도사都事 6	부사직副司直 100	판관判官 8
정6품			사과司果 21	
종6품			부사과副司果 177	주부主簿 18
정7품			사정司正 20	참군參軍 2
종7품			부사정副司正 249	
정8품			사맹司猛 15	
종8품			부사맹副司猛 213	봉사奉事 2
정9품			사용司勇 24	
종9품			부사용副司勇 581	

<table>
<tr><th colspan="2">품계</th><th>선전관청
宣傳官廳</th><th>세자익위사
世子翊衛司</th><th>세손위종사
世孫衛從司</th><th>부장청
部將廳</th><th>수문장청
守門將廳</th></tr>
<tr><td colspan="2">정1품</td><td rowspan="4"></td><td rowspan="9"></td><td rowspan="12"></td><td rowspan="12"></td><td rowspan="12"></td></tr>
<tr><td colspan="2">종1품</td></tr>
<tr><td colspan="2">정2품</td></tr>
<tr><td colspan="2">종2품</td></tr>
<tr><td rowspan="2">정3품</td><td>당상</td><td>행수 선전관
行首宣傳官 1
당상 선전관
堂上宣傳官 3</td></tr>
<tr><td>당하</td><td rowspan="4"></td></tr>
<tr><td colspan="2">종3품</td></tr>
<tr><td colspan="2">정4품</td></tr>
<tr><td colspan="2">종4품</td></tr>
<tr><td colspan="2">정5품</td><td rowspan="3">참상 선전관
參上宣傳官 6</td><td>좌익위左翊衛
우익위右翊衛</td></tr>
<tr><td colspan="2">종5품</td><td>좌사어左司禦
우사어右司禦</td></tr>
<tr><td colspan="2">정6품</td><td>좌익찬左翊贊
우익찬右翊贊</td></tr>
<tr><td colspan="2">종6품</td><td>문신겸선전관
文臣兼宣傳官 2
무신겸선전관
武臣兼宣傳官 38</td><td>좌위솔左衛率
우위솔右衛率</td><td>좌장사左長史
우장사右長史</td><td>참상 부장
參上部將 10</td><td>참상 수문장
參上守門將 5</td></tr>
<tr><td colspan="2">정7품</td><td rowspan="5">참하 선전관
參下宣傳官 14</td><td>좌부솔左副率
우부솔右副率</td><td></td><td rowspan="5">참하 부장
參下部將 14</td><td rowspan="5"></td></tr>
<tr><td colspan="2">종7품</td><td></td><td>좌종사左從史
우종사右從史</td></tr>
<tr><td colspan="2">정8품</td><td>좌시직左侍直
우시직右侍直</td><td rowspan="4"></td></tr>
<tr><td colspan="2">종8품</td><td></td></tr>
<tr><td colspan="2">정9품</td><td>좌세마左洗馬
우세마右洗馬</td></tr>
<tr><td colspan="2">종9품</td><td>무신겸선전관
武臣兼宣傳官 12</td><td></td><td>남행 부장
南行部將 1</td><td>참하 수문장
參下守門將 18</td></tr>
</table>

병전 군영軍營

품계	훈련도감 訓鍊都監	금위영 禁衛營	어영청 御營廳	수어청 守禦廳	총융청 摠戎廳
정1품	도제조都提調	도제조都提調	도제조都提調		
종1품					
정2품	제조提調 2	제조提調	제조提調		
종2품	대장大將 중군中軍	대장大將 중군中軍	대장大將 중군中軍	사使 중군中軍	사使 중군中軍
정3품	별장別將 2 천총千摠 2 국별장局別將 3 (겸직)	별장別將 천총千摠 4 기사장騎士將 3 (겸직)	별장別將 천총千摠 5 기사장騎士將 3 (겸직)	별장別將 2 천총千摠	천총千摠 2
종3품					
정4품					
종4품	파총把摠 6	파총把摠 5	파총把摠 5	파총把摠 3	파총把摠 2
정5품					
종5품					
정6품					
종6품	종사관從事官 6	종사관從事官 2	종사관從事官 2		
정7품					
종7품					
정8품					
종8품					
정9품					
종9품	초관哨官 34	초관哨官 41	초관哨官 41	초관哨官 12	초관哨官 10

품계	호위청 扈衛廳	용호영 龍虎營	포도청 捕盜廳	관리영 管理營	진무영 鎭撫營
정1품	대장大將				
종1품					
정2품					
종2품		별장別將	대장大將 좌우 각 1(겸직)	사使	사使
정3품	별장別將 3	장將 7 (겸직)		중군中軍	중군中軍 진영장鎭營將 5
종3품					
정4품					
종4품					
정5품					
종5품					
정6품					
종6품			종사관從事官 좌우 각 3		
정7품					
종7품					
정8품					
종8품					
정9품					
종9품					

엮은이

구윤명(具允明)

1711(숙종37)~1797(정조21). 조선 후기 문신으로 자는 사정(士貞)이고 호는 겸산(兼山)이며 본관은 능성(綾城)이다. 능천부원군(綾川府院君) 구인후(具仁垕)의 봉사손으로 습봉(襲封)하여 능은군(綾恩君)이 되었다. 1743년(영조19) 정시문과에 급제하고 관직이 판서에 이르렀다. 왕실의 훈척(勳戚)이면서 문재(文才)도 뛰어나 영조의 어제편차인(御製編次人)으로 선발되었다. 부친 구택규(具宅奎)에게서 물려받은 가학(家學)을 계승하여 《증수무원록(增修無冤錄)》을 중수(重修)하고 언해(諺解)하였으며 《전율통보(典律通補)》를 편찬하였다.

옮긴이

정영미(鄭永美)

동국대학교 사학과를 졸업하고 민족문화추진회 국연연수원 연수부를 졸업하였다. 한국고전번역원에 재직 중이다. 《승정원일기》, 《신역 정조실록》, 《성호집》 번역에 참여하였다.

소진희(蘇珍熙)

세종대학교 국어국문학과를 졸업하고 민족문화추진회 국역연수원 상임연구부를 졸업하였다. 한국고전번역원에 재직 중이다. 《승정원일기》, 《일기청등록》 번역에 참여하였다.

조윤선(趙允旋)

성균관대학교에서 학사를 고려대학교 대학원에서 석·박사 학위를 받았다. 민족문화추진회 연수과정을 졸업하였다. 한국고전번역원에 재직 중이다. 《조선 후기 소송 연구》, 《조선시대 생활사 4집》(공저), 《조선후기사 연구의 현황과 과제》(공저) 등의 저서와 《국역 승정원일기》, 《국역 추안급국안》, 《국역 대명률직해》, 《국역 영정모사도감의궤(影幀摹寫都監儀軌)》 등의 역서가 있다.

전율통보 예전 병전

구윤명 엮음 | 정영미 소진희 조윤선 옮김

2022년 12월 31일 초판 1쇄 발행

발행인 신승운 | 발행처 한국고전번역원
등록 2008.3.12.제25100-2018-000049호
주소 (03310) 서울시 은평구 진관1로 85
전화 02-350-4800 | 팩스 02-350-4994 | 홈페이지 www.itkc.or.kr

연구총괄 권헌준 | 연구기획 김지민 | 자문 정선용

책임편집 하현주 | 편집진행 김지수
교정 이계숙 | 디자인 은희주 | 제작 조은지
인쇄 사단법인 에스디워크

값 30,000원
ISBN 978-89-284-0989-1 94360
978-89-284-0987-7 (세트)